A HISTORY
OF THE WESTERN MIND
AD 500 - AD 1700

覺醒

上冊

東西方交會下
近代西方思想文明
的重生與轉變

THE AWAKENING

Charles Freeman

A monumental and exhilarating history of European thought, from the fall of Rome in the fifth century AD to the Scientific Revolution thirteen centuries later.

查爾斯・弗里曼
唐澄暐 譯

EGO VERI
SVM TASET
VIA VITA

獻給我的女兒Cordelia

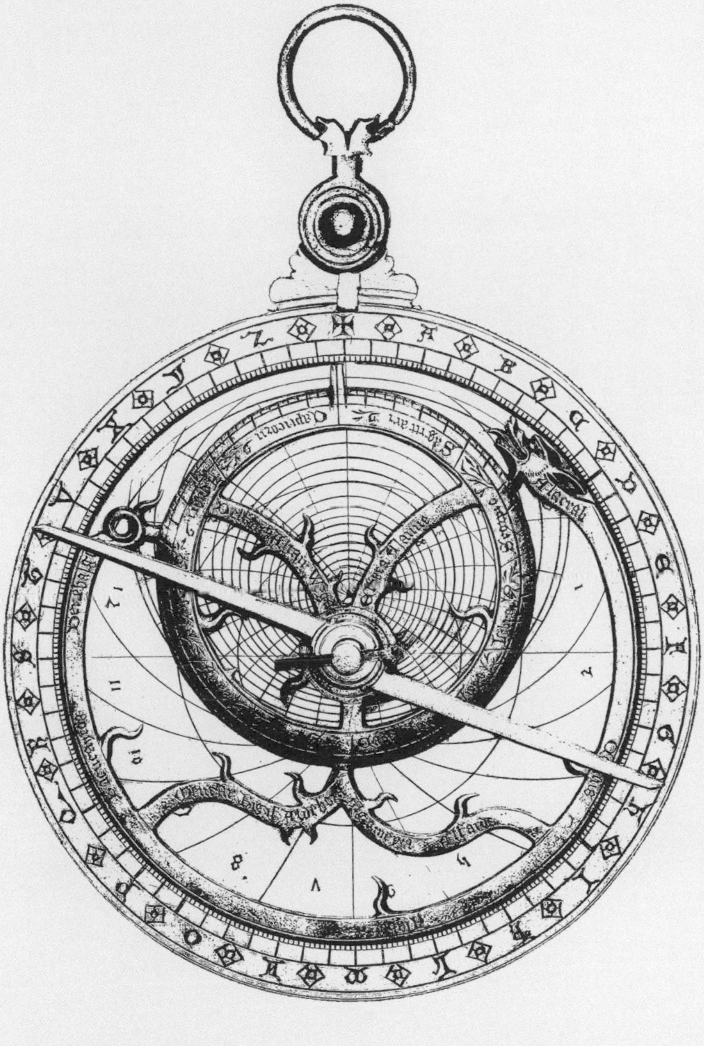

目次

上冊

下冊

前言

「野蠻的」（barbarous）和「開化的」（civilized）這兩個詞實在太常出現在對話與書籍中，以至於那些花時間思考人類舉止與歷史的人都得要稍加留意，去想想這些詞通常意圖傳達什麼，以及歷史學家和道德哲學應該以什麼意義來使用這些詞。

詹姆士・鄧巴爾（James Dunbar），《論粗鄙與開化時期之人類史》

（*Essay on the History of Mankind in Rude and Cultivated Ages*, 1780）

在原為基督教偉大城市君士坦丁堡的伊斯坦堡城內，有一間由修道士興建的柯拉（Chora）教堂；在這座從一四五三年以來就屬於伊斯蘭的城市中，像這樣保留著原本中世紀裝飾的教堂十分罕見。西元四世紀時以原野聖救主（Holy Saviour in the Fields）修道院為名而設立、坐落於君士坦丁大帝築起之城牆外的柯拉（「柯拉」這個詞就意指城市周邊的開放空間），後來被五世紀所興建的一道道城牆關在裡頭，卻從來沒因此丟掉原名。今日這座教堂出名的地方，在於精美的十四世紀馬賽克鑲嵌圖樣，以及邊間禮拜堂裡的一張極其美麗的濕壁畫上，描繪了復活的基督進入靈薄獄（Limbo）解放靈魂。

馬克西姆・普拉努得斯（Maximus Planudes），那位博學而著迷於古代世界的拜占庭希臘僧侶，是在一二九五年，也就是那些馬賽克鑲嵌畫完成前不久，在書庫裡追到了他在尋找的那一份手稿，一份克勞狄烏斯・托勒密（Claudius Ptolemy，西元約一〇〇－約一七〇年）的《地理學指南》（*Geographike Hyphegesis*）。[1]《地理學指南》是西元二世紀最重大的其中一項學術成就，而它的重見天日，到頭來會是至關重要的一大突破。可能更因為天文學偉大著作《天文學大成》（*Almagest*）而廣為人知的托勒密，採納了希臘天文學家希帕恰斯（Hipparchus，西元前約一九〇－前一二〇年）的經緯度概念。接著他用了地圖繪製者兼數學家「泰爾的馬里努斯」（Marinus of Tyre，西元約七〇－一三〇年）的一份文章，來提供不少於八千個地點的座標，涵蓋範圍西至加那利群島（Canary Islands），東至今日的暹羅灣（Gulf of Thailand），於多張地圖上陳列。做這些工作時，托勒密遵循希帕恰斯的方法，把地球分成相等的三百六十度，讓赤道處在緯度零，而想像中的北極則是大約在其上九十度之處。托勒密把加那利群島定為經度零，而他筆下各個地點則橫跨了一百八十度，一路延伸到東方遙遠的亞洲。這些地圖很可惜都沒留存下來，但有足夠的文字素材可以將其重現。我們今日仍在使用托勒密系統，讓一條條經緯線均分地球表面。＊而《地理學指南》在成書並被認為已佚失的一千年後，於十三世紀末重見天日，則是西方心智覺醒的重大時刻。

普拉努得斯手上這份並不是唯一殘存的《地理學指南》；阿拉伯人都知道還有另一份，並於九世紀把它翻譯成阿拉伯文。出身貴族、於一一三八年左右受邀加入西西里諾曼國王魯傑羅二世（Roger II）那文雅宮廷的地圖繪製師——穆罕默德・伊德里西（Muhammad al-Idrisi），就使用了這一份《地理學指南》。伊德里西採用托勒密的經緯度概念製出七十張地圖，圖中每一區塊都畫成同等大小，是世上首創。這些地圖即便依阿拉伯慣例而南北顛倒，在描繪托勒密已知的世界時，仍然很明顯能看出是準確的。（伊德里西所畫的地圖大部分遵循西方世界慣例，而把北方放在上端。）它們反映了製圖者的信仰，因而把阿拉伯半島和麥加放在中央，文字則是阿拉伯文；但伊德里西一視同仁地使用來自希臘文、拉丁文和阿拉伯文的原始資料。心胸開闊的魯傑羅二世對這計畫是如此地喜愛，以至於這本包含了地圖並圖說的書最後被稱作《魯傑羅之書》（*Tabula Rogeriana*）。（後來證明實在是很熱心支持伊德里西的）魯傑羅於一一五四年過世後，時局氣氛使

1 Marjo T. Nurminen, *The Mapmakers' World: A Cultural History of the European World Map* (London: Pool of London Press, 2015), pp. 84-92. 以美妙的插圖講述了這個故事。本書第十七章延伸討論了這段歷程。

＊ 根據一八八四年採納的慣例，經度零——也就是所謂的本初了午線（Prime Meridian）——會穿過倫敦東南的格林威治（Greenwicsh）。

《魯傑羅之書》的作者很難把著作散布出去。隨著十字軍運動支配了基督教的想像，這時間點上的伊斯蘭地圖，就算是在「歐洲」宮廷製作的地圖，也不太可能受到歡迎。因此，伊德里西的先驅之作在歐洲也就無人知曉了。然而，它卻能用來彰顯本書的一個重要主題：至少在十三世紀前，阿拉伯人在智識生活上是遙遙領先歐洲人，而且他們會對「西方」的學識復興做出令人敬畏的貢獻。[2]

普拉努得斯找到的那本托勒密著作，到頭來在歐洲更有影響力。這位僧侶把發現成果呈給拜占庭皇帝安德洛尼卡二世・巴列奧略（Andronikos II Palaiologos），而他同樣因這成果而興奮不已。他立刻就要他最優秀的抄寫員處理原稿，並要最優秀的數學家把地圖畫出來。普拉努得斯加上了他自己的注釋文字，把希臘數字翻譯成我們今日使用的阿拉伯數字。他們完成的地圖集將托勒密給出座標的全部二十六張地圖裝訂成巨大的對開本，有三本留存至今。來自君士坦丁堡的學者曼努埃爾・赫里索洛拉斯（Manuel Chrysoloras）於一三九六年開始在佛羅倫斯教希臘語時，把其中一份帶了過去。一四一〇年時，赫里索洛拉斯的一位學生——托斯卡尼人雅各布斯・安吉利斯（Jacobus Angelus），首度將希臘文原文翻譯成拉丁文，並將其獻給教宗亞歷山大五世（Pope Alexander V）。對人文主義者來說*《地理學指南》被譽為又一扇探入古人心智的窗，也是一份明顯比其他競爭者更加優越的文件。它漸漸取代了中世紀的歐洲地理概念，也就是基督教的mappae mundi（中世紀歐洲製世界地圖的通稱），以及用羅盤方位在地圖上畫出地中海港口的波特蘭海圖（portolan charts）。到了十五世紀末，《地理學指南》仍主宰地圖繪製者的世界。當地球各大陸塊的相關知識有了拓展，托勒密的發現也可以修改來順應新發現。所以，儘管托勒密對斯堪地那維亞一無所知——《地理學指南》的最北端是位於北緯六十三度的半神話島嶼「圖勒」（Thule）——他這套體系還是可以用來和新繪製地圖上的地區合為一體。

然而，托勒密系統於一五二〇年遭遇了挑戰。儘管他的經緯度還是不可少，但他的不準確卻變得明顯。他最遠只提供了赤道以南二十度的地點，整個非洲南部都沒有畫出來。人們甚至不知道有沒有海包圍著這塊大陸。一直要到一四八八年巴爾托洛梅烏・迪亞士（Bartholemeu Dias）繞過好望角，才得以正確評斷非洲的整個大小，而托勒密體系也就得做修改來把它納入。更嚴重的是，他那些地點的涵蓋範圍在地表上延伸過了頭。若照地圖說法，前往尚未發現且尚未標記之區域的航程距離都會比較短，往西方航行的話，就有可能不費吹灰之力抵達東亞。一四九二年哥倫布就是帶著這種錯誤概念出航，而這概念也因為他出乎意料發現美洲「新大陸」而遭到推翻。一旦有人調查過這些新大陸的漫長海岸線，就得放進地圖裡。這麼一來，托勒密橫跨歐亞大陸的地點範圍就得跟著往內壓縮。當麥哲倫的水手們於一五二一年首度環航全世界時，就為一份遠超越托勒密設想的地圖開了路。

當時的地圖以及圖說上，可以看出這種觀點轉變。那時有一位佛倫羅斯絲綢

下頁：1154年伊德里西依照托勒密列表製成的地圖，將阿拉伯世界置於頂端，而歐洲則在底下。

2 關於這部分的背景，可以閱讀 Tim Mackintosh-Smith 的傑出研究，*Arabs: A 3000 Year History of Peoples, Tribes and Empires* (New Haven, CT, and London: Yale University Press, 2019)。

＊ 十五／十六世紀脈絡下的「人文主義」並不是代表一種反對宗教的運動，而是指對「人文學科」的研究，大半是透過古典文獻（見第十一章）。

V.
IV.
III.
al bahr al šami uahua al rūmi
min al bahr al šami
ard natūs
bilād al bilāān
ard herakila
ard al rūsia
ard al rumania
ǵanūb bilād al rūsia
ard balūnia
ard laslānda
ard finmarka
ard baroa
bilād al šām
mejālat al arab
ard misr
bilād bogāwa
bilād kanem min al sūdān
ard beǵāma
bilād al ǵauf min al sūdān

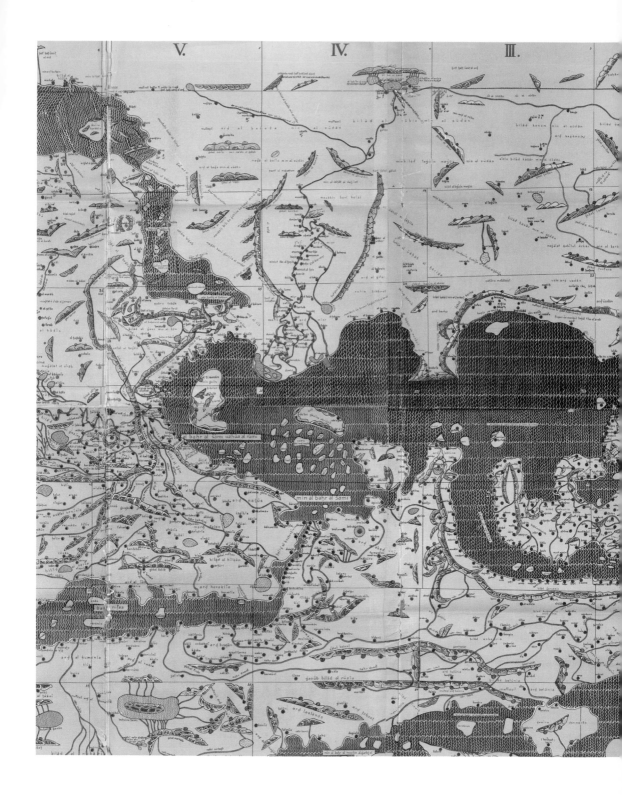

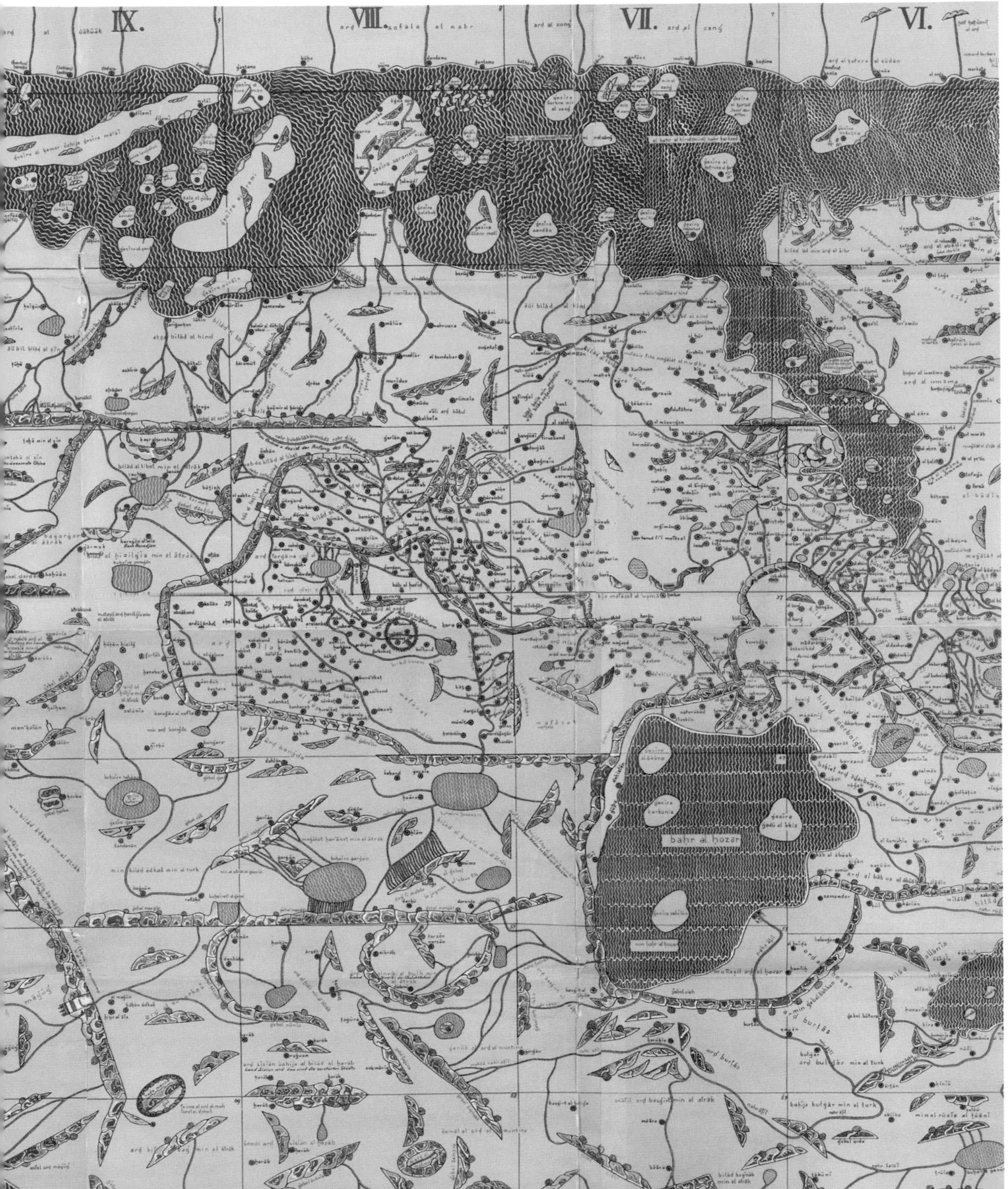
IX.
VIII.
ard sofala al nabr
ard al zang
VII.
ard al zang
VI.
bilād al hind
ard bilād al hind
gezira sarandīb
bilād al tibet min al atrāk
bahr al hozar
gezira sabīla
ard al bāb wa al abwāb
mafāzat
ard bulgār min al turk
ard burtās
bilād adarbaigān
bilād allānia

商人格雷戈里奧・達蒂（Gregorio Dati, 1362-1435）早已蒐集了一系列以托勒密原作為基礎、但追加同行商人補充之情報的地圖——稱作《全球宇宙誌》（*Sfera-Cosmographia*）。《全球宇宙誌》在十五世紀的初期（手稿）複本顯示，這是一份廣為流傳的文件，在返航水手的貢獻中持續改進。[3] 接著就有了來自烏特勒支（Utrecht）的地圖繪製者約翰尼斯・魯伊希（Johannes Ruysch，約一四六〇－一五三三年）於一五〇七年繪製的《新世界》（*Mondus Novus*）。我們對魯伊希所知不多，但他曾經出過海，而且有可能曾沿北美洲海岸航行。雖然他那細節一絲不苟的世界地圖用的還是托勒密的原則，但他也根據自己及別人（特別是十五世紀較晚期的葡萄牙探險家）的旅程插入大量額外資訊。非洲海岸線和美洲大部分的海岸線都相當準確地展現出來，而馬達加斯加與斯里蘭卡（舊稱錫蘭）都在正確的位置上。從《新世界》捨棄了早先地圖上那些中世紀想像的神話島嶼來說，它是一個「科學」計畫。

到了十六世紀末，「實際存在的地球各大陸塊」與「托勒密標定位置的陸塊」已經有了明確的區隔。傑拉杜斯・麥卡托（Gerard Mercator, 1512-1594）那些不同凡響的地圖，以及以安特衛普為據點活動的亞伯拉罕・奧特柳斯（Abraham Ortelius）所繪製的、包含七十張精良且精準的已知世界地圖的地圖集，都展現出以托勒密模型為基礎的長足進步。人們依舊讚揚托勒密——晚至一五七八年，麥卡托都還幫忙編著了一本新版的《地理學指南》（用的是拉丁文名稱*Geographia*）——但到了此時，探索世界的經驗已取而代之。這件事發生的同時，托勒密的另一項成就，也就是他那本了不起的《天文學大成》中的核心思想「天動說」，恰好也遭到哥白尼擁護者所挑戰；尤其在一六〇〇年代初期，遭到伽利略挑戰。英國哲學家法蘭西斯・培根（Francis

Bacon）於一六二〇年寫下一段抱怨，說如果「我們智識世界的極限受限於古人狹隘的發現」，那就太不應該了。[4]結果，在那場相信古典文獻仍有權威的「古代派」與認為它們已被印刷機等新發明取代的「現代派」之衝突中，培根最終成為了「現代」陣營的領頭人物。這種從一個世界觀到另一個世界觀的轉變，這種從仰賴古代文獻的權威到仰賴某種大略算是科學知識的轉變，到頭來會是西方心智覺醒的又一個關鍵時刻。

托勒密《地理學指南》的例子，說明了本書的軌跡。一份古代文獻，一份極其重要且極其精細的文獻，被阿拉伯人和歐洲人各自重新發掘出來。阿拉伯人比歐洲人早了大約三百年，將這份文獻的用途發揮到極致。這成為了中世紀思想史的一個常見主題。（在後面幾章裡，會更仔細討論從阿拉伯世界轉移到歐洲的眾多著作和想法。）在這個例子中，托勒密為早期的地圖製作者提供了一個框架，而《地理學指南》的優於他者，讓它得以取代中世紀的地圖。然而隨時間過去，且海外探索為已知世界增加了新領域和新大陸，托勒密框架的不足之處便日漸明顯，而那些或可稱作「科學」的思想就取而代之，所以到了十六世紀時，人們就繪出了準確的地圖。這其實包含在一場遠比它廣泛太多的智識革命之中，而這場革命促使哲學家安東尼・克利福德・格雷林（A. C. Grayling）聲稱「十七世紀的歐洲藉由改變人類對宇宙及自身的看法，進而改變了人類歷史的方向」。[5]但我的看法會比格雷林更謹慎。是否有證據能支持西方思想有過這樣的一場急遽轉型，到

3 格雷戈里奧・達蒂的《全球宇宙誌》和其追加內容的詳細討論，可見Nurminen, *The Mapmakers' World*, pp. 122-30。
4 Francis Bacon, *Novum Organum* (1620) Book 1, section 84.

本書最後一章以前都不會揭曉。

在傳統的歐洲中心描述中，「西方心智史」總被說得好像西方（通常是基督教）價值的勝利似乎有某種不可避免性。這種觀點現在已遭到全盤質疑。歐洲的成功常倚賴對他者的剝削，然而其他文明——舉例來說，阿拉伯世界、印度和中國——對西方智識的貢獻，卻有著多上許多的批判評價。一旦試著理智中立地定義「西方文明」，很快就會飽受挫折。到了本書所涵蓋之時代範圍的尾聲，像米歇爾・德・蒙田（Michel de Montaigne, 1533-1592）這樣因當時宗教戰爭的暴行而心煩意亂的作家們，都在思考著美洲新大陸發現的「野蠻人」，有沒有可能比他們在歐洲的同胞更「高貴」。*在羅馬帝國崩潰之後的幾個世紀中，西歐有在累積著財富，而這和都市生活、識字能力的重新恢復以及財政方面的精準判斷有關；但這不只是一段穩定地向前「進步」的歷程，同樣是一段文化觀點轉變的歷程。就如前面提到「古代派」與「現代派」的衝突所顯示的，經典文獻會往返交織於這段歷程中，有時會刺激新想法，有時候會擔任保守哲學的捍衛者。那段可以真正被稱作「古典文明」的一千年所給予的非凡貢獻，對於了解其後的歐洲歷史來說，是最為重要的根本。

不可免地，有一個成分塑造了歐洲歷史敘事的背景，而那就是基督教；它先是以中世紀天主教會的模樣具體展現，接著又展現為十六世紀主要的「改革」教會。它值得像本書接下來那樣好好地從頭談到尾。基督教的故事得要放在其早期歷史脈絡中看待。我在寫《西方心智的

下頁：克勞狄烏斯・托勒密的天文學和地理學著作，曾為所有認真進行的宇宙研究提供了基礎，直至十六世紀被所謂的「科學」替代知識所取代為止。在這張1503年的版畫中，他和「天文學」成了搭檔。

Ptolemeus
Astronomia

封閉：信仰的崛起與理性思考的衰落》（*The Closing of the Western Mind: The Rise of Faith and the Fall of Reason*, 2002）[6]時的目標，是探索希臘哲學對上基督教時發生了什麼事，尤其是在君士坦丁（Constantine，西元約二七二－三三七年）給予宗教寬容與保護支持，以及狄奧多西二世（Theodosius，西元三四七－三九五年）將基督教立為國教、並禁止所有其他宗教崇拜之後的情況。君士坦丁把三一二年在米爾維安大橋（Milvian Bridge）戰役打敗另一名篡位者馬克森提烏斯（Maxentius）的勝利，歸功於天空中有幽靈告訴他要透過十字架來征服對手。這個明顯的天助徵兆，有助於基督教戰事獲得正當性（頁六七會進一步討論）。

最初的幾位基督教皇帝要面對的是基督的形象；這位有著革命精神的先知落入羅馬總督手中時，在十字架上受的折磨，為他的追隨者帶來了救贖。博學的希臘神學家們，對於基督這個人物中神性與人性的關係，有過大量但無結論的討論；然而，現在君士坦丁和狄奧多希都正式宣布，祂與聖父「本質同一」地身為一組三位一體的天賜之人。

三位一體後來會成為天主教和新教的共同正統教義。宗教改革之後，許多公職人員都被要求堅守教義，甚至大學入學也得如此。那麼，它是怎麼成為基督教信仰中如此不可或缺的部分？畢竟基督教的頭三百年裡，具主宰地位的神學一直都是從屬論（subordinationism），相信耶穌基督某方面來說位階比較低下，而且是祂父親較晚期創造出來的。在《馬太福音》的一種解讀中，馬可和路加似乎都支持這種觀點。另一種觀點，也就是基督作為神格的一部分而永恆存在，想必也已經有人（尤其是在西方拉丁世界）闡述了，但當時未被普遍接受。

改變於三二五年發生；當時皇帝君士坦丁在《尼西亞信經》（*Nicene Creed*）中正式宣布，聖父和聖子是「同質的」，彼此本質同一。然而從屬論的態勢依舊堅強。一直要到三八〇年，當時一位來自西方的皇帝，也就是西班牙將軍狄奧多西，於該年一月針對君士坦丁堡的人民發布了一條詔令，宣布從今起聖靈加入聖父和聖子之列。「我們應信仰在與同等威嚴與聖三位一體概念下的聖父、聖子和聖靈單一神。」若任何人反對：「我們判定其為精神瘋狂錯亂」而他們「得要背負著異端教條的臭名。」

身處帝國危機時期的狄奧多西（三七九年他的前任皇帝瓦倫斯〔Valens〕才剛被哥德人殺害），會希望藉由堅持單一教義來終結神學辯論，而且是一種把基督從「在羅馬官方手中受折磨的人」提升到「神格的永久一部分」的教義，都是可以理解的事。而他這粗暴的做法生效了。他利用他的權力，於三八一年召集支持此想法的主教來君士坦丁堡舉行會議，宣布三位一體為基督教信仰核心。接著，就是對新公布的「異端」發動攻擊。

傳統的基督教神學史主張，面對西元三和四世紀希臘神學家沉溺其中的爭辯，三位一體是唯一可能的解答，但到頭來會發現三位一體這說法其實很難捍衛。《羅馬天主教教會的教義問答》（*The Catechism of the Roman Catholic Church*, 1994）稱這教義為「信仰的一個謎，那種藏在上帝之

---

5 A. C. Grayling, *The Age of Genius: The Seventeenth Century and the Birth of the Modern Mind* (London: Bloomsbury, 2016), p. 319.

* 率先使用「高貴野蠻人」這個詞的，是十七世紀的英國詩人約翰・德萊頓（John Dryden），但更早之前可以在蒙田的《隨筆集》（*Les Essais*, 1580）中找到。見本書頁七七六－七七。

6 Charles Freeman, *The Closing of the Western Mind: The Rise of Faith and the Fall of Reason* (London: William Heinemann, 2002; New York: Alfred Knopf, 2003).

中的謎，除非上帝親自揭露否則永不為人知的謎……上帝身為聖三位一體的最核心存在，是一個單靠理性思考將無法接近的謎。」簡單來說，這教義得要當作一個信仰來接受，而不是一個可以由理性思考來支持的教義。

宣告三位一體，就把焦點從受苦的活人基督身上移開了。其後的圖像和文字都可以看出這種轉型。釘死於十字架一事遭到輕描淡寫。約西元四一〇年興建的羅馬聖撒比納聖殿（Santa Sabina）的鑲木板門上，能看到基督雙臂向外伸長，背後卻沒有十字架。[*]更引人注目的是，基督從受羅馬人折磨的人轉型為代表羅馬的人。早在西元三九〇年，祂就在羅馬的聖普正珍大殿（Church of Santa Pudenziana）被描繪成羅馬裁判官（而祂的鬍鬚標明了祂是位典型的異教徒哲學家），而大約於五〇〇年在拉文納（Ravenna）興建的總主教小堂（Archiepicopal Chapel），則把祂描繪成羅馬戰士（見本書卷首圖）。

因此，四世紀西方思想史發生了重大轉變，其中最主要的方式就是徹底和先前的倫理傳統以及君士坦丁當初在三一三年《米蘭敕令》（*Edict of Milan*）中承諾維持的宗教寬容精神分道揚鑣。所有的異教表現方式都遭到了打壓，包括到此時已有一千年歷史的古代奧林匹克運動會在內。而基督教本身的轉變，就和它融入帝國架構一樣，也是徹底的革新。君士坦丁為基督教背書的一個動機，或許是利用各大城市快速成長的基督教社區的主教們給予的支援。到了該世紀末，這些主教徹底撐起了帝國階級制度，甚至到了在各自教區維護世俗權威的程度。[†]能在基督教某幾段歷史中找到的、「這個新宗教包含一種為弱勢者帶來尊重的道德革命」的論點，在四世紀之後就很難撐下去了。就如凱爾・哈波（Kyle Harper）在他的《羅馬晚期奴隸制》（*Slavery in the Late Roman*

World）中所證明的，奴隸制在基督徒家戶中得以延續。我們在那年代（或者其後許多世紀裡）的政治思想中，都看不出有哪邊在暗示說，社會應該要重新改造到有利於無權無勢者。馬丁・路德（Martin Luther）面對到他那年代的農民起義，也是加以譴責，而不是站在同一邊。儘管基督教社會在貧困救濟方面的重要性有獲得一些認同，但它其實是成功融入了羅馬帝國的傳統階級之中。[7]

儘管我在《西方心靈的封閉：信仰的崛起與理性思考的衰落》以及後續作品《西元三八一年》（*ad 381*）[8]中，都強調了皇帝在施行正統教義上的領頭作用，但我也主張，實情根本就不是希臘哲學遭到基督教打壓，而是柏拉圖主義，這種主宰四世紀的哲學傳統，把智識骨幹提供給基督教。柏拉圖曾經教導過，「真實」存在於物質世界之外，只能被少數菁英所領略；而他主張，那種菁英有權力把真實強行施加於大眾身上。（對柏拉圖主義的更完整討論，見頁五一－五二。）我則是主張教會吸收了這種哲學。所以本書是從一種宗教傳統開始，在這種傳統中，人們假定只有在那種以捍衛真實不受所有外人以及內部「異端」所害為大任的教會裡，才能找到真實。在教會以

---

* 要到十四世紀，人們才重新強調基督的人性和十字架上的受苦。

† 即便到了今日，英格蘭與威爾斯盎格魯宗（Anglican，現稱「聖公會」）教會的二十六位高階主教，作為十四世紀基督教改革的一個持久象徵，在英國上議院還是保有席位，也因此成為立法流程的一環。

7 主教們擔綱的眾多作用，在Claudia Rapp, *Holy Bishops in Late Antiquity: The Nature of Christian Leadership in an Age of Transition* (Berkeley: University of California Press, 2005) 有詳盡說明。信奉基督教的羅馬社會持續奴隸制度的情況，在Kyle Harper的*Slavery in the Late Roman World, ad 275-425* (Cambridge University Press, 2011) 中有詳盡描述，尤其是該書第二部分。關於對「貧困救濟」的認可，見Peter Brown, *Poverty and Leadership in the Later Roman Empire* (Waltham, MA: Brandeis University Press, 2001)。

8 Charles Freeman, *ad 381* (New York: Overlook Press, 2009; London: Pimlico, 2009).

外沒有救贖。*這句話在倫理上有重要的負面影響。不管出於什麼理由，只要你沒有全心奉獻於基督，就會被譴責為圈外人。[9]所以，異教徒、猶太人和穆斯林都被認為不在救贖之內，而他們從四世紀之後就被當作邊緣人對待。一四五五年教宗尼閣五世（Pope Nicholas V）認可了葡萄牙人擁有非洲奴隸的權利。（第二十二章將進一步呈現關於如何處理異教徒的辯論。）在歐洲，人們花了好幾個世紀才認可了非信徒的政治社會權利，而且是在超過本書涵蓋年代的遙遠未來。

還有一個難題，是在教會中尋找統一性。總是有新的智識挑戰在威脅傳統教條，結果就是沒辦法定下明確的原則來替異端邪說分類。革新思考不受鼓勵。我會特別在阿伯拉爾（Abelard）神學（第五章）以及湯瑪斯・阿奎那（Thomas Aquinas）神學（第八章）中探討的一個主題就是，邏輯和異教徒哲學（尤其是經驗主義者亞里斯多德的哲學）的運用，要怎麼和教會的教義相調和。對於有興趣認識思想史的人來說，「把新思想引入官方權威架構」這種行動與生俱來的難題，本身就是重要問題。在這個例子中，這類難題有助於替「中世紀基督教」和「一個快速變遷的世俗世界」之間的關係說明背景脈絡。

早期的中世紀教會提供了一個背景環境，令拉丁文得以延續，讓大量學識能保存在一種智識菁英都能理解的語言中。然而，從四世紀開始，教會透過其財富而享有特權，並因為專制架構而保守。我們將在第三章看到，神學家奧古斯丁（Augustine）的優勢主宰，在定義保守「基督教」的態度上也很重要。儘管如此，基督教的表現方式是如此地五花八門，以至於通常講「基督諸教」會比較容易，即便在中世紀時期也是如此。如果不是吸收了許多異教徒習俗和傳說，基督教永遠都不會深植於農村社會中。作為參拜者注目焦點的在地神殿和城市守護聖者，其重要程度通常不亞於一位任職但不在當地的主教或遠在天邊且任期平均只有五年的教宗所行使的宗教儀式。至於僧侶，就其定義來說他們會脫離社會，且通常是終生避世，而一直要到十三世紀，修會的修士們（尤其是多明我會修士〔Dominicans〕和方濟各會修士〔Franciscans〕）才會被教宗任命為巡迴講道者。

一直有人試圖改革教會，但那種改革模式要求的是回歸早期門徒較簡單的禮拜方式。如此強調，使得人們不去關注於那些原本能夠回應社會變遷並融入其中的教會改革。中世紀的教會當然不是比較傳統的歷史中所描繪的、那種一塊鐵板兼壓倒性力量；而在教會的許多活動中，例如說捍衛修道院的土地和財富，教會所追求的目標就跟其他地主一樣世俗。此外，我們很難證明教宗聲明和平信徒的態度行為改變有什麼關聯，主要是因為平信徒會把自己的精神傳統和一時心血來潮都帶進宗教生活。因此，不管哪個時期的「基督教價值」都很難捉摸其定義——歐洲有一大部分被羅馬統治了幾個世紀且採納了羅馬菁英文化，但愛爾蘭、日耳曼和斯堪地那維亞等其他地方卻從沒經歷這種文化，在這種情況下，信仰大一統始終遙不可及。

我會（在第十六章）提出證據說明，到了一三〇〇年時，對教宗的尊重就已經不如過往，而十四世紀教宗出走亞維農（Avignon），以及後來一三七八至一四一五年的天主教會大分裂，又進

* 後來被教會當作信條的這段話，可以追溯到二五八年在迦太基殉教的迦太基主教居普良（Cyprian）。

9 Runar Thorsteinsson 在其著作 *Roman Christianity and Roman Stoicism* (Oxford: Oxford University Press, 2010) 中有探討這個問題。儘管斯多噶派談普世人類價值，但基督教倫理學卻強調不向基督許下承諾者將被排除，不只在現世中遭排除，死後也將永久排除。

一步踐踏了這種敬意。這並非沒有好處。這段真空期讓基督教的在地表現得以興盛，也讓平信徒承擔新的精神功能。世俗團體或者商業行會在自身社區裡執行慈善工作，可以比那些神職人員更有成果；相比之下，後者從來沒能（好比說）做好全城善款的有效分配，或者蓋好佛羅倫斯主教座堂的穹頂。因此我們可以主張說，新教改革者這樣重新捍衛基督教教條主義，其實是種倒退。宗教改革運動把一套對「改革派」教會而言意味著摧毀聖地和抹黑在地聖人的神學統治方式提供給獨裁者，藉此壓制了宗教表現，而非鼓勵。一個包括了諸多聖人善行傳說、並詳述了眾多福音故事的豐富基督教神話，就這樣遭到了壓抑。不只如此，如今你在哪裡出生，或者你後來住在哪裡，就決定了你是哪一種基督徒。人們不情願包容別種基督信仰，而在本書涵蓋的年代裡當然是如此。宗教改革者為奧古斯丁神學（以及他對自由意志的貶損）獻上新的忠誠，則是阻礙了樂觀主義。當不分天主教或新教徒的基督教領袖都堅持會眾必須時時警覺罪惡發生的時機，人心就很難求得平靜。而在根深柢固的奧古斯丁主義之外，神學變成了一種不牢固的紀律，在那之中，經文、傳統、信仰和理性思考為了定義上帝以及其目的，產出了五花八門的可能解方。遺憾的是，這些解方的差異太常導致衝突。迪爾梅德・麥克庫洛赫（Diarmaid MacCulloch）這位研究宗教改革時期歐洲的權威，就悲觀地主張，宗教改革的結果「可能真的就只被當成為期兩個世紀的戰火」。[10]

如果講得好像宗教改革運動導致中世紀時期沉寂的世俗主義擴散出去，那也是種誤導。過去常有人主張，在那場宗教和民族主義結合為一系列毀滅暴行的「三十年戰爭」（Thirty Years War）終結的一六四八年，歐洲各國之間的關係出現了新的開始。現在有比較多人會去評價，如果有那麼多種基督教供人信仰而從來都不是一致整體的話，宗教是怎樣在全歐洲持續作為一種強大力量的。舉例來說，我不會輕易去假設「五花八門的基督教表現方式」和「眾多勉強能在科學的大傘下歸為同一類的活動」之間有實質關係。*這兩個領域的目標天差地別，以至於兩者之間說不出什麼很有意義的關係。（見第三十章）只有當科學和宗教都是大一統的實體，才有辦法去想像兩者之間的衝突，然而兩者很明顯都不是。就如後面會看到的（第三十一章），十七世紀的哲學家和基督教統治集團之間，不論在政治還是宗教方面的衝突，都會比這劇烈許多。人們也同樣常覺得新教與理性的復興有關。但我們將會看到（頁七二三－二四），這並不是宗教改革派的意圖。路德和喀爾文都詆毀過理性。他們寧願向基督獻上更立即的情感忠誠。

總之，得要強調這是一本基於個人經驗的書。我與地中海的第一次邂逅是在一九六六年，當時即將就讀劍橋大學的我，先是待在羅馬英國學校（British School at Rome），當了六個月所謂的「卡美隆男孩」（camerone boy，譯注：卡美隆之役〔Bataille de Camerone〕是法國外籍兵團的史上傳奇一役）。我修復陶器，收拾整理伊特拉斯坎（Etruscan）的金胸針，並在羅馬郊外的考古挖掘址工作。在那之後的幾十年裡，我以各種方法理解了「覺醒」的故事，其中最主要的方法是繞著地中海東尋西找，並為此寫書講課。就在不久前的二〇一九年五月，我前往包圍著羅馬的拉齊奧大區（Lazio）進行研究旅行。旅程包括了福薩諾瓦（Fossanova）修道院，一二七四年湯瑪斯・阿

10 Diarmaid MacCulloch, *Reformation: Europe's House Divided, 1490-1700* (London: Allen Lane / Penguin Books, 2003), p. 671.

* 要到一八三〇年代，才第一次有人以我們今日的用法使用「科學」這個詞。在那之前，人們偏好的用詞是「自然哲學」。

奎那逝世的地方；卡西諾山（Monte Cassino），偉大的狄西德里烏斯修道院長（Abbot Desiderius）在那邊主持過一間影響歷深遠的抄書室；還有阿納尼（Anagni）大教堂裡面那間驚人的十三世紀教堂地下室，在一個包含了來自《舊約聖經》和《新約聖經》場景以及阿納尼的守護聖者「聖馬格努斯」（St Magnus）生平的圖列中，希波克拉底（Hippocrates）和蓋倫（Galen）跟提到柏拉圖和四大元素的文字畫在一起。在本書接下來的內容裡，我試著把所有這些經驗集結成連貫一致的形態，但那些預期本書走向如教科書的人就要失望了。在敘事中，我常常會專注於整個歷程中我特別有共鳴的部分，其中有帕多瓦（Padua）的競技場禮拜堂（Arena Chapel），佛羅倫斯主教座堂的穹頂（我已經爬上去好幾次了！），李奧納多・達文西的繪畫，費德里科・達・蒙特費爾特羅（Federico da Montefeltro）位於烏爾比諾（Urbino）的工作室（studiolo），以及蒙田的隨筆。

序

學識的崩壞

野蠻人從世界各地起身反抗羅馬，沒多久後從此而來的，不只是對如此偉大帝國的羞辱，更有一切的毀壞，其中最嚴重的就是羅馬本身，而隨著她同樣毀滅的還有最傑出的手藝人、雕刻家、畫家和建築師。

喬爾喬・瓦薩里（Giorgio Vasari），《藝苑名人傳》
（*Lives of the Artists*，一五五〇年首度出版）

一九六〇年代初期，到了十五歲時，我對考古學產生了熱情。所以，當英國東部薩福克郡（Suffolk）伊普斯威治（Ipswich）當地的博物館宣布要搶救挖掘一間羅馬別墅，並歡迎志願者參加時，我便滿懷熱情地加入了。有人在替一間新平房挖地基時，發現了該別墅的浴室，因此需要進行挖掘，所以我就得把爐渣從曾經加熱過水的鍋爐裡鏟出去，弄得滿手髒兮兮。

一如許多不列顛尼亞（譯注：Roman Britain，指從西元四三至四一〇年間羅馬帝國占領大不列顛島的範圍）時期的別墅一樣，這間別墅在四世紀達到了富裕頂峰。它安穩地坐落在一座低矮的陸岬上，可以眺望肥沃的大地，而其地產的範圍從那時候就已經確立了，其中一條邊界線甚至到現在都還被拿來當農用道路。可惜的是，開挖別墅本館所需的資金始終沒到位，而那片埋著別墅、且因為我仍住在薩福克郡所以每週要開車經過兩次的土地，仍然原封未動。

儘管當年鏟過灰燼時很開心，但那時我完全沒想像到，自己正在挖出的，是自從西元四三年就成為帝國一省的不列顛尼亞的最後一批生火餘燼。羅馬帝國統治不列顛的正式終結時刻，通常以保衛該島不受盎格魯人和薩克遜人劫掠的軍團撤回歐陸的西元四〇九或四一〇年算起。這些火堆是在別墅最後一批主人打包準備逃離時升起的，還是說，他們就只是在享受家中的舒適溫暖，對於生活受到威脅一事渾然不覺？接下來的崩解雖然缺乏紀錄，但非常徹底。徵稅幾乎立刻停止，而整個羅馬帝國沒有哪個地方的生活條件曾像這裡這麼快地倒退，甚至退到比羅馬人剛來時還差。所以我挖掉的灰燼，可以視為文明真正終結的象徵。當歷史學家使用「黑暗時代」（Dark Ages）這個詞——這個由人文主義者佩脫拉克（Petrarch）於十四世紀首創的詞——來談接下來那段時期時，都會抱持謹慎小心的態度；但隨著識字能力的消失以及移居者入侵時帶來的混亂，第五和第六世紀的英格蘭無可否認地是逐漸從歷史紀錄中消失了。

如果有哪一天定下了西羅馬帝國的命運，那天應該就是西元四〇六年十二月三十一日。長久以來帝國與日耳曼之間的不破屏障萊茵河在那時凍結，包括汪達爾人（Vandal）、阿蘭人（Alan）和蘇維匯人（Suebi）在內的大批蠻族便傾瀉蔓延。事實上這條邊界從此就不復存在，而在接下來的幾年裡，就有敵對的團體割據了高盧的各省分，接著就向南移動，進入西班牙以及更遠的地帶。原本在不列顛的軍團很快就撤退去迎戰他們，但不論是支撐帝國的稅收，還是過去數百年間讓帝國克服萬難屹立不搖的道德權威與自信，都衰弱到無法修復。儘管有幾個羅馬指揮官成功把蠻族往回推或者讓彼此相鬥，好比說「最後的羅馬人」弗拉維烏斯・埃提烏斯（Flavius Aetius），但汪達爾人的領袖蓋薩里克（Gaiseric）又成功入侵北非，帶來全新的衝擊。大港城迦太基於四三九年陷落，而羅馬用來餵養民眾、支持軍隊的毛列塔尼亞省（Mauretania，譯注：非洲北端地中海沿岸一帶，與今日茅利塔尼亞位置不同）肥沃田野資源，也隨之拱手讓人。這是戰略上的一大災難。儘管強人埃提烏斯仍設法於四五一年打敗阿提拉（Attila）率領的匈人（Huns），但還是免不了進一步分裂。四五五年蓋薩里克洗劫了羅馬，並於四五八年征服了七百年來都屬於羅馬帝國的西西里，而這又是個產量豐盛的省分。最後的羅馬皇帝，羅慕路斯・奧古斯都路斯（Romulus Augustulus）於四七六年退位，正式終結了西羅馬帝國。

一名經歷過這段動亂年代的高盧貴族希多尼烏斯・阿波利納里斯（Sidonius Apollinaris），記錄了學識與羅馬文化的崩壞。希多尼烏斯約莫是於四三一年出生在一個名聲早已顯赫的家庭；他的祖父任職高盧禁衛軍長官，而他的父親則是皇帝瓦倫提尼安三世（Valentinian III）麾下的行政長

官。希多尼烏斯自己則是和四五〇年代短暫擔任皇帝的阿維圖斯（Avitus）的女兒結婚，還寫了一段頌詞來讚揚人在羅馬的岳父。接著希多尼烏斯又為繼任的皇帝們寫了兩篇頌詞，而於四六八年被指派為羅馬的行政長官，儘管這座城市的結構已經在惡化，這仍是一個很有威望的職位。然而，他於四六九年返回高盧，接著，已經改信基督教的他成為了克萊蒙（Clermont）的主教。

像希多尼烏斯這樣顯赫的人成為高盧主教是毫無前例的，儘管許多沒落的顯赫貴族也曾把這一步當成維持地位的最佳途徑。然而，希多尼烏斯對基督教的忠誠可沒有少。儘管克萊蒙於四七五年落入了西哥德人手中，他到頭來還是把主教工作做得有效率且認真負責。面對高盧的新統治者，他可說友善甚至八面玲瓏，讓哥德部隊駐紮在他的土地上，還去拜訪了新興的「蠻族」諸王。然而，羅馬帝國的衰亡與崩裂都令他憂心不已。他把自己寫的眾多信件公開發表，而他很顯然是全心全意地關切傳統文化的淪喪。他所說的「文化」，是指他認為代表羅馬貴族精神本質的文字遺產及拉丁文學識品質。「既然過往曾經能區分高低的階級等第如今已遭廢止，到了未來，文化就得擔負高貴與否的唯一標準。」

所以四七〇年時，希多尼烏斯就在一封寫給某位被他稱讚過「愛信成痴」的赫斯佩利烏斯（Hesperius）的信中哀嘆道：「漠不關心的人增加得如此快速，所以除非你的小團體能拯救拉丁語的純粹免於悲慘蠻人的鏽蝕，不然我們很快都得哀嘆這語言的廢止和死去。」

幾年後一位羅馬將軍阿波加斯特（Arbogast）從北高盧寫了一封典雅的信給希多尼烏斯。在回

前頁：湯瑪斯・科爾（Thomas Cole）的畫作《毀滅》（*Destruction*, 1836年）描繪了一座想像城市遭洗劫，令人聯想到汪達爾人於455年劫掠羅馬。

信中，他為自己贏得了主教的讚美：

你和蠻族們有著對話，然而你不允許任何野蠻穿過你的嘴唇；你的辯才和勇武，都等同那些手揮起筆巧勁不輸使劍的古代將軍……羅馬語言已被逐出比利時和萊茵河許久，但如果它的光彩還有在哪處倖存，那一定是與你同在；我們的政權已沿邊界衰退，但當你活著並保有你的口才，拉丁語文就會屹立不搖。

一年後，在一封寫給學界筆友約翰尼斯（Johannes）的信中，他告訴約翰尼斯說：

復活了、支持了且捍衛了文學是你引以為豪的成就……在這場毀壞羅馬權力的戰爭風暴中，你是高盧唯一一位引領拉丁語文安然入港的大師……我們的同輩和後繼者會全體一致、滿懷感激地向你獻上塑像，視你為新一代的狄摩西尼（Demosthenes）或西塞羅（Cicero）。

把約翰尼斯與希臘羅馬最偉大的演說家相提並論，實在堪稱盛讚。

儘管希多尼烏斯是有文化修養，但不會有人妄稱他是主要知識分子。他的寫作老套，甚至有些生硬，但在對「拉丁語文之純粹性」的憂慮中，他卻展現出相當程度的先見之明。一個世紀後，聖瑪爾定（St Martin）聖壇所在地——基督教大城都爾（Tours）的主教額我略（Gregory, 539-594），開始動手寫他的《法蘭克人史》（*History of the Franks*）。根據他這部著作的前言，那時「許多人哀嘆著說：『我們的日子真不幸，因為對文字的追求已經從我們之間消逝了，而人群中找不到誰能在書頁上闡明當下的行為。』」額我略認為學識和道德標準兩者關係密切。在同一篇前言中，他繼續說道：「在高盧各城鎮中，人道的學識正在衰退，或者整個消逝；那裡善惡不分，人們的暴行或王族的瘋狂都沒有立下界限。」

希多尼烏斯和「都爾的額我略」都在哀嘆的那個世界，有一段漫長而卓越的文化史。[1] 七百年來，羅馬在地中海都是主要且（在大部分時期中還是）至高的強權。這座城市有自己的傳統。有些是吸收自伊特拉斯坎人，但處於優勢的，是從西元前六世紀末推翻伊特拉斯坎諸王之後就根深柢固的共和主義。不過到了西元前二世紀時，隨著羅馬擴張到地中海東岸，這些傳統也受到了挑戰。大批新文獻和財寶，從悠久許多且更精巧複雜的希臘文明大舉流入西邊的拉丁世界。那之中就有西元前八世紀寫下、並已有時代地位的荷馬史詩，且直到今日都還保有這種地位。到了西元前六世紀時，希臘哲學開始探索「人類存在」的更深刻難題。就像在羅馬那樣，雅典一位「僭主」於西元前五一〇年遭到推翻，讓共和主義獲得了新的推進力。到了前五世紀時，人人權利平等——儘管範圍只到全體公民中的男性成員，且嚴重依賴奴隸制度——的民治主義（isonomia）讓每位雅典公民都有權在公民大會上發言，並在法庭上受審。這是雅典民主的起始，城市的行政在這樣的制度下開放給所有參與其中的公民。

在這個活力充沛的社會裡，人們熱切地爭辯政府和社會的本質，尤其所謂的智辯家更是熱中；他們是一群知識分子，被雅典的文化精緻度（可以留意一下智辯家〔Sophist〕的字源就是精緻〔sophistication〕！），以及該城於西元前四九〇至四八〇年間擊退波斯侵略者的功績所吸引而來。智辯思考的基礎，是把事物的自然秩序——潛藏的、不變的存在因素（phusis），和約定俗成的慣例（nomos）區分開來。在索福克勒斯《Sophocles》的戲劇《安蒂岡妮》（*Antigone*，西元前約四四一年）中，儘管城主克瑞翁（Cleon）有令，但安蒂岡妮仍決意要安葬她的哥哥。她主張，古老習俗（「不成文的、不可變的法則……它們不是合乎昨日或今日，而是合乎永恆，儘管它們來自何處我們無人能知」）的地位高於城市法律。這些法則是固有的，還是透過理性思考訂立的，還是如神學家們在辯論時所言，是由上帝決定的？這種「自然法」的概念以及其可能的來源，會在本書涵蓋的整個時代裡反覆迴盪。

智辯家涵蓋的內容廣泛，思考著神的本質和存在、語言使用的難題，以及在知識中尋找確定性。這是自從西方有信史以來，人類心智第一次有自我意識地承擔確定真實的責任；就如智辯家普羅達哥拉斯（Protagoras）的那句名言，「人是萬物的尺度」。另一位智辯家安提豐（Antiphon），在研究人權的學者席普・斯圖曼（Siep Stuurman）的眼中，則是在清楚表達「基於人類普遍本質之普遍人性，所形成之普世主義概念的最初微光」。[2]

接著在西元前四世紀，希臘哲學的兩大流派，柏拉圖（西元前四二〇年代－約三四八年）派和亞里斯多德（西元前三八四－三二二年）派各自成形，造成了「相信終極真實存在於這物質世

1 我在 *Egypt, Greece and Rome: Civilizations of the Ancient Mediterranean* 第三版（Oxford: Oxford University Press, 2014）對這段歷史提供了概述。

2 Siep Stuurman, *The Invention of Humanity: Equality and Cultural Difference in History* (Cambridge, MA, and London: Harvard University Press, 2017), p. 89.

界的人（亞里斯多德）」與「認為存在於其外的柏拉圖主義者」之間氣氛緊張。這裡誕生了政治哲學，而柏拉圖與亞里斯多德相對立的觀點就確保了「良善政府的要素為何」和「倫理學（良善生活的最佳方式）的本質為何」都會有激烈辯論。這種緊張對立，催生了試圖解決「存在」之基礎問題的其他眾多方法，因此到了西元前二世紀時，就有了許多生氣蓬勃且相互競爭的哲學流派。其中有一派就是斯多噶主義（Stoicism）。斯多噶主義者把世界看作持久的單一實體，一個在自己的目標下隨時間前進的宇宙。斯多噶主義者對自然法則的概念提供了最深刻的一些探索。人類也同等地服從該宇宙的法則，而對於一個人該怎麼行動，則有著嚴肅認真的辯論：是要去促進那不可動搖的事物前進，或者學著接受命運的變化無常。儘管斯多噶主義者很少能真把斯多噶主義倫理學實際應用於全人類，但這樣的念頭讓「普世人性」這種概念又向前進了一步。

到了羅馬人面對上希臘世界的時候，原本的城邦國家（雅典、斯巴達以及其他眾多城邦國家）已經成為所謂希臘化王國（Hellenistic kingdom）的一部分，由亞歷山大大帝（西元前三五六－三二三年）的後繼者統治。希臘化時代（按慣例記為西元前三三〇－三〇年）是一個表現浮誇、建築與雕塑風格奔放的時期。在亞力山卓，那些標定恆星（如托勒密那樣）、測量地球大小並探索周遭自然世界的科學家們，獲得了非凡的成果。這是歐幾里得（Euclid，活躍於西元前約三〇〇年）、阿基米德（Archimedes，西元前約二八七－二一二年）的時代，是數學求證和將數學應用於自然世界的時代。幾何學者阿波羅尼奧斯（Apollonius of Perga，活躍於西元前約二〇〇年）有關圓錐曲線方面的著作，今日仍讓數學家大傷腦筋。希帕恰斯發現了讓地球無法當作不動觀測平台的「春秋二分點進動」（譯注：分點是指每年太陽直射地球赤道造成日夜等長的時間點（有春分和秋分兩點」，而希帕恰斯發現這個點會有以數萬年為單位的週期變動），而更了不起的是，他還計算了這種進動的速度。埃拉托斯特（Eratosthenes of Cyrene，西元前約二七六至一九四年）測量了地球圓周的長度，結果有著合理的準確度。今日學者還在嘗試把西元前約一五〇至一〇〇年那台似乎曾是先進天文計算器的「安提基特拉機械」（Antikythera Mechanism，以愛琴海西邊那座發現本機械的希臘島嶼命名）裡錯綜複雜的技術弄清楚。[3]由德謨克利特（Democritus，西元前約四六〇－三七〇年）建立的「原子論者」學派，討論了物質的本質，主張有肉眼看不到的粒子不停在自我重新組成新形態。這個想法被羅馬的盧克萊修（Lucretius，西元前九八－約五五年）撿了過來，他的《物性論》（*De rerum natura*）讚嘆自然世界獨立於任何神力之外而興盛，並抨擊那些以神之名施以殘忍行為的人（見頁六六五）。希波克拉底（西元前約四六〇－三七〇年）和他的後繼者創立了醫學學派，（就算未能了解也）仔細記錄了觀測人體的結果。希臘人說話起來、吵起架來都頭頭是道。修辭學的技術被看作是受教育菁英的至高成就。

即便羅馬人的文化傳統是讚揚起而行、貶低坐而思，他們還是很逃避這一點。到了西元前一世紀時，人們已經指望羅馬菁英得要會說希臘語、蒐集希臘塑像，面對希臘主要哲人的著作也得輕鬆自在。在羅德島（Rhodes）研究修辭學的西塞羅（西元前一〇六－四三年），就能夠把希臘

3「安提基特拉機械是根據當年通行的精細天文理論進行設計，來預測天體現象的機械，是一段失落的傑出工程史之唯一見證者，是十足天才的構思，古代世界的一大奇觀——但實在沒那麼管用！」Tony Freeth and Alexander Jones, *The Cosmos in the Antikythera Mechanism*, *Institute for the Study of the Ancient World*, Paper 4, February 2012。全面概述可見Alexander Jones, *A Portable Cosmos: Revealing the Antikythera Mechanism, Scientific Wonder of the Ancient World* (New York: Oxford University Press, 2017)。

哲學改編給羅馬聽眾，而維吉爾（Virgil，西元前七〇－一九年）則是產出了他自己的「荷馬式」史詩《埃涅阿斯紀》（*Aeneid*），詩人賀拉斯（Horace）則是深受希臘典範所影響。西元一世紀時羅馬成為了帝國，藉著奧古斯都皇帝（Augustus，統治期間西元前二七－西元一四年）的政治天才，共和傳統遭到取代。希臘與羅馬之間的關係則是欣欣向榮。哲學家塞內卡（Seneca，西元前約四－西元六五年）證明了希臘的斯多噶主義哲學與羅馬人的心智緊密相符。精通羅馬史的希臘人普魯塔克（Plutarch，西元四六－一二〇年）能夠在他著名的《希臘羅馬名人傳》（*Lives*）中，比對兩個文化的傑出人士。他的資料來源多半已佚失，但我們可以在已知是由醫師蓋倫（Galen，西元一二九－約二一六年）所寫的文獻分析中，一探當時能夠供人研究的著作有多大量。蓋倫的著作中，光是引用希波克拉底文獻的地方，就有兩千五百處。同時，羅馬人正開發著他們自己的技術，特別是在行政管理和建築方面。最終由查士丁尼（Justinian）皇帝於六世紀蒐羅完整（見頁二〇四－二〇六）的羅馬法正文，是一項令人敬畏的成就，而且當它於十一世紀重新出土時，還被北義大利的各城邦熱切地緊抓不放。在羅馬，頂著古代（譯注：在本書多指中世紀以前）其中一座最巨大圓頂的萬神殿（Pantheon），至今仍屹立不搖；它的混凝土儘管經歷了重重壓力，卻還是堅固一如往昔。另一座倖存建物——加爾水道橋（Pont du Gard），羅馬那條三十英里（約四十八公里）輸水道的一部分，在高度三百三十英尺（約一百公尺）處跨過加爾東河（River Gardon）。整條輸水道的水位高低差，從頭到尾少於四十二英尺（約十二・八公尺）。神奇的是，輸水橋梁的整個石造結構就只是靠它本身的重量在支撐；中間並沒有用到混凝土。而羅馬人也不是沒有在做深刻思考。對於將共和主義毀滅的帝國專制主義抱持懷疑的歷史學家塔西佗（Tacitus，西元約五五－一一七年），就能夠想像那些被帝國征服的人未必歡迎帝國主義的擴散，而那些「野蠻」部族，尤其是日耳曼的那些人，則應獲得尊重。

上述內容已足夠證明，那一種在西元五世紀時便可從各種形式追溯至過往一千多年的龐大文化傳統，為歐洲此後的歷史提供了一份不可或缺的遺產。這份遺產會在帝國垮台的毀壞中佚失，但人們會認為那些倖存下來的內容，會比他們手邊現有的所有其他內容都更加權威許多。從各方面來看，由於它願意接納的資料來源範圍，遠比討論教義時絕不讓步的獨裁教會所能認可的範圍來得廣泛太多，因此它終將比基督教更有影響力，尤其是在歐洲文化菁英圈。最重要的是，希臘人，以及沒那麼口若懸河的羅馬人，已經開創了自由辯論的概念，來爭辯組織國家或城邦，或決定道德命令的不同方法；等到羅馬帝國滅亡又過了幾個世紀，當智識生活再度復活時，這種辯論方法還是相當有吸引力。在一份被認為是西元前五世紀劇作家尤里比底斯（Euripides）所寫的斷簡殘編中，希臘人對學識的投入獲得了讚賞：「學習如何從事探究的人是有福氣的，他沒有想傷害同胞的衝動欲望，也不會追求錯誤的行動，只會察覺久恆不朽自然的秩序，了解它是如何構成的。」這種方法要過段時間才會再現，所以我才會把「人們再度主張這種方法」置於本書的核心地位。如果教會和古典文化之間沒有出現我接下來幾章會詳細說明的那種調和，歐洲就不大可能出現文化進步。就如前言所主張的，要到十六世紀，古代文獻的權威才真正被科學思想的重生所挑戰。我當下的問題是，在一個文獻得靠正確複製和保存時運氣夠好才能殘存的世界裡，有多少古典文獻能被保留下來？這就是下一章的主題。

1

文獻保存，五〇〇－一七五〇年

這項行動是一項虔誠的行動，其他由人手能所進行的事都得不到能和其相比的功績。因為面對上帝神祕言詞的意義時，書寫的指頭、看著的雙眼、檢驗的心智都會感到喜悅。

拉巴努斯・莫魯斯（Rabanus Maurus）[1]

羅馬帝國結束之後，歐洲的物質文化要過好幾個世紀，才會成長到遠超過勉強維生的程度。這代表說，如果得要保存文化遺產的話，古典時代倖存下來的文獻殘簡就必須要維護保存。本章要探索的是實現文獻保存的人們，但也會強調，一個世代的抄寫員和下一世代之間的連結有多脆弱。另一件要強調的事情是，此時發生的事情完全不是古典時代的「哲學」和學識以當年存在的模樣復活，而是倖存下來的文獻和基督教社會的新背景脈絡之間，有著截然不同的新鮮關係。

如果說希多尼烏斯・阿波利納里斯實在不能稱作知識分子，那麼在西羅馬帝國才剛正式垮台時出生的亞尼修・瑪理烏斯・塞味利諾・波愛修斯（Anicus Manlius Severinus Boethius）恐怕也不能算。[2]亞尼修（Anicii）這個貴族世家是他的親戚，而他後面的名字則顯示自己與那些任職領事的家族有所關聯，儘管到了此時這大半是榮譽職，但還是反映了就任者的名望。即便西羅馬帝國垮台後，羅馬城仍持續指派這些職位。波愛修斯的妻子盧思提卡那（Rusticana），是敘馬庫斯（Symmachus）的女兒，而在四八五年擔任過領事的他則是來自另一個貴族世家。這些家族現在全都是基督徒。儘管波愛修斯後來會陷入政治事件，並被迫花時間處理大量的財產，他優先考量的還是學術研究。到了二十幾歲時，別人稱呼他時會加上「智者如您」，而他也被形容為「最有學問者」。在一個多數羅馬人都不太會希臘語的時代，他的希臘語能力精湛到人們會猜他有被送去雅典、亞力山卓或者希臘世界裡哪個別的文化重鎮去念書。如今，波愛修斯的使命，變成了在希臘偉大作者們的著作從羅馬人意識中消失之前，將其翻譯成拉丁文。他的早期翻譯有畢達哥拉斯、托勒密、歐幾里得和阿基米德等人的著作。這些著作為波愛修斯所謂的「四術」（quadrivium）提供了材料，指的是包含了算術、天文、幾何和音樂這四門學科的一套課程。波愛修斯在音樂和算術方面的文章，將會在中世紀各大學廣為流傳。四術又和語法、修辭和辯證法（或邏輯）這三門基本學科所構成的「三藝」（trivium）合為一體。這七種過去在羅馬教育中被當作個別科目來教導的博藝學科（liberal arts），在五世紀初被一位馬爾提亞烏斯・卡佩拉（Martianus Capella）首度表明為單一完整的學習課程。在他的《費羅羅吉與墨丘立之婚》（*De nuptiis Philologiae et Mercuri*）中，這七藝被當作奧林帕斯山諸神給費羅羅吉（Philology，譯注：亦指「文獻學」）的結婚禮物送了出去。後來的評論者主張，費羅羅吉代表的是「理性和智慧」，而墨丘立代表的則是「演說的天賦」。[3]他們的婚姻提供了兩種技術的強力結合。儘管馬爾提亞烏斯講得如此隱晦，但他的課程還是被波愛修斯等人所採納，而且，儘管它們不是基督教文獻，這些文獻日後還是會為歐洲中世紀的大學提供了核心課程。

波愛修斯接著設想了一個大計畫：不只要翻譯亞里斯多德和柏拉圖的全套已知著作，還要證明這些著作可以彼此相調和。就如學者們後來發現的，這是一個令人卻步的任務。亞里斯多德靠著理論和邏輯方面的著作，以及彙編過往生物行為的觀察紀錄，為有條理的自然世界研究打

1　美茵茲主教拉巴努斯・莫魯斯（約七八〇－八五六年），是加洛林王朝時期的傑出教師兼作者。引用的這段話可以在Rosamond McKitterick, *The Carolingians and the Written Word* (Cambridge: Cambridge University Press, 2008)，頁一五一找到。

2　對波愛修斯個人生平及所處時代的全面介紹，可以在John Marenbon (ed.), *The Cambridge Companion to Boethius* (Cambridge: Cambridge University Press, 2009) 找到。

3　W. Stahl, R. Johnson and E. L. Burge, *Martianus Capella and the Seven Liberal Arts, Volume Two* (New York: Columbia University Press, 1977)，有《費羅羅吉與墨丘立之婚》的英文翻譯。John Marenbon, 'Carolingian Thought', chapter 6, Rosamond McKitterick (ed.), *Carolingian Culture: Emulation and Innovation* (Cambridge: Cambridge University Fress, 1994)，頁一七三至七四討論了這篇文章。

下了基礎。已知波愛修斯有翻譯的亞里斯多德作品，包括了《範疇論》（*Categories*），該書描述了物體可以根據（好比說）其材質、數量或質量來定義的方式；另外還有《分析論前編》（*Prior Analytics*），一本關於演繹推論的重大著作。他也延續了一個根深柢固的傳統，就是根據往往缺乏組織的文獻來寫亞里斯多德的評論，甚至包括了別人聽這位哲學家講課所記下的筆記。在亞里斯多德文章從阿拉伯世界傳來（第七和第八章會處理這部分）之前，波愛修斯的著作將為偉大的阿伯拉爾（會在第五章探索他的生平和教學工作）這類學者的邏輯學教學提供大部分的基礎。

在亞里斯多德邁向自己獨有的哲學之道以前，曾經在西元前四世紀的雅典當過他老師的柏拉圖，對於自然世界有著非常不一樣的概念。[4] 他相信世界是一個不穩定的地方，沒有多少事物是確切的，而當太多東西都變化萬千時，若沉湎於累積經驗證據的艱苦工作，只會換來一場空。對柏拉圖來說，終極真實反而應該是一套不變的想法或形式，好比說美和正義，而這兩者可以透過鍛鍊理性思考來達到，但只有核心菁英思想家能達成。因此，柏拉圖的許多作品都安排成對話形式，其中的主演給了哲學家蘇格拉底，他會一直攻擊人們習以為常的智慧，來證明它們沒有理性基礎。與他爭論的人被迫接受，真實在這個物質世界裡是找不到的，得要在那之外尋找。透過多年理性思考而領略終極現實的菁英，就有權去把他們的發現施加於社會其他分子身上。在柏拉圖最出名的著作，可能是在西元前三七五年前後完成的《理想國》（*The Republic*）中，他斥責了民主制度，因此開啟了一場爭論最佳政府形式為何的持久辯論。*

到了波愛修斯的時代，對於自然世界的直接研究比較少，而亞里斯多德的經驗主義則遭到了擱置。柏拉圖的情況則很不一樣；不只柏拉圖主義的傳統被所謂的新柏拉圖主義哲學家（好比說西元三世紀的思想家普羅提諾（Plotinus）繼續帶著向前行，基督徒也在柏拉圖主義中找到了許多能吸收的東西，藉以補足甚至激發他們自己正在發展的神學。對教會來說，去相信有一個終極現實，也就是現在被視為聖父、聖子和聖靈三位一體的一部分、只有有權強行將道理施於他人的少數人才了解其本質的那位上帝，是非常合適的。於是，若不承認基督教神學的權威來自柏拉圖主義，就不可能了解基督教神學。尤其是「希波的聖奧古斯丁」（St Augustine of Hippo），拉丁教會教父的主宰之聲，就特別受普羅提諾的哲學所影響。[5]

波愛修斯只寫完少量的亞里斯多德文章就突然過世，也就無從得知他到底能否在兩位哲學家的思想間形成調和。波愛修斯有別於眾多忠誠基督徒，他完全不忌諱一邊抱持基督教信仰，一邊研究這些「異教」作者。他的著作中有一些神學短文，所謂的「神聖小作」（Opuscula Sacra），其中有一篇是基督教教義的直白陳述。然而，從哲學的觀點來看，波愛修斯仍是一名柏拉圖主義者，欣然將普羅提諾的「太一」（The One）和基督教上帝加以調和一致。他最知名的著作，在中世紀期間複製了一版又一版的《哲學的慰藉》（*The Consolation of Philosophy*），看起來就是完全沒

4　以標準方式介紹柏拉圖的文章相當多。David Melling的*Understanding Plato* (Oxford: Oxford University Press, 1987)，就是易讀的柏拉圖介紹。另外也推薦Julia Annas的*Plato: A Very Short Introducticn* (Oxford: Oxford University Press, 2003)。

*　二十世紀哲學家卡爾．波普（Karl Popper）在其經典名作《開放社會及其敵人》（*The Open Society and its Enemies*, 1945）中，譴責柏拉圖為「開放社會」的敵人。

5　奧古斯丁的著作中有兩百五十二個地方引用柏拉圖和柏拉圖主義者，不過他只能讀懂原文的拉丁譯本。見Allan Fitzgerald (ed.), *Augustine through the Ages: An Encyclopedia* (Cambridge: William Eerdmans, 1999)，頁六五一至五三的文章，'Plato, Platonism'。

有提及基督教的柏拉圖主義式傳統探討。6

波愛修斯書寫《哲學的慰藉》的背景，其實頗為悲劇。西元五二二年當波愛修斯四十出頭時，他有幸看到自己年輕的兒子們共同被指派為領事；在他的紀錄中，這是他一生中的巔峰時刻。* 但接著他被從羅馬召喚到拉文納擔任「執事長官」（Magister officiorum），也就是在當時統治大半義大利的東哥德的狄奧多里克（Theodoric）政府擔任資深文官。過去波愛修斯透過他的行政長官同行卡西奧多羅斯（Cassiodorus），而和狄奧多里克的宮廷有所往來；但狄奧多里克的行政機關在這麼高的位子上任用羅馬人，還是一個相當罕見的案例。但很快就出了問題。波愛修斯是一個局外人，他與羅馬元老院的持續聯繫引發了疑慮；也可能是他對哲學的投入，在別人眼裡看來有意顛覆。更嚴重的是，他似乎被牽扯進七十歲還沒有兒子成年的狄奧多里克的王位繼承相關密謀中。不論真相為何，他最終都被控叛國，於五二四年關進監獄，可能於五二六年遭到處決。

波愛修斯在獄中那幾個月寫成的《哲學的慰藉》裡，有一位年長的女性，看似就是他本人化身。她代表了哲學，在這裡被描述成所有德性的源頭。在與該女性的一段對話中，波愛修斯抱怨說，他是一個好人，致力於將智慧應用於有能的政府，卻被一位邪惡的國王和他不擇手段的策士們所推翻。書中大幅討論了突然從好轉壞的「際遇」，和設想物質世界外有一種不變確定性的「柏拉圖哲學之穩定」之間的對比。在混合了散文和韻文的文字中，《哲學的慰藉》提供了各種方法來思考智慧的本質，但波愛修斯也把自己呈現為一名在捨棄了哲學的社會中自豪的哲學代表人。他要求哲學認可他的地位，但她想指點他有一個經由死亡達到的非物質世界，而他自己卻決意要留在地上世界，兩種想法之間便出現一種緊張狀態。

常有人說，《哲學的慰藉》裡沒有什麼慰藉。這是一套複雜但原創的著作，而在本作最後一冊裡，波愛修斯奮力處理一個日後將成為神學主要困境的問題：一個可以在個人出生前就看遍他將如何行事的全知「太一」或者上帝，怎麼還會允許那人有空間來實行自由意志？阿拉伯哲學家和基督徒一樣深受這問題挑戰，但後者又被追加了奧古斯丁下達的難題，也就是人類背負的原罪實在太沉重（見頁一〇八）以至於他們的行為自由受到了抑制。關於「自由決定一個人的命運到什麼程度」的爭辯，一路從中世紀燒到宗教改革時期的各種神學。中世紀的評論者針對此問題舉行辯論時，會把《哲學的慰藉》用來當作辯論的一部分。相關的討論很早就開始了。《哲學的慰藉》於一一〇〇年以前的手抄稿，約有百分之九十有加上注釋或者解釋評論。中世紀期間，人們針對《哲學的慰藉》產出了成千上百的進一步評論，而本書不論在學校、大學或君王宮廷都有人閱讀，讀者也不分神職人員或一般信徒。儘管人們普遍接受說，文章裡面沒有什麼和基督教教義衝突，但它卻激發了大量有關「哲學」（在這個情況下指柏拉圖主義）能和神學正統觀念調和到什麼程度」的批判思考。《哲學的慰藉》似乎也起了一種像安慰品的作用，向讀者保證說，哲學或許會有答案。

波愛修斯的同代人卡西奧多羅斯，於西元四八〇年代中期出生於現在的南義大

下頁：波愛修斯與「哲學」對談，而命運之輪則反映他自己的命運；《哲學的慰藉》十五世紀的插圖。

6《哲學的慰藉》近期有許多版本可取得，包括了Penguin Classics（一九九九）以及Oxford Classics（二〇〇八）。

* 貴族父親常會出錢讓年輕兒子獲派擔任領事，而波愛修斯的情況看來應該也是如此。

利卡拉布里亞（Calabria）。[7] 卡西奧多羅斯也是出身羅馬菁英，但他的家族淵源沒有像波愛修斯那麼了不起。他的父親當初默許東哥德的狄奧多里克接管義大利，於是後者便把西西里行政長官的位子賞賜給他。這就讓卡西奧多羅斯得以在狄奧多里克的行政機關任職低階官員。沒多久，他使用優雅傳統風格草擬官方命令、信件和文件（後來這些文件合稱《文集》〔*Variae*〕）的能力就廣為人知，他還常常給受文者送上博學多聞的種種題外話。簡單來說，《文集》給了政權一個體面的儀表，掩蓋了宮廷外世界分崩離析的現實。在那些信件中有對波愛修斯的要求，主題從

「建立金幣和銅幣之間的關係」到「推薦一位豎琴手」之類無所不有。這兩人照理來說應該會站在同一陣線，但卡西奧多羅斯的文字裡，卻沒有哪邊能看出他反對過波愛修斯下獄一事。確實，在波愛修斯遭處決後，他就接下了執事長官的職位。卡西奧多羅斯活得比狄奧多里克還久，並在狄奧多里克的十歲兒子阿塔拉里克（Athalaric）在位（由其母親攝政）期間，擔任義大利禁衛軍長官。阿塔拉里克於五三四年死去後，卡西奧多羅斯前往君士坦丁堡，在那裡待了約十五年——有紀錄顯示他的家族有可能原本就來自東方的希臘。同時，拜占庭皇帝查士丁尼的大軍正不屈不

撓地嘗試為帝國重新征服義大利，而他們軍事行動的一個副作用，就是促使東哥德人把剩下的羅馬元老院菁英消滅大半。拉文納於五四〇年落入拜占庭手中，接下來兩百年都由東羅馬所統治。

在東羅馬的那些年，讓卡西奧多羅斯涉入宗教領域。就跟大部分的「蠻族」一樣，狄奧多里克是一名亞流派（Arian）基督徒，相信基督本質上較為低階。儘管羅馬基督徒於四世紀宣告這種想法為異端邪說，但「蠻族」部落已經改信了較早存在的從屬主義傳統。卡西奧多羅斯因為與狄奧多里克政權妥協而產生的罪惡感，很有可能扮演了催化劑，讓他更加忠於正統派基督教。他寫了談論靈魂的短文，也寫了談詩篇的短文，而後者將成為他著作中最廣為複寫流傳的作品。六十幾歲時他終於回到了南義大利的出生地，在愛奧尼亞海岸興建了維瓦留（Vivarium）修道院。他本來可能有意要把這裡打造成享受安寧退休生活的地方，但卡西奧多羅斯好端端地活到了九十幾歲，而在他的管理監督下，維瓦留變成了抄寫文獻的重要中心。

甚至在卡西奧多羅斯前往東方之前，他就已經打算設立一個希臘文與拉丁文文獻的藏書庫，用來在羅馬進行基督教學校教育。沒有人知道他從東方多遠的地方進口書籍（以及翻譯它們的學者），也不知道他在義大利境內累積藏書的本事到什麼程度，但他累積了許多種經文、經文評論、歷史和文法書籍以及希臘文獻。修道院聘請了三位能把希臘文翻譯成拉丁文的知名僧侶來效力。我們無從得知維瓦留有沒有以一套正式的修道院規矩在經營，就像努西亞的本篤（Benedict of Nursia）於五二九年替他在卡西諾山成立的修道院制定了一套規矩那樣；但毫無疑問的是，維瓦留修道院的創辦人期望這裡的人和宗教活動都要遵守紀律。

卡西奧多羅斯在他那本「給基督教學者的手冊」、多年來再三修訂的《原則》（*Institutiones*）

中，列出了他對自身所處團體的期望。第一冊從實作面談發現、保存和複製文獻的要求條件。卡西奧多羅斯列出了維瓦留藏書所包含的主要經文——由熱羅尼莫（Jerome）翻譯成拉丁文的全套新約舊約《聖經》，也就是《武加大譯本》（*Vulgate*，意指「通俗」），以及其評注。他小心謹慎地解釋眾多評論者的權威性如何。奧古斯丁獲得了高評價，但三世紀的希臘神學家俄利根（Origen）就好壞參半。沒有人能懷疑俄利根的傑出，但在永恆懲罰和自由意志等主題上，他早就被宣告為異端邪說了。卡西奧多羅斯似乎有標出不應該遵循的段落。其他有提到的藏書，包括了卡西奧多羅斯贊同的神學家所寫的歷史和其他宗教著作：奧古斯丁、熱羅尼莫、令人敬畏的米蘭主教安博羅削（Ambrose）；還有二五八年在當地殉教的迦太基主教居普良。少數有記錄下來的世俗作者包括了宇宙（知名的天文兼地理學家托勒密）、農業和醫學方面的作者——主要是實作手冊而不是文獻著作。卡西奧多羅斯再三提及他希望取得的書籍。

《原則》的第二冊是博雅七藝的延伸探討。卡西奧多羅斯依循影響力深厚的奧古斯丁《論基督教教學》（*De doctrina christiana*），強調世俗知識的主要目的是更全面了解經文。*在他早期關於詩篇的著作中，他甚至主張博藝學科源自《聖經》。現在他便詳述了這種說法，特別詳細說明辯證法所使用的論證方法，所以他手下的僧侶們，就可以用一種有組織有條理的方式，來處理他們正

7　可以在James O'Donnell, *Cassiodorus* (Berkeley: University of California Press, 1969)，找到卡西奧多羅斯的完整傳記，以及對其著作的評論；本書也能在http://faculty・georgetowN.edu/jod/texts/cassbook/toc.html找到線上電子文本（一九七九年）。

*　奧古斯丁的《論基督教教學》成為了詮釋《聖經》時其中一本最有影響力的指南。

在經手的眾多書籍。《原則》又是一本有助於把博雅七藝植入中世紀教育課程的著作。在一個修道院生活越來越有影響力的世界裡，強調辯證法而不是羅馬菁英支持的傳統修辭學，是一項重要的智識轉移。

傳統上來說，卡西奧多羅斯被譽為古典時代和中世紀之間的主要橋梁。舉例來說，一八八六年時，當卓越的早中世紀史學家湯瑪斯・霍奇金（Thomas Hodgkin）介紹《文集》的譯本時，他主張「卡西奧多羅斯能夠證明他對於其所屬時代之需求有著深遠洞見、且讓他值得歐洲人永遠感激的偉大功績，就是他決心利用修道院的大量閒暇時間，來做這項神與人之學識的保存工作，以及將這些保存成果傳遞到後來」。[8]但就「傳遞」而言，這樣說就誇大了。卡西奧多羅斯的目標，反而是為了他所屬群體的教育工作提供著作資料庫——經文、經文注解以及補充手冊。更晚近的評價，如詹姆士・歐唐奈爾（James O'Donnell）詳細評述的卡西奧多羅斯生平，[9]就強調，除非世俗著作能直接用於宗教，否則他對這類著作都缺乏興趣。古代拉丁最偉大的文學才子們——維吉爾和西塞羅，就沒被收入。儘管卡西奧多羅斯營造自己的群體時，既鼓舞人心又富於機智，但歐唐奈爾看不出他有一丁點「純粹只為保存古典文化」的使命信念。除了一些從西元三一二年君士坦丁改信基督教算起的教會混合歷史，以及以五六二年為基準計算基督教曆日期的《計算》（*computus*）之外，維瓦留修道院其實沒產出原創著作。在卡西奧多羅斯死後，一度於維瓦留形成的團體很快就消失，而藏書也散失各地了。卡西奧多羅斯的一本晚期作品《論拼字法》（*De orthographia*，西元約五八〇年），[10]在訂定抄寫規則以及應避免之錯誤方面是如此詳細，以至於有人認為，那時九十幾歲的卡西奧多羅斯已經對他底下抄寫員的無能勝任感到灰心。然而，就如本章接下來將呈現的，維瓦留的其中一本書，也就是《大抄本》（*Codex Grandior*），一本完整版的《聖經》（這種完整《聖經》會被稱作全典〔*pandect*〕），將會有一段影響深刻的來生。

《文集》的第二本書裡有關博藝學科的紀錄，到頭來在第七世紀初的西班牙有著更直接的影響力。這裡信奉亞流派的西哥德人，在一個人數更多的羅馬人團體中建立起不穩定的政府。第六世紀末時，一位西哥德國王雷卡雷德（Reccared，在位期間五八六－六〇一年）改信了基督教，並在君主政體及教會間建立起緊密關係，癒合了西哥德人和當地伊比利亞人之間的種族差異。就在雷卡雷德於六〇一年過世前不久，教廷指派了一位新的賽維利亞（Seville）主教。依西多祿（Isidore）接下來當了三十五年的主教，於六三五年過世。結果來看他是一位認真投入的學者，對於當時還能取得的拉丁文獻有著豐富的認識。他產出的著作包括了經文評論、異端邪說清單、禮拜儀式研究以及基督教教父們的生平。然而依西多祿最有影響力的著作，就是他那龐大而不著邊際的《詞源》（*Etymologies*），大部分是在六二〇年代寫下的。儘管著作的大部分就如標題所言，

8　Thomas Hodgkin, *The Letters of Cassiodorus* (London: Henry Frowde, 1886), p. 58，也可在「古騰堡計畫」（Project Gutenberg）閱讀線上版：https://wwW.gutenberG.org/files/18590/18590-h/18590-h・htm

9　見O'Donnell, *Cassiodorus*。

10　這本卡西奧多羅斯的最終著作強調了維瓦留藏書室目的：正確複製文獻。內容寫道：「再會了，兄弟們；還請不吝在你們的祈禱中記得我。我寫了這篇短短的拼音指導，也針對解釋經文準備了豐富的指示。正如我企圖把你們與沒讀書的人等區分開來，也願上天的力量別讓我們和邪惡的人一起混在受罰的群體中」（*De orthographia*, 209.28）。

是關於言詞的起源，但它也是一套分成二十本書的百科全書，範圍從討論博雅七藝（第一－三冊）到法律體制，到教會、語言、地球、動物、岩石和金屬甚至造船法。[11] 簡單來說，這之中有一個企圖，是要在知識上強加秩序，但是是他說了算的秩序。其文章內容是文獻和經典殘篇的大雜燴，有一份學術評論說它「裝滿了每個主題的資訊和不實資訊，從天使到一個馬鞍的零件……一大串不做鑑別的雜亂無章小雜物」。[12] 依西多祿對於博藝學科的紀錄既明確又資料豐富，而在講天文學的那一本書裡，他把天文學和他認為是迷信的占星學區分開來。但另一方面，我們對於他所謂「高盧（Gaul）是以希臘文中意指牛奶的 gala 來命名，因為高盧人都很白」，或者「葡萄酒會叫 vinum，是因為它替靜脈（vena）重新添加血液」的看法，該要有什麼意見呢？

依西多祿的一名門徒主張，「古代藉著他替自己取回了一些東西。」[13] 的確《詞源》包含了本來恐怕要佚失的古代作者精華，但這些精華看起來似乎不是取自原始文獻，而是取自已被節選過的二手資料。依西多祿直接引用幾十年前卡西奧多羅斯的《原則》，但在古代「異教徒」作者的著作方面，看起來似乎還完整可得的，就只有老普林尼（Pliny）的《自然史》（一本來自羅馬時代、和本書類似的彙編集）以及四世紀學者多納圖斯（Donatus）的文法著作。我們可以確定依西多祿有直接讀到作品的基督教作者，就只有愛發牢騷的經文翻譯學者熱羅尼莫，以及奧古斯丁。至於其他資料來源，也就是出自約兩百位作者共四百七十五項的引用條目，看起來是隨機挑出來填入文章需求的。

然而《詞源》廣為流傳。在幾十年內，幾乎每一間修道院圖書館都可以找到本書，而今日還有超過一千份手稿留存下來。隨著印刷術發明，很快也出現了新版本。有人認為這是中世紀除了

《聖經》之外最多人閱讀的書籍。依西多祿甚至出現在但丁（Dante）的《神曲》（*Divine Comedy*）中，跟著那些在天國的人一起現身。這樣的吹捧有一部分是因為依西多祿寫下了簡單可理解的拉丁文，但最主要是因為《詞源》似乎提供了一次針對人類知識總和的權威性調查。但在兩個層面上，這樣的吹捧非常慘烈。首先，許多不同學科裡存在的千奇百怪迷思，都在它的幫助下保存了近一千年之久；第二，而且更關鍵的是，有人曾假定本書所取材的古籍本身並不需要保存，所以有上百種倖存至當時的文獻後來就沒再被重新抄寫過。當教宗若望保祿二世於二〇〇〇年認真提議將（當時已經叫作）「聖依西多祿」*的他封為網際網路的守護聖者時，就被罵得更難聽了。但從依西多祿散布錯誤素材這方面來看，這位波蘭教宗的提議似乎就變得十分恰當，即使這不是他的本意。

漸漸地，拉丁文被人們當作學術、行政、法律和商業交易的語言保存下來。多虧了羅馬帝國的廣闊無邊，拉丁文成了唯一能通行全西歐的書寫溝通語言。不

下頁：八世紀的《阿米亞提努抄本》宣稱是在呈現工作中的卡西奧多羅斯，後面還有一整櫥櫃的抄本。

11「賽維利亞的依西多祿」的《詞源》曾出版過一本評論的版本，由Stephen Barney, J. A. Beach, W. J. Lewis and Oliver Berghof編譯（Cambridge: Cambridge University Press, 2006），而我在以下的資訊中多半仰賴他們的序論。

12 L. D. Reynolds and N. G. Wilson, *Scribes and Scholars: A Guide to the Transmission of Greek and Latin Literature*, 4th ed. (Oxford: Oxford University Press, 2013), p. 85.

13 說這話的是布勞略主教（Bishop Braulio），他在依西多祿於六三六年死後編輯了依西多祿的著作清單。引自*The Etymologies* (ed. Barney et al.), p. 8, note 10的序言。

* 依西多祿在六五三年封聖，離他死去還不到二十年。

過，在拉丁文大幅消失且由盎格魯－薩克遜人統治的不列顛島，拉丁文到了此時反而是一種外文，從來沒成為羅馬帝國一部分的愛爾蘭情況也類似。而羅馬帝國原本的領土——義大利、伊比利半島和高盧則發展出現在所謂的「羅曼語族」（Romance languages），而拉丁文成為特權菁英的專利。當然，教會在把拉丁文當作書寫語文散播出去以及維持拉

丁文水準上，都發揮了顯著的作用，尤其是在各修道院裡。早在六世紀時，《聖本篤準則》（*Rule of St Benedict*）就要求僧侶每日閱讀，且應該就是選讀拉丁文文獻。

會在八世紀初成為基督教歐洲智識首府的那間修道院，就位在英格蘭東北由盎格魯－薩克遜人建立的諾森布里亞王國（kingdom of Northumbria）之中。在六六四年的惠特比教會會議（Synod of Whitby）中，諾森布里亞教會採用了羅馬曆而非凱爾特曆決定復活節，藉以承諾效忠羅馬。十年後，也就是六七四年時，艾吉弗里斯王（King Ecgfrith）把威爾茅斯（Wearmouth，在威爾河〔River Wear〕上）的一塊地賞賜給一位頗負盛名的諾森布里亞貴族班尼狄克特・畢斯科普（Benedict Biscop），要他成立一間修道院。有越來越多出土自盎格魯－薩克遜人統治之英格蘭的考古證據證明，七世紀的修道院常常出現在原本是皇家屯墾地的地方。[14] 畢斯科普已經在法國南方普羅旺斯外海的萊蘭（Lérins）群島修道院立過誓，所以他已準備好要監督威爾茅斯這間修道院的興建工事，還額外監督了另一間位於附近雅羅（Jarrow，在泰恩河〔river Tyne〕上）的修道院，並同時主持兩院院務。他已經備妥了書籍、法衣和石匠、玻璃匠，都是在前往羅馬與歐陸的多趟旅程中所蒐集來的。到了六八五年，兩間修道院都已經準備好迎接僧侶入駐。

就如這個例子所顯示的，許多修道院仰賴皇家或者貴族的恩庇。他們需要土地來養修道院與

---

14 這一點在 John Blair, *Building Anglo-Saxon England* (Princeton, NJ, and Oxford: Princeton University Press, 2018)，頁一三一至三八有所強調。這本由本學門知名權威所撰寫的高明著作，獲各界一致稱讚為本主題最全面的調查著作。Janet Nelson 在 *King and Emperor: A New Life of Charlemagne* (London: Allen Lane / Penguin, 2019) 的第二章，‘Family Stories Charles Might Have Known’，觸及了查理曼的歷代祖宗和他們所興建的修道院之間的關係。尤其要看頁四二的引言。

院內僧侶，而贊助者則獲得人身安好、武運昌隆、政權平順的祈禱作為回報。如果統治者當初沒能把基督教和自己的政治目標加以調和的話，上述這一切都不可能發生。這種調和得要回溯至西元三一三年的那個關鍵時刻，也就是羅馬帝國西部的皇帝君士坦丁透過（與羅馬帝國東部的皇帝李錫尼〔Licinius〕一同簽署的）米蘭敕令，給予基督教宗教寬容與保護支持的時候。儘管學者們仍在爭辯他的動機，但後來記載中促使君士坦丁改信基督教的催化劑，[15]也就是在關鍵的攻克羅馬城之戰開始前，天空出現十字架寫著拉丁文「In hoc signo vinces」（「憑此徽號，你可征服」）一事，讓戰爭成為了散播基督教的正當手段。沒過幾十年，米蘭主教安博羅削，便主張「這裡沒有戰鷹，沒有鳥兒飛在前頭引領我們的大軍，只有主耶穌祢的名，以及給祢的崇拜」。[16]在逐步開展的基督教社會裡，其中一個不尋常的矛盾，就是在戰場上讚美一個被羅馬士兵釘死在十字架上的人，來激勵同一群士兵。拉文納總主教小堂（Archiespiscopal Chapel in Ravenna）內，約於西元五〇〇年完成、把耶穌畫成羅馬戰士的馬賽克鑲嵌畫，和《舊約聖經》多處內文提到的「有復仇之意的神對其敵人施以敗戰」十分相符。拉文納的馬賽克畫畫出基督和一頭獅子及一條爬蛇激鬥，這很明顯是在指《詩篇》的第九十一篇。儘管人們懷疑《新約聖經》的〈以弗所書〉（Epistle to the Ephesians）並非如傳統說法是由保羅親自撰寫，但它在第六章（第十一節）確實包含了強大的戰爭象徵，例如在「要穿戴神所賜的全副軍裝」以及「用公義做護心鏡遮胸」等詞語中。

儘管諾森布里亞的奧斯瓦爾德王（King Oswald of Northumbria，在位期間六三四－六四二年）個人生活十分聖潔，但他仍呼喚上帝在戰役中助他一臂之力，而當他在馬瑟菲爾德戰役（Battle of Maserfield）中與異教徒麥西亞人（Mercians）戰鬥而死時，他死去的地點就成了朝聖地點，而崇拜他的風潮則散播到全歐洲。* 二〇〇九年一位金屬探測員在斯塔福德郡（Staffordshire）的哈莫維奇（Hammerwich）找到一批美不勝收的七世紀盎格魯－薩克遜金銀珍寶，其中絕大部分都是軍用物件，包括了一個設計成可以帶上戰場的神龕的一部分。那上頭有來自《民數記》（*Book of Numbers*）第十章第三十五節的刻字：「耶和華啊，求祢興起，願祢的仇敵四散，願恨祢的人從祢面前逃跑。」當查理曼（Charlemagne）的父親矮子丕平（Pippin）於七六〇年代在亞奎丹（Aquitaine）發動了毀滅征戰時，教宗保祿一世（Paul I，在位期間七五七－七六七年）寫信給丕平的兒子們：「願萬能的天主從天國賜你們勝利，並讓所有野蠻民族臣服你們腳下。」[17] 如果沒有強調這個軍事傳統有多顯著，就不可能了解基督教王權的本質、查理曼的多次征戰以及後來的十字軍運動。

當然，軍事勇武只是基督教王權的其中一個要素。《舊約聖經》裡記錄的中東各王國古代傳統，描述了會聆聽臣民，還會力抗富者、捍衛貧困者權益的正義國王。六〇一年教宗額我略一世（Pope Gregory）寫信給肯特的艾塞爾伯

下頁：比德《時間的計算》插圖，展現了指算法：個位數和十位數在左手，百位和千位在右手。大數字則是用觸碰身體部位來表示。

15 這在Clarendon Ancient History Series (Oxford: Clarendon Press, 1999) 之中由Averil Cameron and Stuart Hall編譯的*Eusebius: Life of Constantine*的第一冊，第二十至三十二章有詳細敘述。

16 出自Ambrose, *De Fide (The Exposition of the Faith)*, Book 2, chapter 16, 可於線上閱讀：http://wwW.newadvent・org/fathers/3404.htm。

* 幾年後，我很驚訝地在義大利某個阿爾卑斯山小村莊發現一個紀念奧斯瓦爾德王的聖地。

17 引文出自*Nelson, King and Emperor*, p. 86。

q̄m . x . in leua . ii . in dextera . q̄m . iii . in leua . iiii . in dexta . q̄m . iiii
in leua . & cetera usq; ad . viiii . Porro x̄ . cū dicis . leuā medio
pectori supinā adpones . digitis tantū ad collū erectis . x̄x̄ . cū
dicis . eandē pectori expansā latā suppones . x̄x̄x̄ . cū dicis . eandē pnā s; erectū pollice [[ossi quod summo pectori uocatur]] cartilagini medii pectoris inmittes . x̄l̄
cū dicis . eadē in ūbilico erectā supinabis . L̄ . cū dicis . eidē pne s;
erecto pollice umbilico inpones . l̄x̄ . cū dicis . eadē pnā femi
leuū desup cphendes . l̄x̄x̄ . cū dicis . eadē supinā femori sup
pones . l̄x̄x̄x̄ . cū dicis . eandē pnā femori suppones . x̄c̄ . cū dicis .
eadē lūbos apphendes . pollice ad inguina uerso . At u̇ c̄ . c̄c̄ . &
cetera usq; ad d̄c̄c̄c̄c̄ . eodē quo diximus ordine [[in leua . i . pectori . cartilagini . femori]] in dexta corporis parte [[dextris]]
cplebis . Decies autē centena milia cū dicis . ambas sibi manus insertis
inuicē digitis implicabis . Hic quoque numerus ut manifestius elucerent . subter
depingere studuimus .

hic desicl.

特王（King Ethelbert of Kent），勸他「藉由極其純潔的生活，藉由鼓勵、恐嚇、誘導、矯正臣民，藉由向他們展現善行典範，來強化臣民的道德」。一個基督教王權的意識形態就這麼確立起來。[18]然而，一名好君主的諸多特質中，始終有一個會是捍衛自己王國的權利。若沒有這個特質，基督教和君主政體就永遠無法在一千紀（first millennium，譯注：西元一至一〇〇〇年）那種不穩定的社會與文化團體中共存，而沒有這種共存，一直索求資源的諸多修道院也就不會擴散到各地去。

然而這邊有一個問題，是一千年後新教改革者得要面對的。耶穌和使徒保羅以及下一批後繼者，藉由活在社會中並當面演講給聽眾，甚至到了被聽眾審判處決的程度，而建立起一個基督教的模範。一千紀期間基督教散播擴張時不可或缺的傳教士，就是受到他們的激勵。相比之下，修道院的生活背後就沒有《聖經》內容的支持。耶穌遁入曠野（《馬太福音》第四章一－十一節以及《路加福音》第四章一－三節）的期間僅僅四十天：終生離群避世這種事並沒有先例可循。事實上，第一批修道院（其中許多於西元四世紀出現在埃及沙漠中）是由主教所興建，企圖控管四處流動且通常不服管教的苦行僧；其手法是鼓勵他們安頓下來擔任隱士，或者定居在群體中。儘管修道院花了將近兩百年才會先在希臘教會然後在拉丁教會中發展出比較正式的機構，但它很快就成為基督教的其中一種顯著風貌。[19]中世紀修行主義是自我否定的極致行為，一個人所能夠做到最接近模仿基督自我犧牲的行為。而在耶穌釘死於十字架上約五百年後，「努西亞的本篤」於五二九

18 本文引自比德《英吉利教會史》第一冊，第三十二章。Nelson, *King and Emperor* 的頁七〇至七一對於基督教王權（在此處的例子是查理曼的父母、丕平和貝特拉妲〔Bertrada〕）周圍的儀式有著不錯的描述。

年在義大利中部卡西諾山上興建的修道院，則是被視為西方修行主義誕生的象徵。

修道院相當獨立於外部監督，在大部分的例子中，它們依循的是一套清楚說明自身群體生活原則的規範。所有修道團體成員都得強制遵行獨身主義並嚴守個人清貧，其中許多人還得與世隔絕——至少也要隔絕在修道院建築內，除非院長准許他們旅行。讓僧侶可以露天運動又能維持隔絕的迴廊，是在八世紀出現的。它在接下來的幾個世紀裡，提供了修道院院內格局中最和諧融洽的部分。西方修道院最有影響力的規則，是由「努西亞的本篤」所擬定、並由教宗額我略在其著作《對話錄》（*Dialogues*）中所支持的規則。此規則把管轄權給了主持修道院的院長，並以祈禱、學習和工作為基礎，為社群生活建立了模範。在雅羅－威爾茅斯（Jarrow-Wearmouth）修道院，本篤的規則似乎是人人皆知，但只是被當成指南而已。到了十世紀時，這套規則已經廣為全歐洲採用。

就如日後那些成為傑出教士——甚至教宗——的僧侶寫下的紀錄所揭露的，其實是有機會擺脫修道院的隔絕。已知班尼狄克特・畢斯科普就曾六度來回羅馬。這些靠著雙腳或騎馬的獨行旅者，沿著日漸損壞的羅馬道路網長途跋涉，是有些令人感動。儘管這些朝聖之旅的文字紀錄很罕見，但在相隔甚遠的群體間居然有如此多的互動，卻是十分驚人的事。就連孤立島上的英格蘭盎格魯－薩克遜人諸王國，也和歐陸有著持續聯絡。有鑑於太多早期手稿是用各個巡迴四處的抄寫員自己的在地方式所寫下，或者是直接從外國原稿抄寫複製下來，因此，學者研究的其中一個挑戰，就是找出手稿最初是在哪裡寫下的。接下來所要描述的、在諾森布里亞所寫下的《阿米亞提努抄本》（*Codex Amiatinus*）手稿，就欺騙了早期的學者，讓他們以為那是在義大利寫的。而偉大的古英語史詩《表沃夫》（*Beowulf*）則是以丹麥為背景。

在紀錄中，畢斯科普帶回許多聖書來充實自己的藏書庫，不只從羅馬，也從法國倖存的手抄本中取得。我們知道其中一本的身分——來自卡西奧多羅斯那間維瓦留修道院藏書庫的《大抄本》。《大抄本》是熱羅尼莫四世紀那本拉丁譯本《武加大譯本》的全典。然而，它並不是最終版本。熱羅尼莫的《舊約聖經》是從《七十士譯本》（*Septuagint*）這本把希伯來原文翻成希臘文的譯本再度翻譯來的。他後來進一步完成了直接譯自希伯來文的譯本，而畢斯科普也有接觸到這本書。《大抄本》一回到諾森布里亞，就被用來當作複寫出三份《武加大譯本》的基礎，不過如今是改以熱羅尼莫的最終翻譯為本。其中兩本已經佚失，但還有一本不尋常的倖存本，是八世紀初由畢斯科普的下一任修道院長切奧弗里斯（Ceolfrith），從雅羅－威爾茅斯再度帶回到羅馬，「當作給聖彼得的禮物」。然而切奧弗里斯在路上過世，而這本《大抄本》看來從未抵達羅馬。它最後反而流落到了托斯卡尼（Tuscany）的阿巴迪亞薩爾瓦多（Abbazia di San Salvatore）修道院，有可能是因為，切奧弗里斯死後，他的同伴繼續前往羅馬，但在路上動搖了，所以把它留在那兒安放保管。因阿巴迪亞修道院所在的阿米亞提山（Monte Amiata）而得名的《阿米亞提努抄本》（*Codex Amiatinus*），是留存至今最古早的全本《武加大譯本》。對《阿米亞提努抄本》的研究顯示，卡西奧多羅斯的一些原始圖文有被直接複製下來，所以能確認與維瓦留修道院的關聯。[20]

19 見Thomas Noble and Julia Smith (eds.), *The Cambridge History of Christianity: Volume 3, Early Medieval Christianities, c.600-1100* (Cambridge: Cambridge University Press, 2008), chapter 13, Anne-Marie Helvétius and Michael Kaplan, 'Asceticism and its Institutions'。

希臘和羅馬的大圖書館曾仰賴紙草卷這種較便宜的文字保存方法，但在歐洲，紙草卻變得越來越罕見。這種材料在阿爾卑斯山以北的貿易似乎於七世紀末終結，正好就是在雅羅跟威爾茅斯的修道院成立時，儘管說梵諦岡晚至十一世紀都還能拿到貨。所以，用特別處理過的小牛、綿羊或山羊皮所製成的羊皮紙，就取而代之。對《阿米亞提努抄本》做的細密檢驗，區分出七種不同的手筆。有人估算，這七位抄寫員應該工作了大約十年，才完成了本書的一千零三十頁或張，而那應該用上了約五百一十五頭小牛的皮。很明顯地，一間由屋頂開天窗的照明來複製書籍的修道院抄寫室，非得要有大塊的牧地供其使用，事業才有可能發達。只有最富有的修道院才撐得住一間藏書庫和抄書室。書本身就是威望之物，而且相當昂貴。根據記載，切奧弗里斯院長曾拿八「海德」（hide）的地，也就是足以支撐八戶人家的土地來交換單一本手抄本，儘管說是一本「鬼斧神工」的書。因為需要的資源如此之多，所以居於優先處理地位的，不可免地是禮拜和基督教研究所需的文字。「僧侶們盡責地複製古希臘羅馬作者著作」的浪漫化觀點仍然很普遍，但當羊皮紙如此珍貴的時候，很難看出他們除了出於功利主義外，還有什麼理由會給世俗文獻一丁點優先複製的權利。

* * *

六八〇年，一位七歲男童進入了威爾茅斯的修道院；他到七三五年死去為止，都會以那裡為生活中心。早期中世紀社會的一個特色，就是家長會把小孩送去修道院，去當致力於宗教生活的「奉身者」（oblate）——常常就一輩子在那兒與世隔絕。這是一種普遍的做法，而且是打算避免貴族家產被兒子們瓜分。就所知，威爾茅斯的這名奉身者比德（Bede）從未離開過英格蘭北部，但後來被稱作「年高德劭者」的他，卻因學術研究享譽全歐洲。[21]他能夠進入可能是英格蘭最頂尖、也是歐洲其中一間最頂尖的藏書庫（估計有兩百份文獻），而他更是欣然著手研究該藏書庫的著作。就如其傑作《英吉利教會史》（*Historia ecclesiastica gentis Anglorum*）的結論中所寫的：「學習或教學或寫作，總是令我滿心歡喜。」[22]然而，我們對比德的日常生活幾乎一無所知，只知道他過著一名投身於修道院群體例行公事的沉思者會依循的生活模式。不過，當院長切奧弗里斯於七一六年帶著《阿米亞提努抄本》前往羅馬卻一去不回時，他確實看來大受打擊。還有其他事也讓他灰心。在一封寫於七三五年、就在他過世前幾個月，給正要前來的約克主教埃格伯特（Egbert）的苛刻信件中，他大力抨擊了那些濫用職權或怠忽職責的主教和神職人員。[23]許多神職

20 它現在存放在佛羅倫斯的麥地奇家族圖書館，老楞佐圖書館（Biblioteca Laurenziana）。二〇一八年，《阿米亞提努抄本》相隔一千三百年首度回到英國並在倫敦大英圖書館（British Library）展示，能看到這本龐大的彙編書籍實在令人感動。Christopher de Hamel的*Meetings with Remarkable Manuscripts* (London: Allen Lane / Penguin Books, 2016)，頁五四至九五有一章談《阿米亞提努抄本》寫得非常好。有次造訪阿巴迪亞薩爾瓦多修道院時，Hamel發現了一個聖物盒，而這也可以追溯至諾森布里亞王國，並主張這些東西屬於同一批打算獻給教宗的禮物。

21 Scott DeGregorio (ed.), *The Cambridge Companion to Bede* (Cambridge: Cambridge University Press, 2010)，可以找到扎實而豐富的比德介紹。

22 《英吉利教會史》有許多版本可供取得，如Penguin Classics的Leo Sherley-Price譯本（一九九〇年），以及Oxford Classics的Leo Bertram Colgrave譯本（二〇〇八年）。這裡的引言出自該著作最後的自傳補充。

23 信件文字的英譯收入J. McClure and R. Collins的《英吉利教會史》（Oxford: Oxford University Press, 1994）譯本中。不論是因為大限將至還是多年來修道生活的與世隔絕，總之比德看來憂煩不已。

人員始終不夠精通拉丁文，而無法履行他們的宗教義務，而比德記述了自己得要替他們翻譯拉丁文的情況，連《使徒信經》（*Apostles' Creed*）這麼基本的文獻也得由他翻譯。

《英吉利教會史》是比德至今最知名的作品，但他另外還寫了超過四十本著作，在過去三十年間獲得學者更仔細的研究。比德就像之前的卡西奧多羅斯一樣，優先處理了經文的研究與詮釋。書中有對福音的評論，也對《舊約聖經》相關的一些書籍做了評論，甚至還評論了奧古斯丁對使徒保羅書信的評論。儘管這些詮釋聖經的著作很難懂，但我們還是可以從比德對他們的注解，來更深入地了解他的看法。有一份對比德著作的整體分析做出了一個最有趣的發現，那就是他對「塞維亞的依西多祿」的印象逐漸幻滅。一開始他仰賴這位西班牙主教當他的資料來源，但到了晚年，他對他的著作卻抱持深刻批評。比德說，他不要「讓小孩子學到不真之事，到了我死後還在這東西（指《詞源》）上白費工夫」。[24] 當他還是引用了依西多祿的文字時，舉凡提到古典資料來源處都被他削去，只用了提及基督教的資料來源。

比德的興趣延伸到了神學以外。住處比鄰河口又能遠眺海洋的他，會察覺到潮汐以及潮汐受月球影響的程度。即便如此，他最關注的還是宗教禮拜年，而他開始執著於要把自然世界的節奏和教會的曆法連結起來。他因此盡可能地研究了自然現象，可說是當初目標外的無心插柳。他甚至準備要重寫世界的時間序列，把基督的誕生放在上帝創造世界的三千九百五十二年後。在他關於這主題的三本著作中的最後一本《時間的計算》（*The Reckoning of Time*，約七二一－七二五年）裡，他把太陽和行星的運動編入了一個精巧的時間序列，企圖修正復活節的日期，也就是一種 computus（譯注：拉丁文的「計算」，專指基督教計算復活節的特殊方式）。《時間的計算》證實了希臘人所發現的「地球是球體」（可能是早至西元前六世紀就由畢達哥拉斯發現）說法，有流傳到中世紀（而依西多祿也認同這說法）。而該書格外珍貴的地方，在於它似乎記錄了比德教導較年輕僧侶的實際課程。[25]和托勒密、希帕恰斯或阿基米德等過往偉大科學人相比，這些課程的內容基礎許多，但美國歷史學家大衛・林德柏格（David Lindberg）在《西方科學的諸多起始》（*The Beginnings of Western Science*）中承認，比德「在一個自然研究屬於邊緣冷僻活動的時代，重新彙編並保存了既有的科學知識」。他「強烈影響了歐洲人對自然的認識，以及歐洲人對自然的想法」。[26]

《英吉利教會史》有一個道德目的。在獻給七二九年成為諾森布里亞國王的切奧沃夫（Ceolwulf）的前言中，比德明白地闡述：

> 歷史應該談善人和他們的善性，認真思考的聽者會受其激勵模仿善行；它應記錄缺德者的惡劣下場，正是那虔誠真摯的讀者會在激勵下避免有害不當之物，而他會更加謹慎追求那些他已知在上帝眼中是善良而愉快的事物。

24 在Faith Wallis翻譯的比德《時間的計算》（Liverpool: Liverpool University Press, 1999）那篇傑出序言（p. lxxxi）中，引用了這段話並提出了觀點。

25 《時間的計算》從容不迫地列出其內容，先從測量時間的方法開始，然後探索各種曆法，以及到比德他所處時代為止的「人類時代」。因此人們通常把它當作是教學手冊。

26 David Lindberg, *The Beginnings of Western Science*, 2nd ed. (Chicago and London: University of Chicago Press, 2007), p. 158.

接著他藉由列出資料來源來宣告自己的學術優勢。他試著讓自己盡可能地可靠。他的典範是四世紀歷史學家優西比烏（Eusebius）的《教會史》（*Historia Ecclesiae*），此書從最古早開始講起基督教教會的故事，把那講成是一段邁向世界終獲救贖的進程。比德會使用他的資料來源和書信來往，來講述尤利烏斯・凱撒（Julius Caesar）率領羅馬入侵後的英格蘭故事，但專注於英格蘭從「肯特的艾塞爾伯特王」及其臣民於五九七年因僧侶奧古斯丁而改信基督教，直到他自己這時代為止的基督教化進程。比德敘事的重大時刻，包括了諾森布里亞殉教國王奧斯瓦爾德以及惠特比教會會議（六六四年），這兩件事讓諾森布里亞與羅馬教宗權力牢牢相連。即便比德在研究大部分的英格蘭時，只能取得有限的小部分資料來源，尤其西英格蘭方面更是付之闕如，但《英吉利教會史》按部就班的努力以及內容的連貫一致，仍然不同凡響。和更早先前中世紀歷史學家寫的那些短暫年鑑相比較，他提供了一種往往能扣緊劇烈演變的敘事。[27]當然，敘事假定的終結點是羅馬基督教（而不是凱爾特基督教）的勝利，從一開始就寫得清楚明白，而且，就和中世紀宗教敘事常見的慣例一樣，比德把奇蹟的紀錄也包含進去，好幫助他的故事說下去；但儘管如此，中世紀早期歷史學沒有哪本著作能與之並駕齊驅。《英吉利教會史》依舊是盎格魯－薩克遜歷史中最佳的當年資料來源。它的名聲響遍各地：比德廣受加洛林（Carolingian）王朝尊崇，也有人主張在歐陸各藏書庫發現的《英吉利教會史》手抄本，數量就跟在英格蘭找到的一樣多。在十二世紀一間典型的修道院藏書庫裡，這些手抄本被排在與諸教父手抄本同等的地位。[28]

然而在八世紀時，學識品質和文獻保存的水準仍然不穩定。有將近五百份西元七五〇年以前的手抄本，在曾經是羅馬帝國高盧的地方保存下來，因而能夠加以調查。他們使用各式各樣的字母，選擇不一定好讀的各種不同字體和複雜筆法：「大部分的書寫用了不典雅的字母，粗糙的安色爾字體（uncial）或者充滿連字的小寫，讓任何筆法的形貌都大異其趣……拼音令人困惑。」[29]因此，抄寫員複寫時常常出錯，然後又把錯誤傳到每一份新的複本上。拉丁文書寫體本身就常常模糊難解。舉例來說，六世紀的歷史學家「都爾的額我略」，就在他那本《法蘭克人史》的拉丁文中，發明了他自創的格詞尾以及特異的拼法。後來的抄寫員試著修正這些地方，讓額我略的原意變得不甚明確。在其他例子中，文獻和書中彩飾圖案相比反而成了次要之事。這些早期手稿的研究權威克里斯多福・德・哈梅爾（Christopher de Hamel）就注意到，即便是令人驚嘆的《凱爾斯書》（*Book of Kells*），一套可追溯至西元八〇〇年、彩飾圖案華美的四福音書，都是「福音書文字的一份粗劣墮落的見證」。[30]儘管字母清楚而端正，但文章本身卻是熱羅尼莫《武加大譯本》被更古老拉丁版本「汙染」之下的混合物，而其中有一些文字似乎還是取自那些抄寫員自己的童年回憶。這些在不列顛或愛爾蘭某間修道院創造的「孤島」福音書文獻，是極其傑出的藝術成就，在

27 John Burrow的 *A History of Histories* (London: Allen Lane, 2007)，把比德放在他的時代脈絡中，並在第十五章‘Bede: The English Church and the English People’，解釋他優於同代人的地方。

28 DeGregorio (ed.), *The Cambridge Companion to Bede*中有一章，‘Bede and the Continent in the Carolingian Age and Beyond’，是Joshua Westgard談比德的影響力，寫得相當不錯。

29 Rosamond McKitterick (ed.), *The New Cambridge Medieval History: Volume 2* (Cambridge: Cambridge University Press, 1995)，由David Ganz所寫的第二十九章，‘Book Production in the Carolingian Empire and the Spread of Caroline Minuscule’，頁七九七。源自羅馬經文的安色爾字體，在四至八世紀的手抄本中可說無所不在。這種字體是全大寫，和後來小寫的卡洛林小草書體成對比，但因為詞之間沒有空格所以很難讀。

30 Hamel, *Meetings with Remarkable Manuscripts*, p. 128.

它們呈現希臘原文之拉丁譯本的方法中展現了多種變化。它們是有威望的實體，是設計來給人那樣地崇敬，而不是做文獻研究用。

同時，拉丁口語已開始與菁英拉丁語有所分歧，而教堂也只得認可這情況。八一三年的都爾會議（Council of Tours）下令神職人員布道時不得使用正式拉丁語，而是要用會眾能聽懂的語言（相對於羅馬語言〔lingua Romana〕的鄉下語言〔lingua rustica〕）。學者們把這看作是法語隨著較古老語言的衰敗而誕生的一刻。到了八世紀時，複製手稿的傳統就逐漸消逝了。軍事支出的需求，導致贊助者變賣修道院的土地，使得修道院關門大吉，僧侶流散各處，而抄書室則空空如也。用研究加洛林王朝的學者吉爾斯・布朗（Giles Brown）的話來說就是：

> 製作書籍的資源所剩不多。從特許狀和學位證書可以證明拉丁文的標準已經下降到了一個需要警戒的程度。在這樣的背景下，外加實在沒什麼跡象顯示還有人在複製手抄本並持續產出新著作，如果太強調這時代學識和文化活動的延續性，就會顯得不太明智。[31]

人們常忘記「西方文明」的倖存在八世紀有多岌岌可危。有沒有誰能拯救它呢？這便是下一章的主題。

---

31 出自Giles Brown, 'The Carolingian Renaissance,' McKitterick (ed.), *Carolingian Culture*, chapter 1, p. 8。

2

查理曼恢復了學識的專業

他的口才實在太好，好到簡直像是雄辯術的教師。他極其熱心地耕耘博藝學科，滿心敬意地支持那些教導博藝的人，並授予他們極大的榮耀……國王花了很多時間勞力在祖籍薩克遜的阿爾琴（Alcuin）身上，他是那時代最偉大的學者，研究修辭學、辯證法，尤其還有天文學；他學會計算，並用來調查最神奇的天體運動。

出自艾因哈德（Einhard），《查理大帝傳》（*Vita Karoli*）

比德死後沒幾年，一個有資源和決心來鞏固並拓展學術、並挽救學術免於滅絕的帝國興起，使得西歐徹底改觀，但這純粹是個偶然。墨洛溫王朝（Merovingian dynasty）統治法蘭克王國（Francia）已經好幾個世代，但七二〇年代它遭到王國總管（或稱「宮相」）鐵錘查理（Charles Martel）從王室內部取代。鐵錘查理曾於七三二年的普瓦捷戰役（Battle of Poitiers）中阻擋阿拉伯人進入歐洲，而他的兒子丕平則在查理於七四一年死後，被教宗職權承認為法蘭克王國的合法國王。當丕平於七六八年過世時，他的兩個兒子查理（Charles）和卡洛曼（Carloman）都繼承了他的位子。七七一年卡洛曼死後，查理，也就是日後人們口中的查理大帝（Carolus Magnus）或查理曼（Charlemagne），就成了唯一的統治者。身材壯碩（從遺骨中得證）、愛交際、口若懸河又有著鋼鐵般意志的查理曼，很快就開始動手擴張他的王國。[2]

第一個機會來自阿爾卑斯山另一頭。六世紀時倫巴底人（Lombard）擴散到整個義大利北部，而到了八世紀時，他們更進一步擴張，於七五一年從拜占庭手中奪下了拉文納。如今涵蓋了義大利中部大半地帶的教宗國正受到威脅，而教宗哈德良一世（Adrian I，在位期間七七二－七九五年）便向查理曼求援。在一次閃電行軍中查理曼跨越了阿爾卑斯山，拿下了倫巴底首都帕維亞（Pavia）並宣布自己為倫巴底人之王（rex Langobardorum），也因此替自己贏得了「羅馬保護者」的頭銜。未來四個世紀，查理曼的後繼者們會宣告有義大利北部的宗主權。

然而在阿爾卑斯山北方，仍未改信基督教的薩克森人（Saxons），趁機襲擊了法蘭克王國。查理曼的回應是，決心「在戰爭中壓倒不信神的異教薩克森人，並持續到他們要不是被打敗並臣服於基督教，要不就被徹底滅絕」。[3] 於是一連串的殘暴戰役就這麼開始了。大批驅逐出境以及大批屠殺囚犯都是家常便飯。由於薩克森人彼此分歧，根據個人的氏族或宗族來互相區分，到頭來要制伏他們將會難上加難。打敗一個氏族也不會一了百了，因為總是有其他氏族起身反抗。一旦一場戰役打完，查理曼就會舉辦一場大會；第一場於七七七年在帕特伯恩（Paderborn）舉行，當場會以被俘的薩克森人大規模受洗來宣告勝利。七八〇年代初期，《薩克森人相關規章》（*Capitulatio de partibus Saxoniae*）下令，拒絕受洗者將面臨死刑，毀壞教堂以及企圖暗中破壞基督教者也一樣。在查理曼第一場戰役的三十年後，當薩克森人終於成為查理曼帝國一分子時，這群人的傳統社會已經被破壞殆盡了。各種年鑑裡滿滿都是拉丁文意指破壞的詞語，vastare（蹂躪）、devastare（毀壞）、incendere（燒毀），顯示了遍布各地的土地損害和建築燒失。由國王、教會和貴族擁有的大型莊園，填補了這些真空。查理曼後來的征戰來到了西班牙北部，不過部隊卻在庇里牛斯山遭到巴斯克人伏擊而吃了羞辱的敗仗；* 另外大軍還向東穿越巴伐利亞來到匈牙利（異教徒阿瓦爾人〔Avars〕在敗戰後提供了大量戰利品），甚至一路到了亞得里亞海東岸（現在的克羅埃西亞）。這

1 Einhard, *The Life of Charlemagne*, trans. Samuel Epes Turner, chapter 25, 可於線上閱覽：https://sourcebooks.fordham．edu/basis/einhard.asp。

2 查理曼的傳記多不勝數。Rosamond McKitterick, *Charlemagne: The Formation of a European Identity* (Cambridge: Cambridge University Press, 2008)，詳細觀察了當年的資料來源。現在又有傑出的Nelson, *King and Emperor* 加入行列。Nelson的書在他的序章中對該時期的資料來源做了評判。Chris Wickham的權威之作 *The Inheritance of Rome: A History of Europe from 400 to 1000* (London: Allen Lane / Penguin, 2009)，第十六章 'The Carolingian Century, 751-887'，以及第十七章 'Intellectuals and Politics' 對這主題也很有洞察力。

3 引文出自Matthias Becher, *Charlemagne* (New Haven and London: Yale University Press, 2003), p. 60。這殘暴的方針是在西元七七五年一月一場皇家大會上宣布的。

* 廣為人知的中世紀史詩《羅蘭之歌》就是根據這場七七八年八月發生在龍塞斯瓦耶斯隘口（Roncevaux Pass）的敗仗所寫成，當時查理曼的邊境守護者羅蘭（Roland）陣亡。

karolus
magnus
Annis·14·

些戰役造成的毀壞沒那麼大，但到了七九〇年代時，查理曼已經建立了一個大帝國，足以宣稱和東邊的拜占庭帝國平起平坐。但那些七、八世紀被阿拉伯人入侵領土而損失慘重的拜占庭人，仍把他當成像蠻族那樣對待，而令他十分厭惡。

證明了自己是奉了教會之名且牢靠的異教毀滅者之後，現在就到了查理曼和教宗權力鞏固關係的時候。當哈德良的教宗繼任者良三世（Leo III）和羅馬貴族起了衝突（紀錄顯示他遭到伏擊還被痛打一頓）時，他有十分充分的理由召喚「羅馬的保護者」來援助。西元八〇〇年耶誕日當天，良三世在梵諦岡聖伯多祿大教堂（St Peter's Basilica）為查理曼加冕，封為「羅馬皇帝」。* 當皇帝從羅馬獲得了神聖權力時，古代的帝國傳統便在此復活，只是說現在是從教宗而不是從元老院取得。（有一份紀錄提到了查理是怎麼樣地「獲得教宗以對古代諸皇帝的慣例方式致敬，而貴族〔patricius〕這個名字被捨棄，他被稱為皇帝以及奧古斯都」。）拜占庭因為自己的羅馬帝國繼承者角色被除名而十分光火，同時也擔心查理曼進一步擴張到他們仍掌握的義大利南部地盤，但他們沒什麼抗議手段。因為兒子被謀殺，而在拜占庭首都君士坦丁堡掌權的伊琳娜（Irene）女皇，因為已經名譽掃地，而可以被忽略。實質上來說，帝國的王位當時是空著的。儘管

前頁：查理曼不斷出現於歐洲人日後的想像中；阿爾布雷希特・杜勒（Albrecht Dürer）的畫作推定為1512年繪製。

* 傳說中查理曼加冕時跪在上頭的那塊圓形的「帝國」斑岩，仍然可以在羅馬聖彼得大教堂的中庭看到（Nelson, *King and Emperor*, recounts the ceremony, pp. 380-85）。

教宗們宣稱對所有不分東西兩地的基督徒都有最高領導地位，但拉丁教會和希臘教會的關係現在徹底決裂，到了一〇五四年時希臘和西方教會正式分裂。一二〇四年第四次十字軍運動攻陷君士坦丁堡一事，至今仍被希臘正教派基督徒認為是「暴發的拉丁教會卑鄙背叛了最初的基督教團體」而牢牢記住。

羅莎蒙・麥基特瑞克（Rosamond McKitterick）在查理曼研究著作的引言中，探索了他被後代所描述的方法。[4]他早期被（一位當時的詩人所）讚揚的「歐洲之父」至今仍能引起共鳴；而一本在他死後沒多久就於八一四年完成的奉承傳記《查理大帝傳》，則是肯定他為「最傑出偉大的人」。[5]《查理大帝傳》作者艾因哈德是一名宮廷官員，透過自己的才華一路崛起，成為他立傳對象的親信。在他呈現查理曼的文字中，他追溯到過去那些羅馬皇帝，他們既是羅馬之敵的征服者，也是其人民的保護者。艾因哈德甚至採用了以撰寫羅馬諸帝王生平而聞名的西元一世紀歷史學家——蘇埃托尼烏斯（Suetonius，六九－約一二二年）的風格來形塑敘事。儘管人們知道查理曼很淫亂（有十九個孩子要算在他頭上，其中五個還是小老婆生的），艾因哈德還是讚揚了他的良好品德、家庭生活以及對下屬的友善。學識對艾因哈德來說極其重要，於是他理所當然地強調了查理曼的博學。然而這位皇帝在身為基督徒這件事上，和過往大多數羅馬皇帝明顯不同，而且，這位皇帝還仰賴教宗權力來任命他的頭銜並給予權威。一等到征戰事業穩定，查理曼的主要目標就成了打造基督教社會，而他不尋常的精力也就聚焦在達成這目標上。他在創造一個有效率的行政框架時的世俗權力施行，不可能和他的強行推動宗教計畫的行為切開來看。

儘管查理曼恐怕不是一位一目十行的讀者（艾因哈德告訴我們，查理曼得要上語法課），但他卻很熟悉奧古斯丁的《上帝之城》（*City of God*，奧古斯丁在書中比較了世俗的城市和天上的城市），並相信可以用奧古斯丁書中描述的「天國城市」做模範，來創造一個截然不同的基督教社會。為了確保他的每一個臣民都在教堂的監視下，查理曼創造了一個由大主教、主教和涵蓋全帝國的教區所構成的階級制度。他召開了教會會議來討論教會事務，並堅持神職人員要來大會聽他的要求。被稱作「教令」（capitulary）的通知——名稱來自它們起使的「章節」（chapters）——藉由派遣「巡查使」（missi）去要求地方伯爵和主教強迫施行，而發布到他的領土各處。中世紀聖徒身分和靈性方面的研究權威安德烈・沃謝茲（André Vauchez），就把查理曼的帝國稱為一個「禮拜儀式文明」。到了七八一年時，他把「約克的阿爾琴」（Alcuin of York）招募進宮；此人被艾因哈德描述為「全世界最有學問的人」，同時也是一位良師。篤信宗教的阿爾琴，協助建立了加洛林王朝政權的基調。在他的《睿智之王查理與阿爾琴的雄辯》（*De rhetorica, 794*）中，他寫到「宗教是一種為每個人說公道話的公正屬性。對上帝的崇拜、人性的法則，以及全體生命裡存在的平衡公正原理，都被保存在這種美德中」。[6]

4 McKitterick, *Charlemagne*。這是出自第一章，'Representations of Charlemagne'。

5 艾因哈德的傳記，以及後來「結巴者諾克特」（Notker the Stammerer）寫的傳記，都收入Penguin Classics edition（二〇〇八年），由David Ganz翻譯。這句話則是來自艾因哈德自己的序。

6 Kevin Madigan, *Medieval Christianity: A New History* (New Haven and London: Yale University Press, 2015)，頁八五引用了沃謝茲的話並加以討論。Nelson的*King and Emperor*在頁三一五至一八討論了阿爾琴來到查理曼宮廷的情況。關於宗教的引言來自頁三一七，是Nelson討論《睿智之王查理與阿爾琴的雄辯》的一部分。奧古斯丁《上帝之城》是當時流行的神學文章，當時每一間藏書豐富的基督教藏書庫都可以找到手抄本。

然而到了這個時候，有許多神職人員和僧侶的教育程度就是不夠好，或者拉丁文不夠流利，而無法維持禮拜儀式。查理曼和他的謀臣察覺到了這個問題。「過去這幾年常常有信件從某幾間修道院寄來——在大部分的書寫中，他們的情操是好的，但他們的語言卻很粗俗。因為他們輕忽學識，他們不熟練的語言表達起來就沒辦法不出錯，」七八四年一份教令通知如此記錄。[7]七八六年，查理曼感嘆學識已經喪失，「被我們祖先的怠惰所毀滅」，許多文獻因為複製時粗心大意而被損毀，且需要復興「博藝學科」。[8]這些資料來源談到了sermones inculti（粗野的布道）和lingua inerudita（粗糙言語）。

和查理曼最有關的政策，也就是「改正」（correctio），設想能透過一個受教育的社會，讓中央權力施行得更有效率。[9]七八九年的《一般誡令》（*Admonitio Generalis*）制定了一個艱鉅的基督教化方案，方案中神職人員要服從一個雄心壯志的改革與教育計畫。[10]「讓神職人員不只融入那些卑躬屈膝者的孩子中，也要和那些自由人的兒子們建立關係。興建起學校，讓男孩們在那裡學習閱讀。」《一般誡令》承認許多文獻已經毀壞：「小心修正每一間修道院裡和每個主教教區裡的《詩篇》、歌譜、曆法、文法，還有那些包羅萬象的書籍，因為常有人想妥當地向上帝祈禱，但他們卻因為不正確的書而祈禱得很差。」[11]文中特別強調講道的重要性。至今仍有三十二份《一般誡令》留存下來，可以證實帝國行政的效率和範圍拓展。

說來不可思議，但查理曼有可能從來都不會寫字。「他習慣把字母板和空白頁放在床上枕頭底下，閒暇時刻他就可以讓他的手習慣寫出字來；然而，因為他並未在合宜的時節開始努力，而是晚年才開始，所以他的努力難以成功，」艾因哈德如此記錄道。[12]皇帝為了實行他的改革計畫，集結了可觀的學者大隊：約克的阿爾琴、愛爾蘭的克萊孟・斯科圖斯二世（Clement Scotus II）、來自義大利的「比薩的彼得」（Peter of Pisa）和「阿奎萊亞的保利努斯」（Paulinus of Aquileia），甚至還有一個西哥德人「奧爾良的提奧杜爾夫」（Theodulf of Orléans）。他們一起讓加洛林王朝的宮廷成為書寫和智識辯論的中心。對查理曼的官員來說，只要想晉升就一定得會書寫，而這門技能也成為朝臣具備教養的標記。「漢斯的辛克馬爾」（Hincmar of Rheims, 806-882）這名日後提供了宮廷內消息的人，就不是用建築物來定義「查理曼的宮廷」，而是指宮廷中那些理性而有學問的成員。在查理曼的命令下，「博藝學科」得以復興，我們可以從他（可能是在阿爾琴的影響下）採用了波愛修斯、卡西奧多羅斯和「賽維利亞的依西多祿」支持的七藝這點看出。馬爾提亞烏斯・卡佩拉的《費羅羅吉與墨丘立之婚》儘管有著異教徒神話卻仍然被大幅研究，而這就把「博藝」更進一步牢牢嵌入中世紀的課程中。（查理曼堅持他的孩子不分兒女都得學這些博藝學科。）阿爾琴替年輕學者寫基礎教科書；舉例來說，《睿智之王查理與阿爾琴的雄辯》就是以阿爾琴和查理曼對話的形式探索辯證式論理。藉著在公眾生活中強化修辭學的重要性，羅馬菁英最重要的其中一項

---

7 這就是稱作《論耕耘文字／學識》（*De litteris colendis*）的教令集。可以在P. D. King, *Charlemagne: Translated Sources* (Bloomington: Indiana University Press, 1987)，頁二三二至二三三找到英譯。引言出自McKitterick, *Charlemagne*, p. 316。

8 McKitterick, *Charlemagne*, p. 315。

9 McKitterick把「改正」定義為把探求知識掛鉤到施行權力上。同前注，頁二九四。

10 Nelson, *King and Emperor*，頁二五八至六四全面探索了《一般誡令》。

11 引文出自McKitterick, *Charlemagne*, p. 316。

12 艾因哈德傳記的第二十六章。

技能得以保存。然而最重要的科目還是文法，四世紀多納圖斯的《小藝》（*Ars Minor*）和《大藝》（*Ars Major*）是最受歡迎的文獻。當多納圖斯著作成了一門拉丁文的學問，就必須為文章提供評注，來讓學生比較輕鬆地入門著作。

查理曼政權絕大部分的手寫資料來源都已經消失了，但已有足夠的手抄本留存下來，證明有過一個龐大的計畫，是要對外發送（好比說）福音和書信體之類的文章，以及其他特別受偏愛而要發給特定團體的著作，包括奧古斯丁的《上帝之城》、教宗額我略的《教牧法規》（*Pastoral Care*），以及《聖本篤準則》。都爾的抄書室每年產出兩本《聖經》，書中阿爾琴的前言強調了閱讀上帝字詞時要留意的地方，好讓信眾得以吸收字詞的所有恩澤。

由宮廷書稿彩飾師和抄寫員產出的文獻，至今仍是查理曼宮廷文化的主要遺產。過去人們以為這些專家集中於查理曼晚年的輝煌首都阿亨（Aachen，又譯為亞琛，位於現在德國西部靠近法國國界處），但從這個宮殿群比較晚近的發展，卻顯示有好幾個不同門派的抄寫員。[13] 引發這種情況的很明顯是查理曼。最重要的結果是專注在正確的書寫拉丁文上（據說查理曼就算不會寫拉丁文，卻還是很會講拉丁語）。對身為盎格魯－薩克遜人的阿爾琴來說，拉丁語是一種外國語言，但他寫了一份文章，說明了偉大演說家西塞羅的拉丁語常規，而西塞羅的拉丁語已被人們視為正確性基準。（艾因哈德在他那本傳記中也採用了西塞羅的拉丁文。）「卡洛林小草書體」（Carolingian minuscule）這種易讀（詞中間有空格）且書寫速度較快、後來成為複寫文獻統一媒介的文字，

下頁：查理曼位於阿亨的豪華禮拜堂，於八世紀晚期興建，是以拉文納的聖維塔教堂（Church of San Vitale）為模範。

PROPTER VOLUNTATEM
UM PERPETUI DECORIS STRUCTURA MANU
DE TUTUM STABILI FUNDAMINE TEMPLU

其發展歷程的背後似乎也有阿爾琴的影子。比較大的大寫字母繼續留下來作標題，而這種文字的一個特色就是使用不一樣的大寫和小寫字型，來凸顯新文獻的起頭。這也讓講道的人更容易暫停下來，並了解要在哪邊替一段朗讀做結論然後重新開始。大寫變得越來越精緻，對閱讀這些倖存文獻的讀者來說，是值得讚賞的其中一個地方。到了八〇〇年時加洛林小草書體已經從帝國抄寫員散布到了全法國；它被各大修道院的抄寫室所接受，接著還遠遠傳到了盎格魯－薩克遜人統治的英格蘭。根據一項估計，到了西元九〇〇年時有將近五萬份的複製文件是以小寫所產出，其中有七千份留存到了今日。[14]

許多本來會佚失的古典作者著作，就因為當成範例而復活了。企圖重建查理曼皇家藏書樣貌的研究顯示，在那些抄本中有許多西塞羅的演說、維吉爾《埃涅阿斯紀》和《農事詩》（*Georgics*）的摘錄（全部文獻的八分之一被編成一本有插圖的手抄本，現在收藏於梵諦岡的圖書館），薩盧斯特（Sallust）的歷史，盧坎（Lucan）寫的羅馬共和國內戰，尤維納利斯（Juvenal）的諷刺文學和詩人賀拉斯的五百行詩，還有文法著作。[15] 到了九〇〇年時，有多達七十位古典時代作者的文獻獲得複製，而查理曼的圖書館當年想必還陳列了更多著作。九世紀末帕紹（Passau）教區那位有學者風範的主教厄曼力克（Ermenrich），就知道盧克萊修、維吉爾、賀拉斯和奧維德（Ovid）的作品。六百年後的人文主義者，依舊能從修道院發掘出沒有另行記錄但有在八和九世紀複製過的倖存古籍。許多文藝復興時期的學者猜測它們是羅馬帝國原典，而初期的印刷者也帶著敬意採用這些手抄本。簡單來說，名符其實的加洛林王朝文藝復興，因為創造了得以留存並成為當代版本之基礎的文獻複本，而有著關鍵作用。「正確複製」這個舉動，本身就創造了一種學術精確的傳統。

這方面的一位傑出貢獻者是費里耶爾（Ferrières）修道院院長盧布斯（Lupus，約八〇五－八六二年）。盧布斯有意識到文獻是多麼容易在複製時毀壞，所以每份文獻他都拚了命地盡可能多取得一點範例，好讓他組合出一份權威本。就這方面來說，他是十五世紀人文主義學術研究的先驅。[16]

當然，大部分留存下來的文獻都是宗教著作，其中許多是很奢華的產品。加洛林宮廷所留存下來最早的插圖手稿，是七八一至七八三年的《戈德斯卡爾克福音書》（*Godescalc Evangelistary*），那是一冊美輪美奐的福音書，在一位法蘭克抄寫員戈德斯卡爾克的監督下彙編而成。就如一部配得上「文藝復興」時期的文獻那樣，它採用了許多更早期的風格，從凱爾特彩飾傳統到拜占庭風格都有。* 另一本圖像精美的加洛林時代文獻，現存於維也納帝國圖書館（Imperial Library）的《達戈夫聖詠經》（*Dagulf Psalter*），是以金字寫成，而且似乎曾是查理曼送給教宗的一份禮物。這些珍寶不只本身巧奪天工，文字也被人們鑽研，以深入了解查理曼自己對

---

13 見McKitterick, *Charlemagne*, pp. 347-50，這裡探索了本問題。Nelson, *King and Emperor* 在頁三五六至五九討論了在亞琛興建皇宮的事。

14 B. Bischoff, *Latin Palaeography: Antiquity and the Middle Ages*, trans. David Ganz (Cambridge: Cambridge University Press, 1990), p. 208. 比較圖可見本書頁九五至一〇〇。

15 McKitterick, *Charlemagne* 有兩個不錯的章節在談這個：'The Court Atelier'，頁三五〇－六三，以及'The Royal Library'，頁三六三－七二，詳細談論了這情況，還附上清單。

16 八三〇年盧布斯在一封寫給艾因哈德的信中，稱讚了查理曼在復興學識方面的成就，但整體來說他比較悲觀。「這些日子裡，那些追求教育的人被認為是社會的負擔……因此人們逃避這神聖事業，有些人是因為其知識沒有獲得適當的回報，其他人則是因為害怕不受人們尊重。但對我來說，知識很明顯就該要為了求知而求取。」*The Letters of Lupus of Ferrières*, trans. Graydon Regenos (The Hague: Martinus Nijhoff, 1966), Letter 1, p. 2。

* 目前它在巴黎的國家圖書館（Bibliothèque nationale）。一本福音書（evangelistary）只包含了《四福音書》的節選。

於在阿亨那間豪華禮拜堂進行的禮拜儀式之宗教偏好。

就如本章開頭引言所述，查理曼可說求知若渴，而他在阿爾琴那邊上的「課」留下了一些紀錄。這些紀錄想必是反映了宮廷學者之間的討論基調。資料來源顯示，有過很熱烈的知識辯論，尤其是在神學問題上。歷史學家克里斯・威克姆（Chris Wickham）甚至主張「知識分子在九世紀西方世界的政治實踐中，可說從此開始在整個中世紀裡都十分重要，或者可說再也不曾如此重要」。[17]在蘇格拉底和柏拉圖的辯證法之後，會有一段問答的時間。即便受奧古斯丁的《論基督教教學》的影響，使知識的地位一直比理解經文來得低，還是有人針對天文學、時間的意義（利用比德的《時間的計算》）以及神學功用進行辯論。有一份留存下來的文獻是星座圖畫書，根據其原作者——西元前三世紀的天文學家「所羅伊的阿拉托斯」（Aratus of Soli）而命名為《阿拉提亞》（*Aratea*）；而最終傳到我們手上的，是西元四世紀原書的九世紀複製本。《阿拉提亞》中有著不同凡響的宇宙插圖，圖中顯示太陽、月球、火星、木星和土星繞著地球，但水星與金星繞著太陽。十六世紀第谷・布拉赫（Tycho Brahe）會讓這個想法重生。[18]儘管有紀錄顯示，該不該使用這種「異教」文獻曾經造成氣氛緊張，但查理曼旗下的學者大多接受它們的實用性。他們使用老普林尼（Pliny the Elder）《自然史》的摘錄來解釋天文學。有三十八份年代從九到十二世紀的《自然史》手抄本留存至今，這顯示辯論擴散到了其他學識中心。音樂和韻文是另外兩種獲得熱切支持的領域。[19]九世紀初擬定在聖加侖（St Gall，在今日瑞

下頁：維吉爾《埃涅阿斯紀》罕見的四世紀文書。迦太基女王蒂朵（Dido）在婚姻女神朱諾（Juno）前獻上祭品，希望她的愛人埃涅阿斯能留在身邊。注意此處全大寫且詞間無分隔的安色爾字體。

PRINCIPIODELUBRAADEUNT·PACEMQ·PERARAS
EXQUIRUNT·MACTANTLECTASDEMOREBIDENTIS
LUCIFERAECERERIPHOEBOQ·PATRIQ·LYAEO
IUNONIANTEOMNIS·CUIUINCLAIUGALIACURAE
IPSATENENSDEXTRAPATERAMPULCHERRIMADIDO
CANDENTESUACCAEMEDIAINTERCORNUAFUNDIT·

Quoniamquidem
multi conati sunt
ordinare narra
tionem quae in
in nobis comple
tae sunt rerum
Sicut tradiderunt
nobis qui ab ini
tio ipsi uiderunt
et ministri fue
runt sermonis
uisum est et mihi
adsecuto a prin
cipio omnia
di licenter ex or
dine tibi scribe
re optime theo
phile
ut cognoscas eorum
uerborum de qui
bus eruditus es
ueritatem
Fuit in diebus
herodis regis iudae
sacerdos quidam

nomine zachari
as de uice abia
et uxor illi de fi
liab aaron
et nomen eius eli
sabeth
erant autem iusti
ambo ante dm
incedentes in om
nib mandatis et
iustificationib
dni sine quae
rella
et non erat illis
filius
eo quod esset eli
sabeth sterilis
et ambo proces
sissent in die
bus suis
Factum est autem
cum sacerdotio
fungeretur za
charias in ordine
uicis suae ante dm

LUCAS TENET ORA IUBENCI
LEGIS
PERITUS
TEMPTANS ILLUM
EXTOLLIT
VOCEM QUAE
DAM MULIER
DE TURBA

士境內）興建新修道院的知名計畫，證明了這時期的人是理解比例和幾何基礎概念的。[20]

對八和九世紀的藏書清單所做的分析，非常適合用來觀察記錄修道院學識的進展。[21]許多修道院的起源並沒有好好記錄下來，但很明白的是，有少數大規模興建事業收到了加洛林皇室或頂尖貴族的大量贊助。沒有這筆贊助，這些修道院很難讓抄書室全日運作，也無法提供足夠的動物皮來製造羊皮紙。相較之下，大部分修道院成立時根本沒幾本書。八世紀前半的藏書庫並沒有將書籍和其他財物分門別類，而最早的幾份清單顯示，他們要不以書本抵達時間排序，要不就把特別珍貴的排前面。所以烏茲堡（Würzburg）的藏書庫就把一本比德本人用過而備受尊崇的《使徒行傳》（*Acts of the Apostles*）排在清單上三十六本書的第一位。到了九世紀初，有明顯的跡象顯示正式的分類系統出現了。在康士坦茲湖（Lake Constanc）上賴謝瑙島（Reichenau）的本篤會修道院，經文被放在最前面，接著是經文評論，特別是奧古斯丁、熱羅尼莫或額我略的評論。其後是約瑟夫斯（Josephus）的歷史書（《猶太戰史》〔*History of The Jewish War*〕和《猶太古史》〔*Antiquities of the Jews*〕），接著有一個區塊是法典。這之中就包括了羅馬皇帝狄奧多西二世（Theodosius II）於四三八年彙編的知名法典，但也有來自「蠻族」法典的法條，以及由查理曼公布的法條。有一塊醫學專區，另一塊是禮拜儀式，接著一塊給語法和課本。每個區塊裡面作者都按照年分排序，然後作者的每一本書則是依書名列載。在離賴謝瑙島不遠、且在製書事務上與鄰居緊密合作的聖加

前頁：由本篤會僧侶奧古斯丁於596年帶至不列顛、而成為該島改信基督教之前奏的福音書上，繪有使徒路加。為信眾講經時，會在安色爾經文的每一節結尾停頓一下。

侖本篤會修道院藏書庫，展現了一種精巧複雜的書目組織方法——詳細記錄了哪些書佚失、送出去複製，或散置於修道院教室內。上頭甚至有「需求」清單。到了九世紀末，聖加侖的圖書館已經擁有了由三百九十五篇著作製成的兩百六十四份抄本。極其富有的（且卡洛林小草書體有可能就是在這裡發明的）洛爾施（Lorsch，在德國中偏南部）皇家修道院的八百三十本藏書目錄，還包含了每本書的內容描述。藏書庫的歷史區炫耀自己藏有約瑟夫斯、優西比烏（Eusebius）、比德和羅馬歷史學家李維（Livy）的著作。它的古典文獻蒐集品包括了羅馬演說家西塞羅的著作。到了十世紀時，洛爾施被公認是基督教世界的最佳藏書庫，而在查理曼掌權期間編著的《洛爾施福音書》（*Lorsch Gospels*）留存了下來（但很遺憾地如今已拆成數份），作為其抄書員水準的見證。*

查理曼死於八一四年。一九四〇年代晚期德國歷史學家所陳述的（且要到一九六〇年代才翻譯成英文的）傳統觀點，也就是查理曼帝國在九世紀初就便已衰落的觀點，已經遭到修正。這位

---

17 Wickham, *The Inheritance of Rome*, p. 411. Jane Nelson主張，亞琛的宮廷發起了亞里斯多德思想和神學之間的辯論，日後將成為十三世紀一大特色。「像這樣的情況已經好幾個世紀沒有發生，而且在中世紀中期之前，在主教學校之外也不會真的重現。」Nelson, *King and Emperor*, p. 446。Nelson在頁四四七至四八記錄了一段學者針對美德本質的討論。

18 Hamel, *Meetings with Remarkable Manuscripts*, chapter 4，頁一四〇至八八針對《阿拉提亞》做出了傑出的討論，並附有插圖。

19 見Christopher Page的權威著作*The Christian West and its Singers* (New Haven and London: Yale University Press, 2010)。

20 關於這個知名計畫的討論，見http://wwW.stgallplaN.org/en/index_plaN.html。

21 藏書清單方面，我大量使用了McKitterick, *The Carolingians and the Written Word*, pp. 165-210, chapter 5, 'The Organization of Written Knowledge'。另見Michael Lapidge, *The Anglo-Saxon Library* (Oxford: Oxford University Press, 2006)，強調了這時期大部分修道院藏書室的內容是多麼有限。

* 這本福音書現在拆散收藏於羅馬尼亞的巴提亞南圖書館（Batthyaneum Library）、梵諦岡博物館和倫敦的維多利亞與艾爾伯特博物館（Victoria and Albert Museum）。

MATHEUS
Matheus sicut primus ponitur in ordine
Iste euangelium in iudea primus scripsit cuius
uocatio ad dominum ex publicanis actibus fuit

HAEC SUNT Cap. I.
NOMINA
FILIORU
ISRAHEL
QUI INGRES
SI SUNT IN ij
AEGYPTU
CUM IACOB
SINGULI
CUM DOMI
BUS SUIS
INTROIE
RUNT
Ruben. symeon. leui. iuda. issachar. zabulon
et beniamin. dan et nepthalim. gad et aser.
Erant igitur omnes animae eorum quae egres
sae sunt de femore iacob. septuaginta quinque

皇帝的精力似乎到他一生的最後幾個月都還完好如初，也有足夠的證據證明，他在最後那幾年裡還積極參與了行政工作。即使他的帝國在接下來幾十年間分崩離析，但他的後繼者給予修道院的保護贊助，可以說以另一種形式延續了他的遺產。然而，把中世紀早期歐洲的藏書庫放在一個更廣泛的文化脈絡中，仍然有其啟發意義。十七世紀的摩洛哥作者馬卡利（Ahmed Mohammed al-Maqqari）在回顧十世紀的哥多華（Cordoba）時寫道，據說哈坎二世哈里發（Khalif Al-Hakam II）的藏書庫有將近四十萬本書，而且城中有「許多其他由富人自行掌控的藏書庫，好學的人可以投身於深不可測的知識之海，並把價值連城的珍珠帶上來」。[22]和西班牙南部以及地中海南岸、東岸的阿拉伯文化相比，西歐依舊是一片死氣沉沉。而且在文化上領先歐洲北部同行的，還不只南邊東邊的伊斯蘭社會而已。在早期基督教歷史的紀錄觀察上做得比近期任何一位學者都更多的彼得・布朗（Peter Brown）注意到，尼羅河中游索哈傑（Sohag）的白修道院（White Monastery）是如何在穆斯林攻克此地許久後，「靠著千本細心製作的羊皮紙書冊，讓黑暗時代西歐的各藏書庫顯得渺小。」[23]即便如此，研究加

前頁：起頭字到了八世紀晚期會成為文章精心裝飾的特色，而文字本身則是精準而容易辨識，就如我們在美妙的《凱爾經》（*Book of Kells*，上圖）中看到的那樣。

西元約830至840年的《格蘭德瓦爾聖經》（*Grandval Bible*，下圖）中，《出埃及記》的起頭見證了從大寫轉變為較好寫的「加洛林」小草書體的變化。

22 引文出自Patrick Hughes, *Dictionary of Islam*，一八八五年版重印（Canada: Indigo Books, 2004），頁一〇八。

23 Peter Brown, 'A World Winking with Messages,' *The New York Review of Books*, 20 December 2018，頁五三之評論。

洛林學術的頂尖權威羅莎蒙・麥基特瑞克還是強調了拉丁文地位所帶來的鞏固作用，強調它在讓人一探古典時代及古老知識時提供了多麼牢靠的取用途徑，以及幾個世紀以來成為一種通用語言的功用，尤其在知識辯論時格外重要。由英格蘭製造或由英格蘭持有的、年代早於一一〇〇年且留存至今的一千三百份文獻中，就只有兩百份裡頭有古英文。詩歌是唯一一種以地方話留存下來的文學。[24]簡單來說，「加洛林王朝給予未來世代的是……『過去不只重要，而且是需要守護、保存、增補、充實並傳遞下去的無價寶藏』的這種信念。」[25]西元八〇四年當阿爾琴不久於人世時，他講起了他那位於阿亨的「小房間」：「在你之中，可以聽見教師們和藹的聲音，正用神聖的口吻詳細解釋著智慧眾書。」[26]在這政權的一整片腥風血雨和強迫改信之間，有一種學術傳統被保存了下來。

單一名世俗統治者以及他選出的學者們成就了加洛林王朝在學識方面的「文藝復興」，他們把基督教當一個媒介使用，透過這媒介讓文獻保存和基礎教育的啟發得以發生。在此之前，教會本身儘管持有不少具影響力的文獻——最主要是那些出自奧古斯丁和教宗額我略的文獻，卻無法成為一股連貫的力量來散播學識。基督教的地方傳統，與服從世俗統治者或權貴的富裕修道院共存。事實上，基督教群體當時是在「遵循標準規則」和「民間宗教表現方式」之間難以抉擇。在這種情況下，他們成為拓展西方心智的行動者的條件有多好呢？

---

24 Andy Orchard, 'Language, Literature and Learning', Claire Breay and Joanna Story (eds.), *Anglo-Saxon Kingdoms, Art, Word, War* (London: British Library, 2018), pp. 36-37. 這是二〇一八年大英圖書館舉行的盎格魯－薩克遜手抄本大展的展出內容目錄。

25 McKitterick (ed.), *Carolingian Culture*, chapter 11, Rosamond McKitterick, 'The Legacy of the Carolingians,' p. 323.

26 引文出自Nelson, *King and Emperor*, p. 394。

3

一千紀晚期基督教群體的一致性和歧異性

戴上上帝的全副武裝，你或能對抗惡魔的詭計。因為我們不是在與血肉之軀爭鬥，而是與公國、與強權、與當前黑暗裡的世上統治者、與邪惡精神力量在天堂爭鬥……

聖約翰・卡西安（St John Cassian，西元三六〇－四二五年）[1]

傑出的歷史學家理查・薩爾森（Richard Southern）在《中世紀西方社會與教會》（*Western Society and the Church in the Middle Ages*, 1970）中，描述中世紀教會是「世界有史以來把宗教思想和實踐最精細徹底融為一體的體制」。[2]這種過於籠統的評價，早就被更近期的學術發現所取代。薩爾森設想了一個可以順利在其上施加一套思想體制、以至於歧異性會被消除的靜態社會。就如接下來將看到的，這想法完全忽略了中世紀歐洲的知識和宗教生命力，以及中世紀教會內的分歧爭議。過去，人們可以用眾多不同的方式來表達宗教方面的靈性感受，他們也確實這麼做過。就連在加洛林王朝時期，神學家對於宿命論、基督與聖父的關係、靈魂的本質、崇拜偶像和聖物的正當性，以及惡的真實性等未解決的問題，也有過熱烈的爭辯。[3]那段時期最優秀的哲學家，出生於愛爾蘭的愛留根納（Eriugena，約八一五－約八七七年），就以高超的水準奮力處理自由意志和決定論的問題。在接下來的幾個世紀裡，不管「異端邪說」到頭來有多難定義，人們都還是會越來越費心關注。同時，存在於教區神職人員、與世隔絕的僧侶和大批一般信眾之間的絕對屏障，讓人很難把「宗教思想和實踐」看成是「融為一體的」。

儘管人們普遍假設「西方文明」以基督教價值為基礎，卻少有人去探索這些價值是什麼，特別是因為中世紀早期的歐洲是以範圍廣泛的宗教忠誠為特色。就如本章開頭引言所顯示的，各個基督教社會是在一個被惡質力量所煩擾的世界中一一現身的。在西羅馬帝國垮台之後的動亂時代，當生活水準低落且人群遷移產生大破壞的情況實在太常見時，*基督教身為一個救民於水火的關鍵中心，其力量是不容小覷的。對許多人來說，教會主要是一道屏障，抵擋了潛伏於黑暗角落的凶惡恐怖。《聖經》有支持這種想法的內容。甚至到今日英國聖公會的晚禱歌都會包含撫慰人心的《詩篇》第九十一篇：「你必不怕黑夜的驚駭，或是白日飛的箭，也不怕黑夜行的瘟疫，或是午間滅人的毒病。」

西元一○○○年時，西方基督教內有兩種主要的緊張關係，在整個中世紀期間都不會消失。第一種緊張關係，是介於地方基督教和教宗當局。歐洲就是太廣大了，地方文化活力太充沛，而其世俗統治者又太有野心，讓教宗的權威無法形塑人們的宗教態度，更別說轉變人們的宗教態度了。那些（多半有好幾個世紀都）曾屬於羅馬帝國的地區，其文化歷史和那些從未屬於羅馬的就非常不同。因此，總是有充滿活力的五花八門地方基督教傳統，讓宗教統治集團感到不安，特別是吸引了成千上萬朝聖者的眾多聖地。[4]第二種緊張關係，出現在教會的財富（其最露骨的展現，就在於獨立修道院）和其宣稱的理想之間。儘管有許多神職人員樂於享有大量資源和特權，但這種對基督教會的明顯背叛，卻惹毛了其他人。基督教改革者痛批教會的腐敗以及其神職人員的放縱無知。他們的成功會仰賴教宗的支持或者個別改革者的個人號召力，但到頭來教會的保守主義實在太強大，而其威權架構一直到宗教改革運動為止都還完好無缺（而對天主教徒來說，這威權

1 聖約翰・卡西安（c.360-c.435），*The Conferences* (New York: Newman Press, 1997)，出自第八冊。卡西安因為把東方修行主義帶給歐洲而受人尊敬。

2 Richard Southern, *Western Society and the Church in the Middle Ages* (Harmondsworth: Penguin Books, 1970). 這段引文是該書第一章的頭一句。

3 見McKitterick (ed.), *Carolingian Culture*所收入的John Marenbon's論文'Carolingian Thought'，關於基督教神學的章節，頁一七九－八三。

* 參見維京人襲擊英格蘭修道院的慘烈紀錄。

4 見Charles Freeman, *Holy Bones, Holy Dust: How Relics Shaped the History of Medieval Europe* (London and New Haven, CT: Yale University Press, 2012)。信眾對在地信仰的重視程度似乎遭到低估。聖地提供了中世紀社會大部分的繁忙熱鬧，也絕對有著宗教活動「另類」中心的功用。

架構還延續到了今日）。就如我們將在第十六章看到的，許多基督徒在遠早於十六世紀的更久以前，就已經讓自己的宗教生活和教會機構脫鉤了。

自從狄奧多西皇帝於三九〇年禁止異教崇拜之後，基督教就宣稱自己是唯一的真正信仰。這就把猶太人隔離到經文的啟迪之外，即便二世紀時基督教就把過去屬於猶太人的希伯來經文內容挪為己用；用基督教的說法就是《舊約聖經》。到了一〇〇〇年時，有幾種基督徒效忠行為的普遍特色融入了中世紀教會生活；除了當然會有的「以浸禮進入基督教群體」之外，還加上聖餐儀式，最終還補上另外五項聖禮。[*] 禮拜活動以彌撒的禮拜儀式為中心，過程使用拉丁文，再搭上一段使用地方話的講經。

有人猜想，基督徒明白知道他得要相信什麼，但那猜想恐怕過於輕率。[5] 儘管早期基督徒支持過猶太版的《創世紀》，講述上帝從既存的材料中創造出秩序，但二世紀時，「由一位崇高至高的上帝『從無到有』（ex nihilo）創造世界」的教義取而代之。當神學家們企圖把這種發展和希臘哲學調和起來時，就證明了這樣的發展有一點重要。[†] 原本，亞當和夏娃這頭兩個人類活在樂園裡，但因為他們的罪而被上帝逐出。根據神學家、北非希波城的主教奧古斯丁（三五四－四三〇年）的說法，這個「原罪」藉由性交一代傳一代，也就令性行為蒙羞。因此每個人都是上帝所創造的原初配偶的劣化形態。上帝給予亞當和夏娃的優質已永久貶值。這和希臘的概念天差地別；在亞里斯多德著作中最全面探索過的希臘概念，認為人類可以自由地達到幸福（eudaimonia），一種能夠理性思考的能力有著主導地位的旺盛狀態。智識上的信心要經過很長一段時間才會恢復，可能一直要到湯瑪斯・阿奎那（見第八章，頁二七七－八八）的亞里斯多德派神學出現時。

多年後，上帝之子耶穌基督來到地上，透過他在十字架上犧牲而扮演了救世主。他成立了向苦惱的人類承諾得救的教會。四世紀時，經歷了激辯之後，皇帝狄奧多西宣布三位一體教義，即聖父上帝、聖子耶穌和聖靈合為本質同一的三人。在三八一年的君士坦丁堡公會議上，這教義獲得了教會的背書，而其他各種三人關係架構全都被宣告為異端邪說。[6]接著，帝國於三九〇年代徹底禁止所有異教崇拜，而猶太人也逐漸地從公眾生活中被驅逐出去。

奧古斯丁也是在此時現身，成為對「定義拉丁基督教」做出最多貢獻的人。[7]儘管奧古斯丁有一位基督徒母親，他卻是透過曲折的途徑才進入基督教；他在著名的《懺悔錄》（*Confessions*）中精湛地探索自己這段歷程，而該書也是西方文學其中一本最優秀的自我追求式自傳。他這個人爽朗又愛追根究柢，他的講道扣人心弦（特別是因為他在改信基督教之前是米蘭的城市演說家），到現在仍有許多人覺得他是無窮盡的神學靈感泉源。他十分仰賴柏拉圖，或者說更特別仰賴三世紀柏拉圖主義哲學家普羅提諾的上帝概念，用普羅提諾自己的說法就是「太一」。這位上帝主宰了奧

* 天主教教會的另外五項聖禮是堅信禮、懺悔禮（告解罪惡）、婚禮、病者塗油，以及「聖秩聖事」，讓人藉由此程序獻身於神職。

5 在Noble and Smith (eds.), *The Cambridge History of Christianity: Volume 3*, 'Christianity: Books and Ideas' 章節中，收入了很有價值的文章。

† 舉例來說，亞里斯多德就相信世界是永恆存在的（見第八章，頁二七〇－七一）

6 見Freeman, *ad 381*，我在該書中描述了狄奧多西發布三位一體教令，並把這教義當作天主教教會正統神學來強迫施行的過程。

7 寫奧古斯丁的傳記很多，但一般認為最佳作品是Peter Brown, *Augustine of Hippo: A Biography*, rev. ed. (Berkeley: University of California Press, 2000)，特別是因為Brown能敏銳地察覺奧古斯丁的內心複雜度。我往往會使用Penguin Classics edition（二〇〇二年）之中由R. S. Pine-Coffin翻譯的《懺悔錄》，但還有其他版本，品質就參差不齊。

古斯丁的想像——祂的存在是無法逃脫的。

儘管受普羅提諾啟發，奧古斯丁始終還是有原創力的思考者，從自己的內在感受打造獨到的神學。

或許要到十七世紀的笛卡兒（Descartes），哲學家才會再度如此倚重自身存在來當作建立真實的基礎。他就是這樣遠離了希臘人沉迷了三個世紀的神學公開爭議。他甚至連希臘原文的四福音書和保羅書信都沒辦法讀，更別說通曉其後相關辯論的細微之處。[8] 當他開始研究三位一體這個基督教最核心教義時，他不可思議地居然發現「在這主題（三位一體）上能給我讀的書，並沒有以拉丁文廣泛流

傳——或許是因為讀物不存在，或者人們找不到，又或者至少是我沒辦法找到」。[9] 像這樣證明拉丁語文圈持續隔離於更精細的希臘智識圈外的生動例子，並沒有阻止奧古斯丁在接下來二十年間寫下他自己的論文，《論三位一體》（*De trinitate*）。（對未來的奧古斯丁派哲學家來說）很重要的是，他主張上帝把三位一體的知識放進了人心中，而這個真實可以透過深思來取得。奧古斯丁顯然並不知道，三八一年的君士坦丁堡公會議（Council of Constantinople）已經將談及「聖靈散發自天父」的《尼西亞信經》加以修正並頒布，因此他單方面堅持聖靈不只是散發自聖父也是散發自聖子（也就是「和子說」〔filioque〕，這個詞就是意指「和聖子」）。

[10] 當不包含和子說的尼西亞——君士坦丁堡教條（Nicene-Constantinopolitan Creed）於四三一年（奧古斯丁死後一年）的

前頁至本頁：聖奧古斯丁經歷連續數個月的懷疑後，於386年在米蘭某庭園改信，而那是西方基督教的一個歷史關鍵時刻。畫家「安傑利科修士」（Fra Angelico）在大約1430年時畫了這幅畫。

以弗所公會議（Council of Ephesus）上被希臘人確定為不可侵犯，且和子說從六世紀起加進了教義的拉丁文譯本之後，東方與西方的神學大分歧就變得不可免了。最終，教宗本篤八世（Benedict VIII）於一〇二四年正式把和子說加進了教義而讓希臘人大失所望，而那便是從一〇五四年至今的教派分裂中，雙方關係會徹底決裂的一個因素。[11]得等到十六世紀的伊拉斯謨（Erasmus）出現，豐沛的希臘神學傳統才會在西方拉丁圈中重生（見第十六章，頁五四七－五五六）。

在奧古斯丁的《懺悔錄》中，他記錄下自己面對語言無法表達他希望領略之終極現實時的無能為力及灰心挫折。他最終接受了一件事，就是自己必須服侍那位對其造物有著絕對權力的懲罰者上帝之意志。無論那些無能為力感有多少起於奧古斯丁內心，現在這些感受都被延伸出來去定義全人類的共同命運。身為亞當與夏娃「原罪」的結果，沒有誰保證能獲得救贖。這完全要看上帝的恩寵，但這可以透過教會施行的聖禮來獲得。

一場於奧古斯丁有生之年間，發生稱為「伯拉糾爭論」的大辯論，人們對於「個人是不是真的無能為力，連透過善行和虔信生活來達到救贖都不可能」的問題上怒火中燒。應該是出生在不列顛的伯拉糾（Pelagius）支持人應該具有能選擇並找到自身救贖之路的自由，但在奧古斯丁開戰對付他之後，他的看法在羅馬就被擊潰了。[12]在奧古斯丁對伯拉糾做出的種種指控中，有一個是他採用了希臘神學，這就指出了奧古斯丁現在相信拉丁基督教優於古早許多且較為精細的東方神學傳統。這又是一個促使「神學辯論日漸狹隘」以及「希臘和拉丁各自發展獨特神學傳統」的因素。在奧古斯丁的權威之作《上帝之城》的最後幾章，他得以不受約束且不屈不撓地主張，無情的上帝不給予恩寵的那些人，其最終目的地就是地獄。

奧古斯丁看法的冷酷無情，因為沒給善行一丁點誘因，而有可能威脅到道德責任的概念。他和（特別是）未來追隨他的新教改革者，在「善行是不是基督教生活不可或缺的部分」一事上顯得模稜兩可。這顯然無法令人滿意。關於自由意志的爭辯，因為有一些神學家主張個人努力有機會能克服罪，又有一些神學家主張上帝可以自行讓一些個人更樂於接受恩典，所以這爭辯就持續了整個中世紀。[13]最終有一個折衷妥協就是，接受「當上帝提供恩寵給罪人時，他們還是有接受或拒絕的自由意志」的說法。不過，對那些拒絕恩寵的人來說，他們的「原罪」就宣判它們要永遠在地獄受苦，而奧古斯丁告誡大家，這就是多數人類的命運。

沒有人否定奧古斯丁在神學方面的傑出，但傑出到了讓他成為至高主宰之後，拉丁神學就再也無法像西元三八一年（因帝國頒布命令和君士坦丁堡公會議讓爭辯噤聲的那年）之前那樣，在

8 John Barton 在他近期的著作 *A History of the Bible: The Book and its Faiths* (London: Allen Lane / Penguin, 2019)，分給奧古斯丁的頁面不過就比一頁多一些（頁三五四－五六）。這顯示的是，他作為神學家的影響力就算再大，他都沒怎麼改變我們對經文的理解。

9 這段引文是來自 Garry Wills 所寫的 'Reading Augustine's Mind'（評論 Robin Lane Fox 所寫的 *Augustine: Conversions to Confessions*）, *The New York Review of Books*, 14 January 2016, p. 71。

10 見 Henry Chadwick, *East and West: The Making of a Rift in the Church* (Oxford: Oxford University Press, 2003), p. 27。Nelson, *King and Emperor*，頁四四九至五三講述了和子說的爭辯是怎麼於八〇七年耶誕節在伯利恆進行的禮拜中突然爆發的。

11 「奧古斯丁的和子說終將在希臘神學家之間鼓勵一種對奧古斯丁神學的普遍不信任」（Chadwick, *East and West*, p. 28）。

12 伯拉糾遭到擊潰，以及伯拉糾爭議的全貌，在 Serge Lancel, *St Augustine* (London, SCM Press, 2002)，第二十八章 'Pelagius' 中有詳細描述。

13 在 *The Age of Reform, 1250-1550: An Intellectual and Religious History of Late Medieval and Reformation Europe* (New Haven and London: Yale University Press, 1980)，Steven Ozment 有一節講這講得不錯：'How Man is Saved: Theories of Salvation from Augustine to Gabriel Biel', pp. 22-42。

樂於爭論的希臘哲學世界裡成為一門自由開展的學院事業。令人意外的是，相比之下他寫耶穌基督這個人物的文字就滿少的；他偏好的是保羅那些效果顯著的書信。《新約聖經》的研究學者寶拉・弗雷德里克森（Paula Fredriksen）甚至過頭到主張「大部分的西方基督教思想，可以被看成是對奧古斯丁眼中那個保羅的一次漫長回應」。[14] 到了加洛林王朝時期，「對他（奧古斯丁）的評價可以接近於偶像崇拜」而且甚至連亞里斯多德《範疇論》的拉丁文翻譯也被歸功於他的筆下。奧古斯丁變得如此屹立不搖的一個理由是，接下來六個半世紀裡沒有哪個拉丁教會的神學家有跟他相提並論的聲望，事實上是要到坎特伯利（Canterbury）大主教安瑟莫（Anselm, 1093-1109）提出上帝存在之邏輯論證為止。（而九世紀最傑出的神學家愛留根納，後來則被宣告為異端。）就連新教改革者都受制於奧古斯丁對上帝全能的獨特了解，以及他對亞當夏娃之罪的單方面怒火。奧古斯丁深厚的影響力將會穿梭交織於本書接下來的內容中，尤其是「好奇心（curiositas）這種追求現世知識的欲望，恐怕會損害人思索神意的需求」這種看法。[15]

如果人類如奧古斯丁教導的那樣天生有罪，那麼何者為罪、何者非罪就得要有定義。把東方修行主義的理想和實踐帶入西方的聖約翰・卡西安，在他影響力深厚的《制度》（*Institutes*）中列出了八項惡行，其中包括了性方面的所有表現。[16] 愛爾蘭教會的神職人員則會使用《贖罪規則書》（*Penitential*）這種列出罪惡以及矯正每種罪惡之苦行的手冊。最重要的是，就如奧古斯丁已經主張過的，內心變得可以接觸到上帝。「讓我們細想，將要來到的那場審判會有多劇烈；它將不只審判我們的惡行，也會審判我們的每個念頭。」教宗額我略一世如此布道。[17] 這是一個至關重要的心理轉變。上帝眼前一切無所遁形。此外，教會本身定義了有罪與否。以後就有更多地方能操弄教會對信眾的控制。沒有哪個古代宗教享有這樣的權力，而這種權力的現身，標記了歐洲思想史的一個革命性發展。教會要求基督徒活在永久警戒狀態中，而這是一種古典時代所不知的情況。約翰・巴頓（John Barton）在他的經文研究中討論「《聖經》的主題」時，強調了基督教故事的戲劇成分，把《聖經》形容為「一個講災難（人的墮落）之後緊接著（基督的）救援行動的故事」。[18]

如果奧古斯丁在《懺悔錄》第八冊結尾所描寫的那一刻，也就是他在米蘭某間庭園裡面臨信仰危機的時候沒去改信基督教的話，此後的拉丁教會神學會變成什麼樣，是個值得想像一下的情況。他有些混亂的上帝概念，展現在《懺悔錄》中：

---

14 來自Fitzgerald (ed.), *Augustine through the Ages*之中，一篇由Fredriksen談論保羅的文章，頁六二一。對奧古斯丁展現「偶像崇拜」一事的評論來自Marenbon, 'Carolingian Thought', pp. 175, 179。

15 「有另一種形式的誘惑，甚至更充滿危險。就是好奇心（curiositas）的病……就是這驅使我們去嘗試，去發現自然的祕密，那些超乎我們理解的祕密，那些百無一用而人都不該希望學習的東西」（奧古斯丁，《懺悔錄》，第十冊第三十五節）。關於奧古斯丁使用「好奇心」這個詞的多種方法，N. Joseph Torchia在Fitzgerald (ed.), *Augustine through the Ages*，頁二五九至六一有著出色的討論。在這個領域上，奧古斯丁深受柏拉圖主義所影響，認為自然世界並不穩定，和上天永恆的真實相比，前者提供的只是現實的假象。因此，對自然世界的不自然興趣，這種奧古斯丁所謂的「雙眼的色慾」，就偏離了神性沉思的穩定。

16 「有八種惡習在攻擊人類。第一種是暴食（gluttony），指的是腹肚的貪婪；第二種是通姦（fornication）；第三種是貪婪（filargyria），指貪得無厭或愛錢；第四種是憤怒（anger）；第五種是心境惡劣（sadness）；第六種是懶惰（acedia），是心的焦慮或疲憊；第七種是虛榮（cenodoxia），指的是吹噓或虛飾；而第八種是驕傲（pride）。」出自聖約翰・卡西安，'On the Eight Deadly Sins'，收入*The Conferences* (New York: Newman Press, 1997), pp. 183-96。

17 Gregory the Great, *Homilies on the Gospels*，於西元五九一至五九二年布道。

18 Barton, *A History of the Bible*, p. 311.

祢總是存在，同時憤怒又慈悲，把苦楚劇痛灑在我尋找其他不受痛苦損傷者的不法快樂上……祢施以苦痛來教訓我們，祢重擊祢能夠治癒的人，且祢殺了我們好讓我們不會離祢遠去。[19]

如果沒有他，會是什麼來填補這個真空？上帝的力量和祂的審判，在歐洲思想史上還會像後來實際上那樣，成為如此主宰且擾人的一股影響力嗎？允許一個就算再怎麼傑出卻連《新約聖經》原典都沒辦法讀的人來如此深刻地定義西方神學，是種健康的情況嗎？如果沒意識到四世紀至五世紀初時還有過別種最後被捨棄的基督徒生活模式，就無法了解歐洲思想史接下來發生的大部分事情。

基督教的核心倫理難題，或許可以當成如何解決那些不信的人。儘管使徒保羅或有談到，「並不分希臘人或猶太人、自主或為奴者、男或女」(《加拉太書》第三章第二十八節)，但這句話也得等全部人「在基督耶穌裡都成為一」之後，才在基督教裡面成立。基督要求承諾，而基督徒認為那些被遺落在外的人得要用不同程度的說服方式來迫使他們得救。在本書中，我們從頭到尾都會見到基督徒用眾多方式來定義並處理那些沒許下這種承諾的人。此外，基督徒假定那些圈外人將會在地獄接受永恆痛苦處罰。這和古典希臘世界，以及斯多噶主義那種談論普世人性、且不會把精神世界與物質世界之間的關係想得那麼緊張的哲學，可以做個比較。

* * *

然而這種大一統形象實在不是基督教的真正全貌。各個群體成為基督徒的方法，以及這種基督教如何與各種先前的信仰達成一致，可說各異其趣。比較晚近的學術研究都同意上述情況，而《劍橋基督教史》（*Cambridge History of Christianity*）卷三的標題也恰好反映了這情況：〈中世紀早期基督諸教，西元約六〇〇－約一一〇〇年〉（Early Medieval Christianities. c. 600-c. 1100）。到了一〇〇〇年時，原本羅馬帝國的疆界內，有著眾多已經講了幾個世紀拉丁語的基督徒。另一方面，愛爾蘭獨具特色的凱爾特基督教，是這個從未被羅馬占領的島嶼獨自進口的宗教。自從聖派翠克（St Patrick）於五世紀開始傳教後，這個基督教就緩慢平和地從一個群體傳到下一個群體。對愛爾蘭人來說，拉丁語是外國話，不過許多神職人員倒是對教父們的文學作品產生了興趣。在不列顛島上，一個小型基督教團體於西元四〇〇年後伴隨羅馬的統治一起從島上消失，接著要到兩百年後的五九七年，基督教才因為奧古斯丁（Augustine）向肯特的艾塞爾伯特王傳教，而再度於英格蘭現身。比德告訴我們，有一萬名臣民跟著艾塞爾伯特一起改信，但他們實在無法了解這樣改變效忠對象代表什麼意思。[20]七世紀時，一個更根深柢固的基督教開始在盎格魯－薩克遜人諸王國間散布，一開始先在北方透過愛爾蘭傳教士進行，然而根據比德所言，盎格魯－薩克遜人和凱爾特人保持了距離。在歐陸的日耳曼這邊，在這片像愛爾蘭一樣從來不屬於羅馬帝國的地帶上，

19 *The Confessions*, trans. R. S. Pine-Coffin, Book 2, chapter 2.

20 奧古斯丁成了坎特伯利的第一任大主教。幾乎可以確定他把所謂的《奧古斯丁福音書》（*Gospels of St Augustine*）從羅馬帶來（目前收藏於劍橋大學基督聖體學院）。見Hamel, *Meetings with Remarkable Manuscripts*之第一章。

查理曼殘暴地強迫薩克森人信了基督教。信仰殺到時帶來的創傷經驗，應該在他們的集體記憶中徘徊不去。在更北方，丹麥於一〇〇〇年成為了名義上的基督徒，而東邊的波希米亞、波蘭和匈牙利也是如此。條頓騎士發動的波羅的海十字軍，會晚一點才來到。在義大利南部和西西里島這邊，拉丁基督教從十一世紀起，透過諾曼人統治者，把自己強行施加在定居當地已好幾個世紀的希臘人和穆斯林團體上。在西班牙，同樣也有把阿拉伯人於八世紀征服之領土從伊斯蘭手中收復的情況，其中最出名的，就是於一〇八五年奪回西哥德王國原本的首都托雷多（Toledo）。征服和改信的回憶，將會塑造西班牙人日後對待十六世紀新發現的美洲大陸居民的態度（見第二十二章）。

在地居民持續遵循那套已被吸納進新信仰的前基督教傳統做法。就如一位研究愛爾蘭基督教的學者所言：「基督教來了之後，異教神就退到了地下，但那些決定了異教英雄行動的魔法禁忌和祕訣，卻被交給了基督教諸王。」[21]許多愛爾蘭「聖人」的生存年代，似乎是在基督教根本還沒登島之前。這種情況在其他群體中也很常見。愛德華・吉朋（Edward Gibbon）於十八世紀時帶著典型的啟蒙運動式傲慢，寫下了對此表達輕視的文字：「他們（神職人員）在那一批真誠且遠古的無敵殉道者身上，添加了許多想像英雄；這批英雄在狡詐騙人的傳說想像力之外，根本就不存在。」[22]然而就是這個架構給了基督教一個靈活度，讓它能適應各種迎面而來的異教文化。在《早期當代歐洲的魔法之興起》（*The Rise of Magic in Early Modern Europe*）中，薇樂莉・弗林特（Valerie Flint）證明了某些實作法術是怎麼樣「受洗」到能納入基督信仰，進而（如另一位學者所說的）「吞沒了異教的宗教核心」。[23]有一個極端例子是，據說丹麥人承認基督，但繼續像以前一樣崇拜他們的異教諸神。英語的一週包括了奧丁日（古英語／盎格魯－撒克遜語：Wōden，也就是星期三）以及索爾日（Thor，也就是星期四），而「復活節」（Easter）則是來自盎格魯－撒克遜的神明艾奧斯特蕾（Eostre）。就如比德在《時間的計算》中所言，「他們現在用她的名字來指明那個復活時分，用歷史悠久的古老習俗之名來稱呼新儀式的喜樂。」[24]在斯塔福德郡的寶藏堆中找到的、那個令人驚訝的教會用頭飾，也是目前所知留存下來的最早頭飾，造型上呼應了羅馬異教教士所使用的頭飾。後來，人文主義者德西德里烏斯・伊拉斯謨（Desiderius Erasmus）會在著作《反野蠻人書》（*Antibarborum Liber*）中主張，如果沒有異教徒的發明，基督教當初早就該消失了。伊拉斯謨特別著重拉丁文和書寫。*

在地基督教因為舉行地方聖者的慶典而更有活力。聖人總是讓周遭的人困擾，所以當他們平安死去就算是幫了大忙。相信其遺骨可以和神靈力量共鳴的這種信仰，在四世紀基督教世界確立了地位。不管聖人是怎麼被後世人們選出來，他們在天國都比較接近上帝，而且可以幫那

---

21 Kathleen Hughes, *The Church in Early Irish Society* (Ithaca, NY: Cornell University Press, 1966), p. 7.

22 Edward Gibbon, *The Decline and Fall of the Roman Empire, Volume 3* (published in 1781), chapter 28.

23 Valerie Flint, *The Rise of Magic in Early Modern Europe* (Princeton, NJ, and Oxford: Princeton University Press, 1991)。「吞沒了異教的宗教核心」出自Alexander Murray，引用出處為Blair, *Building Anglo-Saxon England*, p. 95。關於考古證據，見Knight, *The End of Antiquity*，尤其是第六章，'The World Turned Upside Down: The Christianisation of the Gallic Countryside'，以及第三部分，'Towards New Horizons'。

24 Bede, *The Reckoning of Time*, trans. Faith Wallis, pp. 53-54.

* 伊拉斯謨的《反野蠻人書》是一部早期著作，可能是在他二十出頭時，於一四八九和一四九五年間寫成的。針對異教徒世界的價值，伊拉斯謨所提出的一個論點是，羅馬帝國的幅員遼闊，讓基督教能夠更輕易散布。

些向他們祈禱或者造訪他們聖地的人說情。在地方主教和修道院的倡議下，保有遺體之聖地獲得了源源不絕的資助，而在他們的暗中操作下，許多聖人的成就也為贊助者的野心所用。聖馬丁（St Martin）被尊崇為割下自己半面斗篷分給乞丐的慈悲羅馬士兵。他於三九七年死於羅亞爾河（River Loire）上的康代（Candes）後，遺體被往上游運，最終埋葬在都爾。他下葬之處成為了朝聖重點，而我們在序言中提過的那位歷史學家額我略主教，就為了造就朝聖重點而大肆宣揚此地。每個群體都可以擁護自己的聖人，可以是在戰鬥中被殺的基督教國王，好比說諾森布里亞的奧斯瓦爾德，也可以是身為先驅的主教，好比說三世紀的利摩日（Limoges）主教聖馬爾蒂阿（St Martial），後者的聖地變成了歐洲其中一個最富有的朝聖點。統治者會大力支持那些能提高自己宗教地位的聖人。法蘭西王路易七世（Louis VII）和聖但尼修道院（Abbaye de Saint-Denis，此處是巴黎第一位主教聖但尼的聖地）院長敘熱（Suger）的合作，促使修道院於一一四〇年代重建（也順帶促使能夠更輕易容納群眾的哥德式建築誕生），宣告了聖但尼為法蘭西的守護聖人，也宣告其教會按照墨洛溫（Merovingian）王朝以來的慣例，繼續作為皇族的安葬處。查理曼在阿亨建立了一個類似的皇家聖地，懺悔者愛德華（Edward the Confessor）也在西敏寺（Westminster Abbey）建立了聖地（而西敏寺要到一〇六五年才完工），而他的遺體至今仍埋葬於該處，英國君王也仍在那裡加冕。諸王的宗教力量提供了教宗以外的另一種宗教凝聚

點——而且可能更有影響力。

若想查明基督教在普通百姓間的散布情況，最簡單的方法就是看教堂的模樣；其中有一些由主教興建的教堂設有領洗池，其他則是地方地主所蓋的。這些教堂花了點時間，才成為一整套秩序井然的教區體制的一個個中心；但其實要到一二一五年的第四次拉特朗公會議（Fourth Lateran Council）時，教區教士的應盡職責才第一次正式化；而且更不可思議的是，要到十六世紀以及特利騰會議（Council of Trent）的規範出現，才第一次有標準化的神職人員教育體制。在一〇〇〇年時，大部分的教會都還一貧如洗，建築仍十分簡陋，但什一稅（由平信徒給教會的生產稅）的施行加上在地人士贊助，讓許多教會開始茁壯。而教會逐漸成為社交聚會、受洗、婚禮和喪禮（和其後的下葬）的中心，也對教會發展有所幫助。

相比之下，修道院獲得的資助則是格外地多。到了一〇〇〇年時，已有數百間修道院。最富有的修道院，享有由皇室或貴族創辦人給予的大片地產，其後又有地方施主追加贈送。九世紀時，加洛林王朝的聖日耳曼德普雷修道院（Abbaye de Saint-Germain-des-Prés）的地產星羅棋布地散落於環繞巴黎的七千七百平方英里範圍內。甚至連農民也會獻上土地。記錄了聖加爾修道院從七百二十年算起的兩百年內與小地主進行之交易的特許狀，有近九百份保存至今。在英格蘭，一〇八七年的《末日審判書》（*Domesday Book*）顯示，王國有六分之一的歲收來自修道院土地。威廉一世亞奎丹公爵（William I, duke of Aquitaine）於九〇九年在勃艮第地區的克呂尼（Cluny）所

前頁：一座領洗池象徵教區教堂宗教精神生活的鞏固，而圖中這座屬於諾曼時代。

成立的修道院，特別獲得了詳細紀錄。紀錄顯示，到了一〇四九年時該處進行了近三千筆買賣，還有一大堆地產、森林、磨坊和鹽場。這些收入用於興建歐洲最大的教堂，來當作克呂尼修會（Cluniac Order）的母院。然而，儘管如此龐大，這裡只供六十名僧侶居住。儘管克呂尼修會遵循聖本篤準則，通常要求每間修道院獨立自主，但此修會獨特的地方在於，母院控制了「一眾」所謂的小修道院（priory），而它們底下更小的修道院則散布歐洲各處。克呂尼修會的修道院極其獨立。它們的立會規章不讓任何世俗或宗教當局控制它們。它們只聽命於教宗，但就連他也得在僧侶同意下才能介入修會的財產。克呂尼各修道院的強大和財富引發了競爭者的強烈憤慨。

紀錄顯示，信徒出於虔誠而把土地贈與修道院（通常指定貢獻於救濟貧窮），來獲得法律或經濟的支持，或者藉以感謝修道院的協助。地方要人也會為了自己的葬身之地與紀念彌撒，而去遵守當初對自己支持的修道院所許下的承諾。在這層意義下，它們是代理者，讓人們把自己的宗教需求外包給那些獻身於祈禱的人。其結果有兩部分。首先，修道院發展為富裕的地方團體代表，許多修道院強勢到足以在精神面和世俗面去違抗地方當局。第二，財富或多或少從地主那邊轉移出去，因而損害了農業經濟的活力。大地主靠著小地主的犧牲得以扳回一城。克里斯・威克姆把八〇〇至一〇〇〇年這段年代描述成農民被「關起來」、在宗教和世俗上都受制於封建地主的年代。[25] 僧侶本來是要致力於貧窮生活，然而就如大量文件所證明的，那些掌管財產的修道院院長，可是拚了命地在保住他們的財產，而且還肆無忌憚地召喚他們的守護聖者來支持他們。在一三四〇年代的一場爭辯中，聖地位於東英格蘭巨大的「伯理聖艾德蒙本篤會修道院」（Benedictine abbey of Bury St Edmunds）的東盎格利亞（East Anglia）基督教殉教國王——聖艾德蒙（St Edmund），不可思議地出面支持修道院的獨立，反對諾威治（Norwich）主教威廉・貝茲曼（William Bateman，任期一三四四－一三五五年）將修道院納入自己控制的打算，甚至撕毀了威脅修道院土地的訴訟對手文件。[26] 儘管說有些修道院確實利用了他們的大片土地來重新組織農業生產並投入貿易，但獲利並沒有回歸社會群體。宏偉的修道院建築，以及點亮建築的燈油和蠟燭、華麗的法衣、琳瑯滿

本頁：朝聖者湧入「懺悔者愛德華」位在西敏寺的聖地；出自寫於十三世紀中、有插圖的《懺悔者愛德華生平》。

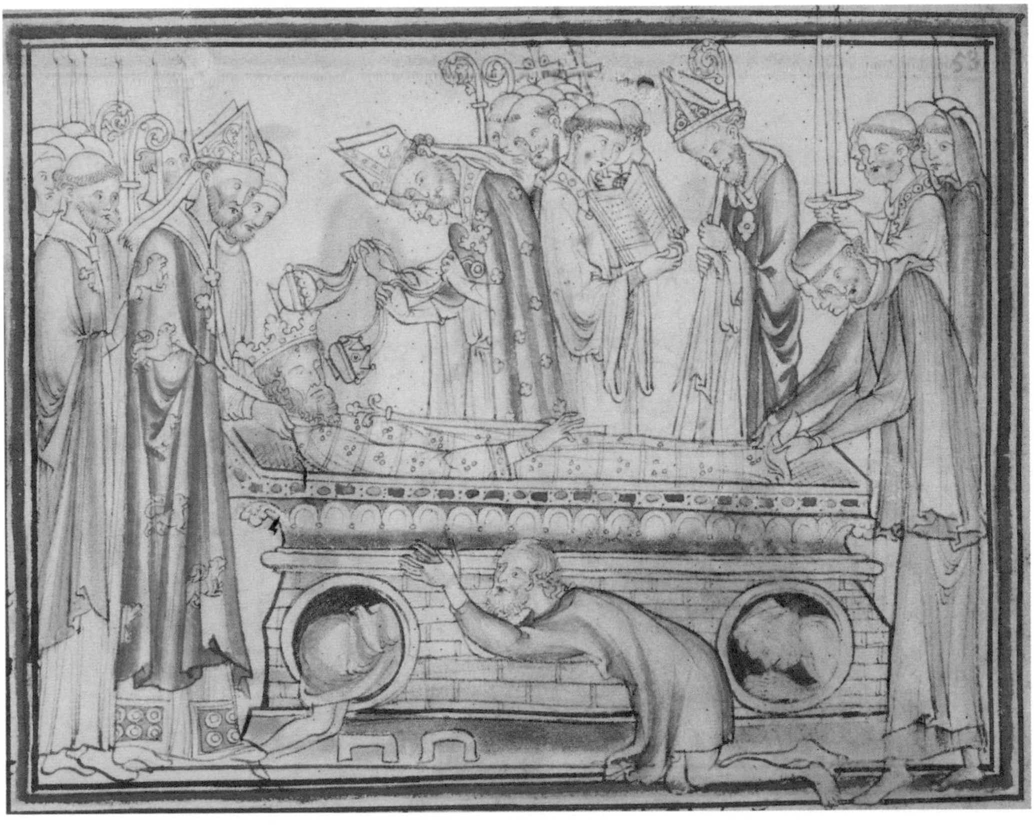

目的聖物箱，當然還有書籍以及製造書籍所需的那群人，都吸走了那些盈餘。隨著中世紀日漸發展，教會將資源傾注於興建大教堂、教堂和修道院，以及裝飾這些建築的藝術。當然，這些成果今日被當作中世紀歐洲的經典成就而備受崇仰，而那也合情合理；但當時的改革者，卻為了它們的富裕存在而感到困擾。一三二七年，伯理聖艾德蒙修道院宏偉的門樓就被鎮民洗劫了。

因此，對中世紀教會的任何評價，都必須在「身為一個富裕的機構，且透過其存在對周遭社會產生巨大的社會經濟面影響的教會」以及「作為表達及施行宗教信仰之手段的教會」之間做出區分。由於耶穌經歷了貧窮的人生並反對物質主義，因此就有了一個貫穿基督教歷史的矛盾。（貧窮者並未被忽視；必須要提一下，教宗哲拉旭一世（Gelasius I，任期四九二－四九六年）發布的一條教令，要求教會的收入必須四分之一給主教和其家庭、四分之一給神職人員、四分之一用來維持教會，剩下的四分之一則給窮人。）儘管天主教哲學家們會像查爾斯・泰勒（Charles Taylor）在其著作《世俗時代》（*A Secular Age*）[27]裡面那樣，哀嘆著社會自從西元一五〇〇年後就失去了一個無所不包的精神層面，但面對（好比說）修道院地產的經營管理方式，或者把資金轉用於教宗家族的行動，我們不可能看不出其中的世俗動機。就算世俗和精神的邊界還是難以定義好了，若是從世俗主義「追逐名利的野心和對物質財貨的著迷」的這個意涵來看，世俗主義當然是瀰漫著整個中世紀教會。這是人文主義者——亞維農教宗宮廷成員佩脫拉克的眾多抱怨之一；他認為自己所處的年代，也就是十四世紀，已經被渴望財富所消耗殆盡（見頁五一七）。就如我們將看到的，很難把中世紀社會看作是泰勒假定的那樣，在社會面以及神學面都十分穩定。

然而，在整個中世紀期間，都有人企圖奉福音書理念之名改革教會制度。十一世紀的改革者中，有一位著名人士是義大利中部馮特阿維拉納（Fonte Avellana）的僧侶伯多祿・達彌盎（Peter Damian, 1007-1072），他同時討伐了僧侶和主教的腐敗與懈怠。甚至連平信徒，也在米蘭發起一個獲得商業團體支援的宗教運動「巴塔里亞運動」（Pataria），來加入爭取改革的行列。他們的目標是不分教會或者貴族階級的權貴人士，也引發了對手的奮力抵抗。那些有娶妻或納妾的神職人員，對於他們必須守貞的要求特別憤怒。贊同改革的教宗們得介入其中，來平息席捲米蘭的動盪不安。這又是一個理查・薩爾森的評斷之所以過時的理由。像這些這樣的衝突，讓「思想和實踐融為一體的體制」不可能存在。只要「深信教會機構、教誨和財富就是上帝權力之體現的人」和「認為教會的物質主義摧毀了真正宗教熱忱與救贖希望的人」還在互相對抗，教會就永遠不可能穩定。西元一○○○年，當其他以自身想像力和儀式運作的宗教力量仍充斥各地時，當下能

下頁：九世紀期間，聖日耳曼德普雷修道院在巴黎周遭擁有大量地產。這張日後繪製的圖片，展現了它大半毀於法國大革命之前的輝煌樣貌。

25 Wickham, *The Inheritance of Rome*, chapter 22, 'The Caging of the Peasantry, 800-1000'.

26 見Rebecca Pinner, *The Cult of St. Edmund in Medieval East Aaglia* (Woodbridge: Boydell Press, 2015), p. 87。在聖艾德蒙的眾多奇蹟中，Pinner證明了支持修道院或者他手頭上聖物之尊嚴的「懲罰式奇蹟」，是怎麼被聖艾德蒙用來保護聖地。

27 Charles Taylor, *A Secular Age* (Cambridge, MA, and London: Eelknap Press of Harvard University Press, 2007)。這是這位傑出的加拿大哲學家針對一五○○年以來的世俗化所做的一次範圍廣泛到不同凡響的研究。第一章，'The Bulwarks of Belief'，從以下的問題開始：「為什麼在好比說一五○○年的時候，處在我們的西方社會中就幾乎不可能不相信上帝，但到了二○○○年時，我們大部分人不只覺得不信上帝很簡單，甚至覺得這根本不可避免呢？」接下來的論點有著難以匹敵的力量和廣度，但我仍然認為，Taylor假定一五○○年的歐洲心智是不變而循規蹈矩——這特別能從他在頁二五至二六的評估中看出。我希望本書接下來的章節可以證明，西方心智到了那一刻已經變得有多分裂。

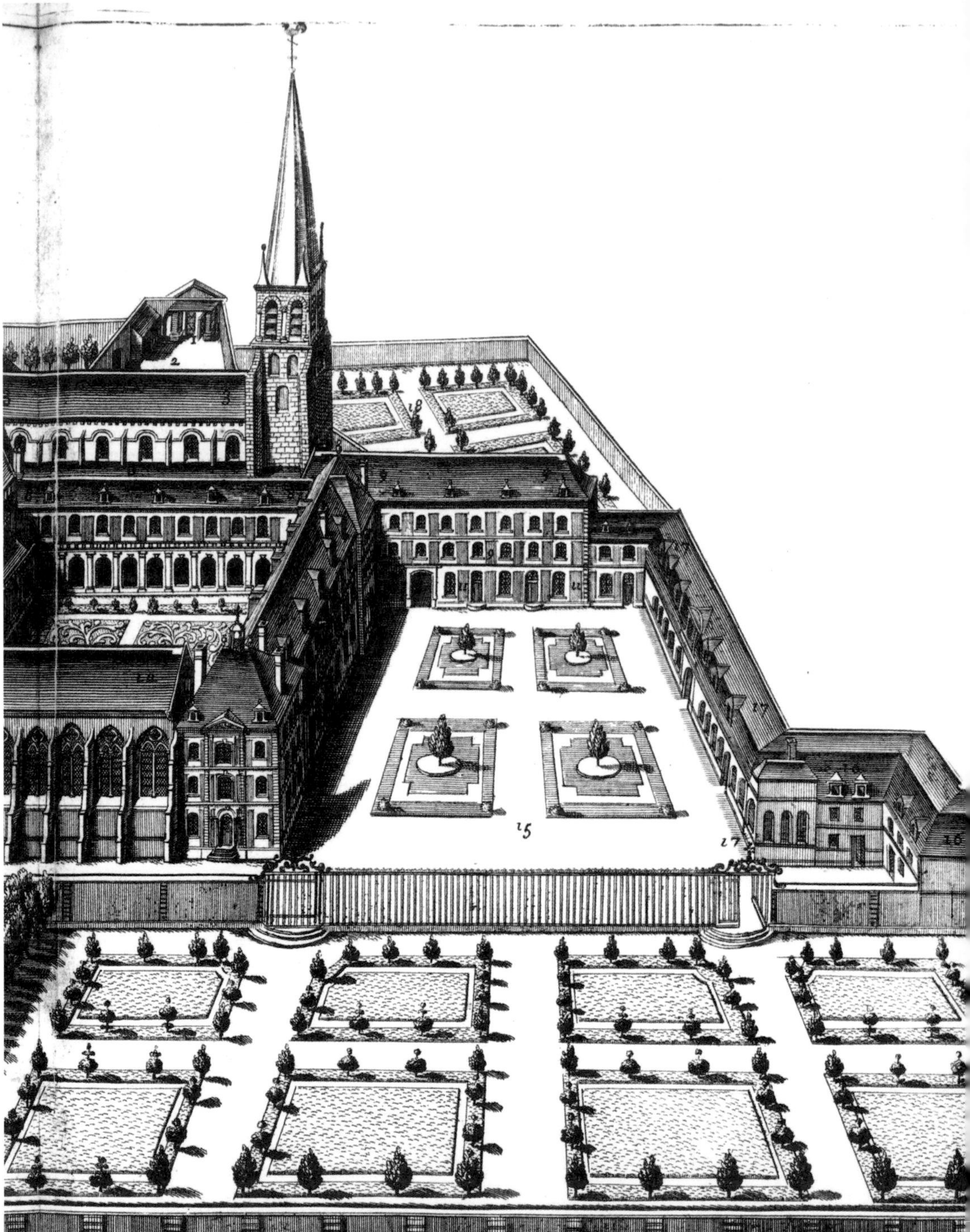

ABBATIÆ S. GERMANI A PRATIS SCENOGRAPHIA 1687

...ila B M Virginis.
...torium.
...heca.
...toria R. Patrum
...egationis.

10. Aulæ Hospitum
11. Officinæ Officialium Monasterij.
12. Refectorium
13. Infirmaria

14. Hortus Infirmariæ
15. Area Monasterij
16. Equilia.
17. Furnus et Toreutæ lignarij Officina &.

18. Hortus Reuerend. Patrum Congregationis.
19. Malluvium.
20. Horreum.
21. Domus Abbatialis.

22. Area domus Abbatialis
23. Hortus Abbatis
24. Officinæ Abbatis
25. Equilia Abbatis

REGALIS ABB
1. Porta major Monasterij
2. Atrium Ecclesiæ.
3. Regalis Basilica.
4. Sacrarium
5. Claustrum paruum B.M.
6. Ædicula B
7. Dormitorium
8. Bibliotheca.
9. Dormitoria
Congregation

被稱作基督徒的人口總共有多少，在學術界有著激烈爭辯。由於拉丁文的《武加大譯本》被當作不可翻譯成地方話的神聖文獻，平信徒甚至被剝奪了與經文直接產生關係的機會。然而從十一世紀開始，教會就堅決努力地試圖創造一種在教宗們領導下的齊一性。而這會是下一章的主題。

4

中世紀教會的權威與異議，一〇〇〇－一二五〇年

羅馬教會是上帝獨自成立的。只有羅馬教皇有權被稱作舉世皆然。只有他可以將主教免職或復職。在會議中他的使節高過所有主教，且可以對他們傳達免職判決。我們不應和那些被他逐出的人待在同一間房內。或可允許他廢黜皇帝。羅馬教會從未犯錯、亦永世不將犯錯，聖經為證。

出自《教宗訓令》（*Dictatus Papae*），一〇七五[1]

不管人們想怎麼整頓中世紀早期基督教，都會面臨太多挑戰，且恐怕是無法克服的挑戰。由於大部分修道院所採用的聖本篤準則堅持每個院長必須獨立，修道院因此大大超出了教宗的掌控。在許多案例中，最有用的贊助者是在地皇室。可以對整個基督教世界施行領導的唯一方式，就是透過主教施行教宗權力。一〇五〇至一二五〇年間，歷代教宗權力都試圖創造一個以全歐洲為範圍、有望讓一個重新開始且得以持續的學識傳統發揚光大的基督教文明。

教宗們利用他們從聖彼得一任一任傳下來而無法打斷的聯繫（而聖彼得的傳統和早期的聖彼得聖地崇拜行為都發生在羅馬，而不是耶路撒冷、安提阿〔Antioch〕或亞力山卓），宣告了自己高於東西方所有基督徒的至高地位。然而，這段期間羅馬多半都被隔離在歐洲外，水道橋遭到截斷，縮減的人口擠在台伯河的河彎上。除了使徒彼得外，唯一一位權威在不同時代都備受尊崇的教宗，就只有額我略一世，他任職的期間（五九〇－六〇四年），羅馬本身已縮小到只剩原本強權的一道影子而已。他的教牧法規文獻以及《對話錄》，就如前面提到的，是十一世紀每間修道院藏書庫不可或缺的部分。一間英國薩福克郡倫德爾舍姆（Rendlesham）村（離我寫作處不遠）的教堂，居然罕見地獻給了教宗額我略；其背後的理由，要等到最近的考古挖掘證明該村是一個六世紀時與歐洲各地進行貿易的大型盎格魯－薩克遜皇家定居地，才真相大白。據推測，與定居地同一時代的額我略，是等教堂落成沒過多久後才被採納為守護聖者，然後就一路延續到今日。[2]

教宗權威的缺乏，讓世俗統治者成為了設立修道院和皇家聖地的驅動力，而其中又以查理曼最為突出。事實上，到了一〇〇〇年時，教宗變得只是羅馬貴族和日耳曼皇帝的玩物。八五〇至一〇五〇年間，一任教宗的平均在位時間只有四年。成立了一千年後，羅馬教會脆弱的機構體系似乎搖搖欲墜。接著在一〇四六年時，神聖羅馬帝國皇帝（現在由日耳曼薩利安〔Salian〕王朝統治者持有這個頭銜）亨利三世（Henry III）來到羅馬，依查理曼的傳統接受加冕。城市的腐敗令虔誠的亨利著實作嘔，促使他出手罷免又親自指派了多位教宗，其中多數是他的日耳曼同胞。某方面來說他實在太成功了，因為他指派的其中一人，也就是那位來自亞爾薩斯（Alsace）、於一〇四九年就任為教宗良九世（Pope Leo IX）的遠房表親，居然立刻開始堅定主張自己的權威。身為一名身邊自帶一小群熱切改革者的局外人，他可以自外於羅馬政局自由行事，而這對他要做的事有所幫助。

良九世要對付的目標有三個部分。首先是買賣聖職的行為；[3]第二是神職人員在性方面的放縱（其中許多人和小老婆住在一起）；第三則是世俗統治者自認擁有的、指派主教並將權威授予主教的權力。良九世一反傳統慣例，離開羅馬並取道向北返回法蘭克和日耳曼。後來在蘭斯（Reims）主教座堂內上演了戲劇化的一刻：這位教宗站在聖雷米吉烏斯（St Remigius，為法蘭克第一位天主教國王，墨洛溫王朝的克洛維一世〔Clovis I〕受洗的主教）的聖物面前，要求所有聚集於此的主教一個個坦承他們的職位是不是買來的。當下人人驚慌失措；多數人愕然無言，有些人就下台了。一〇五四年良九世決定讓拉丁基督教和希臘正教會正式分裂（而這分裂就這麼持續

1 《教宗訓令》的條款在Madigan, *Medieval Christianity*，頁一三七至三八有列出。

2 談論德爾舍姆的文章收入《英國歷史學會期刊》（*The Historian* 139 [Autumn 2018]）。

3 買賣聖職（simony）這個詞來自《使徒行傳》中的術士西門（Simon Magus），他把錢給兩名使徒，希望他們把聖靈的力量傳給他。

至今日），彰顯了一名教宗果決行動的決心和能力。他的教宗工作以重新注重有效行政為特徵。在那些年裡，《君士坦丁獻土》（*Donation of Constantine*）變成了教宗進行宣傳活動的重要具體呈現；這份主張君士坦丁皇帝把其世俗權力轉移給教宗的文件，日後發現是在八世紀偽造的（見第十二章，頁四〇七－四〇八）。一〇五九年，包括皇帝在內的平信徒被逐出了教宗選舉，從此這項權力就只保留給樞機主教，而且至今仍如此。一位出身卑微的樞機主教「索瓦納的希爾德布蘭德」（Hildebrand of Sovana，索瓦納位於現在的托斯卡尼南部），在這項舉動中已經是一名關鍵人物。

不過，面對一〇七五年由如今是教宗額我略七世（Pope Gregory VII，任期一〇七三－一〇八五年）的希爾德布蘭德所發布的、驚人的《教宗訓令》（*Dictatus Papae*），西歐可說毫無防備。就跟六世紀與他同名的人一樣，這位額我略也相信時間已經緊迫，最後審判已經近在眼前。他和先前的人們一樣，擔心基督教群體的腐敗，尤其是買賣聖職行為：「我實在找不到哪名主教的任用或者生活方式有符合規矩，也找不到有誰是抱持著對基督的愛，而非為了俗世野心，來治理基督的子民。」[4]對這個背離原則的教會做出如此慘澹評價後，他的下一步反應是主張教宗絕對主義。儘管在其他教宗（好比說良九世）的紀錄中已經暗示了這種趨勢，但如今將要邁向極端。《教宗訓令》下令，由上帝獨自創建的羅馬教會不會有錯，且未來也永久如此。教會在地上由教宗權力代表，他的至高權力不只凌駕所有主教，也高過各皇帝，到了有權罷黜他們的程度。教宗一人就可以「根據當時需求」來制定新法，而任何不同意羅馬教會的人會被宣告infidelis，也就是如後來某位教宗所說的，「不正」。在一個誓言神聖不可侵犯的時代，教宗可以赦免任何發誓效忠「不義者」的人，而這項轉變就違背了傳統的教會法規。《君士坦丁獻土》被寫進了教宗的紀錄，但即便在此處，教宗額我略仍主張，皇帝本來就無權享有他們之前實際上轉移給了教宗們的世俗權力。上述說法和「神聖王權概念」這個一千紀基督教社會中的一大實際特色，是無法共存的。到目前為止，皇帝們還會把「基督代理人」放在頭銜中。[5]

一〇七〇年代中期開始發生所謂的敘任權鬥爭（Investiture Controversy），一開始是額我略和亨利三世之子，當時年僅二十五歲的皇帝亨利四世（Henry IV）之間的對抗。儘管皇帝和教宗勢力在義大利北部的強弱從過去就一直不是很明確，且此後也還是不明確，但亨利卻做出了不明智且挑釁意味濃厚的舉動，譴責額我略是一名「假僧侶」並於一〇七五年捍衛了自己的權利，指派一名新的米蘭大主教，米蘭自四世紀晚期安博羅削（三四〇－三九七年）任大主教後，成為正統天主教令人敬畏的精神堡壘。額我略在一年內就把他逐出教會，而當好幾位日耳曼統治者也支持教宗的時候，亨利便發現自己的地位鬆動了。一〇七七年，當那位「悔過者亨利」於義大利北部的卡諾沙（Canossa）向額我略悔過，在一月的寒風中等了三天才等到城門為他打開，而先前的驅逐令也撤銷時，雙方曾經短暫和解。但即便如此，或者該說不可免地，這段麻煩的關係還是持續了下去。額我略因為堅持平信徒應該迴避所有買下現職或結婚的神職人員而激怒了很多人，而這個立場促使亨利指控教宗蔑視自己的主教。最終，額我略被逐出羅馬，並於一〇八五年在

---

4 引文出自Ian Robinson (trans.), *The Papal Reform of the Eleventh Century: Lives of Pope Leo IX and Pope Gregory VII* (Manchester: Manchester University Press, 2004), p. 14。

5 Madigan, *Medieval Christianity*，於頁一三四至一三九針對《教宗訓令》做了一段很有用的討論，接著就是他針對敘任權鬥爭的調查。

諾曼人騎士們的照料下死去。亨利所支持的新教宗（維篤三世〔Victor III〕，原名德西德里烏斯〔Desiderius〕，宏偉的卡西諾山本篤會修道院的院長）接下了他的位子。只有在一一二二年的《沃爾姆斯宗教協定》（*Concordat of Worms*）中，才有一名教宗和一名皇帝，也就是原本兩名對抗者各自的後繼者，才同意了一個方案，減弱了皇帝們提出教宗人選的權力。

額我略捍衛教宗權力，仰賴一種對早期教會的理想化觀點，認為當時神職人員是貞潔的，能夠抗拒「有汙染力之肉慾的惡質毒害」，且免於財富誘惑。他的關鍵革新在於，接受教會可以靠著人的努力來恢復健全。總是有新的腐敗行徑要去面對，而教宗採用了「一見到腐敗行徑就專程為其劃定界線並壓制」的權利。事實上額我略靈活地運用了他的權力，花功夫打點了那些他知道會支持他主張的人，並利用了民粹的反神職人員主義，然而他把歐洲內的權力中心轉移到了教宗職位，並藉此排除了世俗權力。這其實無異於革命。額我略執著於對教會財產的控制（也就是他主張君士坦丁透過《君士坦丁獻士》給予教會的權利），證實了這一點。

所以，教會到底有沒有辦法以一種對歐洲有益的方式穩定下來？教宗權力的基本弱點，依舊是個別教宗的任期短暫。從一〇四五年一月到良九世當選的短短四年內，就有過六位教宗。一一一八至一一九八年間有過十五位教宗，每位平均任期僅五年。十三世紀時平均任期還是差不多，從一二五二至一二九六年間有多達十三位教宗。教宗當選之後，就算在羅馬城裡地位也不穩固；這個城市因貴族世家的糾紛而四分五裂，每個家族都試圖控制教宗權力來拓展其野心。一一〇〇至一三〇四年間，合法教宗坐鎮羅馬城的時間一共只有八十二年，相較之下教宗在羅馬外統治的時間反而有一百二十二年（通常是在教宗領土的某個住所內）。所以，除非選出一名年輕有活力又有行政技巧的教宗，而他又長期在位，否則教宗權力領導下的教會根本沒什麼機會有效運行。

一個結果是，實際在羅馬運作教宗宮廷的羅馬教廷（譯注：指行政機構的統稱），利用了教宗的快速更替，鞏固了自己的機構權力。而由教會制定來規範自身事務的教會法，又強化了他們的權威。教會法比較不是基於《舊約聖經》或《新約聖經》定下的戒律或先例，而更是基於羅馬法以及教宗們後來的公告。一〇七〇年左右，六世紀查士丁尼皇帝主編的羅馬法大彙編《學說彙纂》（*Digest*）重新出土，是一件極其重要的事，因為它提供了法源和判例，特別是在個人關係、婚姻、通姦、離婚和遺囑方面；上述這些到了此時，都被教會主張是它們的責任。約八十年後，一位顯然是在波隆那（Bologna）工作的僧侶格拉提安（Gratian）深入探究了《學說彙纂》，讓他完成了一本龐大的文獻集（有四千章以上），包含了羅馬法、教會會議、經文和教宗判決。這本所謂的《格拉提安教令集》（*Decretum Gratiani*）變成了權威之作，但格拉提安的成就不僅僅是把那麼多資料整理為連貫一體而已。他這本完整書名還包括了《歧異教規之整合》（*Concordia Discordantum Canonum*）的彙編，激起人們爭辯各種法律來源要怎麼調和。此外，此書強化了一種概念，就是可以有單一法律體制，像原本的羅馬法涵蓋全帝國那樣地涵蓋基督教世界。一一五〇年寫成的《格拉提安教令集》，似乎在二十年內傳遍了全歐洲，即便它的分量大到讓內容通常都得透過教科書摘要（summae）來傳遞；而到了一二〇〇年時，像這樣的摘要書數量也相當多了。不幸的是，教會法變得複雜到難以應付。一位十三世紀的法律學者約翰內斯・條頓尼克斯（Johannes Teutonicus），產出了一份龐大的教會法評論，而教宗教令及聲明更是連串無止境。各種法律文獻如此混集，就意味著一三〇〇年的學生得要花上許多年才能精通這些法律。

然而教會法的合併，除了是創造普世教會的一個重要因素，還是一種永久穩定力量——即便它的最高機關，也就是羅馬教廷，變成了一個腐敗的代名詞。「富裕的人有福了，因為羅馬的宮廷是他們的」，就如一句杜撰的真福八端（Beatitude）所言。羅馬教廷發展出一個精細的收費體制——有人說，連弄清楚要付多少錢，也要付錢才知道。譴責它的濫用，成為了中世紀文學的普遍主題。舉例來說，約一一〇〇年左右的《托雷多的賈西亞論》（*Treatise of Garcia of Toledo*），就是某位托雷多大主教帶著「聖銀金」（Saints Silver and Gold）這位聖人的遺物造訪羅馬，企圖獻給「聖貪婪（Saint Cupidity）之聖地」的諷刺文字紀錄。教宗的宮廷被描繪得奢華放蕩。當神學家彼得・阿伯拉爾（Peter Abelard）面對異端邪說的指控（見第五章），企圖向羅馬申訴（但後來沒有成功）時，有人警告他：「你難道從來沒聽過羅馬人的貪婪汙穢嗎？有誰能用錢滿足過那種蕩婦的大洞？」兩個世紀後，人文主義者弗朗切斯科・佩脫拉克（Francesco Petrarch），在提到他所任職的、那個與教宗一起搬去亞維農的羅馬教廷時，用了一句實在不需要（英文）翻譯的拉丁文來形容：inextricabile curie labyrinthum（逃不出去的教廷迷宮，譯注：在作者看來，這和英文 inextricable Curia labyrinth 幾乎一樣）。

儘管說，短命教宗的脆弱遠端領導一直是有效改革教會的最大障礙（而且當教宗流亡到亞維農〔一三〇九—一三七六年〕以及東西教會大分裂〔The Great Schism，一三七八—一四一七年〕後，這個問題變得更嚴重），但也有其他障礙要克服。幾乎每個宗教運動要面對的難題，就是它們的啟示和教誨

下頁：《格拉提安教令集》是教會法的標準彙編本。在一本十四世紀末的精緻裝飾版《格拉提安教令集》手抄本中，畫出了會議中的當代教宗。

Incipit concordia discordantium ca
nonum ac primum de iure constitu
tionis nature et humane.

Humanum genus duobus regitur, natu
rali videlicet iure et moribus.
Ius naturale est
quod in lege et in evangelio contine
tur, quo quisque iubetur alii facere quod si
bi vult fieri, et prohibetur alii inferre
quod sibi nolit fieri. Unde christus in evangelio:
omnia quecumque vultis ut faciant
nobis homines et vos eadem facite illis.
Hec est enim lex et prophete. Hinc ysidorus in
v. libro ethimologiarum ait. Divi
ne leges nature humane moribus
Omnes leges aut divine sunt
aut humane. Divine
natura, humane moribus
constant. Ideoque hec discrepant, quoniam a
lie aliis gentibus placent. Fas lex divi
na est, ius est lex humana. Transire per
agrum alienum fas est, ius non est. Ex
verbis huius auctoritatis evidenter datur intel
ligi in quo differant inter se lex divina
et humana, cum omne quod fas est nomine

都來自過去。像伯多祿‧達彌盎這一類的改革者，就回顧了使徒們無私散播救贖消息的黃金時代。對抗物質主義並企圖引入一種更禁慾的生活方式是一回事，就如「熙篤會」（Cistercians）這個新成立的修道會在十二世紀初做的事情那樣，藉由遁世來公開回應克呂尼體制的奢華。熙篤會大部分的修道院都孤立在山谷或荒野（儘管在這裡，太小心管理大量地產導致了大量財富的累積，就如約克郡的里沃克斯修道院〔Rievaulx Abbey〕和噴泉修道院〔Fountains Abbey〕那樣）。但設法應付中世紀社會在一二〇〇年後變得無處不在的社會經濟快速變遷，又是很不一樣的另一回事。新世俗統治者的崛起（其中有一些人，好比說神聖羅馬帝國皇帝腓特烈二世〔Frederick II，一一九四－一二五〇年？，就很積極反抗教會）、新想法的出現（其中許多會挑戰傳統天主教神學），以及有著自己的宗教認同和守護聖者的城鎮日漸成長，都將使教會一直處於守勢。

同時，一場正在發生的宗教能量不尋常轉移，對中世紀教會有著重大影響。額我略七世進一步發展的教宗政策中，有一個是基督徒為了自身宗教目的而使用戰爭的權利。奧古斯丁曾詳細說明，正當的基督徒戰爭有哪些條件，其中有一個是必須盡可能減少暴力。就如我們前面看到的，發動戰爭的權利（尤其是要去「救贖」異教徒時），變成了基督教王權的一個公認特色。額我略藉由主張「戰爭的使用可以因為捍衛教會而神聖化」，以及「參與者捱過的危難足以贏得救贖」，而跨出原本的條件範圍。他最喜歡的一段《聖經》文字，來自《舊約聖經》的〈耶利米書〉第四十八章第十節中，先知耶利米所言：「禁止刀劍不經血的，必受咒詛。」當然，為了和符合額我略所堅持的教宗絕對主義，戰爭適不適當就留給教宗職權決定。額我略只有在一〇七四年試圖發動十字軍支援希臘正教會（儘管一〇五四年就已分裂，但仍被視為「基督門下的兄弟」）一回，但徹底失敗。*

一〇八八年，額我略的一位門徒，法國出生的「拉熱里的奧圖」（Odo of Châtillon），當上了教宗烏爾巴諾二世（Pope Urban II，或譯作「烏爾班二世」）。那時候皇帝亨利四世正意氣風發，而烏爾巴諾二世甚至連羅馬都進不去，裡頭還住著亨利選定的教宗。為了報復，烏爾巴諾二世理所當然會去從他自己所屬的階級中尋求支援，也就是法國貴族，實際上就是騎士。騎士是一群不牢靠的團體，滿腦子都是他們自己的榮譽以及跟同類之間的私仇，但這是烏爾巴諾二世的天下，而他行經法國各地時獲得的禮遇，證明了他在這裡可是熟門熟路。他開始整理出一個計畫，找一個可以團結騎士們的理由，利用了前任教宗額我略擴充的正當戰爭概念，並以「一個致力消滅其敵人的基督教」的名號，堅決主張自己的權威性。一〇九五年三月，拜占庭帝國再度向他求援，抵抗塞爾柱土耳其人的擴張，便把機會給了他。

一〇九五年十一月二十七日，烏爾巴諾二世在奧弗涅（Auvergne）的克萊蒙（Clermont）向一大群騎士和神職人員發表演說。他描繪了一幅理當屬於基督徒的聖地耶路撒冷遭穆斯林褻瀆的景象，但他再更進一步，呼應了額我略所斷言的，參與戰爭會滅免身上的罪。到了這時候，一種奧古斯丁式的執著於罪惡，以及對地獄之火的深信不疑，支配了平信徒的想像。騎士又特別容易受罪惡感及愧疚感所傷，因為他們的生活方式常常犯下不當暴力行為。烏爾巴諾二世藉由把遠征耶

* 目前學者正在重新評斷教派分裂在那一刻有多確切。不過，當威尼斯領頭的拉丁基督徒，於一二〇四年第四次十字軍運動洗劫君士坦丁堡之後，教派想必就切切實實地分裂了。

路撒冷描述成一場朝聖，而詳細說明了他的訴求，實際上就是鼓勵所有人加入遠征，是不是騎士都沒差。而一〇九六年的大豐收，又強化了他那小心規畫、受到全西歐激昂講道者支持的戰略，因為那顯示上帝正以神力支援這事業。於是成千上萬的人投入了這個目標。[6]

烏爾巴諾大半是為了自己的政治目的而去把各界迴響協調為齊一力量，但他也放縱了好幾股沒人能控制（特別是教宗管不動）的力量。各種五花八門的團體陸續出發；有些是普通人，有些是騎士還帶著手無寸鐵的婦幼。不意外地，第一次十字軍運動是一支拼裝雜牌軍，充斥著對立騎士團體之間的緊張對立。但說巧不巧的是，穆斯林自己為了耶路撒冷的支配權爭吵不休，因此沒有強力迎擊，讓這支七零八落的十字軍終於在一〇九九年抵達耶路撒冷，他們在那裡屠殺了居民，並因為奪回落入伊斯蘭手中近四百年的聖墓教堂（Holy Sepulchre）而歡欣鼓舞。

占有耶路撒冷立下了一個不幸的先例。如今就得守護耶路撒冷，但根本不可能在離歐洲本土那麼遠的地方抵擋反擊並保住一塊領土。征服的領土很快遭到蠶食。企圖奪回失土的第二次十字軍運動（一一四五－一一四九年）是一場慘劇，就只是讓穆斯林明白十字軍並非無敵而士氣大振。一一八七年耶路撒冷落入埃宥比王朝（Ayyubid）的蘇丹薩拉丁（Saladin）手中，而第三次十字軍運動（一一八九－一一九二年）儘管收復了阿卡（Acre）和雅法（Jaffa），卻因為十字軍的紛爭而分裂；而惡名昭彰的第四次十字軍運動（一二〇二－一二〇四年）根本連聖地都沒抵達（見頁一四七－四八進一步描述）。第五次十字軍運動（一二一七－一二二一年）以慘劇作收，不過由腓特烈二世領軍的第六次（一二二七－一二二九年），倒真的重新掌握了該城，這一次是透過有效的外交手段。但基督徒的統治只維持到一二四四年。第七次十字軍運動（一二四九－一二五〇年），儘管策畫精良且由法國國王路易九世（Louis IX）御駕親征，卻以國王本人被擄為囚作結。一被贖回，路易便再度嘗試，但卻在一二七一年的第八次十字軍運動中死於傷寒（因此為自己爭取到了封聖，被稱為法蘭西的聖路易）。拉丁基督教世界在東方的最後一個據點阿卡港，於一二九一年淪陷。

研究十字軍的頂尖學者喬納森・賴利－史密斯（Jonathan Riley-Smith）稱這幾場不幸遠征為「在災難上欣欣向榮的奮鬥」中，有一個自相矛盾之處是，每一次的挫敗都引發了更熱切的懇求，希望能保住正岌岌可危或者已經失去的領土。[7] 十字軍耗費的資源相當龐大。路易那場失敗的第七次十字軍運動，若把他自己的贖金也一併算入，成本達到他統治的法國的六倍年收。歷史學家史蒂芬・朗西曼（Steven Runciman）在他那本權威著作《十字軍史》（*History of the Crusades*，共三冊，一九五一－一九五四年）最後面的「總結」中，形容「整個十字軍運動有如一場徹底慘敗」。*[8] 他注意到伊斯蘭和拜占庭帝國之間才剛萌發的文化及智識接觸是怎樣地被摧毀，而這是一個絕對有

6 近期關於十字軍的紀錄，包括了 Thomas Asbridge, *The Crusades: The War for the Holy Land* (New York and London: Simon and Schuster, 2010)，還有 Jonathan Phillips, *Holy Warriors: A Modern History of the Crusades* (London: Bodley Head, 2009)。Tyerman, *How to Plan a Crusade: Reason and Religious War in the High Middle Ages* (London: Allen Lane/Penguin, 2015) 採取了不同角度，對十字軍更偏向分析；而他近期還出版了 *The World of the Crusades: An Illustrated History* (New Haven and London: Yale University Press, 2019)。

7 David Luscombe and Jonathan Riley-Smith (eds.), *The New Cambridge Medieval History: Volume 4, c.1024-c.1198* (Cambridge: Cambridge University Press, 2004), chap. 14, Jonathan Riley-Smith, 'The Crusades, 1095-1198', p. 557.

* 朗西曼的一位學者朋友曾問他，為什麼他「浪費」了那麼多年在研究這樣的「慘敗」，但看來，驅使他的動力似乎是說出一個好故事。

8 多年來這個論點作為十字軍的歷史定案可說屹立不搖，不過現在已經被認為過時了。這段話引自該書第三冊結尾。Minoo Dinshaw 在傑出的史蒂芬・朗西曼傳記 *Outlandish Knight* (London: Allen Lane / Penguin, 2016) 中，把第十八章獻給了「三部曲」（共三冊的《十字軍史》）。

本頁至下頁：第一次十字軍運動中的安提阿圍城戰（The Siege of Antioch, 1097-1098）；圖畫出自一本由尚・科隆貝（Jean Colombe）於1475年左右繪製的精緻裝飾版十字軍編年史手抄本。

某些長久意義的事實。自從一二〇四年洗劫君士坦丁堡並在東方建立了短命的拉丁帝國後，東西方教會的分裂就再也沒有任何修復的機會，且持續到今日。教會因為翻轉了原本由基督立下的「沒有做出任何抵抗就死去，卻獲得榮耀」的基督徒楷模，而陷入了道德泥沼中。

然而，還是有可能讓一位強力改革派教宗出現。這樣的一位教宗，就是羅馬人「塞尼伯爵羅塔里奧」（Lotario del Conti di Segni），當他於一一九八年成為教宗依諾增爵三世（Innocent III）的時候才三十七歲。依諾增爵精力無窮，思考敏銳而深刻，又跟這時候許多神職同袍一樣精通教會法，而且抱持一股決心，要對世俗和神聖領域都施以教宗權威。他可以利用行事簡樸的熙篤會成員「克來爾沃的伯爾納鐸」（Bernard of Clairvaux）的那本令人生畏的《論考量》（*De Consideratione*，約一一五〇年），該書竭力鼓吹，教宗職權有責任不屈不撓地堅守其至高地位。依諾增爵經祝聖而成為教宗的時候，他從《耶利米書》選了一段話（第一章第十節）：「看哪，我今日立你在列邦列國之上，為要施行拔出、拆毀、毀壞、傾覆，又要建立、栽植。」他在另一個場合宣稱，教宗「被安排於上帝和人之間，低於上帝但高過人……審判一切且不受任何人審判」。他多次談到讓他置於法律之上的、所謂教宗的「充分權力」（plenitudo potestatis）。依諾增爵這種絕對主義者的觀點，是基於他對人世百態的極度悲觀評價；這在他成為教宗之前，就已經在其著作《論人世百態之低劣》（*De Miseria Humanae Conditionis*）中詳細闡述過。這本著作有將近七百份手抄本留存，顯示它似乎曾經頗受歡迎。

依諾增爵的新措施有一部分出於政治目的，也就是鞏固教宗國的權力，來當作一個堡壘抵擋北邊神聖羅馬帝國諸皇的自命不凡，同時確保他們不會也在義大利南部和西西里奪權。但依諾增爵在南邊支持擔任義大利南部與西西里統治者的那個小男孩，長大後成為了難以對付的腓特烈二世，又稱「世界奇觀」（stupor mundi），所以對教宗權力來說，這措施效果並不好。依諾增爵的後繼者和諾理三世（Honorius III），最終於一二二〇年將腓特烈加冕為神聖羅馬帝國皇帝，但他日後將會踐踏教會的特權，更因為承諾發動（第六次）十字軍運動但延遲出兵，而於一二二七年被教宗額我略九世逐出教會。（但耶路撒冷唯一一次透過外交而不是武力回歸基督徒控制，還是靠著這個當時被教會開除教籍的人呢！）腓特烈稱教宗反基督，抨擊羅馬教廷的腐敗，並挑戰教宗職權對世俗統治者行使權力的權利。[9] 儘管少有統治者擁有像腓特烈那樣狂妄和機運，而能堅決毅然地挑戰教宗權力，但這一刻也證明了，教宗的絕對主義得要和意志獨立的世俗統治者的現實狀況有所妥協。

為服侍基督而犧牲、而天賜之福正等著賜給倒下的人，這樣的意識形態在十二世紀達到了一個新的強度。起頭的便是克來爾沃的伯爾納鐸。他的《讚美新騎士團》（*De laude nove militiae*）創造了只為基督犧牲奉獻的純潔英勇戰士的神話。「我說，基督的騎士心無罣礙地殺戮，更無罣礙地死去……基督徒在異教徒的死亡中榮耀，因為基督是受榮耀的。」[10] 當依諾增爵又發動了下一

---

9 雙方面對對方發動的猛烈攻擊都不退讓。一二三九年腓特烈說：「羅馬主教安坐在不正當教義的位子上，那個比他的配偶都被抹了更多瘟疫油膏的法利賽人（譯注：偽善者），他為了他令人厭惡的驕傲而從天堂被拋下，用盡了他自己的權力要毀滅並消除一切，……然而，我們說，他是我們（在《啟示錄》中）讀過的駭人野獸。」引文出自Johannes Fried, *The Middle Ages*, trans. Peter Lewis (Cambridge, MA, and London: Belknap Press of Harvard University Press, 2015), pp. 230-81。

10 英譯版的《讚美新騎士團》可見https://history • hanoveR.edu/courses/excerpts/344bern2.html。（簡短的）頭三章概述了論點。下一章會講到「克來爾沃的伯爾納鐸」挺身而出成為阿伯拉爾的主要反對者。

次，也就是對聖地的第四次十字軍運動，就證明了他的想法與上述一致。而當十字軍在財務困難的驅使下，先於一二〇二年幫威尼斯人奪回了天主教城市札拉（Zara，位於今日的克羅埃西亞，瀕臨亞得里亞海），再捲入拜占庭帝國內部政爭，進而朝君士坦丁堡進軍並於一二〇四年將其洗劫一空之後，他的天真很快就暴露了出來。這場基督徒對基督徒的攻擊，一開始受到依諾增爵的譴責，接著又被當作是正當懲罰那些如今是異端的人而掩蓋過去。遠征軍從該城的聖地搶走大量的聖物，包括聖人的完整遺體，為已經在歐洲展出的

大量收藏品增添分量。路易九世花了年收的一半購買耶穌受難的荊棘王冠。他把它安置在巴黎城中宏偉壯麗的、專為它打造的聖徒禮拜堂（Sainte-Chapelle）內。當人們抱怨這頂荊棘冠的材質鮮嫩到有點可疑時，他並沒有把那當作王冠恐怕是近期才完工的跡象，而是當作王冠永保長青的真實證據。[11]

依諾增爵對十字軍的概念延伸到了教會的所有敵人身上。一名基

前頁至本頁：一張十四世紀的小畫像，畫出教宗依諾增爵三世驅逐卡特里派，以及法國騎士後來屠殺他們。

督徒多在一場戰事中漂亮獲勝，生命就獲得了延長。穆斯林阿爾摩哈德（Almohad）王朝的軍隊就是這樣，於一二一二年在拉斯納瓦斯・德・托洛薩（Las Navas de Tolosa）慘敗給卡斯提爾國王阿方索八世（Alfonso VIII）及伊比利半島上其他前來支援的基督教國王。在基督教從穆斯林阿爾摩哈德王朝手中收復西班牙失土的戰爭中，拉斯納瓦斯・德・托洛薩是關鍵轉捩點。這裡便有了證據，證明上帝偏愛了自己人，而且應會再度如此。一二一三年依諾增爵著手進行精細籌畫，準備再度發動十字軍運動。在他於一二一五年第四次拉特朗公會議（Fourth Lateran Council）上頒布的教令《解放聖地》（*Ad liberandum*）中，他明白表示，十字軍運動得要由教會更牢固地控制。得要對教士收入做更大幅度的財務徵收，禁止與穆斯林有任何商業往來好弱化他們的經濟，而且十字軍必須要從直接聽命於教宗的義大利南部諸港口出發。依諾增爵後來會在這批十字軍能夠出發前就死去，最終這次運動也沒什麼收穫。

教會沒什麼辦法譴責那些支持貧乏生活理念的人，但問題是在於，教會有沒有那種靈活度，來重視這些人的潛在貢獻。一個似乎是從東方傳播過來的基督教團體「卡特里派」（Cathar），已經在法國南部和義大利北部扎根，到了此時已經超出了羅馬教會的控制。卡特里派是二元論者，相信物質世界邪惡但人心善良。卡特里派的菁英「純潔者」（perfecti）是過著苦行、禁慾、樸素生活的領袖或導師，但不會去期望稱作「信者」（credentes）的一般追隨者也採取這種苦行生活方式。卡特里派形成了一個自外於天主教的教會，同時排斥天主教的聖禮（以及什一稅）。他們的力量來自他們的共同群體意識。儘管他們信仰有祕傳的成分，但不論富人還是窮人都普遍接納他們，尤其是在法國南部。

阿爾比十字軍（Albigensian Crusade，名稱來自朗格多克〔Languedoc〕的阿爾比〔Albi〕鎮，是卡特里派的中心）是依諾增爵在一名由他派去的使節被殺之後，於一二〇八年發動的。這批從依諾增爵獲得了等同運動軍特權的十字軍，是由來自法國北部的貴族所領軍；就其目的而言，控制土地的重要性並不亞於對抗異端邪說。那是一場四處屠殺卡特里派的殘暴戰役，其中有一份紀錄，描述不分異端和正統信徒的九千人在貝濟耶（Béziers）的大教堂裡被燒死。（據稱教宗使節阿諾德・阿馬里〔Arnaud Amaury〕曾說過這段話：「都殺光。天主知道誰是祂的人。」[12]）在壓迫卡特里派及當地聲援者之後，法國國王腓力二世・奧古斯都（Philip II Augustus）就把他的管轄權延伸到了這一帶。

教宗們的挑戰在於，要去辨別一個宗教反叛者對福音教誨的忠誠，會不會損害教誨的權威。在兩個著名的案例中，依諾增爵三世授權局外人，去成立轉變教會與教徒之關係本質的修道會。第一個人是古茲曼的道明（Dominic de Guzmán），他是來自卡斯提亞（Castile）某小鎮的僧侶，他禁慾的生活方式以及對卡特里派信徒講道的成效卓越，讓他獲得了教宗的注意。依諾增爵最有遠見的其中一舉，就是替道明的追隨者創了一個修道會（事實上他們採用了別的修道會，也就是聖奧古斯丁修道會的規則），讓他們成為法政牧師而不是僧侶，也就使他們有了一個使命，要在那些

11 第四次十字軍運動以及其後續影響，在 Michael Angold, *The Fourth Crusade: Event and Context* (London: Routledge, 2003) 分做了探索。

12 這段惡名昭彰的、從《弟茂德後書》第二章第十九節衍生而來的引言，被熙篤會僧侶 Caesarius of Heisterbach 記錄在他的 *Dialogus Miraculum*（西元一二一九－一二二三年）。

因人口變遷擴張而特別容易受異端邪說所害的城鎮講道。該修道會與那些富有而避世、且其中許多正在衰落的修道院有著顯而易見的對比。[13] 這些新修道會的成員可以派到各處，然後不管落腳在哪，都可以靠著慈善樂捐來維持生計。

道明會的成員（Dominicans）承諾要研究自己使命的核心部分，因此造就了十三世紀的眾多頂尖學者，而我們會於第八章討論他們在重振教會智識生活方面的成就。他們也掌控了宗教裁判所（Inquisition），也就是由教宗正式授權來根除異端的機構。因為得要尋找研究資料，加上身為教會階層中的權威者，代表他們當初誓言貧窮的承諾已經失去了力量。一項對道明會修道院的研究證明，這類建物在富有的大城市最為醒目，尤其是那些有大學的，好比說巴黎、奧爾良和波隆那。道明本人就葬在波隆那。

那時代另一名主要宗教人物是來自翁布里亞（Umbria）城鎮亞西西（Assisi）的方濟各（Francis）。從軍一陣子之後，方濟各宣告放棄自己的富家背景，丟棄他的華服並擔任起講道者的角色。他大有可能被譴責為異端分子，但很幸運地，這裡也是多虧依諾增爵被他的誠心誠意充分說服，因而特別准許他講道，成立小兄弟會（Friars Minor，一〇二九年）進行初期運動。窮小子（il

前頁：方濟各的一名早期作傳者，描述了基督是怎麼以熾天使（seraphim）的模樣現身，並把基督的傷痕，也就是聖痕（stigmata）傳給他。據信畫出這事件的人是喬托，時間約於1300年左右。

13　修道院的健全程度評估見 David Abulafia (ed.), *The New Cambridge Medieval History: Volume 5, c.1198-c.1300* (Cambridge: Cambridge University Press, 1999), chap. 9, André Vauchez, 'The Religious Orders', pp. 220-55。

Poverello）方濟各和他的追隨者，比道明會的人更公然忠於貧窮。方濟各堅持，他的修士必須無視自己的財產，並懇求遇到的人慈善施捨。「兄弟們應把與世上邊緣人、病人、弱者、窮苦痲瘋病人以及路上的乞討者同住當成一種特別待遇。」學識被歸類為財產，因為它「從許多人身上掠奪了溫和性格」。[14] 方濟各個人的影響，來自他看似要在自身的貧窮和傳道狂熱之間建立的和諧一致。他很快就成為了傳說話題，有人相信他直接從天國獲得了聖痕，也就是基督的五道傷口。這使他獲得了無人能及的權威。人還能比這更接近基督嗎？* 有一些極其艱辛的文字記錄，描述了後來當他仍在懷疑自己受的苦夠不夠獲得救贖時，所經歷的各種劇烈病痛。他的禁慾主義廣泛流傳開來。這項運動快速成長，到了一二二一年時已經有一千名修士，已遠遠不是超脫塵俗的方濟各所能應付的人數。要花上一段時間，方濟各會才定下會規。給這場運動帶來秩序的是波那文都（Bonaventure，見第八章，頁二七二－七四）。到了一三〇〇年時已經有三萬名教士。

前頁：在十五世紀佩德羅・貝魯格特（Pedro Berruguete）的畫作中，聖道明正監督焚毀異端書籍的過程。一本正統神學書籍逃出了烈焰，並向上飄起。

14 第一段引言來自方濟各會會規。「學識從許多人身上掠奪了溫和性格，還不讓他們彎下僵硬的頸子來做謙卑的工作……我會希望一名受教育的人先讓我聽到這樣的祈禱：『兄弟，給我一個遠離世間喧鬧的住所，讓我在那能回想我在悲慘中度過的那些年，重拾我內心的偏離並為了更好的目標而重塑我的靈魂。』」。引文出自Rosalind Brooke, *The Image of St. Francis: Responses to Sainthood in the Thirteenth Century* (Cambridge: Cambridge University Press, 2008), p. 322。而這段原文是出自聖方濟各的同代人Thomas of Celeno所寫的、最早的聖方濟各生平，是於一二二九年完成的。

* 義大利的神祕主義者畢奧神父（Padre Pio, 1887-1968）也自稱有獲得聖痕。

最能活生生證明十三世紀各城市宗教生活停滯的證據，就是這些托缽修會的成功。教會已經無法回應城市的成長。在義大利北部，就如接下來會在第六章看到的，主教們施展著政治控制力，但卻被選出來的政務官向外排擠。一股宗教飢渴正等著被餵食。托缽修士的力量在於他們的靈活機動：任何需要他們的任何地方他們都能去，並在歡迎他們的任一塊戶外空地或任一間教堂講道。面對那些隨著財富和貿易遍及各城市而出現的新貴階級，托缽修士遠比別人都更快適應這批人的需求。像彼得・奧利維（Peter Olivi, 1248-1298）這一類方濟各會的知識分子，就發展出巧妙的方法，來規避禁收利息的禁令。他們很快就開始蓋自己的教堂了。就如後來會看到的，方濟各會和道明會將在神學方面產生緊張關係，而在法國和日耳曼的許多地方，非修道院的神職人員痛恨著他們的侵擾（一二五〇年代，針對巴黎大學的教職，他們有過一場出名的對抗），而他們樂於支持商人階級，又使他們被控偽善。[15] 熱情的講道也有可能會失控——第十六章就會講道明會修士薩佛納羅拉（Savonarola）在佛羅倫斯的例子。然而，可見於城市中又自己投身貧困的托缽修士們，在這場被描述為「收復城市社會失土」的過程中，起了重要的作用。[16]

一二一三年四月，依諾增爵三世在教宗位於羅馬的拉特朗宮（Lateran Palace）召開新會議——第四次拉特朗公會議。這場會議有過大肆宣傳，最終約五百位主教和另外九百位神職人員於一二一五年十一月在該城集合。依諾增爵當然先起草了他們要處理的教規，而那些教規在範圍和內容上都相當可觀。這是一個重大時刻，根據一份學術評論所言，簡直就是「第一次試圖將宗教行事大幅系統化」，提醒了我們在地基督教的多樣性面對中央權威，依舊有多大的抵抗力。[17]

公會議先從確認了教會以外的任何人類都得不到救贖的整體「信條」開始。這項倫理意涵深刻的宣言，經過了多個世紀依然有效，而且將導致教會和別種基督教表達方式（當然還要加上異教徒、穆斯林跟猶太人）都不可能和解。在同一則信條中，也將「聖餐變體論」（transubstantiation）這個認為「教士對麵包與葡萄酒的祝聖，可以導致徹底質變，使其成為基督的身體和血液」的信念加以確認。由於麵包和葡萄酒明明就跟祝聖前一樣，所以這就是信仰勝過經驗主義的一個明確主張。因為已經禁止將經文翻譯成地方話，所以平信徒能聽見的版本就只剩現在已有權威地位的熱羅尼莫《武加大譯本》，他們也就因此被排除在祝聖的神聖神祕之外。為了限制地方景仰「聖者」的聖地激增，教會接管了整個流程。今後得要經過梵蒂岡的漫長檢驗流程，才能正式宣告某人為聖者（並確認此候選者獲得接納進入天國），而這個體制到了今日仍大半原封不動。*

教會法規之後就是異端邪說。依諾增爵本來就已經把異端邪說等同於世俗的叛國罪。現在他又更進一步，在正統和異端之間做出了絕對的區別。關鍵的地方在於，異端在哪邊的定義都不是這樣，但就有人假定一直都如此，且所有的異端分子「不論叫什麼名字」，都是同個陰謀的一部

15 Olaf Pedersen, *The First Universities: Studium Generale and the Origins of University Education in Europe*, trans. Richard North (Cambridge: Cambridge University Press, 1997), pp. 176ff之中有充實的記述。

16 Vauchez, 'The Religious Orders'，提供了一份不錯的概要，頁二四一－五五。

17 John H. Arnold (ed.), *The Oxford Handbook of Medieval Christianity* (Oxford: Oxford University Press, 2014) 中，由Katherine French之論文 'Localised Faith: Parochial and Domestic Spaces' 在頁一六七所做的評論。

* 但這擋不住在地崇敬聖者的行為持續下去。聖琪達（St Zita）這位虔誠的少女侍者於一二七二年死於盧卡（Lucca），而她的遺體周遭發展出了廣為流行的崇拜，但一直要到一六九六年，她才被封聖為所有服務生的守護聖者。

分，而且還一整個洋洋得意。而讓人恨得牙癢癢的，是他們公然發表異端邪說，也就是在這邊被視為「洋洋得意」的那部分。依諾增爵利用了這教會法規第三條強化他對世俗當權者的控制；他要求世俗當權者帶頭主動去處理異端邪說，如果不這樣做就要被逐出教會。教宗甚至會把世俗當權者移出他們的土地，並把那些土地分給「天主教徒」。同時，那些參與驅逐異端的人，可以跟前去援助聖地的人擁有一樣的「十字軍」特權。從現在開始，任何新的思想運動都很容易受害。在同一個世紀裡，牛津的經院神學家羅伯特・格羅斯泰斯特（Robert Grosseteste，約一一七五－一二五三年）後來貢獻了他自己對於異端邪說的定義，就是「一個由人類所選擇的看法，由人類理智所選擇（原文照登），建立在經文之上（！），與教會的教誨相反，經公開聲明且頑強辯護」。[18]就如一位研究中世紀異端邪說的頂尖學者戈登・勒夫（Gordon Leff）所言：「通往異端邪說的路是用虔誠鋪成的。」而一名改革者是會被譴責或者捧為偶像，通常是機會問題。

另一則教會法規處理的是，透過年度的省區會議來更有效監督神職人員的道德和行為，以及透過指派教師進駐主教座堂，而讓窮人有更好的教育；後者是先前一一七九年的公會議就做出的要求，但從來沒強制施行過。法規要求強化教牧關懷，而一名探訪病人的醫生在自行給予照護之前，必須要找一名教士來到床邊。到了此時，教會已經覺得神職人員就該獨身禁慾，而他們漸漸地變得受制於特定的法律和約束，給了一個將他們從人類同胞分離開來的神聖不可侵犯地位。藉由給予神職人員施行聖禮的專屬權，讓他們即便自己處於有罪的狀態也擁有正當的效力，使他們達到了上述的地位。一二六四年教宗烏爾巴諾四世（Pope Urban IV）制定了基督聖體聖血節（feast of Corpus Christi），在這天神職人員會帶著聖體（譯注：指麵餅）上街遊行，就彷彿那是他們自己才有特權製造的一件聖物一樣。長子繼承制的興起，排除了其後的次子的財富繼承權，也為修道院和教區提供了生力軍。然而剝奪天主教神職人員家庭生活（直至今日仍如此）的代價到頭來非常沉重，而且可以看作是教會機構把自己切離主流社會的又一種方式。

公議會特別要求信徒得要一年行一次聖餐禮，而且還得要懺悔。就如一位研究中世紀的學者描述的，這「恐怕是教會歷史上最重要的立法行動」。[19] 聽取告解的神父和罪人之間的對話，迫使個人去尋找自己的良知，討論其意圖之本質，也因此就討論到他們應該為自己的罪責負責到什麼程度。卓越的德國歷史學家約翰尼斯・弗里德（Johannes Fried）主張「精神與人類態度的歷史，也因此就是整個西方歷史，都徹底被這項改變所影響」。[20] 這樣的評價恐怕太籠統，而且還假設中世紀的人心都樂於如此卑躬屈膝。即便如此，教會「最後審判時可能會被罰入地獄」的教誨所造成的衝擊中，「自己的罪自己負責」只是其中的一部分。（以豐富的想像力描繪最後審判使人下地獄的濕壁畫，傳統上是畫在教堂的西側門，讓信眾離開教堂時，察覺到有什麼樣的懲罰在等著不悔改的罪人。）強調了罪惡感，搭配上對於罪人永久受苦的恐懼感，碰到了脆弱的人，就非常容易發揮功用。

一個結果就是催生了大赦（indulgence）的概念。人們假設，基督的受苦是如此地劇烈，以

18 格羅斯泰斯特的發言引自Jennifer Deane, *A History of Medieval Heresy and Inquisition* (Lanham, MD: Rowman and Littlefield, 2011), p. 95。勒夫的發言則是引自Ozment, *The Age of Reform*, p. 94。

19 Henry Lea, *A History of Auricular Confession and Indulgences in the Latin Church* (Philadelphia, PA: Lea Brothers, 1896), p. 230.

20 Fried, *The Middle Ages*, p. 263.

至於留下了一個「功德庫」（Treasury of Merit），有著多餘的功績，可以用來讓一個罪人擺脫他已承認且被原諒的罪所帶來之結果，包括了減輕他可能在煉獄中待著的時間。大赦原本包含一些艱鉅的行動，好比說朝聖之旅，但後來就可以用錢來買，而這項醜聞催生了馬丁・路德對教會的抗議，也就促成了宗教改革（見第二十三章）。依諾增爵沒辦法在有生之年親自監督自己發起的改革成果，但他的改革在「建立專制排外且絕不容許任何異議的教會模範」方面，比中世紀任一次公會議制定的改革都要來得有影響力。第四次拉特朗公會議，是那種可視為「教皇皇權」的權力來到巔峰的時刻。

儘管第四次拉特朗公會議大獲成功，教宗職位卻始終未能提供長久領導；教宗機構在下一世紀開始的效率衰落，還有後面幾章的內容都會證明，不尊重教會是智識菁英圈的普遍現象。選舉教宗的方法實在太容易受派系壓力所害，選出來的教宗來日通常不多，因此他們從來都沒辦法去面對羅馬教廷的貪腐（這種情況一直延續到了今日）。人們從來沒有徹底接受教宗的絕對主義，不過十五世紀那場要求採取別種決策方式（要求像早期教會那樣使用教會會議）的訴求運動還是失敗了（見頁五二一—二二）。神職人員成為了一種獨身而有權經手大筆財富的特殊階級。儘管這些財富後來大半用於建築物和藝術品而為人所欣賞，尤其是被後世所欣賞，但這些產物是否符合福音書最初的意旨，就值得懷疑了。（所以，新教改革者的主要目標是裝飾、儀式和敬神回歸簡約，也就一點都不意外了。）不過，托缽修道會倒是為宗教生活注入了新能量，而且在重現早期教會的使徒使命感方面，它們確實有些成果。

下一個挑戰和新想法的出現有關。教會是能找到一個辦法來應對這些新想法，並往智識方向拓展這些想法，還是信仰會繼續抗拒理性思考呢？

5

阿伯拉爾與追求理性之戰

有哪個國王或哲學家能與你齊名？有哪個王國或城市或村莊會不渴望見到你？當你公開現身時，誰不會衝去見你一眼，還追著你引領期盼？有哪個已婚婦女，有哪個年輕女孩，不是當你不在時渴望著你，不是在你現身時慾火焚身？哪個皇后，哪個了不起的女強人，不是嫉妒著我、我的愉悅，還有我的床笫？

——封由愛洛依絲（Héloïse）寫給愛人阿伯拉爾的信[1]

我們已經探索了十二世紀的教宗職位為何十分不適任「一統基督教世界」以及「把基督教世界的思考方式轉往新方向」的工作。然而，檢視「西方心智在低於教宗權力的層級下、在教會生活和教會學者之中的覺醒」方面的問題，是很重要的。本章是關於中世紀最重要的其中一位哲學家——彼得・阿伯拉爾的生命經驗和後世影響，儘管在大眾的想像中，他與他心愛的愛洛依絲之間的洶湧關係，往往遮蔽了他的知識成就。他自己也同意別人將他評為當代最好的邏輯學家，搞不好還是亞里斯多德以來最佳。[2]

中世紀被稱作「理性思考的時代」，這時代的知識分子、律師和商人在各種脈絡中使用理性思考或邏輯思考，來探索神學難題、法律概念發展以及商業投資的有效策畫（甚至還如克里斯多福・泰爾曼〔Christopher Tyerman〕在《如何策畫十字軍運動》〔*How to Plan a Crusade*〕之中主張的，這種探索還包括了十字軍運動）。[3]那時代也被稱作「信仰的時代」。這兩個「時代」可以共存，是因為當時從神學界到哲學界的整個範疇裡有一種共通信念，認為宇宙是由上帝理性安排而生，所以有效使用理性思考，只會強化透過信仰所相信的那些想法。從一〇九三年起擔任坎特伯利大主教至逝世、同時也是十一世紀頂尖神學家的安瑟莫（一〇三三－一一〇九年）曾經主張，如果一個人開始透過信仰去相信，那他就可以找到支持看法的理性論點。他因為「fides quarens intellectum」（信仰尋求理解）這句話而為人所記住。他也主張，他所說過的話，奧古斯丁的著作中一定寫過，因此更進一步強化了這位神學家的權威。[4]

在獨立大學於十二世紀興起之前，教會對於教育都有著獨占地位。[5]身為查理曼改革下的產物，它採納了古典的博雅七藝課程。更高一階的教育會先從文法、修辭學和邏輯（或辯證法，以上稱為三科（trivium）開始，接著來到幾何學、算術、天文學和音樂（所謂的四目（quadrivium））。四目強調秩序與和諧的重要性——眾星的秩序在古老的資料來源中已經清楚明白，但因為它們太靠近天國，而且它們規律的運動預示了可以在天堂找到什麼，所以還是值得研究。在一個可以追溯至古希臘的傳統中，人們認為音樂能為身心帶來和諧。人們相信音樂存在於天球中超乎人類意識的更高層次上——莎士比亞在《威尼斯商人》裡羅倫佐與潔西卡愛意交流的段子中，美妙地表達了這種信念。修道院的聖歌已經由阿雷佐的圭多（Guido of Arezzo，九九一—一〇三三年後）加以記譜，而他的記譜系統漸漸取代了記憶相傳，並持續到了今日，成為西方音樂的傳承架構。[6]

1 *The Letters of Abelard and Heloise*, trans. Betty Radice, Penguin Classics edition, 1974; rev. ed., 2003. 本文出自修訂版，letter 2, pp. 47-55, p. 52。

2 最好的阿伯拉爾傳記是M. T. Clanchy, *Abelard: A Medieval Life* (Oxford: Blackwell, 1997)。本章討論的主題在這本傳記中都有妥善記錄。關於阿伯拉爾的評價，可見上一則參考資料中愛洛依絲對他的奉承信件，以及在Clanchy傳記中所引用的、其他同代人對他的評價，頁九五—九六。對於「可敬者彼得」，在阿伯拉爾最後時日收留他的克呂尼修道院院長來說，他是noster Aristoteles（譯注：我們的亞里斯多德），「過往所有邏輯學家都無人能及、無人能比。」

3 Tyerman, *How to Plan a Crusade*.

4 中世紀「理解」的研究，見Edward Grant, *God and Reason in the Middle Ages* (Cambridge: Cambridge University Press, 2001)。Grant在頁五四如下引用了安瑟莫：「為了讓我能相信，所以我不尋求理解，但我相信我有可能會理解。因為我同樣也相信，除非我相信，否則我就不會理解。」提出「安瑟莫的主張非常倚靠奧古斯丁」這個觀點的是Étienne Gilson, *History of Christian Philosophy in the Middle Ages* (London: Sheed and Ward, 1955), p. 363。我不同意Grant在「結論」（頁三五六—六四）中的主張，他認為中世紀的理性思考有延續到後文藝復興時代的世界。Alexander Murray, *Reason and Society in the Middle Ages* (Oxford: Oxford University Press, 1978) 就提供了一個比較廣闊的視角。

5 中世紀課程的背景在Pedersen, *The First Universities* 的頭幾章有詳細描述。

6 見Page, *The Christian West and its Singers*。

四目獲得了「第十世紀最有學問的人」、[7]來自奧里雅克（Aurillac）克呂尼修道院的葛培特（Gerbert）所支持。葛培特（約九四五－一〇〇三年）在西班牙北部待了一段時間，在那裡碰巧接觸了阿拉伯科學。當他被召來當未來德皇鄂圖二世（Otto II, 955-983）的導師時，他把他的學識也一併帶來。在德國宮廷裡，他發現四目在這裡的評價比在義大利或法國還要來得高。葛培特以在音樂、算術和幾何學方面的工作而聞名，但就實用技術面來說，他最為人所知的成就是把星盤引入歐洲，讓人能做出更仔細的天文計算。他顯然很喜歡在修道院藏書庫裡東翻西找，還找到了一些沒挖出來可能就要亡佚的西塞羅對話集。在這樣的學術造詣之外，他的教會生涯更因為九九九年獲選為教宗思維二世（Pope Sylvester II）而達到頂峰。他是史上唯一一個擔任此職的數學家。

然而，葛培特是一個孤立的人物，在他死後四目的影響力就變得遠低於三科。羅馬帝國都滅亡了七百年，能拿來教學的文獻居然還是太少。要到十二世紀中，如歐幾里德《幾何原本》或托勒密《天文學大成》等重要著作，才有可以讀懂的拉丁文翻譯。在阿伯拉爾的時代，也就是同個世紀更早先時，人們都還讀不到這些著作，所以本章的焦點就會在三科上。[8]

一個人得要到三科都精通時，才能繼續往下一級前進，接著學習神學、醫學或教會法規課程。自從查理曼以來，學習的地點有了重大的轉變。早在九世紀開頭時就有下達命令，要求修道院內的教育僅限於進入修道院的人，而那些走博藝教育路線的人則會在設於主教座堂內的學校相會。（事實上，有些有錢的修道院一直在他們與外在世界的邊緣處，營運著給世俗學生就讀的學校。）這件事其中一個最重要的影響，就是導致了各個「教師」（master）競相吸引學生，並指望學生日後教會高就而讓自己獲得更多威望，因而使各主教座堂學校陷入敵對。這是一個教師們彼此激烈對抗譴責而競爭劇烈的世界。

行政機關的成長和羅馬法的恢復，導致讀寫能力在一小群多半是神職人員的菁英間擴散，隨之而來的是對各類文學的需求。這段時期被稱作「十二世紀文藝復興」，儘管說，這個「文藝復興」有別於更為人所知的十五世紀文藝復興，它在當時並沒有被人認為是一種「重生」。要到七百年後的一九二七年，學者查爾斯・哈斯金斯（Charles Haskins）才做出這樣的定義。[9] 古典拉丁文仍在貴族生活和神職人員生活中有著主宰地位——還要再過一個世紀，地方話文學才會有大作出現（先是法文，然後是義大利文），而一個教育良好的人應該得會正確說寫拉丁語文。十二至十三世紀期間，（以西塞羅的命題建議為基礎的）書信藝（ars dictaminis）及詩藝（ars poetriae）的品質都是高到出名。亞眠（Amiens）出生的「富爾尼瓦勒的理查」（Richard de Fournival）編了一本《書目》（*Biblionomia*，約一二五〇年），書中他動人地列出了現有的體裁，就好像它們是一座庭園裡的一塊塊地一樣。然而，由於手工複製每一份文件都相當費時，散播大眾文獻始終都是困局。研究文件傳遞的專家發現，查理曼統治結束後的三百年間，文件複製水準一直下滑，而不知不覺

7 見Pedersen, *The First Universities*, p. 106。

8 關於哪些文獻何時可以為人取得的調查，充斥在R. R. Bolgar, *The Classical Heritage and its Beneficiaries from the Carolingian Age to the End of the Renaissance* (Cambridge: Cambridge University Press, 1954) 從頭到尾的內容中，而本書還有Harper and Row, New York, 1964的新版本。特地談這部分的章節見第四章，'The Pre-Scholastic Age'。Bolgar證明了對古典文獻重新出土的熱情，遭到了保守分子的反對（舉例來說，阿伯拉爾對上「克來爾沃的伯爾納鐸」），要到十三世紀，神學和古典哲學的同化才得以實現。見本書第七與第八章。

9 Charles Haskins, *The Renaissance of the Twelfth Century* (Cambridge, MA, and London: Harvard University Press, 1927).

間造成的錯誤，接著又被下一個抄寫員複寫下去。不可免地，許多抄寫員的學識就是不足，而無法完全了解他們抄寫的拉丁文獻，便讓錯誤更有可能發生。

儘管一千紀的抄寫員已達成許多成就，但古典時代作者能藉此流傳下來的內容還是相當有限，尤其當初以希臘文這種此時西方幾乎沒人知道的文字來書寫的作者更少。學習文法的學生把四世紀的作者多納圖斯當作權威。修辭學方面則有西塞羅的一本著作，以及演說家昆體良（Quintilian，約西元三五－一〇〇年）《辯論家養成》（*Institutes of Oratory*）的殘篇。儘管人們要到一四一六年才會找到一份原文足本，此時這些殘篇仍深思熟慮地分析了男孩從基礎教育開始一路向上的教育方法。昆體良主張了一個中世紀教師樂於接受的論點，那就是讀文學有助於塑造性格。

當阿伯拉爾在學校教邏輯時，他用的文獻一共用不超過七份：亞里斯多德兩份、波愛修斯四份，還有一份波菲利（Porphyry）的小手冊；此人曾替評論亞里斯多德《範疇論》的普羅提諾寫過傳記。（用波愛修斯的拉丁文譯本來教授的）《範疇論》特別重要，因為它包含了分類語言的規則，釐清名詞、動詞和肯定否定兩種陳述。然而，該文遠遠不只如此。如果一個人選定一個物或物質，好比說一個人或者一棵樹，那麼就有依照數量、特質、與其他物之關係、與時間之關係等多種替它分類的方式。強迫用這種方式分析，是一個引領學生認識邏輯的絕佳方式。

阿伯拉爾（一〇七九年生）出生自布列塔尼一個小貴族家庭。他早年就排斥自己的傳統背景，並下定決心走自己的智識探索之路。所以他就讀了各所學

下頁：阿伯拉爾與愛洛依絲的故事傳遍了世世代代。知名的法文浪漫情詩《玫瑰傳奇》（*Roman de la Rose*）的插圖上，就描繪著這對愛人。

[illegible]
Et par esprouvement le preuvent
Et quant tu auras famme prise
Tu le sauras bien a devise
Comment heloys labesse
Si com dit pierres abalart

Pierres abalart le confesse
Qui suer heloys la besse
Du paraclit qui fu samie
[illegible]

校，受巴黎吸引而前往這座學校和教師都最有聲望的城市。他於一一〇〇年抵達，理所當然地選擇了其中一位最受尊崇的教師「尚普的威廉」（William of Champeaux）所在的學校。然而阿伯拉爾自信無窮，又樂於挑戰老師們（他又特別愛找威廉麻煩），這就意味著，他讓聽他講話的學生多熱情，他就有多讓那些權威人士生氣。他在各學校間輾轉了好幾年，換了好幾個學生身分和低階教職。他經過了一整段漫長而曲折的歷程，才得以自稱「教師」，這個頒給透過學識、教誨和道德行為而出類拔萃者的頭銜。

阿伯拉爾可能是在一一一四年，也就是他三十五歲時，才總算成為巴黎市中心聖母院（Notre Dame）的主教座堂學校教師。他在主教座堂的法政牧師富爾伯特（Fulbert）家找到寄宿處，後者有個姪女叫愛洛依絲。當他們兩人於一一一七年相遇時，她所受的教育已經很高階，書寫拉丁文的品質又特別出眾，所以那時她可能是二十來歲；但這兩個高智慧心靈的相連，很快就變成激情性慾的交合，接著就是懷孕。

當小孩在阿伯拉爾老家布列塔尼出生，並留給他某個姊妹照顧之後，這兩人就回到巴黎，然後在富爾伯特的堅持下成婚。像阿伯拉爾這種階級的神職人員階級結婚相當不尋常（但並未禁止），而且想必會使他無法在教會階層中繼續往上爬。[10] 愛洛依絲似乎有意識到這一點——她認同哲學需要一種和家庭生活無法並存的獻身精神，因而完全否定他們倆有結過婚。然而，當阿伯拉爾把她送回以前受教育的女修道院時，富爾伯特就覺得這種拒絕太羞辱他的家族榮譽，以至於應該要報復。因此他找人去把阿伯拉爾給閹了。在一一三〇年左右寫給某不知名僧侶的自傳性質作品《我不幸的故事》（*Historia Calamitatum*）中，阿伯拉爾講述了這次遇襲帶來的羞恥和羞愧，是如何比肉體痛苦更傷害他。愛洛依絲和其他讀者似乎都知道有這篇《我不幸的故事》，而我們最好把這當成在呈現阿伯拉爾執意要他人關注他的欲望。[11]

傷害阿伯拉爾的那些罪犯遭到逮捕，遭到去勢還被弄瞎了眼睛。為了避免逐步升級為世仇，阿伯拉爾躲到某修道院避難，至少要像聖但尼修道院那種皇室機構才行，而他餘生都會當僧侶。他堅持要愛洛依絲同時在他安排的女修道院當修女。她寫給阿伯拉爾的那幾封知名信件，證明了這是一個讓她憤怒至極的拒斥。她把她悶在心頭的欲望，以及她連在彌撒過程中都想起先前做愛而不能自已的事情，全都告訴了他。「就我的情況來說，我們共享的愛之愉悅實在太甜美——它們無法讓我不開心，且幾乎不能從我的記憶中移動半分。」她告訴他說，她的熱情就是如此強烈，使她樂於追隨他下地獄，而甚至連體面的婚姻都無法取代她成為他一人之蕩婦的欲望。然而，她抱怨道，他卻只是一心一意地想著自己和他那「諸多不幸」。[12]

愛洛依絲的信件在「失去愛情的絕望」和「情感上了解分離之不可免」之間的平衡，至今仍令我們震驚：

> 上帝知道我除了你之外，從來不曾向你尋求什麼。我要的就只是你，不是你的什麼。我不

10 阿伯拉爾的婚姻與教士地位的關係，在Clanchy, *Abelard*，頁四五至四六有所討論。
11 《我不幸的故事》由Betty Radice翻譯，並收入*The Letters of Abelard and Heloise*, pp. 3-43。
12 出自Radice前述翻譯之letter 4, p. 68。

> 求婚姻羈絆，不求嫁妝，而我想滿足的不是自己的快樂和願望，而是你的……我相信我越是為了你而認錯，我應該就能贏得你更多的感激，對你名聲的清白也就越不會造成損害……可以的話告訴我。為什麼，在我們因為你自己一個人的決定而雙雙入教之後，我卻如此被你忽略遺忘，讓你該在這裡給我力量時卻音信全無……我將告訴你我所想的也確實每個人都懷疑的那件事。將你和我綁在一起的是欲望而不是情感，是慾火而不是愛。所以當你想要的不復存在時，任何你過去習慣的情感表現，也都隨之而去。[13]

阿伯拉爾的回憶看起來笨拙而閃爍其詞；畢竟他始終是邏輯學家：「我決定一條一條回答妳，不太是自我辯白，而是為了開導妳和鼓勵妳……」[14]

雖然她還是在命運限制下盡力而為，先是當上小修道院的女院長，然後是她那間女修道院的院長，但將愛洛依絲排除在外，標記了將女性消音的關鍵時刻。一位傑出的才智者就這樣無聲了。阿伯拉爾或許有開始意識到這件事情，但要去解救愛洛依絲已經太遲了。阿伯拉爾後來的著作中，一再重申女性的平等地位；在一個獨身神職人員會去譴責女性為誘惑者的時代，他強調基督始終和兩個性別都有關，又給予「抹大拉的馬利亞」（Mary Magdalene）顯著地位，把她當成是將基督復活之消息傳告給使徒們的人（《約翰福音》二十章一－三節）。但到頭來，卻是另一種對女性更狹隘的見解，主宰了接下來的幾個世紀。回歸西方的亞里斯多德文獻，會將女性認定為男性精液的被動受體，而精液本身就含有了整個胚胎。這樣的見解，連同宗教文獻滲透各處的影響力，將使女性到二十世紀為止都還沒資格成為大學正式成員。

阿伯拉爾已經打響了自己邏輯學家的名號，教導三科之中的邏輯科。這並不涉及數學邏輯，而是和辯證論理有關，也就是應用那些用來區分有效和無效論證的規則。邏輯學家們對於自己獲得真實的能力，以及使用辯證法（也就是使用柏拉圖對話中率先倡導的對立陳述）來更深入理解其他議題，都相當有信心。而沒有一位邏輯學家比阿伯拉爾更有信心。辯證法是「在一個混亂世界中的一種秩序工具」。它是「眾學科的學科：它教人如何教導，以及如何學習；理性本身是理性中最重要的部分，並顯露出它的本質和目的」。這是一種奧古斯丁支持的方法，所以也就讓基督教導師們有了權威。「阿伯拉爾從他的卓越的推測力中，看見了直奔向上帝之城的那條辯證之路。」[15]

阿伯拉爾可能依循了許多位傳統導師的先例，而把自己的講課局限在闡述挑選過的經文段落，只有在會導向「正確」答案的時候才使用理性推論。以論證上帝存在而聞名的安瑟莫，就是採用了這種方法，而有了極佳的成效。相對地，阿伯拉爾則是縱情於辯論，也就是提出問題，並要求問題中的矛盾得有一個答案。論證來到哪，他就一路跟下去，不去管它最後會不會以正統神學解答來作結，儘管說他會精明地用奧古斯丁的文獻來支持他的看法。這大半是本著亞里斯多德的精神；他總是能接受，任何慣常知識都可以用邏輯或者新的經驗證據去挑戰。阿伯拉爾那種表達起來有些浮誇甚至挑釁的開放態度，令那些湧入不對外開放的講課空間的學生們難以抗拒。

13　同前注，letter 2, pp. 51, 53。

14　同前注，letter 5, p. 72。

15　關於身為邏輯學家的阿伯拉爾，見Clanchy, *Abelard*, chapter 5, 'Logician', pp. 95-118。來自Bolgar的這段引言，出自*The Classical Heritage*的頁一五八。Bolgar強調辯證法是如何被人們用來抵消智識生活感覺到的瓦解狀態。

在那場令他飽受重創且整個清醒過來的去勢事件後，阿伯拉爾的思想開展出新的深度。自從他的權威（好比說，身為據說唯一理解亞里斯多德邏輯學著作的人）確立後，他的教學看似就沒那麼狂熱了。剛開始，他的研究獲得聖但尼修道院藏書庫豐富資源的幫助，而他似乎就是在這裡開始寫作他知名的作品《是與否》（*Sic et Non*）。《是與否》是一本非凡的教父語錄集（要完成這本書，一間館藏豐富的藏書庫便不可或缺）。如果教父們是神學真實性的仲裁者，那麼他們的文字就有神聖目的。在《是與否》中，阿伯拉爾想到了一個原創（但引發爭論）的點子，就是根據特定神學主題來引用共約一百五十八位教父的名言，所以人們就可以看出來他們常常彼此抵觸。儘管阿伯拉爾說明，大部分抵觸可以透過仔細分析不同文字的語言來解決，但不可免地，呈現這種對立觀點會讓讀者感到不安。但阿伯拉爾看來不在乎——懷疑本身就很健康。就如他在《是與否》的序言中所言：「因為我們是從懷疑得到了質疑，並在質疑的狀態中得到了真實。」他接著繼續主張，其實任何人都有辦法理解基督教教義中的邏輯問題，不限於有經驗的神學家。這注定要冒犯那些主張教義完全連貫一致且無從挑戰（又尤其不得被一般信徒挑戰）的保守派人士。即便當時沒人領悟到這個看法有多重要，但阿伯拉爾對懷疑的支持，卻是西方心智覺醒的重大時刻。如果傳統慣例思想從沒被懷疑過，知識就不可能進展。

就如人們所預期的，坐不住的阿伯拉爾很快就得動起來；他因為質疑守護聖者的真實性，而於一一二一年被聖但尼驅逐。同年，他的新作《神學》（*Theologia*）被譴責為異端邪說。來自希臘文「理解上帝」的「神學」（theology），其實是比較新的用詞，而阿伯拉爾因為主張「神學的目的是用理性來接近一種對上帝的了解」而令人生疑。雖然現在這個詞沒什麼爭議之處，但當時有另一種由「坎特伯利的安瑟莫」提出的觀點，認為一個人只有從信仰開始才能去「了解」。就如他在《宣講》（*Proslogion*）中所言，「我相信，除非我相信否則我將無法了解。」[16]但阿伯拉爾的主張就與其相反。他冒險去對一個最複雜的教義做「了解」，而進一步令人生疑，那就是三位一體。他憑藉著一貫的傲慢自大，而假設自己能比任何人都更徹底解決三位一體的「謎底」。這嚴重涉及了爭議要素。阿伯拉爾主張只有聖父全能，但正統派看法是三位一體的三者都同等強大。他給予聖子基督智慧的品質，給予聖靈良善的品質，而這又在三者之間做出了正統派不會接受的區別。又一次地，他似乎是相信，他立場背後的論理是如此明顯，以至於任何人都可以透過直截了當的邏輯來領略，甚至連希臘羅馬的異教徒都可以。那些希望把神學問題束之高閣、不讓信徒心智高攀的人因此憤怒不已。在三位一體這個案例中，這是非常明智的一舉。教義總是拒絕任何透過理性思考的解釋——甚至到了今天，天主教的教義問答還是把它稱作「謎團」。*

阿伯拉爾思想一個最了不起的特色，就是對異教徒的寬容。奧古斯丁討論過這個問題，但卻教導人說，因為異教徒並沒有特意被引領接近上帝，所以就連他們身上顯著的美德也還是虛假的。因此，異教徒能透過上帝恩惠而得救的機會就非常之小。事實上，奧古斯丁的論點是奠基於更早的陳述——三世紀的迦太基主教居普良，就發明了「教會以外無救贖」（Extra Ecclesiam Nulla

16 Grant, *God and Reason in the Middle Ages*, p. 54.

* 「最神聖之三位一體的謎團是基督教信仰與生活的核心謎團。光靠上帝自己就可以藉由顯現為聖父、聖子和聖靈而讓我們知道這點」（《天主教教理》〔*Catechism of the Catholic Church*〕第二百六十一篇）。

Salus）這句話。阿伯拉爾反倒主張，異教徒有機會透過自然法則來理性理解上帝，因此如果他們過著正直的生活，他們就很有可能會得救。在回應愛洛依絲寄給他的神學問題時，時日無多的他寫道：

任何人若藉由自然法則認清上帝是一切的創造者和賞賜者，狂熱地依附祂，以至於會拚命讓自己不因為認可了「罪惡的那個專名（proper name）」來冒犯祂，就是合乎虔信和理智的事：這樣的人們，在我們的判斷中，無論如何都不應該被譴責。[17]

但隨著第四次拉特朗公會議重申了原本的教義，這個試探性的寬容走向很快就遭遇挫敗。一直要到發現了美洲大陸的異教徒，這個議題才會重生。

與一位前導師羅塞林（Roscelin）起了口角後，阿伯拉爾的想法就開始為人所知，而駐法國的教廷使節孔諾樞機主教（Cardinal Cono），便召喚他前來在蘇瓦松（Soissons）召開的會議。這時候教會正在定義異端邪說並加以打壓，而這道程序未來將會發展成宗教裁判所。然而，就如上一章談到的，在日漸開展的智識思潮中，異端邪說的定義注定會流動易變；而教廷使節和教宗是可能會做出日後將後悔的判決。孔諾打了安全牌，《神學》這本書他連讀都沒讀，就只基於阿伯拉德公然提出問題並鼓勵辯論已結案之議題，而譴責這本書。他下令焚毀本書複本，儘管我們知道阿伯拉爾藏了一本，日後還會用它來進一步發展他的想法。由一名派駐法國的德國圈外人對阿伯拉爾寫的《神學》做出譴責，並沒有乍看之下那麼驚天動地——關於理性思考有多重要的討論已經很普遍，而法國宗教政治的諸多逆流，意味著阿伯拉爾仍然有他的支持者。

然而，在這次譴責之後，阿伯拉爾在聖靈（Paraclete）這個新機構當了三年隱士，而這機構是由香檳（Champagne）區一位仰慕他的貴族捐贈給他的。儘管這裡與世隔絕，但他還是收了少數學生在身邊，後來他又回到了土生土長的布列塔尼，大約於一一三一年左右出任聖日爾達（St Gildas）的修道院院長。這段期間，教會當局正試著整頓一般來說都滿腐敗的修道院，而阿伯拉爾到了此時已被看作一名巴黎來的、代表這場整頓的「圈外人」。他與僧侶們的關係變得奇差，差到他擔心他們可能會殺了他。一直要到一一三三年，他才總算找到安全的避難所，在巴黎的另一間學校聖女日南斐法山（Mont Sainte-Geneviève）擔任教師。他在那裡一直安然無恙，直至一一四〇年桑斯會議（Council of Sens）後被教宗依諾增爵二世（Pope Innocent II）二度譴責為異端邪說；我們之後會再來談這場會議。那之後，有一位仰慕他的克呂尼修道院（Cluny Abbey）院長「可敬者彼得」（Peter the Venerable），讓他在克呂尼的一間小修道院避難，直至他於一一四二年死去為止。

這些年間，阿伯拉爾持續著作。由於他的原始手稿都沒有留存，所以很難替他留存的文字確定日期或者排序。阿伯拉爾最重要的其中一項貢獻，就是他作《認識你自己》（*Scito Te Ipsum*）中提出的，對於「意圖」在倫理學中的作用的理解。一個行動本身或許看似邪惡，但阿伯拉爾主

17 John Marenbon, *Pagans and Philosophers: The Problem of Paganism from Augustine to Leibniz* (Princeton, NJ, and Oxford: Princeton University Press, 2015), chapter 5, 'Abelard'，頁七三至九四全面討論了這個問題。此處引用的致愛洛依絲信件內容出於該書頁九二。

張，一個行動除非預謀為罪，否則就不是罪行。這樣的看法可以有驚人效果。中世紀的教會一直因為相信猶太人將耶穌在十字架上釘死，因而實際上殺死了上帝，也就因此集體地犯了弒神罪，而焦慮困擾不已。然而阿伯拉爾主張，如果他們覺得自己是出於善意而行動，他們沒有意圖要行惡，所以他們就免除了身上那恐怖的罪。儘管阿伯拉爾的看法並沒有產生立即影響，但他卻奠定了一個正好和奧古斯丁「自由意志因亞當和夏娃的原罪而敗壞」的觀點相反的概念。他否定了奧古斯丁臭名昭著的主張，也就是「在受洗前就死去的嬰兒會在地獄中焚燒」。

醞釀了整個中世紀、且阿伯拉爾無法迴避的哲學辯論，就是關於「共相」（universals）的辯論。柏拉圖、亞里斯多德、波愛修斯以及許多教父都已經極其高明地爭論過這難題。打從學術生涯初期開始，阿伯拉爾就已經專注在思考這個問題所引發的眾多哲學困境，而他在這個題目上的著作，被認為是他最了不起的其中一個成就。那之後的著作，就只能是這個問題的整體簡化而已。[18]

我們看見一座花園滿是各式各樣的玫瑰叢，當然，每一叢每一朵玫瑰都是獨一無二的。然而，有沒有一個實體是超越了這一切，是一朵世上每個芽每個花苞都屬於它的、一朵放諸四海皆準的玫瑰？舉例來說，別人也可以用同個說法來談個別的人和某個超越所有個人而稱作「人性」（humanity）的東西。有一派唯名論者（Nominalist）主張，「人性」只是一群個人的一個集體名稱（只有這個名字本身存在）。而大幅採用柏拉圖那套「『理型或理念』（Forms or Ideas）作為超乎感官世界的『現實』而存在」的哲學，而與唯名論者對立的實在論者（Realist），則是相信有一朵普世的玫瑰或「人性」，其具有的那種存在，有別於自己所包含的所有個體。這個問題很令人擔憂，因為三位一體這條教義對教會來說有著核心地位的重要性，而該教義又如前面所見到的，阻撓了試圖解釋它的理性思考。唯名論者可能會因為相信聖父、聖子和聖靈有著個別的人格，損及了超越三者人格的普世性——也就是三位一體，而被控異端邪說。如果「三位一體」不過就是個名稱，教義就失去了它的效力。阿伯拉爾發展出自己的中間路線，只是說這條路比較接近唯名論而較遠離實在論，被稱作概念論（Conceptualism）。「玫瑰」或者「人性」這些詞本身並沒有一種存在，而是用來評定特定一朵玫瑰或人的時候想像出來的詞。有一個方法是去主張，上帝在創造亞當之前就構想了人性。祂的「人性」概念超越了人類理解，但這不能阻止邏輯學家去探索祂本來的概念可能是什麼。一個人只能把他對於「人性」的了解奠基於個人，並從那裡來打造一個「人性」的概念，而那概念始終將受限於個別的思考者，也通常會是那個思考者獨有的想法。要記得，在這個時候，還有很多種族是歐洲人尚未遇到的，所以阿伯拉爾主張我們對「人性」的看法在任一片刻都只是暫時的，其實是對的。所以「人性」或者「玫瑰」依舊只是個名字或概念，其意義可以去探究，但不是當作一致的實體來探究。阿伯拉爾的著作在遠離實在論方面，是重大的一步。

阿伯拉爾有多少仰慕者就有多少敵人，然而，在他人生的最後十年裡，有一個人主動挺身面

18 Mary MacLeod與Eric Rubenstein談「共相」的一篇文章可以在網路哲學百科（The Internet Encyclopedia of Philosophy）線上閱讀：https://www.iep.utm・edu/universa。阿伯拉爾的概念論則是在史丹佛哲學百科（The Stanford Encyclopedia of Philosophy）上有一篇Andrew Arlig和Peter King的文章，從「形上學」方面來討論，可以在線上閱讀：https://plato・stanford.edu/entries/abelard。另見史丹佛哲學百科中G. Klima的文章，'The Medieval Problem of Universals'，可於線上閱讀：https://plato・stanford.edu/entries/universals-medieval。

對他，並在最後一次將他譴責為異端邪說時獲得了成功。克來爾沃的伯爾納鐸是熙篤會早期最有權勢的人，是一一一五年成立的克來爾沃熙篤會修道院的創院院長，也鼓舞了許多人。他是他那時代的道德指南。他口若懸河的講道中展現的信仰，是嚴厲而無從妥協的。天主教教會已經定義了信徒該相信什麼，沒有使用理智來支持或質疑這些信仰的空間。伯爾納鐸使用了一個拉丁神學的古老成分。早在二世紀時，最早的「拉丁」神學家，來自北非迦太基的特土良（Tertullian），就問了下面這個問題：「雅典與耶路撒冷何干，學院與教會何干，異教徒又與基督徒何干？？……別再試著創造一個有斯多噶、柏拉圖和辯證成分的雜色基督教。我們在擁有耶穌基督之後不要好奇的辯論，在享受了福音之後不要有責問。」[19]相反地，一個人就只要能接受上帝的話語就好，而這是一個常常被教父們所反覆述說的觀點。額我略一世那句「信仰不將功績給予人類理智提供證明的事物」[20]主張應該要讚賞那些不提問的人，而這是天主教教會在它整段歷史中始終堅持不懈的事。刺探信仰一事，在伯爾納鐸活靈活現的片語中，就是「把上帝的祕密的內臟挖出」，而在專程譴責阿伯拉爾文字中，他抗議道：「讓那個審視天國的人下到地獄深淵中。」把自己心智直接提供給天國的伯爾納鐸，十分重視聖母瑪利亞而將她評價為一名基督的代禱者；甚至有紀錄說，有一次當他生病時，有一尊瑪利亞像活了過來，把乳房給他吸吮療癒之乳。[21]

伯爾納鐸的神學根本沒辦法和阿伯拉爾的神學有所調和。在他的《哲學家與猶太人和基督徒的對話》（*The Dialogue of a Philosopher with a Jew and a Christian*，後面會再討論）中，阿伯拉爾強調，對「信仰」不經思考的依賴，會導致知識的停滯：

有信仰——這個其中以犯錯造成的威脅最為危險的領域——就沒有進步……沒有人獲准探究自己在內的眾人得要相信的是什麼，也沒有人能在懷疑每個人說過的話之後擺脫處罰……人們聲稱自己相信自承無法了解的事物，就好像信仰存在於講出來的話而不是精神上的了解。[22]

這已經夠爭議了，但阿伯拉爾還透過自己對基督教教義關鍵問題（好比說三位一體）的懷疑，讓自己成為箭靶。伯爾納鐸嘲笑了阿伯拉爾的傲慢自大（這樣笑是有些道理沒錯），居然主張他自己知道那些上帝沒託付給別人的祕密。

伯爾納鐸對阿伯拉爾的憎惡，其實在性情上的因素不亞於神學因素。伯爾納鐸痛恨他眼中阿伯拉爾的表演才能，以及他散布自己針對最神聖謎團的懷疑卻又陶醉其中的模樣。也要提醒一下，被宣告為異端邪說，不只是涉及神學上的錯誤；提出控訴的一個重要因素，其實是推測此人因為公然散布他的錯誤而持續地犯錯，那就如額我略一世所定義的，是「犯了驕傲的死罪」。[23] 伯爾納鐸根本不把神學的細微差別當一回事，但他知道，自己可以毫無顧慮地使用言語來奚落阿伯

19 這段知名的引言來自特土良的《論異端處置》（*De praescriptione haereticorum*）。
20 出自額我略一世的說教，湯瑪斯．阿奎那的《神學大全》常常引用這句。
21「克來爾沃的伯爾納鐸」對阿伯拉爾的追擊，在Clanchy, *Abelard*, chapter 13, 'Heretic' 有詳盡描述。
22 引言出自《哲學家與猶太人和基督徒的對話》第八節，ed. and trans. Marenbon and Orlandi，收入Peter Abelard, *Collationes* (Oxford: Clarendon Press, 2001), p. 11。

拉爾的傲慢自大。他從來都不是會委婉用詞的人，且常常透過猛烈抨擊的蠻力來在早先的論戰中打敗敵人。他不是第一個了解到「不管惡意誹謗錯得有多離譜，只要一直重複誹謗，通常就可以達成讓對象毀滅的目標」的出征者，也不是最後一個。

我們並不清楚，伯爾納鐸到底是怎麼說服上層，於一一四〇年在勃艮第的桑斯針對阿伯拉爾的「異端邪說」問題召開教會會議。他，或者他的同夥，花了一段時間研究阿伯拉爾的著作，並整理出十九篇他們主張是異端邪說的文章。那之中有《神學》談三位一體的段落，主張「聖父具有全能，聖子有部分能，聖靈則無能」。儘管阿伯拉爾已經六十來歲，他還是做出反擊，向伯爾納鐸提出挑戰，要他跟自己在會議上辯論這些文字。伯爾納鐸知道他將被當代最偉大的邏輯學家輕易駁倒，於是他想到了一個計畫，就是在會議開始的前一天抵達，並成功說服主教們（趁他們還在晚餐時，而且有一份紀錄顯示，當時他們還醉得很厲害），說這些文獻確實是異端邪說。他的希望似乎是避免深陷於神學問題中，而是要在第二天，也就是會議開幕日當天，用他一貫的滔滔不絕，對阿伯拉爾個人發動攻擊，來促使集合至此的神職人員做出譴責。

前頁：這張十九世紀中期的法國印刷畫，描繪了阿伯拉爾與愛洛依絲在巴黎拉雪茲神父公墓內的最後安息處。

23　阿伯拉爾自己很清楚這一點。他在《神學》（在蘇瓦松燒掉的那本書）之中寫道：「因為造成異端的不是無知，而是傲慢……辯證法的教授們很輕易就掉進這個陷阱，因為他們覺得自己全副理性的武裝，而能隨心所欲地去捍衛或攻擊任何東西。這樣的自大實在太猖狂，以至於在他們漂亮的推理下，沒有事物會被他們認為是超乎理解的，也沒有不能解釋的事物。」引言出自Clanchy, *Abelard*, p. 302。

計畫失敗了。阿伯拉爾第一天早上抵達，但拒絕回應指控。他反而堅持他要直接向教宗依諾增爵二世上訴。就阿伯拉爾來說，這可能是有謀略的舉動，因為他能藉由不回應來自行避免遭譴責，但也有證據顯示他當時健康狀況不良。不管理由是什麼，流程因此停了下來，而他也獲准直接上訴羅馬。伯爾納鐸別無選擇，只能把一封內容非常惡毒的譴責信寄到羅馬。阿伯拉爾決定親自去羅馬一趟。

現在這變成了一個誰對誰有影響的問題。羅馬的派系陣營實在太多，以至於羅馬教廷會怎麼反應其實沒人清楚。替這個問題下定論的，看起來應該是桑斯那些主教們的報告，說阿伯拉爾確實是異端，應該要禁止他著作教學，以阻止傳染繼續外擴。教宗依諾增爵二世幾乎立刻就宣告阿伯拉爾的文字是「有害的教義以及其他違逆天主教信仰而有悖常理的教義」。他對阿伯拉爾施以永久靜默，而任何繼續追隨他的人都要逐出教會。阿伯拉爾準備要被關進一間修道院，著作則將遭到焚毀。

阿伯拉爾很幸運地有一個朋友兼仰慕者，克呂尼大修道院的院長「可敬者彼得」。彼得聲稱他碰巧遇到正要前往羅馬的阿伯拉爾，就把他收留下來。儘管他的人脈裡一定有誰會告訴他阿伯拉爾受譴責的事，但彼得還是假裝一無所知，但向教宗保證說阿伯拉爾會在他的監督之下，而他的行為是堪作楷模的。彼得很有影響力，而他的修道院則是在教宗權力的特別保護下。確實，有一些證據顯示，阿伯拉爾可能在一一四二年過世前被教宗赦免。一封由殷勤的彼得寫給（如今是聖靈修道院女院長的）愛洛依絲的熱情洋溢信件，確實會給人這種印象，而連同這封信交給她的還有阿伯拉爾的遺體。有一個傳說，描述了愛洛依絲死後約二十年時，阿伯拉爾的墳墓是如何打了開來，然後屍體再度還魂，來擁抱已經葬在一旁的她的遺體。經過了多次遷葬後，他們的遺體如今一同葬在巴黎的拉雪茲神父公墓（Père Lachaise cemetery）。

阿伯拉爾毫無疑問地是一位有魅力且傑出的思想家，但他同時也傲慢自大，面對愛洛依絲也是專橫獨斷，而且顯然完全沒發覺自己用起邏輯來對保守神學家而言有多挑釁。他實在是太忘形於他自己的傑出，以至於他似乎一點也不在意。他強調自己的一生是「不幸」，就明白顯示他認為針對他的攻擊都不公平。然而他在知識上的成就真的相當大。在「從有限的文獻來復活亞里斯多德精神」，以及「強調懷疑作為知識踏腳石之重要性」這兩件事上，他遠遠超越自己身處的時代。他無懼於探索最複雜的問題，例如爭論共相。他單刀直入神聖教父文獻，主張他們可能沒有看起來那麼權威。簡單來說，他證明了就算在階層社會中，個人主義還是可行的。然而，這不是一個可以有思想自由的世界。儘管阿伯拉爾活在一個教會沒有正式方法來處理異議的時期，他還是不得不面對一個根深柢固的、把「信仰」當作不可挑戰之事來接受的傳統。一旦他激怒不擇手段的伯爾納鐸，他就完了。

此外，阿伯拉爾還留下了一份特別重要的遺產。他的《是與否》建立了辯論的概念。一位教師可以指名某學生去替一個命題辯護，然後另一個學生會出來批判。他們一講完，教師就會詳細說明每個論點的長處。這就讓學習更有創意。學生不必百無聊賴地坐著聽老師細細解說，他們可以參與其中。這個方法被人稱「倫巴底人彼得」（Peter the Lombard，約一〇九五年，稱號來自他出身的義大利北部）的神學家所採用。這位彼得在波隆那學習法律，然後被吸引到巴黎，並在聖母院教書（他甚至可能曾是阿伯拉爾的弟子），並開始寫起自己的神學著作《四部語錄》（*The*

Sentences），可能是在一一五五年左右完成的。就像《是與否》一樣，這本書廣泛使用了教父們的著作和來自格拉提安《教令集》的聖經引文，但其中呈現討論的方式則和阿伯拉爾的辯論一樣。《四部語錄》範圍遍及整個神學領域，而且很重要的一個方面在於，它創造了一個有系統的方法，把教材區分成容易掌握的多個區塊。不可免地，會有人從這本野心勃勃又創新的著作中挑出一些要素來挑戰，然而依諾增爵三世面對倫巴底人彼得的批評者，宣布該著作為正典；而到了十三世紀時，這本書已普遍被當作教科書使用，要熟讀才能通過考試。一直到十六世紀，這都是神學家起步的標準著作，而它能那麼長時間當作標準文獻，本身就證明了神學要出現創意演變有多困難。

阿伯拉爾的一部著作需要進一步討論：《哲學家與猶太人和基督徒的對話》。[24]關於這本書何時寫成沒有一致看法，不過可能是在一一二五至一一三三年間。《哲學家與猶太人和基督徒的對話》包含兩個分開的部分：「哲學家」先是和一名猶太人辯論，然後，另外又跟一名基督徒辯論，分別問這兩個人一些關於各自信仰的核心問題，好比說終極善的本質。在與基督徒的對話中，阿伯拉爾不負眾望地，看起來比較在乎堅定表達以哲學方法探索基督教教義和倫理的重要性。他堅決主張，基督教是一個理性的宗教。在與猶太人的對話中，特別突出的地方是哲學家如此樂意聆聽猶太人的說法，並接受他的信仰是他教養的一部分。阿伯拉爾梳理了許多潛藏在事物下的議題，好比說猶太律法。儘管對該律法有所批評，他還是很同情猶太人活在基督教社會中的實際難題。

阿伯拉爾對猶太教的宗教寬容態度，在那年代是非常罕見的。反猶太主義在中世紀歐洲就已經很普遍了。第一次十字軍運動（一〇九五－一〇九九年）期間，十字軍中的暴民行經萊茵蘭

（Rhineland）時把當地猶太社群屠殺殆盡，而第二次十字軍運動（一一四五－一一四九年）期間也有類似的紀錄。情況就彷彿是，耶路撒冷在大眾想像中的新聲望，強調了猶太人在基督之死中扮演的角色，也就把屠殺猶太後人的行為正當化了。就在阿伯拉爾死去的僅僅兩年後，諾威治的威廉（William of Norwich）這名少年學徒的遺體，就在東英格蘭的諾威治被發現了。儘管無憑無據，人們依然猜測他是被猶太人釘死在十字架上。威廉被譽為聖人，而在以他為中心的崇拜興起的同時，一個猶太人會把小孩釘死的荒誕傳說也傳遍歐洲。教會機構也加強了對猶太人的控制。一一七九年的第三次拉特朗公會議禁止基督徒擔任猶太家庭的僕人，違反者將逐出教會，同時在法庭上給予基督徒高於猶太人的特權。一二一五年的第四次拉特朗公會議甚至更加嚴苛。猶太人要從衣裝上與他人做出區隔，此外在受難主日當天以及聖週的最後三天內，都禁止公開露面。他們不准擔任公職，「因為一名褻瀆基督者對基督徒施行職權是荒謬的事。」阿伯拉爾較有反省力的聲音，在不公不義的泥沼中銷聲匿跡，但我們值得記住他對宗教寬容的樂於支持。他也領悟到知識並不是恆久不變的。就如《哲學家與猶太人和基督徒的對話》中那位「哲學家」所言：「年月荏苒、時代更迭，人類所了解之事也隨之增加。」

一一五九年，在阿伯拉爾死去僅僅十七年後，他的前弟子、日後成為夏特（Chartres）主教的「索爾茲伯里的約翰」（John of Salisbury），對三科（尤其是辯證法）做出了一次令人印象深刻的辯護。《代表言詞與論理之藝發言》（*Metalogicon*）把亞里斯多德的邏輯著作鞏固為三科的核心，並

24 阿伯拉爾，《哲學家與猶太人和基督徒的對話》，ed. and trans. Marenbon and Orlandi, 收入 Peter Abelard, *Collationes*, pp. 1-223。

強調它們作為了解上帝智慧之第一步的重要性。儘管約翰對古典作者們的認知還是相當有限，但他很明顯地把他們看作是等同於神學家的靈感來源，就這方面來說，他常常被看作是十四世紀以降人文主義者的先驅。就跟他們一樣，他發現他所讀到的西塞羅有極大的啟發意義。他對於多數邏輯思考的枯燥所提出的批評也很重要，並了解到，面對眾多現象，常常光是有可能的解釋，就該要感到滿足。約翰認為，感官經驗應與信仰和理性並列為知識的來源，也就因此開啟了一種可能性——或許所謂的「真實」並不像他人宣稱的那麼絕對。這也就意味著必須尊重多元觀點。約翰的《政治家》（*Policraticus*）提供了範例，證明智慧在於清楚表達個人觀點的自由：「自由的行使只會觸怒那些活得像奴隸的人。」[25]教育也有更遠大的目標。就如約翰《在代表言詞與論理之藝發言》中所說：「不管哪一門哲學，只要它不體現在美德的培養和我們生活舉止之中，就沒有一點價值且是騙人的。」後來義大利文藝復興的人文主義者對於阿伯拉爾和「索爾茲伯里的約翰」的「口才」都嗤之以鼻，但他們值得有更高的評價。[26]不像阿伯拉爾那樣傲慢自大、且被同代人所敬重的約翰，值得被認定是流暢銜接古典和基督教知識世界的其中一人；而且要到後來，這樣的銜接工作才會變成文化主流的一部分。

25 Cary Nederman (ed.), *John of Salisbury: Policraticus* (Cambridge: Cambridge University Press, 1991), p. 176.

26 Christopher Celenza在*The Intellectual World of the Italian Renaissance: Language, Philosophy, and the Search for Meaning* (Cambridge: Cambridge University Press, 2018)，頁五六至五七討論佛羅倫斯那位博學的總理科魯喬・薩盧塔蒂的時候，提出了這個觀點。

6

自主的吶喊

城邦的重生

給眾城的第一個讚美應要給予建城者的莊嚴，而那應該包含給卓越人士以及諸神的讚美，就如雅典據說是由雅典娜所建立的一樣……第二個（讚美的主題）是關於防禦工事的形式與其位置，不論那是在內陸或海岸邊，在山上或平原上。第三個和土地的肥沃、泉水的豐饒、居民的習慣有關。接著是關於為城市增添光彩的人事物或者它的福氣，不論是獨力開展的還是靠著美德、武器和戰事發生的。如果城市裡有許多高貴的人，使城市靠著他們的榮光而為整個世界帶來光明，我們也會加以讚揚。

出自《讚美諸城》（*De Laudibus Urbium*），八世紀倫巴底文獻[1]

任何對於教會強大地位的有效挑戰，其根源都在他處，在緩慢興起的義大利北部貿易城市中。我們不應該過度強調貿易在二千紀初期歐洲經濟中的作用。好幾個世紀以來，歐陸的財富都是仰賴土地盈餘，而到了此時有了進展。人口正在成長。到了一〇五〇年時，就有了清空林地、排乾沼澤、馬拉犁提高產量的紀錄。相對地，地中海的貿易城市仍然不過是依附阿拉伯世界快速開展經濟的寄生蟲罷了。

考古證據正漸漸添加在我們對於貿易網絡復興的理解。許多年來，所謂的皮雷納論點（Pirenne thesis）主宰了學術圈。比利時歷史學家亨利・皮雷納（Henri Pirenne, 1862-1935）特別在他死後出版的《穆罕默德與查理曼》（*Mahomet et Charlemagne*）[2]中主張，儘管西歐和拜占庭在西羅馬帝國滅亡後持續有貿易，但毀滅了地中海貿易並迫使人們發展其他策略（包括了查理曼的種種獨裁式回應）的，是伊斯蘭的興起。在《歐洲經濟、傳播與貿易起源，西元三〇〇－九〇〇年》（*The Origins of the European Economy, Communications and Commerce, ad 300-900*）[3]這本頗具權威的研究中，經濟史學家麥可・麥考密克（Michael McCormick）徹底推翻了這項命題。他把地中海貿易的衰落標定為七世紀發生，並把它的復甦，歸因於和八至九世紀持續飆升的阿拉伯經濟發生新接觸。他使用了範圍大到不可思議的資料來源——其中有許多從來沒被妥當分析過，好比說阿拉伯的鑄幣和從東方進口聖物等——來顯示，當時有大量來自東西方的私家貿易商在巡迴銷售高價貨品。他在研究旅人證據方面特別厲害（他可是分析了六百六十九名旅人的檔案證據呢！），但他最重要的發現，或許是來自北歐的奴隸在多大的程度上占了歐洲出口的主要部分。他的結論中有一個迷人且並非錯誤的主張：

查理曼第一手得知的世界，住的不只有法蘭克人、阿勒曼尼人（Alemanni）以及薩克森人，也不只有丹人（Dane）、盎格魯—薩克遜人、倫巴底人和西哥德人，更還有威尼斯人、阿拉伯人、猶太人、拜占庭人和斯拉夫人。或許，歐洲歷史再也不會有哪個時刻的文化，會在這麼多面向上都如此地開放。[4]

但故事的另一面，阿拉伯人作為貿易商的重要性，就比較沒被好好講述過。費爾南・布勞岱爾（Fernand Braudel）在他出名的地中海史中，幾乎都沒有提到他們。這方面的先鋒是法國歷史學家克里斯多夫・皮卡（Christophe Picard），以《哈里發之海》（*The Sea of the Caliphs*）聞名。[5] 皮卡克服了資料來源的不足，證實了儘管敵對的哈里發之間有過衝突，但阿拉伯人到了八世紀時在

1 引言出自Paul Oldfield, *Urban Panegyric and the Transformation of the Medieval City 1100-1300* (Oxford: Oxford University Press, 2019), p. 4。這段頌詞援引古典資料來讚美諸城市。

2 這本知名著作於一九三七年在巴黎由Alcan出版，另於布魯塞爾由Nouvelle Société d'éditions出版。

3 Michael McCormick, *The Origins of the European Economy: Communications and Commerce, ad 300-900* (Cambridge: Cambridge University Press, 2001).

4 引言出自McCormick, *The Origins of the European Economy*，頁七九七的結論章。關於奴隸制見第九章，'Traders, Slaves and Exiles', pp. 237-77。另見David Abulafia, 'Crossing the Boundaries between Christendom and Islam, 900-1050', part 3, chapter 2, *The Great Sea: A Human History of the Mediterranean* (London: Allen Lane / Penguin, 2011)。

5 Christophe Picard, *The Sea of the Caliphs: The Mediterranean in the Medieval Islamic World*, trans. Nicholas Elliott (Cambridge, MA: Belknap Press of Harvard University Press, 2018). 儘管構成方式怪異且翻譯不良，但本書仍充滿了別處難以尋得的資訊。Fernand Braudel知名的*The Mediterranean and the Mediterranean World in the Age of Philip II*，由Sian Reynolds翻譯，一共兩冊（London: Collins, 1972）。

地中海南側卻是地位穩固，而且到了十世紀時已是一股顯著的力量。他們熱切迎接義大利北部的頭幾批貿易商，並招募希臘人來當船長。簡單來說，基督徒、阿拉伯人，以及（根據開羅熱尼扎檔案〔Genizah Archive〕的證據而得知有）猶太商人之間，有著更創新的互動。*在九世紀以來就有群體和伊斯蘭進行貿易的阿瑪菲（Amalfi）海岸一帶，教堂繪圖中出現伊斯蘭的數量可說多到驚人。舉例來說，十一世紀的薩勒諾（Salerno）主教座堂，就有來自三種文化的貢獻：伊斯蘭風味濃厚的中庭，還有一個（拉丁）羅曼式（Romanesque）入口，包著來自拜占庭君士坦丁堡的多扇青銅門。皮卡呼應了麥考密克，認同伊斯蘭對於「開啟了地中海，使其面向一個不只涵蓋歐洲，也包括撒哈拉、亞洲和印度洋的世界」的貢獻。他注意到第一筆關於地中海的阿拉伯文描述是來自巴格達和伊朗，兩地都在遠離海洋的內陸。[6]就如接下來會看到的，阿拉伯在文化和經濟兩方面，對於西方心智重新覺醒的貢獻是相當重大的。

威尼斯的確是第一個從地中海貿易的復活中致富的城市。中世紀歐洲最早提到商業資本（在這個例子中是展現為與船隻密切相關的財富）的地方，是在威尼斯人總督（doge，原本是拉丁文dux，指「領袖」）查士丁尼・帕提西帕奇奧（Justinian Partecipacius）於八二九年的遺囑中。威尼斯這城市和義大利本土對手不同的地方，在於該城沒有羅馬的過往。要到六世紀倫巴底人入侵義大利北部時才由逃脫難民建立的威尼斯城，由於孤立且不安穩地處在一片多沼澤的潟湖上，居民因此被迫要發揮創意運用心力，追求財富時也得向外發展。原本從屬於拜占庭帝國的威尼斯，理所當然地往東邁進，而其商人很快就精通了地中海最險惡的內海——亞得里亞海中詭譎的海流。威尼斯人利用了比那複雜太多的貿易網。君士坦丁堡、聖地和屬於伊斯蘭的埃及是商業中心；人們帶著奴隸穿過（威尼斯人已能輕易接近使用的）阿爾卑斯山貿易路線而來；而黃金、香料及聖物則順著同條路反向而去。八二八年從亞力山卓盜取傳道人聖馬可（St Mark，譯注：或稱聖馬爾谷）遺體的傳奇，給城市的自我認同提供了一股新動力；而該城的中心，也從有著美麗縈繞於心但如今孤立的「大教堂」的托爾切洛島（Torcello），搬到了另一片沙嘴上，就在今日聖馬可港灣旁，而藏有傳道人聖物的宗座聖殿，就是在此地於十一世紀時完工。儘管有著圓頂的聖馬爾谷宗座聖殿如此宏偉——據說複製自現在已消失的君士坦丁堡聖使徒教堂（Church of the Holy Apostles）——但它不過是總督的私人禮拜堂而已。

教宗們對於基督徒和伊斯蘭的貿易感到不滿，而利奧五世（Leo V，拜占庭帝國皇帝，在位期間八一三－八二〇年）則禁止了威尼斯人和敘利亞或埃及貿易。針對這番聲明，威尼斯人發展出一套合理的不予理會來回應。「我們先是威尼斯人，然後才是基督徒」（Veneziani, poi Cristiani）是當時一句知名口號。威尼斯在談出良好交易協定方面的技巧，讓他們得以規避教會對放高利貸的限制。十二世紀標準的百分之二十借貸利息，被冒稱為「一種威尼斯的老習俗」。據說，聖物在抵達威尼斯時曾發出過一個徵兆，表示它們不想服從於那些大教堂始終離聖馬爾谷宗座聖殿有一段距離的威尼斯宗主教（patriarch）。† 宗座聖殿變成了威尼斯宗教生活的中心，而繞著聖殿前面

---

* 熱尼扎檔案是十九萬三千筆中世紀猶太人手稿的總稱，它們被丟棄之後就保存在開羅的一個貯藏室裡。這些稿件於一八九〇年代被搬到劍橋大學圖書館存放至今。

6 Picard, *The Sea of the Caliphs*, p. 3.

† 從十五世紀以來，宗主教轄區的聖座，都位在城市遙遠東端的「城堡區聖伯多祿島」（San Pietro di Castello）上的同名教堂。

巨大廣場進行的馬可聖物遊行相關儀式，始終都是屬於民間團體的儀式。當教宗拜訪威尼斯，來確保總督和教宗尊重彼此管轄權而不屈從於彼此時，都會進行精細複雜的儀式。

威尼斯身先士卒的地方，不只是在城市與「官方」教會之間拉開距離而已。拜占庭帝國的西方版圖到了八世紀時開始鬆動，而到了一〇八二年時威尼斯已經獨立出來。就是威尼斯所發端的條件培養了學院事業。要在不穩固的泥灘上蓋東西，柱子就一定要深深打入地底下；而城市要擴張，市民就一定要共同努力開墾土地。必須要有清理廢棄物、讓作為城市「街道」的水路暢通、確保井水有淡水供應的法規。發生了幾次

本頁：薩勒諾主教座堂，義大利南部。門是在君士坦丁堡製作的，門廊是羅曼式，而上方的廊柱（右）是伊斯蘭風格。到了十一世紀，來自全地中海的商人都在阿瑪菲海岸交易，並留下了他們的印記。

火災之後，玻璃工人於一二九一年被政府遷到了穆拉諾島（Murano）上（現在在島上還能找到他們）。我們可以從威尼斯比較富裕的家族始終不准入侵聖馬可廣場這一大塊公共空間，來看見社會群體面對富裕家族時的相對勢力（有在觀察的人也已注意到，聖馬可廣場的大小，與威尼斯的一個貿易夥伴——大馬士革城內的奧米亞大清真寺〔Great Umayyad Mosque〕中庭遙遙呼應）。貴族們會在各自的宮殿炫耀他們累積自貿易和商業、而非取自封地的財富。十九世紀的審美家約翰・拉斯金（John Ruskin），寫過威尼斯的富饒和別處比較沉鬱的建築之間的反差：「當北方的市民和男爵們用橡木和砂岩蓋著他們陰暗的街道和陰森的城堡時，威尼斯的商人們正用斑岩和黃金覆在他們的宮殿上。」[7]總督是城市的官方統治者，但他是被選出來的，而他的權力則是被幾個議會所限制，而議會又僅限於貴族家庭參加，所以威尼斯一直都是「最尊貴的」（La Serenissima）共和國（而且維持至一七九七年）。所以人們就這麼創造出「威尼斯在其一千多年的歷史中都是共和的理想模樣，連城裡的商人都把城市的福祉放在自己的商業利益之前」的傳說，而威尼斯樞機主教加斯帕羅・孔塔里尼（Gasparo Contarini）於一五三六年完成的《威尼斯共和國和政府》（*De magistratibus et republica Venetorum*）中對這傳說就有精采描述。

由於威尼斯遠處於亞得里亞海北端，這就讓義大利西岸的其他港口得以自由打造自己的貿易網。其中最突出的是熱那亞（Genoa）和比薩。多虧了在阿爾諾河（River Arno）河口的位置，原

7 John Ruskin, *The Stones of Venice, Volume Two* (London: Smith, Elder and Co., 1853), chapter 4, section 18。此書後來有許多版本，而最初是發行為三冊，於一八五一至一八五三年出版。

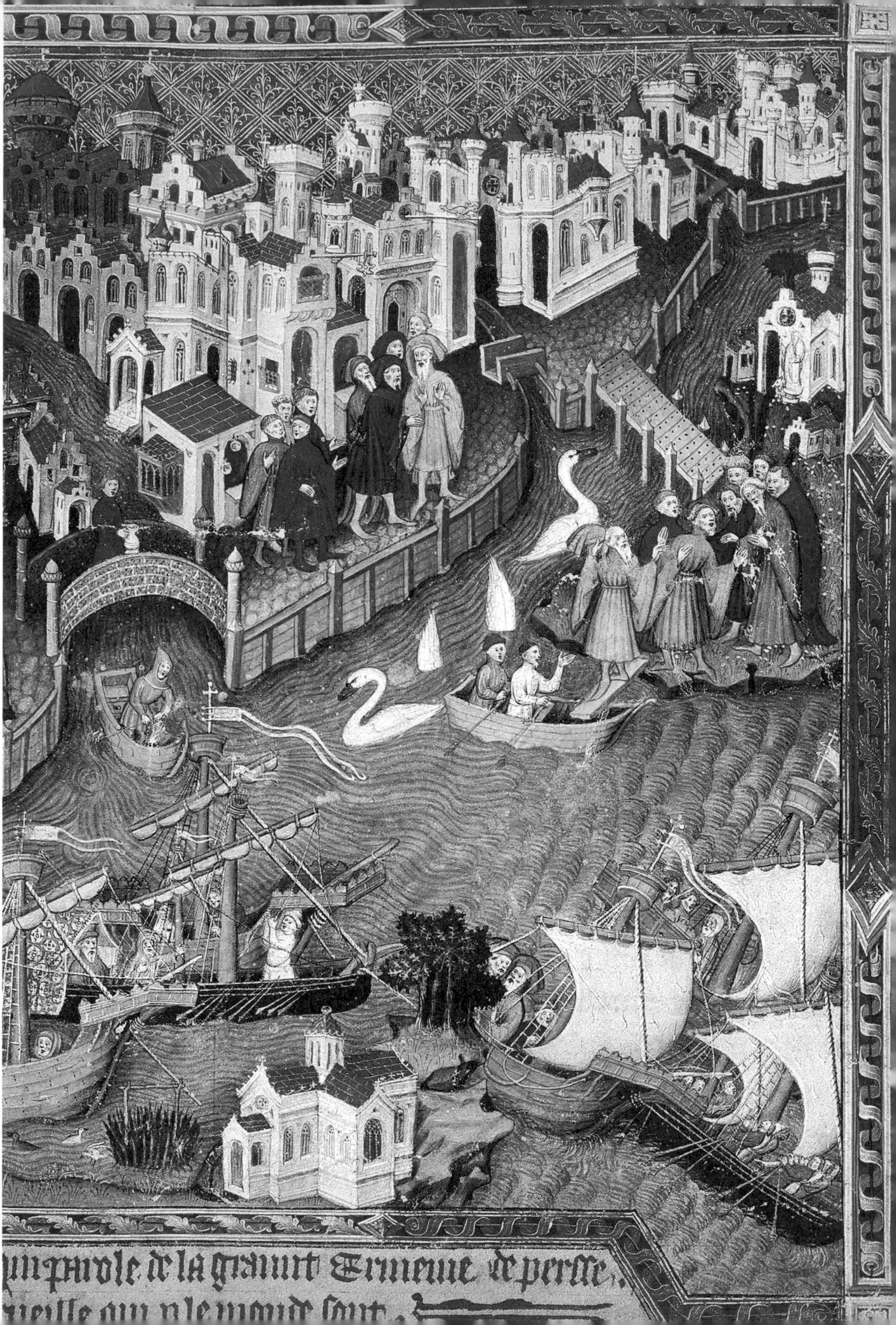
parole de la graunt Ermenie de perse.

前頁至本頁：中世紀描繪的十四世紀威尼斯，顯露出該城早已欣欣向榮。可以留意一下聖馬可聖殿宗主教座堂出名的四匹馬（左上角）已經安放在定位。

本只是一個羅馬帝國海軍基地的比薩，得以比義大利北部大多數城市更成功保護自己不受襲擊，也就因此率先去對抗伊斯蘭的擴張，以及那些害貿易路線無法成形的海盜。十一世紀時，比薩和同樣發展出大規模海軍的熱那亞發生衝突。一開始，比薩藉由贏得薩丁尼亞（Sardinia，大批羊群、穀物和鹽場的所在地）和科西嘉（Corsica）的控制權而占了上風。這兩個城市持續激烈敵對，但當教宗烏爾巴諾二世於一〇九五年發動第一次十字軍運動時，兩座城市都還充裕到能為遠征提供大規模艦隊。

今日造訪比薩，仍能證明該城過去有多成功。早期，該城的對外展示專注於創造基督教建築。依舊屹立於阿爾諾河北岸的美麗建築群，是從羅曼式主教座堂起頭，該建築是於一〇六三年落成，有一部分是以襲擊（當時由）穆斯林統治的西西里島城市巴勒莫（Palermo）所奪來的物品為資金所建成的。資助了該建築的勝仗，有紀錄在建築結構上，到了下個世紀又進一步加以修飾美化，而這段期間又增添了一棟獨棟洗禮堂，接著又加上了那座因為建造時就開始傾斜而聲名大噪的鐘塔（譯注：今日的比薩斜塔）。那裡以一種想像力豐富的方式使用了一組組黑白大理石。從頭到尾大量使用石柱，證明了古典過往的回憶仍然強大，而尼古拉・皮薩諾（Nicola Pisano）在洗禮堂內打造的講道壇（一二六〇年），則是有意識地呼應羅馬浮雕，尤其是以裸體呈現了海克力斯（Hercules）來代表剛毅。歐洲的古典時代遺產已經滲透到了文化的每一個面向裡。皮薩諾作品旁的碑文讚揚了他的成就：「願如此天賦異稟的一隻手能獲得應當的讚美。」個人的傑出獲得留意，這可是一個重大發展。後來再加上坎波桑托（Camposanto）這塊特地從聖地運土來填成的墓地之後，這組建築群證明了此時有多少財富流入了城市裡。

所以，比薩是歷史紀錄上第一個呼應羅馬過往制度，而於一〇八五年制定出一年一選的政務官（magistrate）與領事的城市，或許也沒什麼好意外。當比薩大主教戴伯特（Daiberto）隨著第一次十字軍運動而行，並成為了耶路撒冷的第一位拉丁教會宗主教，這些人的地位也跟著提升。他現在是一名不在教區的主教。比薩和拜占庭帝國之間最早的貿易協定紀錄，可以追溯至一一一一年（且由領事們在完完全全沒提及大主教的情況下簽訂）。不久之後，有證據顯示領事們掌管了司法和戰事。克里斯・威克姆撰寫文章談這段期間在比薩出現之公共政府時，注意到少數家族是如何寡占了政務官職位，此外和其他城市不同的地方在於，他們不需要挑戰地方貴族地主的勢力。[8]

新貴階級沒多久就大聲疾呼要在城中掌握更大的權力，是可以理解的事。到了十一世紀時，主教和在地團體的爭端有所增加。雖然紀錄稀少，但在波河（River Po）平原上有著發達農業基地的城市克雷莫納（Cremona），商人們（negotiatores）和當地主教為了主教的河運貨物抽稅權一事起了衝突。早在九九〇年代，商人就已經說服皇帝介入，把徵收通行費的權利給他們而不是主教，因此引發了一場在接下來整個世紀裡一直醞釀的危機。一〇三〇年代，主教被逐出該城。皇帝命令商人讓他回去，但一〇九〇年代的文件明白顯示，到了那時候他只剩名義上的政治管轄權，而一個「群體」（commune）出現了。[9]這和皇帝亨利四世允許比薩選出自己的政務官正好是

8 Chris Wickham, *Sleepwalking into a New World: The Emergence of Italian City Communes in the Twelfth Century* (Princeton, NJ, and Oxford: Princeton University Press, 2015)。本書第三章，頁六七至一一七詳細探討了比薩。另見 Abulafia, *The Great Sea*, part 3, chapter 3, 'The Great Sea-Change 1000-1100'。

9 Wickham, *Sleepwalking into a New World*, pp. 174-76.

同個時間（一〇八五年）。

這些群體的獨立主張，是從義大利北部各派勢力糾結的衝突網絡中浮現出來的。各皇帝仗著查理曼征服倫巴底，而主張自己具有最終的至高統治權，所以各城市都該向他們效忠，但他們的領土卻離義大利很遙遠。隨著倫巴底王國的架構在九和十世紀萎縮，皇帝們的統治也放鬆了。教宗們對授銜儀式權的挑戰，進一步弱化了他們的權力。他們被迫藉將特權給予各城市，來「買」它們的效忠。認可比薩人有權選自己的政務官，藉以來換得他們支持的，就是皇帝亨利四世。

然而到了十一世紀的最後幾十年，授銜儀式的爭議促使人們激辯起世俗與宗教當局之相對權利。自從羅馬帝國滅亡以來，這是第一次看到辯論雙方都寫下法律並編成法典，希望能給自己更多權威。正好在同一時間，《教宗訓令》（*Dictatus Papae*）這類教宗詔書開始從羅馬發出，且人們漸漸可以讀到由「沙特爾的伊沃」（Ivo of Chartres, 1040-1115）這類導師所寫的其他教規文獻。* 儘管治理教會或帝國的法律本質上是獨裁的，能夠支撐教會或帝國所意識到能用來控制其臣民的權利，但在義大利北部，人們領悟到法律可以用來主張自己的權利來對抗傳統權威，所以，一種來自古代共和主義者的、「一個群體營運自身事務的自由」的概念，也就是「自主」（libertas）的概念，就這麼重生了。

這法律是從哪來的呢？羅馬帝國垮台留下的真空，從五〇〇年起在西方被日耳曼法所填補，而在義大利北部則是由倫巴底法律填補，但對於重新繁榮起來的城市來說是不足的，尤其當商業糾紛興起、需要修正合約法律時更顯匱乏。有些羅馬法的殘篇還保留著，在「賽維利亞的依西多

前頁：1060年代左右，比薩偉大的宗教建物群（奇蹟廣場〔Piazza dei Miracoli〕）開始動工。

祿」的《詞源》裡片段地記錄下來，但人們不太了解其原理，而它們也沒有詳盡到足以形成一部法典。但很巧合的是，十一世紀時人們重新發現了查士丁尼的偉大法典。這部年代追溯至六世紀前半的法典，是一項宏偉的行政成就，而且把幾個世紀以來關於法律問題的複雜思考都整理了起來。到了羅馬帝國晚期，要評估帝國法令、帝國對法律問題的回應以及法學家意見這三者的相對地位，變得非常不容易。這些全都可以在法庭內提出來當作有效前例。查士丁尼藉由合併這些意見和法令，把這些統一為皇帝的意志，而避免了這種混亂，同時又強化了自己的權威。更有一位效率極好的文官特里波尼亞努斯（Tribonian），在五二八至五三二年的僅僅四年間就策畫出這個野心勃勃的法典計畫，讓皇帝如虎添翼。最後的整體被稱作《民法大全》（*Corpus Iuris Civilis*），由三個部分組成。第一部分是《查士丁尼法典》（*Codex Justinianus*），在一冊中集結了所有帝國法令，所以法庭上可以立即取用。接著是《學說彙纂》（*Digest*），法學家對羅馬法的意見彙編。它把三百萬字的判決濃縮成一百萬字，而最後產出的文字則被宣稱為權威不可挑戰，但可以由日後的判決補充。最後，為了幫助學生精通這巨人的法典，還有可以用來當作教科書的第三冊《法學階梯》（*Institutes*）。[10]

《查士丁尼法典》最初是以拉丁文發行，所以西方受過教育的人可以讀。* 有些關於法典內

---

* 聖伊沃為人所記得的是他的《教令集》（*Decretum*），一本關於教會法規的專著，強調「博愛」（caritas）而不是以執法來懲罰的重要性。阿伯拉爾可以讀到他的著作，對他的神學也有所影響。

10 Michael Maas (ed.), *The Cambridge Companion to Justinian* (Cambridge: Cambridge University Press, 2005), chapter 7, Caroline Humfress, 'Law and Legal Practice in the Age of Justinian'，頁一六一至八四討論了法典。

容的記憶似乎有流傳下來，但六八〇年以後就沒看到有人引用其內容了。接著在一〇七〇年時，一份《學說彙纂》突然出現在義大利北部古羅馬幹道「艾米利亞大道」（Via Emilia）上的古城波隆那。顯然這本書是在六世紀時從君士坦丁堡來到拜占庭帝國統治的義大利南部，然後從那邊去了卡西諾山的本篤會大修道院。在日後成為教宗維篤三世的院長德西德里烏斯（院長任期一〇五八－一〇八七年）的掌管下，這間修道院成為了歐洲古典文獻最重要的抄寫複製中心。如果不是該院的努力，我們可能永遠都不會知道羅馬偉大歷史學家塔西陀的著作，或者阿普列尤斯（Apuleius）小說《金驢記》（*The Golden Ass*），以及其他重要的羅馬著作。僧侶們應該是在這裡複製了原本的手稿，從另一本現在已經佚失的《學說彙纂》中取一部分加了進去。最後，合併完成的文獻，抵達了正在發展成法律研究中心的波隆那。

簡單來說，查士丁尼文獻的發現，尤其是《學說彙纂》的發現，導致人們對羅馬法產生爆發性興趣，而這正好就發生在迫切需要一本無所不包的典範的時刻。[11]這本法典在支持私人財產權方面格外重要。就如西塞羅在他的《論義務》（*De Officiis*）中所寫的：「行政機關裡的人應該優先關心的，是讓每個人應擁有屬於他的東西，以及讓一般公民不被國家的行動侵害他們的財產權。」[12]法典強化了這個原則，而《學說彙纂》的重新出土，則是西方心智再度覺醒的一個重大時刻，尤其是在確認了個人權利之原則方面。

研究《查士丁尼法典》的中心依舊是波隆那。[13]人們可能都聽過早期教授這主題的教師大名。舉例來說，伊爾內留斯（Irnerius）在十二世紀的頭二十幾年裡教課，並在皇帝亨利五世（Henry V）與教宗爭辯時給過他法律上的建議（而結果則導致亨利五世於一一一九年遭逐出教會）。

他成立了一間學校，裡面都是注釋法學派學者（glossator）；這群法學家使用原初的羅馬文獻，改編它們以符合正在開展的城市群體之需求。寫在原始文獻頁邊空白處的評論，就是「評注」（gloss）。有一個由四名波隆那注釋法學派學者組成、一一五八年成立來給皇帝腓特烈・巴巴羅薩（Frederick Barbarossa，即紅鬍子腓特烈）意見的團體特別有名，而且他們已經顯現出詮釋法律的不同方法。其中，保家魯斯（Bulgarus）支持嚴謹詮釋原始文獻，而他的同僚瑪爾定（Martinus）則願意更有彈性地詮釋《民法大全》，主張執行司法應以公平公正為脈絡。至關重要的是，法律學習被銜接到了三科。注釋法學派學者把每一份文獻都視為同等有效（甚至包括那之中的條款），並利用辯證法來處理明顯的差異。漸漸地，每個法律問題的主要文獻和原則（稱作「布爾查德法律格言」〔brocard〕）逐漸被鞏固起來，所以訴訟當事人會知道要從哪邊開始著手。將邏輯有系統地應用於法律，是歐洲思想史的一個重要時刻。

經過了一個世紀的創新協作之後，最有名的法學家，阿庫修斯（Accursius, 1182-1263），把前人成千上萬則的評注（有一個估計是十萬則）整理成《標準評注》（*Glossa Ordinaria sive*

---

* 整個帝國都以拉丁文為行政官方語言，所以也用於法典。只有在七世紀時，拜占庭法庭才採用希臘文當作行政官方語言。

11 Peter Stein, *Roman Law in European History* (Cambridge: Cambridge University Press, 1999) 可以找到詳盡介紹。

12 西塞羅於西元前四四年寫的《論義務》，在中世紀和文藝復興時期的影響力都龐大無比，特別是因為它強調了政治家和行政官員的道德義務。這段摘錄出自Book 2: 73。

13 關於波隆那大學，還有巴黎與牛津大學的演變，見Pedersen, *The First Universities*，尤其是第五章，'From school to studium generale', pp. 122-54。

Magistralis，通常翻譯成《大評注》〔*Great Gloss*〕。）阿庫修斯藉著分類整理先前廣泛到不尋常的意見，而能發現矛盾不一致，而他也不怕為這些矛盾不一致提供解答。結果《標準評注》成了羅馬法的最具權威來源，他的同代人也如此稱讚。阿庫修斯現在仍安息在波隆那聖方濟各（San Francesco）教堂墓地的一座宏偉墳墓下。

過去教會一直都使用羅馬法的各種片段，但這些法條片段同時還與其他各種來源的混合體共存：包括了《聖經》、教父的意見、教會會議的決定和教宗發布的命令。就如前面提到的，一一五〇年左右，格拉提安以《格拉提安教令集》為混亂帶來秩序。當有缺口時，格拉提安接受用民法來填補。如今對自己著作的權威有信心的民法律師，剛開始還看不起教會法這個法律分支，使這兩個系統以分頭並進的方式發展。然而，隨著教會法在宗教法庭中的強制執行，這套法規很快也獲得了同等尊重。到了十三世紀末，在併入教宗命令之後，教會法在它的範圍內也和民法一樣權威。民法處理地上人們的共同利益，而教會法則處理罪和救贖。在許多例子中，例如家庭法，以及偽證和謀殺之類的犯罪，這兩套法律會重疊，而許多律師都能同時勝任這兩者。

到了這時候，有一項極其重大的發展在城市中發生了。人們十分需要那些能從羅馬法基礎來談邏輯論理的人。當歐洲境內移動（對那些能掌握如今崩壞的羅馬道路系統的人來說）沒有限制條件時，有興趣精通法律的學生便被吸引到波隆那的學校去。那些已經加入神職修會的個人，可以要求教會保護他，但不是的人就會發現自己處境堪慮。在波隆那，當市議會拒絕把公民

下頁：發現六世紀的查士丁尼法典，是至關重要的一刻。在這份約寫於1275年、由律師們替義大利北部城邦重新解釋原典的文件中，原典被大量的注釋所包圍。

a C. proxeneticis. id est mediatoribus nuptiarum nunc mediatoribus personarum. accursius. ac.
a C. proxeneticis. i. salariis que dantur proxeneticis. ut ff. de proxeneticis. l. ii. sed de hoc nichil in ingio. ac. an in interestia (?) in insignia. uestes enim pro dote (?)
b C. nichil firmitatis. i. tamen no. i c. ut ff. de edil. edicto cum autem. § excipit.
c C. arris. hec eadem pignora uocantur. ut i. ea. l. i. ac.
f C. remittere. pena cum utrumque parte cessante. accursius. accursius.
g C. desponsata persona. intervenerit osculum. l. non. hic in donat. ante nuptias sponsalitia. sed ut i. e. t. ii. si a sponso cum mittebatur ergo hec cum pena bina. sic. ni. c. ii. l. cum uetere. ac.
h C. prohibetur. tunc ei annuit annus. ac.
i C. si pater nuptiis. contra li que iure recusare non poterunt. ut ff. e. si. q. ac.
k C. firmum. sua ratione uel operatio eius quod pater fecit a quo tutor uult. et sic non obstat. ff. de u. o. l. titia. ac.
l C. definitum. al' destinatum et al' definitum. et hinc nisi puella iure recusaset. sic in tutore est. ut ff. de confir. tu. l. utilitatem. ac.
m C. defensore. i. tutore. l' curatore. ac.

Codicis domini Iustiniani repetite prelectionis explicit liber IIII. Incipit quintus. De sponsalibus et arris sponsaliciis et proxeneticis. Rubrica.

A[lexander]. ... De sponsate renuntiare conditioni et nubere alii non prohibetur.

Idem A. Si is qui puellam suis nuptiis pactus est intra biennium exequi nuptias in eadem provincia degens supersederit, eiusque spatii fine decurso in alterius postea coniunctionem puella pervenerit, nichil fraudis ei sit, que nuptias maturando vota sua diutius ludi non passa est.

Idem A. Arris sponsaliorum nomine datis, si interea sponsus vel sponsa decesserit, que data sunt iubemus restitui, nisi causam ut nuptie non celebrarentur defuncta persona iam prebuit.

Idem A. Si pater pactum de filie nuptiis ineunte humana sorte consumptus adimplere non potuerit, ideo mater sponsum et sponsam firmum ratumque permaneat quod a patre decreverit definitum, nichilque permittatur libere momenti, quod cum defensore ad quem minoris commoda pertinebunt decreverit fuisse firmatum. Proximum est enim ut contra patriam voluntatem redempti forsitan tutoris aut curatoris admittatur arbitrium, cum plerumque etiam ipsius femine ad votum commodi propria inveniatur laborare consilium.

Idem A. Mulier iuris sui constituta arrarum sponsaliorum nomine usque ad duplum teneatur, id est in eo quod accepit et aliud tantundem, nec amplius, si post completum XXV annum vel post impetratam veniam etatis atque in competenti iudicio comprobatam cum huiusmodi arras susceperit. In simplum autem, id est tantummodo in id quod accepit, si minoris etatis est, sive virgo sive vidua sit, sive per se sive per tutorem aut curatorem vel aliam personam easdem arras acceperit. Patrem vero vel matrem legitime etatis constitutos, sive simul sive separatim arras pro filia susceperint, in duplum autem vel proavum si pro nepte vel pronepte in duplum tantummodo convenit teneri. Que ita custodiri censemus si nullo pro persona tali contradicente aut aliam causam legibus vel generalibus constitutionibus incognitam futurarum nuptiarum obstare prohibetur. Tunc enim quasi nullo facto, ut potest sine ea easdem arras prestitas tantummodo reddi consequens esse precipimus. Illud etiam quoque adicimus, ut etsi legibus prohibite non sint future nuptie post arras autem sponsalitias sponsa coniugium sponsi propter turpem vel impudicam conversationem aut religionis vel secte diversitatem recusaverit, vel eo quod coire non potuit ex quo spes sobolis oritur facere non potuit, vel ob aliam iustam excusationis causam, si quidem probatum fuerit

n C. commoda. s. peculiaria tantum. et ideo non autem dematitonio (?) cum in coniunctione ergo puelle non quod consilium tutoris sed ipsius puelle quod si aliu uel etiam non eligat iudicis erit deliberare. ut i. de nuptiis. l. in coniunctione et l. copulandis. et ff. e. si puelle. et ff. de ritu nupt. l. sciendum secundum quosdam. sed alie magistratus. illa si puelle dicit quod ipse solus non potest constituere sponsalia. sed est cum certe cum aliis et aduocatis. ut i. de nupt. l. i. ac.
o C. femine. consentientis tutoris uel curatoris. et fac. ad l. i. si nuptie ex rescrip. pe. l. i. et ff. de sponsalibus. l. iul. ac.
p C. nulli. ex plenis causam ut nuptie non celebrentur.
q C. quod accepit. s. uatur ergo ipso iure uel est minor a pena. uel dic prohibitum in integrum restitutione. ac. accepit et est. ut ff. de ami. tu. l. ita.
r C. per tutorem. quia qui per alium facit. et c. gessisse. accursius. ac. ac.
s C. teneri. idem dicam in tutore et curatore sic. i. unde ut l. meminerunt. et ib. de iudic. l. properandum. § f. ii. de usuris. fi. l. quicumque. et ut patris sic et tutoris est officium filiam dotare. ut i. de dotis pro. l. f. sed hec quod subiicit fallat. i. ea. l. i. que est contra. accursius. accursius.

t C. personam. quia si est turpis meretrix. uel similis. et alt. nobilis. ut ff. de ritu nup. l. lege et sic non obstat. i. ea. l. i. ac.
u C. uel contradictione. ut quia filia senatoris et libertus. uel libertinus uel iudeus. ut ff. de ritu nupt. l. lege et ib. de iudeis.
x C. causam. veluti cognationem vel mortem alterius. ac. l. neque.
y C. constitutionibus. ut in tutoribus et curatoribus. ut i. de inter. tutore (?) et pro tutore (?) et infra dictum (?) ut. s. de spon. ac. l. donec et infra. et de sacro fonte susceptis. ut i. de nupt. l. siquis alum(nam) prima (?). ac.
z C. tantummodo. reddi. ob causam. uel sine causa. uel quia ignorauit accipiens. ut ff. de condict. ob causam. l. i. al' incipit lum aut quia. preterea (?) et incipiente. tunc autem siquis et ignorauit. repetitur. pro eo si scierit non repetit. quia preteritus (?) sui si fit. arras acciperet ut ibi uel non repetit. et quod ob causam (?) et repetit quod nulla fit. ut et ff. de condict. ob causam. l. i. al' lam. item legitimus et incognitam. ut ibi diximus. et ff. de donat. inter uirum et uxorem. cum hic status. § si. et de rescissione pro fectus. ff. de condict. ob causam. l. i. ac.
a C. huiusmodi. s. exceptionibus. subscriptis prestis constat. o. de epsali. a. si legibus. ac. in penis uel bibere (?) uinum. accursius.
b C. religionis. quia non uult fieri. ac.
c C. secte. quia paterenus est. ac.
d C. facere. sunt quedam ... accursius.
h C. potuerit. preter quam ad duplo arrarum. uel a pena quadam uel pacto comprehensa ne fiat. ipsi enim dicunt. ut hic per eandem (?) ... in fine. eos qui nupt. noluit dicere non est liberitas. ut si promittas x. si filiam tuam non nupserit filio antimorum (?) filia sine inia ab obseruatione penetratum siquis filiam instituat si nupserit tibi non prius fit ... quam tibi nupserit uel tu recusses. in enim modestia uel remittenda est illa condicio. ut ff. de condict. et de. l. cum. § l. ... ut ff. l. i. et l. qui repetere. ac.

uuuuuuuuuuuuuuuuuuuuuuuuuuuuuuuuuuuuuu.

權利給予外來者時，這些人的處境就更岌岌可危了。造成這樣的一個理由是，人們擔心聰明的法律學生會留在城裡實踐所學，進而威脅到既有的法律教師們手上越來越能賺錢的生意。除了各種限制外，學生還有責任替那些離開城市的同學還債。作為報復，學生們便自行組織起來，形成一個與之區隔的群體，一間大學（universitas），而這可能早在十一世紀末就開始了（傳統上大學的首創日期是一〇八八年）。（universitas這個詞是從十三世紀開始使用；十二世紀時，人們用的詞是「通識學術機構」〔studium generale〕。）

關於這個先鋒團體是怎麼成形的，我們所知甚少。第一個確切的紀錄來自一一五五年，當時四位注釋法學派學者和腓特烈・巴巴羅薩見面，請他保護這個新興機構。腓特烈・巴巴羅薩以查士丁尼提出的詔旨為模範、於一一五八年發布的詔旨《真正存續》（*Authentica habita*）中，皇帝藉由承認教師團隊，以及承認「遊學生」向教會法庭或者他們自己的教師尋求保護的權利，來回應他們的請求。分攤債務的要求也消失了。有了這個法律保障到位，相互仰賴的教師和學生彼此關係快速進展，主要是在禁止教師離城到別處另起爐灶。而「遊學生」沒辦法這樣控制，所以城市開始給他們特權，來確保他們留下來。

一旦大學的概念，也就是學生和教師作為一個特立的合法機構在運作的概念獲得接受，大學便快速擴散到整個全歐。這種發展是下一章的主題；我們在本章會更關注法律如何用在義大利北部正要興起的群體中。「群體」（commune）這個詞是個概稱，但它涵蓋了各色各樣的獨立城市政府。

十九世紀知名的法國歷史學家歐內斯特・勒南（Ernest Renan, 1823-1892）主張，義大利根本從來都沒經歷過中世紀。羅馬帝國滅亡後，古典文明緊接著就在先前敗壞的原地重生。但主張這種持續性就太籠統了。義大利北部的內陸城市，到了十世紀時都還是自己羅馬時代的殘局，但有一些空間（通常是城市論壇）和建築（有些大得像維洛納〔Verona〕的圓形露天劇場）保存了下來，為自己曾經有權在羅馬帝國內自治的榮耀過往留下痕跡。這裡就有了可以重生的回憶。

隨著威尼斯、比薩和熱那亞的港口實力日漸增強，財富也開始滲入內陸，而波河及阿爾諾河肥沃平原上新興城市的人口，正忙著形成他們自己的政治和法律認同。

由於他們的主要產品（如穀物和鹽）和別人相比更容易順著平原運送，使得經濟格外受益；不過撐起一片新榮景的，是貿易持續成長。威尼斯、熱那亞和比薩變成了對手，爭取著拜占庭帝國以及（教會所反對的）地中海東側阿拉伯國家裡最能賺錢的財貨。另一條以義大利南部的阿瑪菲（Amalfi）為中點的海岸線，則是布滿了教堂，其裝飾呼應了伊斯蘭主題。船隻的技術也有所展進，所以到了十二世紀後半段，連冬天都可以渡海。但還需要一個更精巧的方法來資助這些努力。在熱那亞，一個稱作「共餐會」（compagna communis）*的組織興起，透過該會的活動，可以維持一個延續數年的特定計畫，好比說打造一支十字軍艦隊。「commenda」這種讓投資者集資籌辦航程、指派船長並給予把握在途中任何獲利機會的自主權、並在他成功返航時定出一個獲利分配規則的機制，其起源非常模糊，儘管有些學者在阿拉伯貿易商之間看見類似的做法。當然，許多航程是以失敗作收，此時就會發現那些比較精明的投資人都把他們的賭本壓在不同的計畫上。

* Compagna字面上的意思是「一起用餐的人」。

人們漸漸接受了保險的原則，而第一批銀行機構也發展出來，為這種商務發展信用貸款。信用貸款是不可或缺的，特別是因為它意味著放款者和貸款者之間的、已經建立起充足的信任。隨著獲利從海岸往內陸延伸，它們也刺激了新產業。舉例來說，佛羅倫斯就利用位在亞爾諾河上的天然優勢，從水路經比薩抵達海岸，並利用湍急的河水，以該城從北歐這個貿易新焦點買來的原料，創造出獲利驚人的服飾產業。我動筆時所在的東英格蘭薩福克郡，周遭的田野一度都放牧著綿羊，而牠們的羊毛就是被運到義大利，其獲利則是再度轉投資於諸多美輪美奐的中世紀教堂，至今仍聳立在附近的村鎮中。

一開始，各城市的政治復甦遭到義大利北部最強大的統治者所挫；她就是在該區擁有大片領土且令人生畏的「托斯卡尼的瑪蒂爾達」（Matilda of Tuscany）。瑪蒂爾達在敘任權鬥爭中支持教宗反抗諸皇帝，但在一一一一年即將過世前，她與皇帝亨利五世和解，並被加冕為他的副攝政。當她於一一一五年死去後，便把自由給了生前領土內的許多城市。這讓統治當地的主教們處境越來越堪慮，而在接下來的幾十年裡，還會有更多的群體興起。[14]

紀錄仍然稀少。其中一個最為人所知的，是來自教會的浮雕，獻給四世紀的維洛納守護聖人聖澤諾（St Zeno）；在那上頭有一群騎著馬的騎士，和一群步行的民眾舉著一面旗幟，上面的題詞說，這是由主教代表澤諾獻給城市的人們。其年分約為一一三五年，也有檔案提到維諾納在同一時期有一個社會團體主持的政府。幾年後，日耳曼歷史學家「弗萊辛的奧托」（Otto of Freising）留下了一份紀錄，當時他跟著侄子腓特烈一世巴巴羅薩（因為義大利文的紅鬍子〔Barbarossa〕而得名；他是腓特烈二世的祖父）於一一四〇年代前往義大利北部。令他震驚不已的是，傳統的破壞導致政務官由選舉產生，而不是像歐洲其他地方那樣，都由地方權貴或主教挑出。到了他那時候，義大利諸城中會指派政務官的城市有米蘭、阿雷佐（Arezzo）、盧卡、波隆那和錫耶納（Siena），通常是一年一選，而且允許大會成員參與，其中有些城市選舉甚至包含了il popolo，也就是全體公民。「整片土地幾乎都被這些城市瓜分了，」「弗萊辛的奧托」不以為然地提到，而且「周遭的所有領土上幾乎沒能找到哪個貴族或大人物不承認他所屬城市的權威……它們（指諸城市）如此渴望著自由，以至於它們是由（選出來的）領事所治理，而不是由統治者」。[15]對奧托來說，這就等於是在顛覆那些權威來自繼承，加上一群順從農民為其盡義務的傳統統治集團。

這些城市的律師得做點創新思考。查士丁尼法典同意了皇帝的絕對權力，而腓特烈巴巴羅薩找到了在這一點上支持他的律師們。而一名波隆那的律師阿佐（Azo，約一一五〇－一二三〇年）發展出另一種論點，也就是皇帝的權力最多就是指定什麼是合法的。一名皇帝的管轄權（iurisdictio），終究是來自人民。這論點長久以來在原則上有獲得接受，但有人主張，它一旦給了出去就不可以撤回。阿佐和他的法學家同僚使用了「自然法」這個古代傳統，這種法可以透過理性思考或者群體和國家的實踐來體認。在阿佐的構想中，它包括了財產權，以及維護合約和其他契約。阿佐得到了一個「對政治理論非常重大的」[16]結論，就是當要撤銷這些權利時，皇帝並沒有

14 Philip Jones, *The Italian City-State: From Commune to Signoria* (Oxford: Clarendon Press, 1997)，是「群體」出現過程的最全面研究。遺憾的是，本書幾乎無法取得，而作者在完成第二冊之前就過世了。

15 引言出自Malcolm Barber, *The Two Cities: Medieval Europe, 1050-1320*, 2nd ed. (London: Routledge, 2004), p. 235, 其後並有討論。

比「人民」全體擁有更大的權力。所以照這道理下去，一個城市的政務官便有權力可以自行制定法律。

一二六五年亞里斯多德《政治學》（*Politics*）的拉丁譯文版現身之後，便是從古典時代結束以來第一次重申了「城邦」（city-state）這種「以達到共同利益為首要目標的最高階狀態」的理念。[17]《政治學》分析了從獨裁到民主等範圍廣泛的城市管理方法。亞里斯多德主張，想要共同合作是天性。他的直覺是，只要是能讓政府有德，就可以對政府做某種形式的公眾參與，而他評價了可以達到這一點的各種手段。他特別關心避免獨裁的方法，這也就是為什麼他的著作對於那些企圖定義城市或國家獨立的人來說，是如此有影響力。他對於累積財富以維持城市活動與其堂皇形象的重要性，也有著切乎實際的態度。他主張，如果有盈餘的話，一直都可以出於「一個人對整個群體有責任義務」的倫理原因而給予窮人。這個理念相當符合政府、大學和同業公會中正在發展的共治（collegiality）關係，而這理念也支持了基督教濟貧的理想。相對地，柏拉圖的《理想國》就貶低了任一種大眾治理方式，並把治理的權力限制於一名菁英，此菁英會把一種簡樸而有秩序的狀態，施加於那些被認為是比較無能參與的人們身上。

然而，不管波隆那的法學家們怎麼說，管轄權最終還是要看誰有武力強迫施行。腓特烈・巴巴羅薩入侵義大利北部五次，孤注一擲地試圖宣告他的君權。在第五次入侵時，一一六七至一一八三年的倫巴底聯盟（Lombard League）讓大部分的義大利城市結盟起來，而在一一七六年的萊尼亞諾戰役（Battle of Legnano）中打敗了帝國軍。在一一八三年的康士坦茲和約（Peace of Constance）中，條約中的正式用語遮掩了皇帝一次屈辱的退讓，以及對各城市自由的承認。這是正於各城市興起之政府形式的一場勝利，而許多城市把和平條約融入了它們的憲法中。菲利浦・瓊斯（Philip Jones）在他的《義大利城邦》（*The Italian City-State*）中，把這看作是從「宗教建築支配的城市（如比薩）」轉變成「市政廳（palazzo pubblico）掌握城市大局」的時刻，而這是世俗政府興起的重大進展。[18]

散落各處的資料來源，替典型群體政府的綜合面貌做了一些補充。政務官或稱「領事」（consul）是一年一選，而且在比較大的城市可能有多達二十人。他們不只關注城市架構及城市安全的管理，也關注周遭的市郊，也就是所謂的contado。對食物供應的控制是最基本不可或缺的工作，而許多商人其實就是來自在地的大地主家族。大眾集會在一些重大決策上有一些作用，比如開戰與求和，或者政府變更。其實選主教的時候就已經召開過這種大會，所以把人們找來聚在一

---

16 Peter Stein, *Roman Law in European History*, p. 60. K. Pennington, *The Prince and the Law, 1200-1600: Sovereignty and Rights in the Western Legal Tradition* (Berkeley: University of California Press, 1993)，是談君主權力對上臣民權利的關鍵文章。

17 見Christopher Shields (ed.), *The Oxford Handbook of Aristotle* (Oxford: Oxford University Press, 2012), chapter 21, Pierre Pellegrin, 'Aristotle's Politics', pp. 558-85。另見Alan Ryan, *On Politics: A History of Political Thought from Herodotus to the Present* (London: Allen Lane / Penguin, 2012), chapter 3, 'Aristotle: Politics is not Philosophy'；David Boucher and Paul Kelly (eds.), *Political Thinkers: From Socrates to the Present* (Oxford: Oxford University Press, 2003), chapter 5, Tony Burns的'Aristotle'；J. S. McClelland, *A History of Western Political Thought* (London: Routledge, 1996), chapter 4, 'Aristotle and the Science of Politics'。

18 就如菲利浦・瓊斯所言：「（康士坦茲和約後）一個革命新階段開始了：這個階段有增強的國家事業、強化的城鎮計畫，又特別有建設方面的重新定位，進步的都市機構面貌重新世俗化，全部都集中於市政廳這個新的象徵特色」（Jones, *The Italian City-State*, pp. 441-42）。另見David Abulafia (ed.), *Italy in the Central Middle Ages, 1000-1330* (Oxford: Oxford University Press, 2004), chapter 1, Edward Coleman, 'Cities and Communes', p. 47。

起做重大政治抉擇，不算是什麼革新。難題在於，隨著較大型城鎮的人口增加，這種民眾大會變得很難進行，所以有紀錄記載，人們設立了代表人民的議會，或者一個特定的「人民官」（capitano del popolo）職位。

領事的職責可以從一份留存至今的、來自一一六二年比薩的誓言看出：領事在誓言中承諾，會致力於自己城市「在陸地上、在海上、在所有地方、在承平與戰爭中」的繁盛。他還要繼續說，他會尊重大主教以及其神職人員，並要像維護（亞爾諾河上的）橋梁和「新城牆」一般地維護他們的教堂。[19] 提到城牆就強調了該時期最重要的一項建築發展——許多資源被挪去興建城牆，不只是防禦手段，也是炫耀城市的驕傲。所有比較大的城市，如貝加莫（Bergamo）、波隆那、布雷西亞（Brescia）、克雷莫納、米蘭，都把資源調去蓋城牆。到了十三世紀末，比薩已經在蓋它的第二圈延伸城牆，而佛羅倫斯則是蓋到了第三圈。同時，群體政府會興建自己的市政廳，而且，為了象徵與教會管轄權保持距離，該建築會和該城的主教座堂有所區隔，且通常會有他自己的「群體」聖物（就如威尼斯的例子）。一座典型的市政廳有一段開放的門廊，商人可以在那下頭見面；但隨著時間過去，市政廳變得越來越宏偉，有政務官的辦公處，還有牆上裝飾著城市輝煌成就的巨大會議室，甚至市立監獄也在裡頭（好比說錫耶納就是這樣）。獨立城市其中一個最強力的象徵就是軍旗戰車（carroccio），是一台掛著市旗的笨重車輛，會在嚴密的戒護中送上戰場。要是失去這樣一台車就是奇恥大辱。

群體政府的興起意味著，必須有法令來確立領事和人們的職責，也要定義誰是公民或者誰不是公民，以及公民該做到的事情。所以，一一五七年熱那亞的公民在誓言約束下同意，必須出席公民大會並服兵役，且完全不得協助非在地商人。這些「規矩」是由律師（jurisperiti）們所擬定，他們從此就一直都是義大利生活中的顯著特色。一般來說，律師是在波隆那接受訓練，所以可以使用此時已蒐集於該地並用來教學的、範圍極廣的羅馬法和教會法規。就如一位學者所言，「沒有十二世紀波隆那的法學研究全盛期，城市法令就不會達到如今這樣的偉大成就。」[20]克里斯・威克姆對比薩的研究證明，律師在沒有財富或地位、光靠著法律訓練的情況下崛起，成為城市管理者。[21]到了一二〇〇年時，羅馬法已經占了絕對優勢，而比較早的日耳曼法傳統則已過時。這些法令隨著新的挑戰出現而演變，得要保護不可或缺的穀物供應並控制價格，才不會發生動亂；道路必須淨空以利交通運輸，邊界必須確立並派人監守以防

本頁：錫耶納市政廳，十三世紀義大利北部群體政府信心日漸增長的象徵。

入侵。城市間有糾紛時，各方會認可查士丁尼的《學說彙纂》為查閱諮詢的權威。我們也可以在人們越來越認可個人權利、生命財產安全和公民意識的這個情況中，看到自主的另一個面向。羅馬法在這方面再次提供了讓注釋法學派學者可以發展出適當法律的範例。

在那些派到國外幫忙與外國市場維持關係的比薩人中，有一個是古列爾莫・波那契（Guiglielmo Bonacci），他於一一七〇年代被派往今日在阿爾及利亞境內的貝賈亞（Bugia），來與柏柏人（Berbers）聯繫。他把他的兒子，當時還是個孩子的李奧納多（Leonardo）一起帶了去。被稱作「波那契之子」（Filius Bonnaci）的他，後來被誤稱為「斐波那契」（Fibonacci），然後就定名了。[22]斐波那契仍然因為以他為名的那串數字而為人所知，在那串數字裡每個數字都是前面兩個數字的和。（李奧納多的計算，是以一種假想中且理想化的兔子數量為基礎，並從最初剛出生的一對兔子開始算起。）算出來的數字結果會重複出現在各式各樣的自然情況中，包括花朵上的花瓣數在內。

斐波那契應該在成長的過程中精通了阿拉伯文，因為他有描述自己和埃及以及敘利亞商人的對話。他很快就領略了他們利用印度阿拉伯數字系統來計算生意的方法——從一到九各用一個數字，但再插進一個零——這遠比義大利人使用的羅馬數字好用太多。一二〇二年他出版了一本六百頁的重量級手稿，《計算之書》（*Liber Abaci*）。這是上述數字系統第一次獲得全面詳細說明，而且直接以義大利商人為目標。從如何分配獲利、如何測量土地，一直到如何計算貨幣兌換，一切事務都寫滿了大量範例，來顯示每一種計算如何能用這套方法進行。

一二〇二年的原稿沒有任何複本留存至今，但今日仍有留存一二二八年的第二版複本。斐波那契還寫了另一本幾何學的大部頭書。到了這個時候，他已經赫赫有名了。他有次還被皇帝腓特烈二世召到那不勒斯的宮廷裡。（腓特烈雖然是日耳曼以及西西里和義大利南部等領土之主，但他比較喜歡住在小時候待的南方。）有人說腓特烈給斐波那契提了三個難題，而這位數學家不費吹灰之力就接連解決了。他在一二二五年的《平方數之書》（*Liber quadratorum*）寫下答案，該著作有助於他確立中世紀首席數學家的地位。因為足本的《計算之書》實在是貴到令人卻步又重到難以攜帶，所以有人猜測，應該有一種來往各處的商人拿來實際使用的更輕巧版本。然而，目前沒人見過這版本。後來的寫作者當然會把斐波那契講得像是把算術和代數引入歐洲的人。他特別重要的貢獻，在於強化邏輯思考在日常商業生活裡的地位。他於一二五〇年過世。

人們很容易把這些歐洲心智覺醒的關鍵發展浪漫化。儘管義大利北部的城邦在倫巴底同盟中共同抵抗皇帝，但它們其實會為了取得領土或貿易道路而頻繁交戰。因跨越阿爾卑斯山的貿易而增加財富的熱那亞，其與比薩之間持續不斷的鬥爭要到熱那亞人於一二八四年的梅洛里亞海戰（Battle of Meloria）中摧毀了比薩艦隊才結束，而那之後比薩便一蹶不振。當這場鬥爭吸走的資源

19 Coleman, 'Cities and Communes', p. 38.

20 同前注，頁四二。

21 Chris Wickham, *Sleepwalking into a New World*. Wickham，在談比薩的那章裡花了很長一段來談領事的背景，他留意到了領事對有受訓練律師的仰賴，頁六七－一一七。取自頁一一〇：「這樣的司法專家很明顯地也效忠群體，因為群體給予他們靠自己得不到的地位與職涯架構：事實上最明顯地在日常活動中展現了群體的就是這一類人。」

22 以下是一本不錯的斐波那契傳記：Keith Devlin, *The Man of Numbers: Fibonacci's Arithmetic Revolution* (London: Bloomsbury, 2011)。在這裡我把它用來當我的資料來源。

讓威尼斯得以任意在東側拓展貿易的同時，無止境的小規模戰爭則吸乾了較小城市的資源。

各個城市也拚了命要達到內部穩定。到了十二世紀時，貴族之間有著激烈的競爭，而新興的商人、律師、工匠和「人民」本身之間也在相互較勁。*隨著財富和人口成長，它們之間的關係注定要動盪不穩。代表不同產業和行業的同業公會高呼要有各自分別的代表權。「人民」則呼籲移除所有基於出生和階級的特權。教會則是依舊強大。它蒐集了什一稅等各種稅，發展出自己的法庭強加施行教會法，而且透過其會議來制定基督徒行為的標準。藉著在腓特烈．巴巴羅薩入侵時聲援城市而反對皇帝，它維持了自己的權威。然而，也是有希望獲得諸皇帝保護的皇帝支持者，好比波隆那那些律師。相互敵對的陣營出現，有支持教會的圭爾夫派（Guelphs），還有支持諸皇帝的吉伯林派（Ghibellines）。[23]這些複雜的關係如何在佛羅倫斯這一個城市裡出現，是第十二和第十三章探討的題目。

在分崩離析時刻的一個巧妙政治解方，就是任命執政官（podesta）。一般來說，執政官是城市的局外人，在動盪時被找去在一段固定時間內接管司法和防衛，通常是六個月或一年。以政治不穩而惡名昭彰的熱那亞，在一一九〇年「因為許多人過度渴望持有領事職的嫉妒心，以及許多公民紛爭和可惡陰謀在城裡方興未艾」而指派過一人。[24]執政官會帶來自己的隨員，包括政務官、律師和部隊，而且會獲得一個遠離傳統中央政府所在地的官邸，所以他可以和敵對陣營保持距離。在佛羅倫斯，分派給他使用的是像要塞一樣的巴傑羅（Bargello）。想當然地，執政官往往來自貴族階級，而且通常會因為他的軍事技巧而被選中，所以他可以讓城市的防衛動起來，或者在有需要時率軍征討鄰近城市。

當然，指派執政官牽涉到反轉「市政府在市民默許之下統治」這樣的演進方向，而這可以看作是貴族階級打算利用一名代理人來保住控制權的嘗試。這標明了十三世紀將會在義大利北部明顯起來的一個趨勢，就是有單一位統治者或統治家族掌管城市。這些人就是signori，或稱「領主」（lords）。有時候執政官會讓他自己的統治期間無限延長，所以權力就漸漸被他一手掌握。相對地，局外人總攬大權的統治，有可能會刺激一名領頭的公民，或許是一名「人民官」，利用公眾的支持來上位，並替自己和家族下一代保住權力。這些「領主」們將替日後中世紀一些最出名的統治家族起家，而他們的興起標明了城市政府的一個新階段，而且在許多城市中，還催生了日後成為學術與贊助中心的宮廷。然而，這並不代表自主的理想就這麼失去了。曾經賦予帝國境內公民權利的羅馬法的融入，是一個不可逆轉的結果，所以一個以基督教世界之外的價值為基礎的大眾意識，就嵌入了城市生活中。精通拉丁文便打開了一個來自倖存文獻的巨大資源世界，那之中著名的就有西塞羅談公民義務的《論責任》（見前面頁二〇六以及尾注）。

當然，如果以為只有義大利北部表達了自由理想，那就錯了。在金雀花王朝（Plantagenet）統

* 貴族氣派的象徵之物就是塔樓，每個家族都試圖高過對手。托斯卡尼的小鎮聖吉米尼亞諾（San Gimignano）因為位處北歐到羅馬的朝聖路線「法蘭西路」（Via Francigena）而越來越富有，該城就還保有許多塔樓。

23 圭爾夫派和吉伯林派的起源是在德國，十二世紀初期兩個敵對的派系彼此競爭。圭爾夫派名稱來自德國韋爾夫（Welf），是巴伐利亞君主的王朝名稱，而吉伯林派則是來自對手霍亨斯陶芬王朝（Hohenstaufens）的城堡名稱（譯注：魏布林根〔Waiblingen〕）。這兩個名號似乎是在皇帝腓特烈・巴巴羅薩的戰事期間給人帶來義大利，到了十三世紀時便各自依附在義大利北部城邦的敵對黨派中。

24 引言出自Chris Wickham, *Medieval Europe* (New Haven and London: Yale University Press, 2016), p. 159，來自很有用的一章：'The Ambiguities of Political Reconstruction, 1150-1300', pp. 141-69。

治的英格蘭，一場在貴族和約翰王（King John）之間的憲政衝突促成了非凡的一二一五年《大憲章》（*Magna Carta*），直到今日仍在英國法律中被認可為「免於專斷統治之自由」的基本聲明。它原本的拉丁文名稱《自由大憲章》（*Magna Carta Libertatum*），就宣告了它的目標。它列出的個人與政治自由，不只能應用於貴族們，而且能應用於所有生來自由的人以及城市，特別是倫敦。如今對於皇家的管轄權有了限制，非常態稅目只能在「王國的大議會」（parliamentum〔議會〕這個詞要到一二三七年才第一次出現）同意下徵收，

而貴族則將可以監督國王的行動。其中最有名的三十九條，聲明「任何自由人除非經與其同等身分者依法判決，或除非依據國內法律，否則不得被逮捕、或拘禁、或沒收財產、或流放、或加以任何傷害……」個人的繼承權和動產權也受到

前頁至本頁：亞里斯多德《政治學》於1264年譯為拉丁文，並成為共和國政治指南，而越來越有影響力。安布羅焦・洛倫采蒂（Ambrogio Lorenzetti）繪於錫耶納市政廳的《城市好政府的影響》（*The Effects of Good Government in the City, 1338-1339*），頌揚了穩定的益處。

了保護。

教宗依諾增爵三世在《大憲章》公布時依然在世。一二一三年，為了解決王權和教宗權力之間長久未歇的紛爭，約翰放棄了他的管轄封地並交給教宗，而為了實行他的至高權威以及支持約翰，依諾增爵轉而譴責憲章。「我們宣布憲章及其所有承諾保證皆永久無效且無任何管轄權。」[25]他的譴責被遭到無視，而約翰的兒子亨利三世（Henry III）還更新了《大憲章》的規定，可以從中看見教會和國家之間關係轉變的一個跡象。一二三五年，律師亨利・德・布拉克頓（Henry de Bracton）出版了他的《英格蘭的法律與習俗》（*De legibus e consuetudinibus Angliae*）。儘管布拉克頓十分仰賴現在在波隆那教授的羅馬法，但這也是一份英國普通法（該國應該以什麼樣的公認慣例來治理）的說明。*到了這時候，人們已經堅定地公認，國王的權利要受到限制。就如布拉克頓所言，「身為教區牧師和上帝的僕人，國王在地上除了法律允許他做的事情之外什麼都不能做……而遵從政務官的建議，則被視為是正當合法。」[26]一二六四年，一個包含了貴族、騎士、主要神職人員和城市代表的英國議會首度開會，一直到今日，議會都還是擔任著皇權（或者是演變到現在這樣，由英國首相所行使的「特權」）的對立面。

被嚴重忽視的是《大憲章》的姊妹憲章，一二一七年的《森林憲章》（*Carta de Foresta*）。[27]在一個皇室和貴族階級都試著隔絕森林和公共財不讓人使用的時候，這份憲章莊嚴地放入了「普通人」共享公用土地上資源、在土地上放牧，以及在森林中蒐集木材與蜂蜜（還特別有一條專講蜂蜜）的權利。儘管在憲章中「人」（man，男人）這個詞被自由使用，但涵蓋的許多工作其實都是由女人和小孩進行的，而他們的傳統權利也會被保障。憲章在十七世紀時也廣為人知，也常常連同《大憲章》被一併引用，但其重要性隨著森林變得沒那麼重要而喪失。然而，其原則卻被湯瑪斯・潘恩（Thomas Paine）的《人的權利》（*Rights of Man*, 1791）所取用，並對各種「人人皆有人權」的宣言有所影響。當代人權學者潔拉爾丁・范・布倫（Geraldine van Bueren）主張，《森林憲章》提供了一個基礎，在這個基礎上，「讓所有人都能擁有公共資源的共享權利」直到今日都在聯合王國以及其他司法管轄區內獲得普遍公認。

這一章描述的各種發展，證明了歐洲的新勢力正逐漸削弱身為至高權力機構的教會。當然，這有一部分要歸因於教宗們無法行使連貫一致的權威，或者無法監督教廷使其避免腐敗。這不代表人們有稍微變得沒那麼天主教。反而是天主教把一種質疑任何教會權威的健康懷疑論包含進來。在城市內，大量的資源仍然被世俗的贊助人用於興建教堂，既是為了政治利益也是救贖自身靈魂；同時平信徒社會團體（其中許多有著行善抱負）也是越來越普及。與人民直接接觸的道明會和方濟各會，變成了日常生活的一項特色，但不論是國家政府還是城邦政府，都越來越想要自行處理事務，所以阻止教會介入的力道也就越來越大了。

公共組織、寡頭群體、同業公會、大學和信徒社團在義大利北部城邦中的精明發展方式，是

25 引言出自Fried, *The Middle Ages*，頁二五一至五二並有所討論。

* 布拉克頓這本著作到十八世紀都被當作權威之作保存下來，而且十七世紀當國會議員與王室鬥爭時，他們都還仰賴這本著作。

26 同前注，頁二九七－九八。

27 關於《森林憲章》可見Geraldine van Bueren, 'Take Back Control: A New Commons Charter for the Twenty-First Century is Overdue, 800 years After the First', *Times Literary Supplement*, 10 March 2017, pp. 23-25。

中世紀最顯著的其中一個面向。同業公會和信徒社團的法令一而再再而三地強調了成員扶持彼此的義務，或者如維洛納一個同業公會的法令所言：「不管有什麼需要都提供兄弟般的協助……當陌生人行經城鎮時殷勤接待……當人病弱時給予慰藉。」[28]那些沒能達到承諾的人會被趕出團體。儘管文化敘事會談「個人」現身，一種到頭來不可能確定發生在歐洲歷史哪一個瞬間的事件，但在促進改變、持續改變這兩方面，「共治」比個人還要來得重要太多。而「共治」這種關係值得用其中一種最持久的形式來探索，也就是大學。

28 該法令為一三〇三年所訂立。此段引文出自Robert Putnam, Robert Leonardi and Raffaella Nanetti, *Making Democracy Work: Civic Traditions in Modern Italy* (Princeton, NJ, and Oxford: Princeton University Press, 1993), p. 125。Putnam 等人的命題是，可以追溯至中世紀時期的市民社會傳統到今日依舊強而有力，而這解釋了義大利北部在創造可行的公民社會方面，為何比南部更成功。

7

中世紀大學的成與敗

因為，在享有鑽研文字贈與你的無限好處之外，你的城市又因為她的學術機構而比所有其他城市更出名，而她的名字又響徹全世界，所以你不只應該停止處罰學者，事實上，你還應該把榮耀灑在他們身上，意識到他們可是獨獨挑選你的城市當作他們的研究場所，而你這城市過去本來卑微，但現在因為他們帶給她的財富，而幾乎超越了這一帶所有的城市。

教宗和諾理三世在一二二〇年的教宗詔書中，
為波隆那學生之權利，向城市之「人民」辯護[1]

如果要讓教會、宮廷或城市有效營運，為菁英所設的精緻教育系統是不可或缺的。羅馬世界就有不錯的前例。西元一世紀時，演說家昆體良定義了羅馬男孩發展記憶法的步驟，要學習荷馬（希臘原文）以及維吉爾，再逐步進展到一系列其他文章，最終則要學習並練習修辭學這門技藝。因為它會讓學生準備妥當面對政治或者法庭等公眾生活，所以會是許多學生的最後階段；而這既是道德行為的教育，也同樣是技巧的累積。昆體良對於純哲學有所懷疑。他同意他的學生得要用哲學的方式來思考，但就跟許多羅馬人一樣，他認為希臘人花了太多時間在爭論芝麻綠豆小事和不可解的哲學難題。然而，最優秀的希臘智者卻是產量非凡。他們可以從一個哲學學派通往另一個，因此加入了從科學到文學的跨學門智識辯論。[2]少數傑出的智者還會更進一步，在希臘人擔任先鋒的眾多學門領域——數學、天文學、歷史學、地理學、醫學、物理學和哲學——的其中一門裡進行革新研究。這份學識的財富，或者說它保存下來的部分，此時透過翻譯並評論這些倖存文獻的阿拉伯知識分子返回歐洲。

沒有人會妄稱中世紀的大學趕得上古典時代學者令人敬畏的成就。接下來我們會看到，這些大學的課程和教學方法都太狹隘，因而望塵莫及。人們一個又一個世紀地用同一份文獻教學，而「智識會進步」的概念，則是到十六世紀前都真的沒人意識到。希臘人用自己的語言來爭論，但中世紀學者得要仰賴一開始翻譯品質還不好的原典譯本。希臘人是以了解自然世界為目標，而他們可以自由探索而不需要擔心冒犯任何宗教權威。但中世紀大學就得要把課程和基督教教義相調和。儘管到頭來大學產生的想法是有影響力，但中世紀大學機構卻相當保守，比起提出追根究柢的問題，更關心儀式化的知識累積。到了十四世紀末，大學已經失去其文化影響力。那之後，智識生活最令人注目的突破，往往發生在其他文化和經濟脈絡中。到了十八世紀時，關門的大學比開門的還要多。要到十九世紀，而且得在德國，大學才在經歷了好幾個世紀的昏睡後重生，才像今天這樣在智識生活中有著重要地位。

就如我們上一章看到的，在日益發達的波隆那城中，法律學校察覺了出來自成一家「大學」的好處。當然，這不代表其他脈絡中不存在更高階的學識。八世紀之後最有名的是伊斯蘭各學校，特別是在巴格達、開羅，以及西班牙的哥多華（Cordoba）。它們都有自己的圖書館、學校和天文台，一整堆比歐洲能找到的都還要好上太多的資源，而且有人認為，這些學院和歐洲正在出現的大學相似之處，就在於他們的教學方法（講課與辯論）、教師的地位，以及博雅七藝低於神學、法律和醫學的地位。[3]

在伊斯蘭學校學習的文獻，是他們崇敬且保留下來的希臘科學家和哲學家著作。在通常被視為古代世界最後一個偉大王朝（譯注：指阿拉伯帝國）的歷代哈里發寬容統治下，巴格達迎來了

---

1 和諾理三世（任期一二一六－一二二七年）曾經是波隆那的會吏長（archdeacon）。他是學識的重要贊助者，而當波隆那的法學生正與市民團體衝突時，這篇詔書說明了他對學生的支持。詔書承認波隆那已經獲得了學術城市的名聲。由M. Mulchahey翻譯自拉丁文原文，收入Katherine Jones, Joanna Drell and Frances Andrews (eds.), *Medieval Italy: Texts in Translation* (Philadelphia: University of Pennsylvania Press, 2009), pp. 466-68。

2 一個例子是一群知識分子所做的廣泛範圍的討論，記錄在普魯塔克的《月亮表面》（*On the Face of the Moon*），可於線上閱讀：https://archive.org/stream/plutarchonfacewh00plut/plutarchonfacewh00plut_djvu • txt。

3 見George Makdisi, *The Rise of Colleges: Institutions of Learning in Islam and the West* (Edinburgh: Edinburgh University Press, 1981)，尤其是第四章，'Islam and the Christian West', pp. 224-91。

敘利亞和波斯的學者們。七五〇至九〇〇年間，他們把亞里斯多德已知著作中的大部分翻成了阿拉伯文。亞里斯多德特別有價值，是因為他從所有角度看一個問題，並強調問題等待著只能經推理來解決的討論。這就使人們精細地辯論哲學與神學之間的關係，並察覺到倫理和科學中的關鍵問題。在西方被稱作阿維真納（Avicenna）的伊本・西那（*Ibn Sina*, 980-1037）是智識的超級巨星。[4]出身於波斯但以阿拉伯文寫作的阿維真納，獲益於布哈拉（Bokhara，位於今日烏茲別克）蘇丹的壯麗博物館，並根據自己早慧的評估（這一點有著阿伯拉爾的影子呢！），而自認在二十歲就精通所有主要學術領域。他選擇的專長是成為醫師，而他使用了包括「醫學之父」希波克拉底（西元前約四六〇－約三七〇年）、將邏輯與病患觀察結果傑出地合為一體的蓋倫（西元約一三〇－約二一〇年），以及亞里斯多德多樣

前頁至本頁：整個中世紀期間，波愛修斯始終是影響力深遠的人物，特別因為音樂和算術的相關文章。在這本約於1460年在法國製作的精緻裝飾版手抄本中，「哲學」把博雅七藝介紹給這位羅馬晚期的博學者。

的生物學著作在內的希臘精緻文獻來綜述書寫，而編纂出他這本範圍全面的《醫典》（*Canon Medicinae*）。阿維真納以他典型的虛張聲勢，把醫學描述成「不是那種困難的科學」。[5]《醫典》於十二世紀來到西方之後，被當作是權威書籍來應用，而且在接下來的幾個世紀裡都很有影響力。約莫同時抵達西方的另一本阿維真納著作《形上學》（*Metaphysics*），則是對亞里斯多德著作的龐大評論，將這些著作重新解釋，來展現他自己設想的一套連貫的系統。用當代學者彼得・亞當森（Peter Adamson）的話來說就是：「阿維真納很努力地想要創新，故意顛覆幾個世紀以來的傳統，來打造一個全新而獨特的哲學。」[6] 如果四散且混雜的希臘偉大哲學家著作真的能夠理解的話，這就會是不可或缺的一大邁進，但阿維真納為上帝存在的本質所提出的原創論點，卻已經超出了亞里斯多德的範圍。因此，某些西方神學家覺得他的著作有重大意義，但就惹毛了其他認為亞里斯多德文字權威到不能擅自改動的神學家。

亞里斯多德的權威又進一步被伊本・魯世德（Ibn Rushd, 1126-1198）強化；他在西方稱作亞維侯（Averroes），來自穆斯林統治下西班牙的哥多華，並在那裡當法官。[7] 他也是阿爾摩哈德王朝（Almohad caliphate）的宮廷醫生，但他真正的熱情是在哲學。就跟阿伯拉爾一樣，他因為堅持神學和哲學可以對等地用來補足彼此，或許還是發現真實的分歧途徑（被亞維侯稱作「雙重真實」），而飽受保守派神學家的壓力。總是有人在擔憂（而這種擔憂會在巴黎各神學院再度出現），以異教徒希臘人為資料來源的哲學，會推翻神學的正統（不論是穆斯林、猶太教還是基督教的正統），但就像阿伯拉爾一樣，亞維侯並不相信應該要如此。他仰慕阿維真納，但認為他在偏離亞里斯多德原著方面過於極端。這些著作是黃金準則，「最高的真實，因為他的精神是人類精神的最高點——所以可以公正地說，他是由上帝的旨意所創造並交遞給我們，而讓我們終能知道一切可以知道的事物。」[8] 所以亞維侯貶低了宗教說法的重要性，而他在基督教西方的仰慕者，所謂的「拉丁亞維侯主義者」（Latin Averroists，見頁二八三－二八五），會因為追隨他而陷入麻煩。他努力堅持地對亞里斯多德做出大量而詳盡的評論，同時提供短篇摘要，以及他談及的每部著作的延伸討論。儘管亞維侯對他自己社會的影響力不大，他的評論到了一定的時候，還是會找到門路進入西方，並在那裡對渴求知識的人產生巨大影響。會被十三世紀最顯赫的基督教知識分子當作資料來源使用（但會小心謹慎使用）的，是亞維侯評論文的拉丁文譯本；這些知識分子就包括了阿爾伯圖斯・麥格努斯（Albertus Magnus，大阿爾伯特〔Albert the Great〕），以及湯瑪斯・阿奎那。

那時代另一位重要的思想家是猶太神學家摩西・邁蒙尼德（Moses Maimonides, 1138-1204），開羅猶太社群的領袖，以及《茫然者的指引》（*Guide for the Perplexed*）的作者，而湯瑪斯・阿奎那以及後來十七世紀的哲學家在拚了命想徹底了解上帝本質時，都極其仰慕這本著作。阿拉伯人、猶太人和基督徒透過拓展貿易網，共享了他們對知識的興趣。在義大利南部，在諾曼人於十二世紀現身成為統治者之後，仍然保有大量的希臘和阿拉伯社群。西西里國王魯傑羅二世（在位期間一一三〇－一一五四年），以及繼位者威廉一世（William I，在位期間一一五四－一一六六年）對所有的信仰都表達歡迎。儘管希臘神學的豐富傳統已經從拉丁世界消失，但還是可以在西西里島上由魯傑羅興建的那座美輪美奐的切法盧（Cefalù）主教座堂上，發現教宗額我略一世、奧古斯丁和安博羅削等拉丁神學家的馬賽克鑲嵌畫，隔著唱詩班席位，面對「該撒利亞的巴西流」（Basil of Caesarea）、金口約翰（John Chrysostom）和「納齊安的額我略」（Gregory of Nazianzus）

---

4 見Peter Adamson, *Philosophy in the Islamic World* (Oxford: Oxford University Press, 2016)，談阿維真納的第十六至十九章，頁一一三－三九。Peter Adamson在Shields (ed.), *The Oxford Handbook of Aristotle*的第二十五章，頁六四五至六四，'Aristotle in the Arabic Commentary Tradition'概述了阿拉伯哲學家們對亞里斯多德的看法。

5 Adamson, *Philosophy in the Islamic World*, p. 114.

6 同前注，頁一一六，有特別提及阿維真納論亞里斯多德的著作。

7 同前注，談亞維侯的第二十五和二十六章。

8 引文出自Pedersen, *The First Universities*, p. 280。

等希臘人的畫像。這種文化開放的結果是豐碩的。但丁熟知西西里詩人，他甚至考慮過用西西里方言來寫《神曲》。[9]托勒密的《光學》（*Optics*）、亞里斯多德的《天象論》（*Meteorology*），柏拉圖的兩本對話（《美諾篇》〔*Meno*〕和《斐多篇》〔*Phaedo*〕，儘管是「幾乎無法理解的譯本」）[10]的拉丁譯本，以及直接從希臘原文翻譯成拉丁文的托勒密天文學非凡調查《天文學大成》（*Almagest*，原意為《至大論》，是希臘原名經阿拉伯文錯譯後的結果），都是出自西西里。就如我們前面看到的，《地理學指南》是在西西里國王魯傑羅二世的宮廷中，經由阿拉伯製圖員伊德里西之手轉變成多張地圖。

托勒密的《天文學大成》在數學論證的使用方面實在是太廣泛，其想法的廣闊以及其結果的包羅萬象，使其成為主宰該領域的文獻，而許多更早期希臘天文學家的著作也因此被捨棄了。因為原典就已經很有挑戰性，所以很少有人能夠在譯本中就領略它的廣闊無邊（而且沒什麼證據顯示這本書有被多少人讀過），但其序言包含了重大的哲學聲明。托勒密深思了知識的不確定性：神學真實「因為其完全不可見而無法領略的本質」而只能是一種猜想，這是個不錯的討論點，不過物理學因為「物質不穩定且不明確的本質」，同樣只能是一種猜想。「只有數學可以提供確信且屹立不搖的知識，讓人嚴謹地抵達這種知識。」[11]托勒密對數學的著重，在中世紀期間被亞里斯多德對邏輯的專注所取代，但到了十七世紀又會勝出。在更遙遠的地方，君士坦丁堡的商人團體取得了可以直接翻譯成拉丁文的希臘著作倖存文獻。這又是亞里斯多德進入歐洲的另一條管道。

一〇八五年基督徒取得了托雷多之後，阿拉伯、猶太和基督徒學者也在那裡相往來。此處最重要的阿拉伯文「西方」譯者，是「克雷莫納的傑拉德」（Gerard of Cremona），他翻譯了托勒密的《天文學大成》，這回是從阿拉伯文翻譯過來（他顯然是不知道有西西里譯本）。數學方面，這段時期的領頭人物是來自英格蘭巴斯（Bath）的阿德拉德（Adelard）。阿德拉德在地中海盆地（譯注：地中海周圍的陸地）四處旅行，走遍伊斯蘭統治的西班牙和西西里，東行最遠至敘利亞和巴勒斯坦，並被阿拉伯人所蒐集的數學和天文計算迷住了。是他率先將歐幾里得影響深遠的《幾何原本》共十五本翻成拉丁文，把阿拉伯數字引入西方也是他的功勞。他整理了自己在阿拉伯科學文獻中的發現，而在大約一一二五年時寫下了他的《天問》（*Quaestiones Naturales*，譯注：古羅馬哲學家塞內卡也著有同名著作）。在亞里斯多德談同個議題的文獻還不那麼為人所知以前，這本著作作為入門引文是很有影響力的。

在重拾古代醫學方面也有重大發展。有一本由西元一世紀希臘人迪奧斯科里德斯（Dioscorides）所寫的知名著作《藥物論》（*De Materia Medica*），從來沒有被遺忘過。這部著作有一本插圖精美的六世紀手抄本至今依舊留存。*迪奧斯科里德斯研究了約六百種植物，並評估了每一種植物的藥用潛力。他的發現要過好幾個世紀才會被挑戰（見第十九章，頁六一二—一八）。最突出的醫學教學中心是義大利南部的薩萊諾（Salerno），這間學校的起源未知，但或許可以追溯至九世紀。這裡還是有希臘學識的要素在，但最早的紀錄顯示，這裡的教師們雖有實作醫術，

9 這段非常吸引人的珍聞，來自Ian Thomson, *Dante's Divine Comedy: A Journey without End* (London: Head of Zeus, 2018), pp. 74-77。

10 James Hankins, *Plato in the Italian Renaissance* (Leiden: E. J. Brill, 1994), p. 4.

11 這段摘文取自《天文學大成》的引言，trans. G. J. Toomer (Princeton, NJ, and Oxford: Princeton University Press, 1998)。

* 該書經歷了為期數個世紀繞行地中海的不可思議旅程後，如今保存在維也納的皇家博物館。

但其仰賴民俗的程度不亞於科學。[12]即便如此，十一世紀還是產出了影響力深遠的譯本，除了希波克拉底的文獻外，對日後學識最為重要的，莫過於大量留存的蓋倫著作。蓋倫是一名不可知論者，但他常談至高上帝存在的可能性，分量已多到足以讓他被基督徒所接受。他的著作譯本把生理學這門科學以及人體觀察紀錄帶回給西方醫學，此外還加上亞里斯多德率先發想並被蓋倫採用的四體液學說。這個把體液間缺乏平衡視為疾病起因的學說，在接下來幾個世紀裡將居於主宰地位。體液學說裡比較令人質疑的實作技法，其中有一種就是放血術。

本頁：日耳曼的亨利二世（Henry of Germany）1360年在波隆那發表演說。後排的人看起來根本沒在專心聽！

卡西諾山的僧侶為附近薩萊諾的學校生產了醫

學著作的複本，但到了十二世紀初，法國南部的蒙彼利埃（Montpellier）興起，成為中世紀醫學研究中心。等到蒙彼利埃翻譯了阿維真納的主要醫學著作，這裡便因能給師生提供更全面的教科書，而勝過了薩萊諾。中世紀的薩萊諾從來沒有成為一所大學，但蒙彼利埃卻在一二二〇年被認定為一所大學，一個包含了「醫師、教師和其他門徒」的群體。

大學（universitas）這個詞可以用來指各式各樣的「群體」，所以在這個例子中，我們是在談論一個特定的「教師與學生的組合」（universitas magistrorum et scholarium），「一個全新的機構架構，沒有任何真正的前例，且有著傑出的歷史命運。」[13]重新出土的學識，要在一間大學裡，才能被當作「授業許可」（licentium docendi）這種專業認證課程的一部分，而融入西方學術生活。

各所大學的成立，並沒有統一途徑——「大學是教會的產物」這種傳統觀點，並不符合個別大學的歷史。各大學的成立靠的是一個新興學生階級，他們求知若渴，也渴望擁有能讓他們在宮廷、群體政府或教會服務的資格。這是受教育者就業機會激增所導致的結果。皇家宮廷的行政管理變得越來越複雜精細。舉例來說在英格蘭，貴族的特權在一三〇〇年之後就要以文字紀錄之後才有效力，為了這點，就需要法律訓練。對神職人員來說，神學或者教會法的學位，是邁向更高階神職的踏腳石。對於雄心壯志的律師和醫師來說，擁有一個學位確保了他們能夠進入一個基於

12 關於薩萊諾醫學院，見Pedersen, *The First Universities*, pp. 122-25。
13 引言出自Abulafia (ed.), *The New Cambridge Medieval History: Volume 5*, chapter 10, Jacques Verger, 'The Universities and Scholasticism', pp. 256-78。

知識的專業（雖然說在醫學方面，醫師行醫並不需要學位）。

這也是一個醫院開始出現在大城鎮的時代。當（據說是）門徒巴托羅繆（Bartholemew）的聖物被放置在羅馬一個古代醫學中心的旁邊之後，他便變成了醫學守護者。以他為名的一間醫院於一一三三年在倫敦成立。* 在巴黎，歷史悠久的機構「主宮」（Hôtel-Dieu），也有著同樣的用途。以此為目標的新宗教修會興起：為了照顧病弱者，而由平信徒成立於蒙彼利埃的聖靈兄弟會（Brothers of the Holy Ghost），到了一二〇〇年時在全歐洲已經有八十四間醫院。

學生聲音的迴響，可以在十三世紀初期其中一本最迷人的手抄本《布蘭詩歌》（*Carmina Burana*）中找到。[14] 它大致上是情歌和飲酒歌的合集，有些認真動人，其他的則是比較下流淫穢。† 詩歌裡所使用的古典時代以及《聖經》典故都顯示，就算說與那種出現在歌中的美女做愛的心願往往應該只是幻想，但一名教育程度良好的老主顧還是滿清楚如何在地方酒館享樂。這些詩歌裡有著十二、十三世紀的浪蕩學生經驗，而他們到了此時，也準備好為了求得所需學問而踏上旅程。就如十二世紀一份資料來源所寫的，「沒有哪片荒涼的景色，沒有哪座陡峭的巉崖或山谷，沒有哪條滿是危險或者被匪徒侵擾的路」足以阻擋他們抵達巴黎的學校。[15] 多數人已經有了某些神職身分，而他們有著拉丁文這種共通語言。他們發現，教師最有名望、有方便的管道能取得新文獻的城市，就會是學識中心。在那些城市裡也可以找到住所，所以就如本章開頭的引言所述，房東和學生之間的相互依賴也成了城市經濟的要素。

在波隆那，是學生們自己率先要求高標準，甚至會對表現不佳或遲到的老師罰款。儘管文件證據零散破碎，但最早有文件使用「大學」這個詞（一二一五年）直接來指波隆那時，其實描述了兩間「大學」，一間代表了義大利學生，而另一間則代表外籍生（ultramontanes，「來自（阿爾卑斯）山外」）。波隆那外籍生於一一五八年向皇帝提出的請求（上一章有所描述）就清楚證明了，一個有價值的教學系統老早就已經在城市裡就定位了。一二四五年來自該城的一道法令中，學生獲得承諾，會擁有與公民享有同等的權利。大學規約的出現可以追溯至一二五二年，當時確認了是學生和他們的教師訂契約，也是他們自己定出了希望能修的法律課程。一二六〇年，第三間教導七藝與醫學的大學在波隆那獲得正式認可，獨立於法學院之外。雖然波隆那那裡可以學教會法，但該地要到很久以後的一三六四年才會有神學院。[16]

波隆那的例子證明，當初打造大學並沒有藍圖。這牽涉到一套務實的相互回應，到最後認同學生（在這裡學生是驅動力）和教師是以獨特的權利在打造一個「群體」。不可或缺的是授予資格（通常是授業許可）的正式程序，因為這會給畢業生在他選的任何地方教書的權利。這成為任一間大學都有的標準特點，而且，由於大部分學生都有某種形式的神職地位，因此教宗對於授予許可

* 這間醫院仍被人們親切地稱作老巴（Barts），而在寫作本書時，還靠著耗資十一億英鎊的整修而重獲新生。

14《布蘭詩歌》在Hamel, *Meetings with Remarkable Manuscripts*, chapter 8，頁三三〇至七五有所討論。它現在收藏於慕尼黑的巴伐利亞國立圖書館（Bayerische Staatsbibliotek）。

† 德國作曲家卡爾．奧福（Carl Orff）於一九三〇年代根據這部中世紀詩歌寫了一首清唱套曲（cantata）。

15 這收入在一封由Canon Fulques de Deuil寫給阿伯拉爾的信裡。該信接著說：「成群的年輕英格蘭人不會被用暴風和海浪阻隔他們的海洋所嚇到……遙遠的布列塔尼（Brittany，譯注：指不列顛群島）把她那些需要雕琢的粗獷年輕人派給了你……」然後把歐洲各國籍都這麼談了一輪。引文出自Pedersen, *The First Universities*, p. 132。

16 波隆那大學在Pedersen, *The First Universities*，頁一三七至四五有所討論。和大學官方與書商職責相關的文件，列於Jones, Drell and Andrews (eds.), *Medieval Italy*, pp. 466-73。

之權利的認可，就變得不可或缺了。

有別於波隆那，巴黎大學是一間教師帶頭的大學。[17]就如第五章看過的，該城發展出它的主教座堂學校，其中最有威望的是聖母院，阿伯拉爾就是在那邊教書，後來（編《四部語錄》的）「倫巴底人彼得」也成了導師。這裡主要是一間神學學校，但它是和城內另外兩間大型主教座堂學校競爭學生，而這三間也都有博藝學科的課程，而博藝學生則構成了學術團體的大部分成員。因為教師們是由主教座堂所出資，所以就不像波隆那的教師那樣仰賴學生付費，但他們也會因為教會當局試圖控制教學內容而煩惱，而這個吸引雄心壯志學生的城市出現了對手學校，也令他們飽受威脅。（有鑑於教師們想要獨立自主的希望而）矛盾的地方在於，發現「保護這三間主教座堂的教師並授予他們地位」有其潛在好處的人，反而是教宗亞歷山大三世（Pope Alexander III，任期一一五九－一一八一年），他此時正因為義大利北部的帝國對手腓特烈・巴巴羅薩的積極主動而苦不堪言。亞歷山大在一連串的命令中，扛下了由教會付錢給教師的責任，但也給教師頒發授業許可的權力。關鍵的地方在於，一二〇〇年教會說服法國國王腓力二世・奧古斯都，同意學生只能在宗教法庭受審而不得在城市當局法庭受審，藉此擴張了教會權力。儘管巴黎大學就跟波隆那一樣紀錄有許多殘缺，但到了十三世紀初期時，這裡的學生和教師已被人們當成一個統一的團體來談，成了真正的一間大學（universitas）。

被法令確立為大學當局的「教師」們，包含了那些修完七藝，並準備開始修神學課程（或者法律和醫學，但在巴黎大學比較少見）的人。原本的三個學院都保留了自己的身分，但整個大學卻是集體由教師們治理，而且還有一個一致同意的教學課程大綱，且每一學級都有考試制度。這就產生了一個生氣蓬勃的機構，因為博藝教師人數大幅超越神學教師——在十三世紀晚期，名單上有一百二十位博藝教師，而神學只有十五位，而這就提醒我們說，中世紀大學教育的架構和課程是基於古典基礎而非基督教基礎。儘管傳統的歷史都會談到中世紀教會壓倒性的影響力，但很重要的是，必須認清學生大半是從古典文獻來獲取知識。

大學校長是聖母院學院的高階官員，過去他都有頒發授業許可的權利。如今他得要把這項特權和其他教師分享，而這就成了關係緊張的源頭。在主張大學獨立方面還有更多難題。法律這種會與神學對立的世俗科目持續成長令教宗們擔憂，因此，儘管教宗和諾理三世支持大學的特權並加以擴張，他還是在一二一九年禁止學校教授民法。另一個威脅是亞里斯多德文獻的到來。他的《形上學》和《物理學》於一二〇五年遭禁，不過這項禁令似乎遭到了忽視；到了一二五〇年代時，他所有的著作都成了課程的一部分。教宗們發現，把控制異端教學視為己任的巴黎在地主教反對他們。一二一五年，（年輕時就曾在巴黎研讀神學的）依諾增爵三世所派出的使節，藉由對大學頒布新法令，來把主教硬擠到一邊去。一二三一年教宗額我略九世（Pope Gregory IX）發布的教宗詔書，擴張了大學的特權，同時又宣布教宗確信此處將會是「真理之家」。儘管巴黎大學有這樣的起源，但教宗們希望能把這裡納為己有。舉例來說，教宗亞歷山大四世（Pope Alexander IV，任期一二五四－一二六一年）就支持大學作為散布信仰的最佳手段。「原本無知而先天盲目的醜惡人類，透過認可巴黎大學神學散發的真實之光，而在此處重獲視覺和美。」[18]

---

17 關於巴黎大學見Pedersen, *The First Universities*, pp. 145-51。

另一間早期大學——牛津大學的背景，甚至比巴黎或波隆那還不明。[19]當時這個城市就所知並沒有主教座堂學校，甚至根本不是一個主教轄區。英格蘭當時在溫徹斯特（Winchester）、赫瑞福（Hereford）和倫敦都有似乎更受歡迎的學校，而在十二世紀初期，許多英格蘭學生選擇在巴黎念書。然而十二世紀初，有紀錄顯示牛津有一位神學教師（「埃坦佩斯的西奧巴爾」〔Theobald of Étampes〕）指導多達一百位學生。一一六〇年代國王亨利二世和他的大主教湯瑪斯・貝克特（Thomas Becket）起衝突的期間，出現了一項重大的發展。貝克特和許多神職人員一起離開前往法國，而亨利擔心他會吸引其他人過去；他因此下令所有英國學生返國。到了該世紀末，牛津似乎已經擠滿了這類學生，此外還有來自海外的學生。然而，沒有紀錄顯示牛津的教師能夠頒發學位。

牛津並沒有單一專攻項目，而校內有法學院、神學院和醫學院。該大學似乎在一二〇九年時就已地位穩固，但在城鎮與日漸興起的大學發生惡鬥而導致兩名學生遭吊死之後，大學暫時關閉，而許多學生離開前往另一間剛起步的學識中心，也就是劍橋大學；在一二一四年牛津重新開張後，這間大學還是運作了下去。牛津位在林肯（Lincoln）教區內，而該地主教把任何他有的權力，包括授予學位的權力或學生的司法管轄權，都給了一名由教師們從自己人裡選出的校長。劍橋因為沒有主教，所以就跟牛津一樣，其體制可以獨立於教會監督之外發展。這就給國王亨利三世的新措施開了門。一二三一年的皇家特許，給劍橋大學施行自訂規範的特權，而一二三三年教宗認可了劍橋大學畢業生在基督教世界任何地方教學的權利。牛津大學也從亨利那邊獲得了特許，但要到一二四八年才獲得，而且教宗從來沒有同意其畢業生有權在其他地方教課。

到了一二一五年時，學術群體的概念獲得了接受，然而，即便有著教宗、國王或皇帝的外在保護，要成立大學仍不容易。波隆那大學的學生離開波隆那去別的地方設立新大學的例子是有幾個，但只有一間成功辦下去——帕多瓦大學（University of Padua），於一二二二年由一千名離開波隆那的學生成立。帕多瓦在大學史上有一個特殊重要性，因為它被併入了威尼斯的領土（它於一四〇七年正式命名為威尼斯大學），所以獲益於該城更加世俗的文化。因此，宗教改革之後，新教徒的學生們——其中有英格蘭人威廉・哈維（William Harvey），第一位有系統地描述血液循環的醫師——就可以在那邊念書了。

相對於義大利北部的大學由學生所推動，最早的國立大學則是由腓特烈・巴巴羅薩的孫子腓特烈二世於一二二四年在那不勒斯成立。當腓特烈抵達他的王國（譯注：指西西里王國）時，面對了地方貴族們的強烈反對，而他下定決心要施行以他為中心的中央集權統治（他一二三一年會推行那份引入許多羅馬法面向的《梅爾菲憲章》〔*Constitutions of Melfi*〕——又稱《奧古斯都之書》〔*Liber Augustalis*〕——就是為了這個目的）。為了這一點，他需要訓練官僚，所以這所大學主要是為了作為法律學校而設立的。它的自主性受到限制。腓特烈禁止自己的人民在其他地方求學（明顯的對手就是波隆那）而那些已經出國的人必須回國。附近的薩萊諾仍持續教授醫學，但那裡的學校正在衰落，而那不勒斯則有另一間醫學院於十五世紀初期獲得了認可。腓特烈堅持，醫師在

18 同前注，頁一六四。

19 Pedersen在*The First Universities*，頁一五一至五四討論了牛津大學。近期一份從該大學十二世紀的起源開始談起的大學史，是Laurence Brockliss, *The University of Oxford: A History* (Oxford: Oxford University Press, 2016)。

能夠診療病人之前，必須依序修完醫學實作課。而西班牙這邊的皇家新措施，則讓這裡的第一間大學於薩拉曼卡（Salamanca）成立；這是一間十二世紀的主教座堂學校，一二五四年被卡斯提爾國王阿方索十世（Alfonso X of Castile）認可為大學，一年後獲得當時的教宗認可其成立。*一個城市或者一名統治者成立一所大學，接著其大學地位再由教宗確認，這樣的過程在十四世紀變得特別普遍。

展望整個十三世紀，進大學的學生數量有漸漸增加，但我們不能高估大學的擴散範圍。到了一三〇〇年，歐洲也只有十二間大學有在運作，而且儘管十四和十五世紀還會有多上許多的大學成立（至一四〇〇年為止有三十間，而十五世紀內又會成立三十四間），但大部分都只吸引當地主顧以及程度一般的教師。只有巴黎、波隆那和牛津維持了就歐洲水準來說的高聲望。十三世紀其中一個最豐碩也最持久的發展就是巴黎大學和牛津大學內學院的興起——這裡是用來指學院的人，而不是那組建築物。一二五五年時，有一位羅貝爾・德・索邦（Robert de Sorbon）在巴黎的拉丁區（Latin Quarter，也就是巴黎中拉丁學人居多的地區）替神學家找了一間房子。國王又多給了他兩棟房子，而在一二七〇年，有一套法令使索邦（Sorbonne）確立為學院，儘管限於教導或研讀神學。接著它得到了自己的小修道院院長，此人會幫助學者進行研究。接著，一間圖書館和一間教學廳（aula）出現了。索邦學院的成功，靠的是它並非一間修道院：不需要立誓，而且同僚們只要個人生活、學術研究和同事關係都良好，就可以自由行事。

牛津也起而效尤。第一批「學院」是讓比較窮的學生住的小小宗教機構，但在一二五〇年之後，「一個自帶同僚、圖書館和住所的分立機構」的好處，就變得越來越有吸引力。在一個學生人數成長，且許多新進者來了卻沒人指路熟悉環境的時代，這些學院提供了一個家。所以在牛津大學，我們就看到一二四九年成立了大學學院（University College），接著是貝利奧爾學院（Balliol，一二六三年）、墨頓學院（Merton College，一二六四年），然後劍橋也成立了第一個學院，彼得學院（Peterhouse，一二八四年）。到了十四世紀時，這兩所大學裡由諸國王或者知名神職人員創立的學院，規模變得大上許多。牛津和劍橋直至十九世紀為止都成功阻擋了英國其他大學的成立，甚至連在倫敦都一樣。

這些大學在組織其授課方面的一致，已到了不可思議的地步。這種情況的長處在於，學生就算從一間大學換到另一間也能找到類似的課程，但短處就是課程不鼓勵創新。學生剛入學時都很年輕，他們接受六年（巴黎大學）到七年（牛津大學）的博雅七藝教育時，往往只有十五、六歲。唯一的入學要求是足夠跟上課程的拉丁文程度（這就需要至少六年的大學前先修教育），但他們也要有財力自給自足。給予學士（baccalaureus）地位的第一場測驗是在入學四年後，屆時候選人得要提供一個出席率優良的證明，還要接受口試。如果順利通過，他就能夠教導初階課程，接著在兩年後通過另一項測驗，來給它碩士（master，譯注：也就是先前文中所提的「教師」）的地位，以及在任何地方教授其學科的權利。這兩年的初階講課經驗，是這整個學程中一段珍貴的時期。

就如談阿伯拉爾的那章提到的，在十二世紀早期，教導文法、修辭學和邏輯學的三科，比苦無文獻的四藝（算術、幾何、天文和音樂）來得重要。然而三科裡哪個重要，則是每間大學各有

＊有一種說法是薩拉曼卡的真正創校日比較早，是在一二一七年。

不同。在巴黎，邏輯學占優勢但屈於神學之下；在法律有至高地位的波隆那，特別偏重的是對新手律師有實際用途的修辭學。但即便是那時候，就算精通修辭學，也得不到精通民法或教會法的人所擁有的那種地位和聲望。

各大學不同的強調之處，凸顯了體制的一個弱點，也就是七藝彼此沒有任何貫通之處。並沒有高於一切的邏輯或哲學知識理論來當基礎支撐七藝。連在古典時代的人都曾經認為這是難題，但七藝已經達到了一個神聖地位，而持續抗拒改革。就如下一章會看到的，這是亞里斯多德的著作為何會被大幅用來填補空缺的一個理由。他的邏輯著作，以及波愛修斯的著作，持續成為了那一部分課程的主要文獻，但一二二〇年代才首度為拉丁世界所知的亞里斯多德《分析後篇》（*Posterior Analytics*），又藉由帶入科學論證的理論，使該主題更有深度。在文法方面，有兩部經典著作，幾個世紀以來都是基本教材；一部由多納圖斯所著，另一部是由活躍於西元五〇〇年前後的普里西安（Priscian）所著。後者以君士坦丁堡為根據地，因此能夠使用的資料來源範圍也較廣。

新的文獻比較和四目相關，儘管資料來源沒怎麼告訴我們實際上到底教了什麼。六世紀的波愛修斯文獻，對於音樂（《音樂的綱要》〔*De institutione musica*〕）以及算術（由他所著的《算術》〔*Arithmetica*〕，並以歐幾里得的《幾何原本》來補充）仍是不可或缺。十三世紀前半活躍於巴黎大學的英格蘭人約翰・何里伍德（John Holywood，更出名的稱號是「薩克羅博斯科的約翰」〔John of Sacrobosco，譯注：Sacrobosco就是「聖林」，也就是Holy wood的拉丁文〕），就在他的《算術法》（*Algorismus*）中使用了阿拉伯文獻。這本影響力深遠的著作引入了常用分數、印度——

阿拉伯數字系統，以及一些提供給天文學的數學支援。在幾何學方面，歐幾里得的《幾何原本》是關鍵文獻，但這一門科目中也發展出光學這個全新科目，由牛津大學的羅伯特・格羅斯泰斯特和羅傑・培根（Roger Bacon, 1220-1292）等學者於十三世紀開展出來（見第九章，頁三一四）。數學在課程中幾乎沒有份。奧拉夫・彼得森（Olaf Pedersen）在他範圍廣泛的研究著作《第一批大學》（*The First Universities*）中寫到，經修改後的一三六六年巴黎大學課程大綱，居然只要求六年內出席不到一百小時的數學和天文學課程。留存下來的評論顯示，許多學生卡在乘法和直式除法的基本規則中。[20]

天文學是希臘人著迷的一門學問，也產出了不同凡響的結果，好比說希帕恰斯（西元前約一九〇－約一二〇年）辨認出二分點的進動，或者托勒密極為精細的星圖（有一千零二十二顆星）。翻譯後的托勒密《天文學大成》遠遠超出一般學生能領略的程度，他們必須湊合著使用作者不詳的《行星理論》（*Theorica planetarium*）所寫的簡易版托勒密。這本書做到的，就只是稱職地介紹了這位科學天才而已。一個基本且未解的難題是，亞里斯多德「宇宙是由一層層工整相吻合的同心球體構成（所以中間沒有任何虛空）」的見解，和托勒密觀察到的「行星在本輪（epicycle）上運動」之間的衝突。（這個差異和解決差異的方法，會在第二十九章進一步探討。）

薩克羅博斯科的《論世界之球體》（*De sphaera mundi*）持續被當成天文學導論來教導了好幾個世紀。四五〇年後，伽利略在帕多瓦大學教書還是用這本書（儘管是一五七一年克里斯多福・

20 Pedersen, *The First Universities*, p. 293.

Stella							Longitudo S	g	m	Latitudo g	m	Partes orbis	Magnitudo
Que est sub concavitate pedis dextri	1	1	34	2	23	0	3	12	9	55	10	m	4
Que est super extremitatem pedis sinistri	0	18	44	2	9	40	3	28	45	53	45	m	3
Que est super extremitatem caude	0	10	44	2	2	10	2	21	15	50	40	m	3

Harum 18 stellarum in magnitudine prima est una, in 2a 4, in quarta 5, in 5a septem

Que sunt circa canem et non sunt in forma

Stella					g		S	g	m	g	m		
Que est parte septentrionis a vertice capitis canis	0	28	4	2	19	30	3	8	35	38	15	m	4
Longior 4or que sunt quasi essent super lineam rectam sub duabus	0	18	34	2	10	0	2	29	5	6	30		4
Que est declinior ad septentrionem — pedibus	0	19	54	2	11	20	3	0	25	48	25		4
Que est declinior illarum ad Atrionem	0	21	34	2	13	0	3	2	5	57	0		4
Reliqua 4or et est longior eis ad Atrionem	0	22	44	2	14	10	3	3	5	55	30		4
Alius trium que sunt super lineam rectam eo quod sequitur ante	0	6	34	1	28	0	2	17	5	55	30	m	4
Media earum — a. e.	0	8	54	2	0	20	2	19	25	57	40		4
Sequens trium	0	10	54	2	2	20	2	21	25	59	30		4
Sequens 2arum lucidarum que sunt sub istis tribus	0	7	34	1	29	0	2	18	5	59	30		2
Antecedens earum	0	4	34	1	26	0	2	15	5	57	40		2
Reliqua et est declinior ad meridiem earum que est ante primam	0	0	44	1	22	10	2	11	15	59	20	m	4

Harum 11 stellarum in magnitudine 2a sunt 2, in 4a 9

Stellatio Antecanis et in Arabico Algomeisa

Asserente Ptolomeo

Stella							S	g	m	g	m		
Que est in collo	1	4	4	2	25	30	3	14	35	14	0	m	4
Lucidior stellis posterioris et dicitur Procyon (Procyon) et est Algomeisa	1	7	44	4	29	10	3	19	15	16	10	m	1

Harum 2arum stellarum in magnitudine prima est una, in 4a una

pdea

Stellatio puppis et dicitur Argo

Stella					g		S	g	m	g	m		
Antecedens duarum que sunt super extremitatem	1	18	54	3	10	20	3	29	25	42	30	m	5
Sequens earum	1	22	54	3	14	20	4	3	25	43	20		3
Declinior 2arum commetearum que sunt super scutum	1	17	24	3	8	50	3	21	55	45	0	m	4
Declinior earum ad meridiem	1	17	14	3	8	40	3	28	45	46	0		4
Antecedens trium dictarum	1	13	54	3	5	20	3	24	25	45	30	m	4

Complementum puppis

Stella					g		S	g	m	g	m		
Lucida que est in medio scuti	1	14	54	3	6	20	3	25	25	41	15	m	4
Antecedens trium que sunt sub scuto	1	13	54	3	9	20	3	24	25	49	30		4
Sequens earum	1	17	54	3	9	20	3	28	25	49	30		4
Media earum	1	17	4	3	8	30	3	28	35	49	15		4
Que est in extremo canthel	1	22	34	3	14	0	4	3	5	49	50	m	4
Atrionalis 2arum que sunt in gubernaculo canthel	1	12	34	3	4	0	3	23	5	53	0		4
Declinior earum ad meridiem	1	12	34	3	4	0	3	23	5	58	40		3
Atrionalis 2arum que sunt in sinistro canthel	1	19	44	3	10	10	3	29	15	55	30		5
Antecedens trium sequentium hanc	1	20	44	3	12	10	4	1	15	48	40		5
Media earum	1	21	14	3	13	40	4	2	45	57	15	m	4

克拉烏〔Christoph Clavius〕大幅擴充的版本），而該書要到一六三三年才會出最後一版。《論世界之球體》儘管使用托勒密的《天文學大成》，卻是一本枯燥又不精細的著作，它為何會獲得如此長久而崇高的地位，至今仍不清楚。這份文獻對於天文學中恐怕是最重要的主題——行星運動，反而著墨甚少。簡單來說，就如近期的一份學術評價所言，本書「差到無可救藥」。[21] 一五〇〇年以前的版本中，《論世界之球體》延續了亞里斯多德的主張，認為水填滿了一個有別於地球的球體，而陸地（earth）唯一能露出頭的方式，就是阻擋海洋推進。因此，書中認為船隻在離開陸地之後是向上航行。[*22] 整體來說，天文學是停滯的，而觀星這一塊當然也是停止了。就如德國數學家兼天文學家約翰內斯・繆勒（Johannes Müller，更出名的稱號是雷吉奧蒙塔努斯〔Regiomontanus〕）於一四六三年所說的：「我只能驚訝於我們這年代典型天文學家的懶散，他們就像容易上當的女人一樣，不管在書中看到什麼，都把那當作什麼不可動搖的神物那樣收下。」[23]

前頁：托勒密知名的《天文學大成》（1490年）之一頁，顯示了一些他記錄的星辰座標。

---

21 見 Michael Hoskin (ed.), *The Cambridge Concise History of Astronomy* (Cambridge: Cambridge University Press, 1999), Michael Hoskin and Owen Gingerich, 'Medieval Latin Astronomy', p. 78。這一章給中世紀天文學做了一次不錯的概述。

* 「公海」（high seas，字面意思為「高海」）反映了這個說法而留存至今。只要各球體一直有所區隔，地球就得要在水球底下運動，也因此雙球體理論無法和地球轉動理論的信念相符。

22 見 David Wootton, *The Invention of Science: A New History of the Scientific Revolution* (London: Penguin Books, 2016), p. 113，談及「高海」這個詞的出處。第四章，'Planet Earth'，頁一一〇－五九，對這個「雙球體」假說提供了一次傑出的介紹。

23 同前注，頁一八八。

天文學也和占星學有所連結。因為人們相信天界會影響疾病的發展，所以那些繼續研究醫學的人就得要了解眾星的運動。在《坎特伯利故事集》（*The Canterbury Tales*）中，喬叟（Chaucer）的醫生就是「占星學知識淵博」。巴黎大學的醫學院就把黑死病爆發歸因於土星、木星和火星於一三四五年三月二十日下午一點鐘的邪惡交錯。因為月球很明顯地影響了潮汐，就跟太陽不同的熱度造成了季節一樣明顯，所以是可以理解學者希望能更進一步把眾星的特定交錯或者彗星的出現，和世間的事件聯想起來。對神學家來說，這裡有一項挑戰。如果伯利恆上空的星星，或者君士坦丁準備在羅馬城外和對手馬克森提烏斯決戰時出現在頭頂上的十字架，都被當作是預兆的話，那麼還有什麼其他的行星運動，有可能會是來自上帝的信息呢？然而占星學可能會主張，人類的命運是受眾星運動所影響，而非上帝。影響力始終深遠的奧古斯丁曾基於這個理由譴責占星學預測，而賽維利亞的依西多祿在他的《詞源》中也是如此。因此，推動占星學有可能遭譴責為異端——就如英國學者羅傑・培根（Roger Bacon）似乎遇上的情況一樣（見頁三一八－一九）。

這時候的中世紀天文學，在「要求對變化中的眾星進行個別觀測，以及一種將觀測結果紀錄下來的方法」方面，徹底缺少實作方法。那時阿拉伯天文學家已經有了自己的天文台，而第一個專門為了天文學目的而在基督教世界興建的天文台，是第谷・布拉赫（Tycho Brahe）於一五八〇年在當時仍屬丹麥的文島（Hven）上興建的。（到了那時候，大學已經沒怎麼被當成新學識中心了；天文學儀器方面的應用技術進展，是由航海家所推動，而不是大學學者。）天文學家十分倚重阿拉伯的星曆表（以及後來十三世紀的阿方索星曆表〔Alfonsine Tables〕，以卡斯提爾國王阿方索十世命名），但要在西歐使用就得做改造。事實上這一學門一直都處於停滯狀態，要到哥白尼於一五四三年發表了卓越著作《天體運行論》（*De Revolutionibus*），以及第谷・布拉赫做出更精確的天文觀測時，才遭到撼動（見頁八八八－九六）。

數量有限且缺乏獨創的文獻，並沒有被稱作「經院哲學」（scholasticism）的這種教學方法給予最好的機會。這些學科的教導，是從使用固定教科書來講課開始，而保存下來的紀錄顯示，許多教師教起課就是死抓著這些書不放。湯瑪斯・阿奎那的一些講課內容保存了下來。在某份紀錄中，他指定了一段時間要去思考亞里斯多德關於天之成分的五百字左右文獻，還有阿奎那對此所添加的兩千九百字評論。一名十二世紀的學者，「聖維克托的休格」（Hugh of Saint Victor）對於可能的情況做出了挖苦的評論。「講三堂課了，（文獻的）第一個字都還沒談。這不是教學：這是在表演賣弄學問。」[24]有些講課的人講得飛快而沒時間抄筆記；其他人就只是叫人聽寫下來，這方法很枯燥乏味，但當手抄本實在太昂貴時也很有用。其他導師則是選擇質疑文獻，開啟學生心靈讓他們看見詮釋問題的其他可能方法，並使他們意識到尚未回答的難題。儘管這代表學生沒辦法那麼精通文獻本身，但也確實顯示了學習可以不僅止於吸收文獻而繼續進步下去。「尋常」的講課是課程的核心，但還有其他課程，可以更自由地把範圍擴大到既有文獻沒處理的主題上，好比說那些經驗尚淺的老師給予的「粗淺」講課。

學生也得每週出席辯論會。就如我們在阿伯拉爾的章節中看到的，辯證法的使用對於三科課程裡的邏輯學來說是不可或缺的，所以學生不會覺得辯證法多陌生。教師會訂立一個主題（在索

24 引文出自Nicholas Ostler, *Ad Infinitum: A Biography of Latin and the World it Created* (London: Harper Press, 2007), p. 222。

邦學院一三四四年記錄的一個案例中，會事先宣傳接下來一年的主題）並指派一名通常已經完成頭四年課程的學生來贊成，並由另一名來反對。一旦辯論到了底，教師就會介入並給予正反方論點回應，並構思一個解答。這些辯論的紀錄可以由教師公開發行。舉例來說，湯瑪斯・阿奎那就出版了三本他主持過的辯論集。

這種方法可以顯示，每次老師心裡都已經有一個既定的正確答案了。羅伯特・拉爾夫・伯加（R. R. Bolgar）在權威著作《古典的遺產與其受益者》（*The Classical Heritage and its Beneficiaries*）中表達了他的懷疑。他談到「反駁」是如何針對命題而提出：「這些反駁大部分都包含了一個攻不破的大前提，接著是一個誤導人的小前提，接著這些前提的含意得要分開來或做出區隔，不正確的含意要駁回，而正確的則要證明和已被接受的教義相唱和。」這就使得經院神學「實際上根本無法以開放使用亞里斯多德式邏輯的方法來回答……到了十三世紀時，新邏輯也已經不再是危險事物了。」[25]所以有效的辯論就被弄到失效了。在這個系統中成了這個樣子的「推理」，對知識的創造沒有任何持久的影響。同樣令人挫折的是，學院語言精練到了如此錯綜複雜又正式的程度，「風格上沒有人味，特化且受限於詞彙，富含抽象的公式，且在其論證結構上有些僵硬」，以至於堵塞了任何創新的方法。[26]

況且，拉丁文本身不是表達原始希臘文細緻內容的理想媒介。因為，甚至連西塞羅，這位因為自己研究希臘而希臘語能力出眾的人，都在西元前一世紀時發現，翻譯一種遠比拉丁世界所存在的一切都精細太多的著作（好比希臘文）是很大的挑戰，而西塞羅還得發明新詞彙來傳達他的意思。中世紀譯者要這麼有學問的並不多。即便博學如「索爾茲伯里的約翰」，也在試圖翻譯偽狄奧尼修斯（Pseudo-Dionysius）的希臘文原典時提到，「人在希臘文中會發現某些成分，能夠藉此優雅地把事物指定到位。而拉丁文必須粗俗地、笨拙地，偶爾還要相當不適切地用兩個或更多個詞來意譯一個希臘詞。」*[27] 萊頓・杜倫・雷諾茲（L. D. Reynolds）和奈傑爾・蓋・威爾森（N. G. Wilson）在他們針對古典文獻如何傳遞至西方所做的權威調查中，注意到「一般來說中世紀翻譯是逐字照翻，而譯者在處理學術專門用語或者成語的微妙之處時，常常會無法駕馭」。[28] 有多少學生能靠著手上那些從極精細原文翻來的譯本真正領略原作含意，實在滿令人懷疑。

把來自希臘文和阿拉伯文的譯文置入古典博藝學科課程的框架而不冒犯到基督教教義，代表著有人創造出大量的抽象新詞彙。所以一個人可以拿拉丁文中原本指「站出來」或「現身」的動詞existere當基礎，來翻譯希臘文中各種意指「身為」或「成為」的詞彙。隨著中世紀期間哲學思想開展，也出現了派生詞，然後就需要更精細的定義，所以我們就有了existentia（存在）、existentialis（存在主義的）和existentialitas（存在性）。這不可避免地意味著，學術拉丁文和古典

---

25 Bolgar, *The Classical Heritage*, p. 206.

26 Armand Maurer, *Medieval Philosophy*, 2nd ed. (Rome: Pontifical Institute of Medieval Studies, 1982), p. 90.

* 《偽狄奧尼修斯》是一份西元約五〇〇年左右的文獻，人們曾相信那是使徒保羅的弟子狄奧尼修斯（Dionysius）的親筆原文。由於到十五世紀為止都沒人挑戰過這種出處說法，讓它在中世紀早期都獲得了極大的權威。《偽狄奧尼修斯》是一本傑出的神祕學著作，因為採取一種根據「上帝不是什麼」來了解上帝的「負面神學」構想，而有其重要性。

27 引文出自Ostler, *Ad Infinitum*, p. 216, note 23。「我坦承我無法以拉丁文表達這位最有學識且口若懸河者（《偽狄奧尼修斯》的作者）的風格有多優雅。」

28 Reynolds and Wilson, *Scribes and Scholars*, p. 122.

作者寫的那種更純淨的拉丁文有了越來越多的差異。[29]

一種更有想像力的學習方法，是透過「任何類型的問題」（quaestiones quodlibetales），指的是在將臨期（Advent）至四旬期（Lent）之間進行的辯論。學生在此可以問主辦者任何想問的問題，而在一段準備期之後，辯論預定會占去一整天。這代表不管哪類問題都能提出，其中許多和學術課程毫無關聯，而且會徹底討論。範圍從嚴肅到輕鬆都有。所以我們發現了像「主教如果死而復生（在一個日日有奇蹟的世界裡，並非沒有這樣的紀錄）能不能回歸職務」或者「生下來有兩個頭的小孩需要受洗一次還是兩次」之類的問題。某些用來嘲笑中世紀大學的荒謬範例，就是取自這些辯論（所以這樣的嘲笑有失公允）。湯瑪斯・阿奎那，那年代最聰明的人物，就曾被學生要求解答「一名十字軍是死在前往聖地的旅途中比較好，還是死在回程中比較好」這個難題。

通過適當的文學碩士（master of arts，譯注：今日大學學制中所謂的「碩士」，其英文便是此處的「博藝教師」）測驗之後，更進階的課程中也會使用同一套方法。這些進階課程只供專門菁英修習。醫學的博士學位需要再五至六年的研讀，法律在博藝課程外還要七到八年，而神學至少要多學八年。所以，一名十五歲從博雅教育班開始念起的律師，可能在二十二歲時修畢，接著還得到三十歲時才拿到他的法律博士學位。

在莎士比亞《哈姆雷特》（*Hamlet*）挖墓人的那一場戲中，在威登堡（Wittenberg）念書（可能是法律而不是神學或醫學）的哈姆雷特，看來想必是三十歲（儘管許多文學評論者對此有所爭論），這就會讓人猜測說，那段漫長的學習生涯應該影響了他的性格。很顯然地，只有那些有財富撐腰的人，好比說丹麥王子（譯注：即哈姆雷特），才可以花那麼長的時間念書。* 然而其回報相當豐碩。十三世紀巴黎大學四分之一的神學碩士接著成為了主教或者樞機主教。

大學無法發展出能讓各種新想法融為一體的體制，讓大學的學識相對受限。文獻往往發展出自己的權威，在課程中根深柢固。傳統上來說，神學被當成一連串針對《聖經》文字的問題來教導，但就如我們前面看到的，阿伯拉爾在《是與否》和《神學》中建立了更追根究柢的探索問題方法。他那套以有條理的方式將關鍵概念排序的做法，被聖母院主教座堂學校的另一名教師「倫巴底人彼得」所依循。倫巴底人彼得的《四部語錄》在一二一五年的第四次拉特朗公會議上獲得官方認可之後，現在成為了神學學校的教科書。彼得在《四部語錄》的序言中，描述該書「在短短的書冊中裝入了教父們的陳述，以及證明陳述的證言，所以有意尋求者不需要翻開大量書籍，這節略的選集讓他不費吹灰之力就能得到他尋找的內容」。簡單來說，這是一本典型的教科書，堪用、全面且缺乏想像力，而且顯然是設計來阻止進一步學習用的。這本書跟《聖經》一併使用也是安全無虞。事實上，巴黎大學的校長尚・熱爾松（Jean Gerson）在十五世紀初聲稱，《四部語錄》已經取代了《聖經》。[30]它也鞏固了奧古斯丁在拉丁神學中的支配地位。《四部語錄》包含了來自奧古斯丁的一千份文獻，構成了全書的五分之四。[31]奧古斯丁也藉由《論基督教教學》這本手

29 Ostler的 *Ad Infinitum* 針對翻譯的難題有一章寫得非常傑出，其難題不只來自希臘文，也來自阿拉伯文：第十四章，'Ex oriente lux-Sources of Higher Learning'，頁二〇七－三〇。

* 神職人員長期缺勤不在所屬教堂的一個理由是，當一名學者去大學學習的期間，他會獲得一份收入支援。

30 Grant, *God and Reason in the Middle Ages*, p. 211.

31 同前注，頁二〇九。

冊而在七藝教學中重現，而這也就奠定了一種觀念，除非世俗知識能指出一種對經文更深刻的了解，否則就不是正確合宜的知識。

在醫學方面，迪奧斯科里德斯的《藥物論》和阿維真納的《醫典》很重要，此外重要的還有蓋倫的較短篇選集以及希波克拉底的著作。隨著蓋倫的龐大全集（其中有些直至今日都還沒被翻譯過）開始現身，他的影響力也增加了。中世紀醫學的一位研究權威南希・西賴希（Nancy Siraisi）提到「傳授給學生的，通常是一種移除了蓋倫好辯猛攻的脈絡、移除了他在古代醫學知識上的淵博，也移除了他對解剖學和臨床細節的關注之後，整個簡化了的蓋倫主義」。[32]不過，有了德・盧茲（Mondino de Luzzi）的著作之後，人們首度回頭去解剖人體；至於上次聽說有人進行此類活動，已經要追溯至西元二〇〇年左右的亞力山卓了。德・盧茲的第一次解剖於一三一五年在波隆那進行，對象是一名被處決的女性罪犯；而其後他就於一三一六年出版了《人體解剖學》（*Anathomia corporis humani*）。這本著作成了標準文典，接下來兩百年裡都穩居課程中，而且不幸地在人們心中太有權威性，使得任何違背該作品的想法都不為人所接受。之前蓋倫假設，有大量血管圍繞著腦部。有些動物確實也有這樣的一團血管，但人就沒有。即便那些想像中的血管始終不在那裡，盧茲還是覺得非得把它們寫進著作中不可，蓋倫的權威性可見一斑。一直要到一五〇二年，波隆那的外科講師貝倫加力歐（Berengario）才在講授盧茲《人體解剖學》的授課中提到，那些血管並不存在。所以，如果非要談這時期的醫學科學有什麼重生的話，也只能說非常有限，至於進展什麼的就更別說了。光是完成學位的人數，就已經很有意思了。一四〇〇至一四一五年間，醫學主要中心之一的波隆那授予了六十六個標誌著完成課業的博士學位，但其中只有一位是外科；都靈（Turin）在三十六年間只授予了十三個。有一份估計認為，只有十分之一的學生修完了課程。[33]一位有學位的醫師或許享有更高的威望，但沒有證據證明他會是一個比他沒有學位的同事更優秀的醫生。一五二七年，醫師兼鍊金術士帕拉塞爾蘇斯（Paracelsus）想要公然焚毀此時已是大學課程關鍵文獻的阿維真納《醫典》來表明立場，並告訴醫學生遠離「學校裡教的那些不過是基礎的知識」，去好好求教於「老女人、埃及人和那一類的人，因為他們在這類事情上，比所有的學者們都有多上太多的經驗」。[34]

在法律方面，很難有機會學到羅馬法以外的東西，因為查士丁尼法典依舊是基本文獻，就跟《格拉提安教令集》之於教會法一樣。然而，十四世紀中期，保守的波隆那大學卻被佩魯賈大學（University of Perugia，一三〇八年創立）所超越。這大半要歸功於一個人，巴托魯斯・德・薩索斐拉多（Bartolus da Sassoferrato, 1313-1357），他對於《查士丁尼法典》的評論實在是太全面，以至於許多法制系統一旦遇上了沒被原始文獻或阿庫修斯評注所涵蓋的法律問題，就會把他的評論當作權威。讓巴托魯斯如此有威望的，是義大利北部城邦企圖解決衝突的迫切需求。它們有各種

32 Hilde de Ridder-Symeons (ed.), *A History of the University in Europe: Volume 1, Universities in the Middle Ages* (Cambridge: Cambridge University Press, 1991), p. 382.

33 Lindberg, *The Beginnings of Western Science*, p. 335.

34 出自帕拉塞爾蘇斯 'Of the Supreme Mysteries of Nature'，引文來自Katharine Park and Lorraine Daston (eds.), *The Cambridge History of Science: Volume 3, Early Modern Science* (Cambridge: Cambridge University Press, 2006), Anthony Grafton 所著的第十章 'Libraries and Lecture Halls'，頁二四〇。

不同的法典和傳統，有些十分仰賴那些能一路回溯到幾個世紀前的習慣法。在法官請求指引後，巴托魯斯所給出的法律意見書（consilia），有近四百份留存至今。通常當羅馬法到頭來太僵硬的時候，巴托魯斯就會藉著使用習慣法來找到更實際可行的解方，而證明羅馬法可以怎麼改進。他最具影響力的其中一部著作，是在談通常用來當兩城邦邊界的河流。他利用來自歐幾里得和幾何學的數學範例，提供了標出領土的各種方法，即便當義大利常出現的夏季熱浪使河床乾涸時，這些方法也仍可行。他也深刻思考了城邦內多個團體的相對權力，以及它們和皇帝的關係。簡單來說，這是一個罕見的例子，展現了大學要怎麼用來當智識革新的基地。據說，他每次講課都可以提到一個他最近經歷的案例。

一個主要的難題是，把新科目加入課程中的難度。雖然亞里斯多德文獻的抵達有帶來新刺激，但動物學、植物學和地質學在中世紀大學裡還是沒有容身之處。我們在下一章會詳細討論的大阿爾伯特，是主張進一步累積觀察結果作為知識來源的孤鳥之聲。課程中沒有歷史，針對古典文獻本身的純研究也非常少。「古典的研究保存了下來並持續進展，且成功地適應了新的品味和條件，但在一個古典研究從來沒有真正解放的脈絡下，它們始終都沒辦法真正地火熱起來。」這是一個很有見地的評價。[35] 即便希臘文的內涵如此豐沃，而學習原典又有那麼大的優勢，但這段時期居然到了後頭才開始有人教希臘文。政治、倫理和經濟都有著大用處，但根本無法擠進緊緊綁死的七藝之中。有技術和商業在上頭增添新壓力來

下頁：孟迪諾・德・盧茲把1316年自己解剖一名女性的過程寫了報告，而這份充滿了不正確的報告從此成為權威著作。這篇文章後來從1493年起就併入一本醫學教科書，本圖就出於該書。

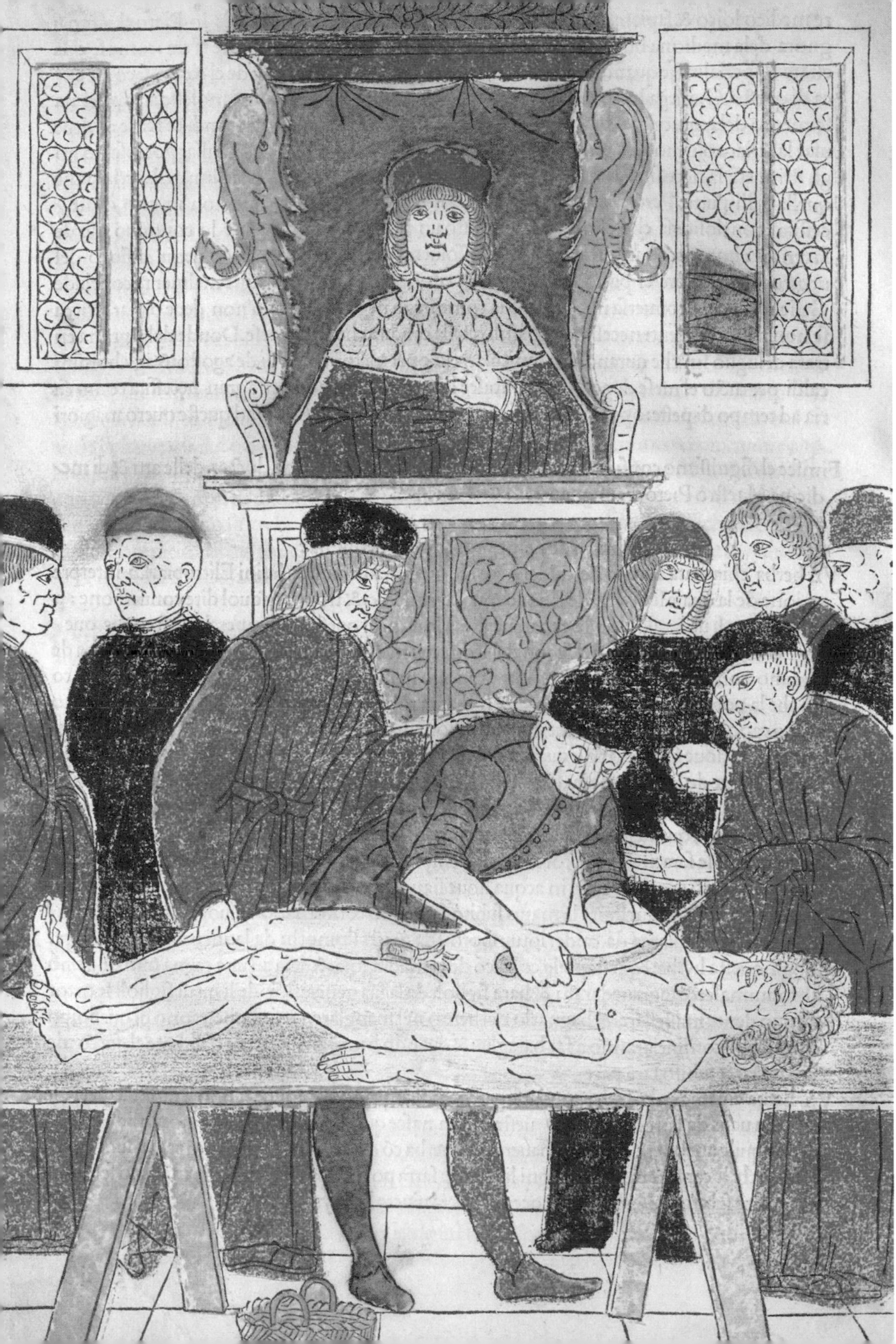

催促改變的機械技藝，也被排除在課程大綱之外。在牛津大學教課的道明會成員羅伯特・基爾瓦比（Robert Kilwardby）於一二五〇年留下的一份文獻中，列出了可以在一門延伸課程中學習的內容：其中包括了造船和商務、工程、建築以及紡織。這些學門被排除，或許是要把它們貶為不適合「受良好教育」階級學習的二等科目，而這情況到二十世紀都還是如此。

所以，儘管大學的概念非常重要，而且這概念可以在全歐洲各地複製，但我們仍要小心謹慎，別那麼快把它看作是智識進步的發動機。到了十五世紀時，大學越來越受地方統治者的控制，所以也就越來越有專制傾向。[36]曾經由學生領頭的波隆那大學，到了此時變成由教師和教會的同盟所主宰。在牛津大學，羅拉德派（Lollardy）造成的威脅，意味著所有學生得要發誓不得支持該派以及其他異端邪說（見頁五三七－三八）。約翰・馬仁邦（John Marenbon）在他頗具權威的研究《中世紀哲學》（*Medieval Philosophy*）中提到，「就智識方面而言，十五世紀的大學裡除了邏輯領域之外，沒什麼能跟十四世紀的創新思考相提並論。這些大學裡的教師往往不是在處理難題，而是常常把自己放在過去兩個世紀裡哪個偉大哲學家的身後。」他講到十五世紀的重要哲學家，好比說馬爾西利奧・費奇諾（Marsilio Ficino，見頁四七三－七九）是怎麼樣地總在大學以外的地方進行工作。[37]就算是繁榮而教育水準良好的佛羅倫斯市民，也只擁有一間平庸的小小大學，就很能反映現實情況。義大利人文主義的研究學者克里斯多福・瑟藍沙（Christopher Celenza）就說，事實上，這反而可能是佛羅倫斯人之所以那麼欣然接納新想法的一個理由。[38]

一般來說，大學變得更像是進入宮廷、城市共和政體以及（最主要還是）教會的跳板，而比較不是學識卓越中心。它們對那些希望提升社會階層的人仍有吸引力，而且確實有些例子是出生工匠或農民階層的人成為了重要的神職人員。事實上，牛津大學新學院（New College）約百分之六十的學生是小地主的兒子。最終成為巴黎大學校長以及康士坦茲公會議（Council of Constance, 1414-1418）上領頭神學家的尚・熱爾松（一三六三－一四二九年），就是出身自農民背景。相比之下，十五世紀時不論是法國南部各大學或者是新學院，都沒有幾間是被貴族所占據的。這個階級不需要學位來維持他們的地位。[39]

知識的蓬勃進步來自義大利城邦的高教育水準人士，他們從古典資料來源學習到了容易親近多的拉丁文。對這些個人來說，在政治、航海、替土地估價和在法庭打贏訴訟的實務成功，比長年封閉在頂尖大學學習越來越艱澀的文獻要來得重要太多。所以比薩「數字人」斐波那契那本一二〇二年現身的龐大《計算之書》，在提供貿易計算所需的數學上，就比大學內能找到的任何著作都來得更有影響力。在或許是十四世紀歐洲行政最集中化的英格蘭，有抱負的律師們會跳過牛

35 Reynolds and Wilson, *Scribes and Scholars*, p. 119.

36 這個問題，以及增加對大學外在控制的理由，在Christopher Allmand (ed.), *The New Cambridge Medieval History: Volume 7, c.1415-c.1500* (Cambridge: Cambridge University Press, 1998), chapter 11, Jacques Verger, 'Schools, Universities and Society'，有所探討。

37 John Marenbon, *Medieval Philosophy: An Historical and Philosophical Introduction* (London and New York: Routledge, 2007), pp. 349-40。Marenbon接著又說，一四〇〇年不是那樣一個哲學時期的結束；我們反而可以把西元約一二〇〇至西元約一七〇〇年這段時期當作「漫長的單一時期」。就如我們將看到的，智識菁英拒斥的是大學教育內的經院哲學。

38 「儘管缺乏一間突出的大學乍看之下不是一個優點，但從（佛羅倫斯）接納人文主義的例子來說，就是個優點。理由在於，儘管大學過去和現在都是保存最有用知識的多產高效中心，但到了採納新形態知識創意的時候，它們並非始終擔綱『先行採納者』」（Celenza, *The Intellectual World*, p. 47）。

39 Verger, 'Schools, Universities and Society'，對於十五世紀大學和社會之間關係寫了一段不錯的內容，頁二三八－四二。

津劍橋，跑去倫敦的律師學院（Inns of Court）念書，也很能反映現實情況。*

中世紀大學儘管有這一切無可否認的局限，它還是能讓當時一些最聰明的人使用大學作為基礎，完成神學和自然哲學方面的重要著作，即使這些著作並沒有被吸納進課程中。的確，一二五〇至一三五〇年是神學和哲學辯論的溫床，我們接下來就會來關注這部分。

*（由四所學院組成的）倫敦律師學院出現於十四世紀，作為訓練世俗律師的機構。直至今日，這學院都還是訓練大律師的極重要機構。

8

中世紀哲學
重新覺醒還是死路？

我們應牢記在心的是科學有兩種。有一些是起始於那種由自然智慧之光所得知的原則，好比說算術和幾何學等等。也有一些是起始於那種由更高等科學之光所得知的原則：因此光學的科學是起始於幾何學所建立的原則，而音樂則是起始於算術所建立的原則。所以神聖教義是一種科學，因為它起始於藉由更高等科學之光而得知的原則，也就是上帝與神聖的科學。

湯瑪斯・阿奎那，《神學大全》（*Summa theologiae*）

沒有人否認希臘人是西方哲學的先鋒。如果不追隨那些從西元前六世紀開始一路建立原則的偉大人物，就沒有辦法研究這個主題。然而，我們能否把中世紀哲學當成同一套傳統的延續來談，或者說把那就當作神學來談會比較妥當？一九九七年時有一大群顯赫學者就只為了討論這個問題，而在德國艾福特（Erfurt）會面；經過好幾天的鄭重討論後，也未能解答這個問題。[2]但可以說，那時代的重要知識分子裡，沒有人有辦法在古典希臘傳統下創造出一種哲學能不包含「有單一造物者上帝，其施於所有個人以及整個自然世界的力量無所不在」這種信念。中世紀「哲學」到底有沒有辦法找到一個可將自身隔離於那些力量之外的適當位置呢？[3]答案有一部分就藏在重新出土的古典（也因此是異教徒）文獻中，以及這些文獻能與基督教神學調和的程度。

希臘人在數學、科學和哲學方面立下了高標準，而中世紀歐洲那些偶然接觸到希臘著作的人都為之驚嘆。上一章揭露了人們對於拉丁文譯本和拉丁文評論的渴求，不管那是直譯自希臘文原典，還是希臘文中間經過阿拉伯文的二手翻譯。想當然地，大部分的文獻原意都在這些轉換中失去了——拉丁文缺乏希臘原文的那種言詞微妙——但材料本身的廣度、本身的豐富度，以及解釋自然現象的嘗試，還有用來做這種嘗試的方法論，都遠優於當下能取得的其他資料，以至於西方思想如果沒有它們的輸入就會萎縮。

好幾個希臘思想家已經靠著著作而在中世紀廣為人知：寫了《天文學大成》的托勒密，寫了《幾何源本》的歐幾里得，寫過醫學文獻的希波克拉底、蓋倫和迪奧斯科里德斯。愛爾蘭的哲學家愛留根納是九世紀罕見的希臘語使用者，他把希臘柏拉圖主義基督徒的著作傳到後世；這一派基督徒包括了「尼撒的貴格利」（Gregory of Nyssa），還有最重要的「偽狄奧尼修斯」——此人可能是一名敘利亞僧侶，在西元五〇〇年前後寫作，許多人誤信他就是一世紀那位因保羅而改信基督教的狄奧尼修斯。偽狄奧尼修斯貢獻了一種上帝的神祕概念，在這概念中，祂實在是太遠遠超乎人類所能理解，以至於祂頂多只能用「什麼不是祂」來描述（所謂的反面神學或者否定神學）。然而，在智識上對中世紀思想有著優勢影響力的，是異教徒亞里斯多德。亞里斯多德的解釋能力，以及提供一個綜合體系來分析自然世界的能力，都是令人信服的。人稱「哲人」的他，可說無人能敵。

西元前三六七年，十七歲的亞里斯多德從希臘北部來到柏拉圖學院。[4]他一直待到西元前三四七年，漸漸發展出自己的思考方式，大幅偏離了柏拉圖在看待自然世界進行的經驗研究

1 出自《神學大全》，part 1, question 1, article 2，引文出自Grant, *God and Reason in the Middle Ages*, p. 208。

2 出自Robert Pasnau (ed.), *The Cambridge History of Medieval Philosophy: Volume 2* (Cambridge: Cambridge University Press, 2010), chapter 50, M・W. F. Stone and Robert Wisnovsky, 'Philosophy and Theology'，頁六八九至七〇六的開頭段落。

3 我覺得有幫助的中世紀哲學標準介紹有：Anthony Kenny, *Medieval Philosophy: A New History of Western Philosophy, Volume 2* (Oxford: Oxford University Press, 2005)；Marenbon, *Medieval Philosophy*；Peter Adamson, *A History of Philosophy without any Gaps: Medieval Philosophy* (Oxford: Oxford University Press, 2019)；Pasnau (ed.), *The Cambridge History of Medieval Philosophy*; Maurer, *Medieval Philosophy*; Gilson, *History of Christian Philosophy*。我也用過兩份線上資源：史丹佛哲學百科和網路哲學百科；後者的論文通常比前者更好讀。

4 亞里斯多德的文獻很多。亞里斯多德重要研究權威Jonathan Barnes所寫的小傳，可以在*Past Masters series: Aristotle* (Oxford: Oxford University Press, 1982)中找到。Barnes也在Oxford University Press 'A Very Short Introduction' series（二〇〇一年）中貢獻了一冊談亞里斯多德。我特別喜歡Armand Leroi, *The Lagoon: How Aristotle Invented Science* (London and New York: Bloomsbury, 2014)，另外還有實用性歷久不衰的Edith Hall, *Aristotle's Way: How Ancient Wisdom Can Change Your Life* (London: Bodley Head, 2018)。另一位亞里斯多德研究權威則是Geoffrey Lloyd，如*Aristotelian Explorations*（Cambridge: Cambridge University Press, 1996）。包含亞里斯多德在阿拉伯和拉丁世界情況的綜合概述，可見Shields (ed.), *The Oxford Handbook of Aristotle*。

時，認為有一個「真正的」非物質存在狀態的這種想法。「一切自然事物中都有些美妙之處，」有次亞里斯多德的學生們看著他特地準備來給他們研究但正在腐爛的一堆烏賊而一臉噁心時，他對學生們如此說道。「人應該毫不猶豫地進行對任何一種動物的研究。因為牠們一個個都內含某種自然而美麗的東西……每個個體開始運行、或者誕生的理由，都值得在美妙事物中占一席之地。」[5]

這是他那部著作的靈感來源，該著作涵蓋了整個自然世界的全範圍，從（他已經在《政治學》討論過的）政治體制，到那些以敏銳觀察活物為基礎的動物學和生物學先鋒寫作。他的《動物志》（*History of Animals*）包含了約五百種物種，其中許多透過解剖詳細解釋。亞里斯多德深思著，要如何把生物分門別類並彼此區分：海葵要放在動物和植物之間的哪裡？[6]看著一個生物，好比說一顆雞蛋是如何成熟然後孵化，他就會思考著當雞破殼時，讓雞之所以為之雞（而不是其他東西）的特色。這就讓他更深入思考活物的要素，「靈魂」提供一股滋養我們成為某種更高等存在的力量有多重要。對人類來說，這是理性心智的用途，用來達到「幸福感」（eudaimonia）或者「蓬勃茁壯」。關鍵之處，且有別於柏拉圖和基督教思想之處在於，靈魂隨著個體一起死去。那之後它是否還會以什麼形式持續存在就不清楚，儘管說有些評論者假定，它會被一個共同體吸收進去。亞里斯多德從這個地方探索了倫理學；他的《尼各馬可倫理學》（*Nicomachean Ethics*）是他最佳著作之一。他又一次思考人類如何能有效率地活在真實世界中，經通藏於事物之下的道德規範，並在個人心中透過重複演練而鞏固，但又知道何時要將其調整，以適應變化中的環境。

亞里斯多德的邏輯相關著作也是一大創舉。人們認為他的《分析前篇》（*Prior Analytics*）是史上第一次以或許能看作是科學方法的途徑，來調查邏輯的本質。《分析後篇》定義了人可以證明知識有效的第一原則，因此給科學知識提供了基礎。在亞里斯多德被稱作《工具論》（*Organon*）的著作集裡，這兩部著作通常會和《範疇論》並列。接著是他的宇宙學，他試圖從整體來理解宇宙。亞里斯多德觀測了行星運動的規律性，並尋找啟動一切的力量。除非有什麼去起始動作，否則什麼都不會動。亞里斯多德在此假定了「不動的推動者」這個想法，那是一股至高的力量，除了作為世界的第一個動機以外，就跟這個世界毫無情感關聯。它的存在是永恆的——宇宙沒有起始的一刻。然而，亞里斯多德相信，月外世界（也就是行星待著的那圈世界）的物理原則，有別於月球之下、和地球本身相關（且萬物會向下落）之世界的物理原則，天界和地界是由不同的材質所構成的。在一種源自更先前之希臘哲學的觀點中，地球是由風、火、水和土四元素構成，每一種都有自己專屬的範圍；而亞里斯多德加上了第五元素，充斥天界的以太（aether）。六世紀傑出的哲學家、來自亞力山卓的費羅普勒斯（Philoponus）曾對這種地球和太空成分的差異性提出挑戰；但要到十七世紀才能實際證明這說法有誤，其實一切的物質都遵循同樣的法則。亞里斯多德的《形上學》包含了他對事物終極本質的思考。*在沿小亞細亞海岸進行研究，以及在一段時間內（或許堪稱傳奇的一段經歷中）擔任少年亞歷山大大帝的個人導師之後，亞里斯多德回到雅典，並在他成立於當地的呂刻俄斯（Lyceum）學院教書，直至西元前三二二年過世為止。

---

5 引自Leroi, *The Lagoon*, p. 10。

6 針對這一點，有一篇傑出的文章是Lloyd, *Aristotelian Explorations*, chapter 3, 'Fuzzy natures?', pp. 67-82。

* 「形上學」（Metaphysics）這個詞來自於本著作在亞里斯多德的著作排序中，被放在物理學（physics）的後面（meta）。

亞里斯多德著作的大問題是，許多著作只以粗略的形式記錄下來，搞不好甚至是他講課時別人抄的筆記。因此許多頂尖知識分子都提出評論，企圖解釋亞里斯多德真正的意思是什麼。阿拉伯偉大哲學家阿維真納和亞維侯所寫的評論，前面已經有提及。

亞里斯多德談自然哲學的文獻，在成書一千六百年後的十三世紀初，開始抵達巴黎。到了一二〇〇年時，已經可以讀到阿維真納的廣泛評論，而到了一二三〇年時，也有了亞維侯更嚴謹的翻譯本。要到一二六〇年代以後，在湯瑪斯・阿奎那的要求下，才由眾多競爭譯者中最獲阿奎那信賴的法蘭德斯人「穆爾貝克的威廉」（William of Moerbeke）直接從希臘文而非阿拉伯文翻譯而來的、更為精細的亞里斯多德著作。當然，亞里斯多德是經驗主義者兼獨立哲學家，他所認為的「上帝」（又稱作不動的推動者），和教會設想的上帝毫無關聯。基督徒相信有一個「從無」（ex nihilo）生有的瞬間。教會教導的是，上帝創造世界之後，也可以出手改變天界的秩序：那裡不像亞里斯多德教導的那樣是個固定的空間。事實上，奇蹟天天都會發生。亞里斯多德在《靈魂論》（*De anima*）中，把靈魂描述成活物的根本部分，它仰賴於活物，就像錢幣上的圖樣仰賴著鑄成錢幣的金屬那樣。個體靈魂沒辦法在死後繼續存在；當然，靈魂不會以任何方式繼續活下去接受下地獄的折磨，或體驗救贖的極樂。相反地，亞里斯多德談到全人類共享的「智性靈魂」。他怎麼有辦法融入基督教課程？看起來實在不可能。

一二二八年，在一封寫給巴黎大學的信中，教宗額我略九世挑戰了那些把哲學和理性思考（即亞里斯多德）放在信仰之上的人。只有不涉及 scientia（知識，當時被翻譯為「哲學知識」）的神學才能教授。一二三一年，儘管教宗已在教師們罷工後接受了他們的獨立性，但還是重申了他對於亞里斯多德自然哲學著作的禁令，但或許是意識到情況已經到了什麼地步，所以他加注了一句話，「在經過檢驗並去除錯誤之前」禁止教授。道明會成員很清楚自己的存續有多仰賴教宗權力，因此立刻聽命行事，在布道中嘲弄了那些無法揮別亞里斯多德的人，以及那些堅持用「銅」來取代正統神學「真金」的人。這沒什麼用。大學教師們堅守他們的獨立，而教宗則被忽視了。一二四〇年代時，各大學會用阿維真納和亞維侯所做的亞里斯多德翻譯及評論來教課，而到了一二五五年時，有一張學科書單就包括了至少十九本亞里斯多德著作，包括他的《物理學》、《形上學》、《尼各馬可倫理學》和《靈魂論》。教會壓不住新的思潮。

不可免地，也有人出來反抗這股新教學文本的潮流。其中最受人尊崇的是方濟各會的波那文都（一二一七－一二七四年），他於一二五七年開始在巴黎大學教書，同年也成為方濟各會的總長。波那文都是保守分子，深受奧古斯丁所影響，也透過他而深受柏拉圖影響。事實上，他被視為中世紀奧古斯丁主義的擁護者。他反駁了亞里斯多德「世界永恆存在」、「有一個共同的智慧靈魂」，以及「沒有死後生命」的觀點。儘管有這些問題，波那文都還是仰慕亞里斯多德，只不過他給柏拉圖的評價高上許多，將他評為智慧源頭。此外，如果一個人接受了奧古斯丁的原罪教義，接著就會知道，人類在理解自然世界的能力上已經受阻而減弱。透過普羅提諾而仍為人知的柏拉圖想法，被波那文都重寫為上帝的「永恆理智」，且神學家的職責就是去找到這些「理智」。不幸的是，「人的墮落」削弱了智慧能夠理性思考的能力。除非一個人死後與上帝面對面，否則就不可能徹底了解事物。儘管這樣，在那之前或許還能達到一些成果。波那文都最為人所知的書，《心靈至上帝之旅》（*The Journey of the Mind to God*），想像了一種以神祕的方式進行的飛升，很類似奧古斯丁描述的那種飛升，逐步展現了接近神聖臨在之喜悅。這種與上帝的情感關係是波那文都神學的核心。「認識上帝的最佳方式就是透過甜蜜的經驗；這比透過理性探詢來得更完美、絕佳且令人愉快。」[7]一個人應該先檢驗上帝創造之物在物質世界裡展現的「陰影」和「殘跡」，然後，因為人類也是造物之一，所以要使用內在的沉思（這裡又見奧古斯丁的影子）。最終，一個人應該要超越塵世，進入永恆的、神祕的體驗中。波那文都總是把他在經文「真實」中找到的信仰，放在超越理性之上的地位，但並不代表他不給理性任何餘地。舉例來說，他使用邏輯論證來挑戰亞里斯多德的世界永存概念。然而整體來說，他是勉為其難地使用哲學，來理解那些他堅信人不可能領略的事物。他這麼做，就奠定了一個會和道明會對立的傳統；道明會更欣然接納哲學，且就如我們等下會在湯瑪斯・阿奎那這邊看到的，他們尤其樂於接納亞里斯多德哲學。這種緊張關係，會持續存在於各修會個別的中世紀哲學方法中。

所以情況是，儘管波那文都認為亞里斯多德有誤而加以摒棄，這位哲學家還是有巴伐利亞道明會的大阿爾伯特給予支持擁護，而後者是在帕多瓦大學剛展開求學生涯時，第一次接觸到亞里斯多德著作。阿爾伯特（一二〇〇－一二八〇年）於一二四五至一二四八年間在巴黎大學教了三年書，後來被派去擔任道明會在科隆（Cologne）新成立的通識學術機構總管。他負責監督道明會機構日益增加的諸多事務，同時不知怎麼地居然還有時間來完成數量驚人的研究工作，一生可說活躍到不尋常。他的方法的核心，是主張把哲學途徑和神學途徑徹底分離成兩種尋找真實的手段。專屬於神學的真實，是基於經文和教父的諸多啟示。在這一塊，奧古斯丁依舊凌駕一切。相對地，亞里斯多德使用了實驗以及歸納演繹推理，來獲得阿爾伯特主張完全不侵害神學的結論：

「神學的基本原則不符合哲學的基本原則，因為它們是立基於啟示和靈感，而非立基於理性思考，所以我們不能在哲學中討論它們。」[8] 而阿爾伯特讓這種想法在一篇針對亞里斯多德《倫理學》的評論中發聲。「神學思考是透過上帝灌輸的光來深思，但哲學家卻是透過後天的智慧性情來深思。」不過，因為阿爾伯特相信，上帝行動時並不是透過突然的非自然涉入來行動，而是透過自然事件的可觀測因果來行動，因此這兩種哲學有著相互連結。阿爾伯特暴露了那些「相信知識是透過內在思考的人」和那些「以探查外在世界之感官知覺所提供之證據為本的人」在哲學上的深刻分歧。不過他很謹慎，絕不呈現兩者之間無法解決的矛盾。「上帝藉由信仰教導我們的，不可能和自然賦予我們的相反。其中一個或者另一個得要是偽誤的，而因為這兩者都是我們從上帝那得來的，祂就會是我們那不可能之錯誤的原因。」[9]

阿爾伯特逐一處理了亞里斯多德的所有著作，讓一般（拉丁文）讀者都能接觸。雖然他並非不加批評地接受亞里斯多德說過的一切，但他很樂意把他看作是在他著作範圍內的權威；而且他有別於那些專注於邏輯學著作的學者，他精通並接納亞里斯多德有關活物、動植物、天文學和地質學方面的著作。阿爾伯特體會到亞里斯多德代表了一種與時俱進的知識傳統，並用自己的觀測和實驗支撐他對文獻的知識，填補亞里斯多德留下的空缺。他那本包含了亞里斯多德、中世紀較

---

7 引言出自Maurer, *Medieval Philosophy*, p. 139。推薦閱讀談波那文都的第十一章，也就是本引言的出處。

8 引文出自Marenbon, *Medieval Philosophy*, pp. 232-33。

9 引文出自Lindberg, *The Beginnings of Western Science*, p. 241。

早期的評論者再加上他個人研究的龐大著作《動物論》，內容甚至拓展到了根據個人觀察所做的營養和胚胎學討論。他聽說鴕鳥會吃鐵，於是就嘗試餵牠們吃這種金屬但失敗了，但記錄下牠們反而願意吃碎石！簡單來說，阿爾伯特的調查以及他個人興趣的規模都令人嘆為觀止，而即便到了今日，要集結他的全部著作依舊有許多巨大挑戰（有一個版本是三十八冊）。在中世紀科學史學家大衛・林德堡（David Lindberg）的評斷中，阿爾伯特是「整個中世紀最好的生物學者」。[10] 他藉由把亞里斯多德的經驗著作引入課程，而開啟了一種（就像他這樣）以不威脅宗教信仰的科學方法研究自然世界的契機。和下一章會談到的兩名牛津大學科學家——羅伯特・格羅斯泰斯特和羅傑・培根相比，阿爾伯特就滿能把自然世界研究從神學中分離出來。阿爾伯特在德國有追隨者，但到那時為止，都沒什麼動力（好比說像希臘化時代的希臘天文學家和數學家曾獲得的那種動力）在促進科學知識累積進展。

儘管阿爾伯特因為知識淵博而受景仰，但教會卻猶豫著要不要表彰一位太專注於理解自然世界而非專注了解神的人。儘管阿爾伯特天縱英才，又拒絕讓亞里斯多德學說挑戰到基督教教誨，但在一九三一年以前，他連正式成為教會三十二位教會聖師（Doctors of the Church）以及封聖的機會都沒有。一直要到一九四八年，教宗庇護十二世（Pope Pius XII）才宣布他成為科學家的守護聖者。多年來，他比較出名的事蹟，反而都是身為導師，教導出道明會成員中最傑出的一號人物。

＊＊＊

湯瑪斯・阿奎那（約一二二五年生）來自南義大利的貴族家庭，並在新成立的那不勒斯大學（University of Naples）開始習文。[11]他就是在那裡首度接觸了亞里斯多德的著作。接著，他在家族的驚恐中決定加入道明會，像他這種出身的人做這種選擇，在當時的社會中還是很難被接受。比較體面的本篤會會員只要一直禱告並在有錢的修道院裡工作（好比說阿奎那接受初期教育的所在地卡西諾山）就好；相比之下，成群髒兮兮的道明會成員則是上街求人慈善施捨。然而，阿奎那卻察覺了他們對學問的投入。下定決心要開創自己前程的他，離開那不勒斯繼續前往巴黎求學，在當地受阿爾伯特的監護，並跟著他一起前往科隆。一二五二年回到巴黎攻讀神學碩士的他，必須用「倫巴底人彼得」的《四部語錄》教課，而他的第一部重要著作就是針對該書的評論。對於一個前途大好的神學家來說這是標準程序，但阿奎那卻轉移了關注焦點。一般來說，奧古斯丁會是支持論點之引言的主要來源，而阿奎那確實引了他一千次——不過，接著又引用兩倍的亞里斯多德。和波那文都相反，他會將哲學與神學合為一體，而不是讓前者成為次等附屬。法國哲學家艾蒂安・吉爾森（Étienne Gilson）對此有一句漂亮的說法：「湯瑪斯把哲學的水變成了神學的葡萄酒。」[12]

10 同前注，頁二三九。

11 注釋3提到的所有文獻中都有全面地處理湯瑪斯・阿奎那。另見Denys Turner, *Thomas Aquinas: A Portrait* (New Haven and London: Yale University Press, 2013)，以及天主教哲學家Edward Feser頗受好評的研究，*Aquinas: A Beginner's Guide* (London: Oneworld Publications, 2009)。若想看全面詳細闡述阿奎那哲學的文章，網路哲學百科中由田納西大學馬丁分校的Christopher Brown寫的文章推薦一讀。我也對Maurer的*Medieval Philosophy*第十三章談阿奎那的部分很有興趣。

阿奎那於一二五六年獲得了碩士學位，並留在巴黎教了三年書。不過他早已在深入研究亞里斯多德的經驗主義，然而，此時越來越顯著的，卻是他思想的廣度和獨立性。一二五九至一二六五年間，他彙編了第一本主要著作，捍衛基督教信仰的《駁異大全》（*Summa contra Gentiles*）。不過儘管目標是猶太和穆斯林讀者，它卻不是靠《聖經》的資料來源當論點基礎，而只是單靠論理。所以《駁異大全》的第一冊陳述了理性（而不是《聖經》的啟示）如何用來證明上帝的存在。

阿奎那（明顯受亞里斯多德啟發）的論點堅持物質世界很重要。在此，他和奧古斯丁這一類認為「物質世界不穩定、且損害那些探向上帝的靈魂」的柏拉圖主義者分道揚鑣。阿奎那主張，上帝當然不會創造一個反對祂的世界。祂的本質會確保祂創造的一切都是善的，而且，阿奎那（依循亞里斯多德的想法）主張物質基本上都潛藏著一種穩定性。我們有限的心智不可能徹底了解一位無窮盡上帝的本質，但仔細檢驗祂所創造之物，至少有助於闡明該本質。阿奎那的「理智中不存在非透過感知而來之物」觀點，是亞里斯多德會熱切贊同的觀點，而相信「上帝根本是透過內心來行事」的奧古斯丁應該會加以反駁。這也反駁了「坎特伯利的安瑟莫」所謂「是上帝存在的精神概念鞏固了支持上帝存在的諸論點」的觀點。亞里斯多德儘管只是異教徒，卻建立了一套理性思考並探索自然世界的方法，讓他的追隨者阿奎那可以加以改編來尋找基督教的真實。這是一個急遽的突破，開啟了一條與奧古斯丁教條分道而馳的新神學路線。就如學者奧拉夫・彼得森所言：「湯瑪斯探索了原本是基督教範圍內的一塊基督教思想智識隔離區，承認了不管是哪類人、年齡是大是小，都有可能為知識的成長做出貢獻。」[13]然而，對阿奎那來說，知識始終次於基督教的真理。他的首要身分一直都是神學家，認為自己大量的經文評論比自己對亞里斯多德等希臘哲學家的評論來得重要許多。

一二六八年時，阿奎那人在義大利，在羅馬阿文提諾山（Aventine hill）上那間五世紀的美麗教堂「聖撒比納聖殿」（Church of Santa Sabina）附屬的道明會學院教書。（阿奎那就像大阿爾伯特一樣，在多所學校兼課，而這也是托缽修會成員該去做的事。兩人的研究都有一大半是在大學外進行。）亞里斯多德持續令他著迷，而他對亞里斯多德靈魂相關著作《靈魂論》的研究，讓他非得解決亞里斯多德和基督教教誨的衝突。柏拉圖主義者把靈魂視為每個人都與眾不同的，但最重要的要素是靈魂死後繼續當一個分離的實體活下去的能力。就如前面看到的，亞里斯多德主張是靈魂給了肉體生命；它不能從肉體分離，且會跟肉體一起死去。身為一個好基督徒，阿奎那沒辦法相信這一點。他終究得要接受，每個人身上都有個什麼會在最後審判那時被喚出來。他的「靈魂在死亡後的某種持續性」論點，用研究阿奎那的頂尖學者德尼・透納（Denys Turner）的話來說，就是「複雜、有技巧、且多方面地呈現在不同的文字中」。[14] 他想到了一個解答，就是把靈魂描述為「有智能的」，藉此意指它是一個理性思考力量，獨立於身體器官之外存在，所以就可以存活下來。

---

12 吉爾森適切的說法可以在 Gilson, *History of Christian Philosophy*，頁二六五找到。
13 Pedersen, *The First Universities*, p. 282.
14 Turner, *Thomas Aquinas*, chapter 3, 'The Soul', pp. 70-99；引文位於頁七九。

所有阿奎那的學生要面對的難題在於，他有沒有辦法一直用他心智的卓越，來找到調和亞里斯多德與基督教教誨的方式，而不是接受亞里斯多德可能只是在一種跟基督教不一樣的思想脈絡下思考、而那種脈絡在他死後還獨立演變了好幾個世紀。每個思想流派發跡的歷史與社會脈絡都大異其趣，以至於沒有任何哲學上的理由要它們和彼此有關。因「哲人」（譯注：在此專指亞里斯多德）傑出的洞見而讚嘆不已的阿奎那，做了一個大膽的假設，認為這些洞見可以彼此調和，然後用來強化個人對自然世界的了解。在這部分，他比他的導師阿爾伯特更進一步，後者曾經嚴格地把哲學和神學分開。不可免地，會有許多困難。有時候阿奎那得要求助於信仰，特別是在接受三位一體的「真實」的時候。面對亞里斯多德的世界永久論，他專注於證明這個問題永遠無法用哪種方法*來證明，但上帝創造世界的行動，就像三位一體一樣，得要被當作一種信條（articles of faith）來接受。就如阿奎那主張的，上帝絕對沒必要創造世界。沒有世界祂大可開心無比地存在。

定義上來說，所謂信條就是不能被理性思考所證明的信念。阿伯拉爾已經揭露了一些「就算沒證據支持，每個基督徒也得要同意的教義」所造成的哲學難題。（見頁一八〇）阿奎那主張，在他看來，因為上帝的存在是可以證明的（他在《神學大全》裡面就藉由陳述五個詳細的論證來證明），那麼祂的存在就不是信條，而是信仰的前兆。相對地，有其他的信念是無法證明為真的，好比說三位一體、道成肉身（Incarnation）或者《尼西亞信經》中的條款（阿奎那從中列出了十四條）。它們只能透過信仰的行動來領略。教會有教過，基督徒就只要毫無疑問地默默聽從它們。阿奎那接受說，並不是每個人都有辦法專注在神學理解上，而對許多人來說，對於（好比說）上帝創造世界的信仰，就真的是不可能用任何智識條理的方法來領略。然而，他堅持神學家有責任要一直思索信條，好讓信條可以為信者保持鮮活。這要怎麼辦到呢？再一次依循亞里斯多德的阿奎那主張，每個人都被賦予了自然的意志或衝動來追求美德，而神學家可以把這股力量和智力合在一起，來有效尋找神的真實。上帝或者聖靈的回應，可以是因為了解而給予恩典。最終，某些人可以透過深思來領會一些真實。「深思涉及了凝視真實這一簡單舉動。」所以不論是透過上帝的恩典或者聖靈的行動，信條都是和那些全心全意尋找它們的人所相連。達到全面理解的要訣，在於持續一貫地深思，因為那確保了信仰成為尋求者生命中活生生的一部分。所以阿奎那對信念的一個定義是：「心智的一個習慣，永恆的生命藉著這習慣而從我們身上起始，讓有理解力的人去同意看不見的事物。」[15]就像他那偉大的讚美詩《信友齊來》（*Pange Lingua*，直譯為《吾舌即頌》）之中，於祝禱儀式上演唱的詩歌中的兩節所言：[†]「信仰，我們向外的知覺友善，讓我們內在的視野清晰。」當然，有一種猜測是，深思會不可免地使人接受三位一體或《尼西亞信經》的條款，或者接受經教會下令為信條的任何東西，而不會讓人對基督教教義產生任何別種構想。信條永久存在，而且和「上帝的存在」那一類可以透過理性思考來證明的神學真實不同，它可以藉由深思的心智所接近。然而，對阿奎那來說，那些透過理性接近的真實和那些透過信仰接近的真實，彼此間並沒有不相容之處。他認為它們彼此鞏固強化，形成一種融會貫通的神學。

---

* 在此處他和波那文都看法不同，後者主張世界永恆存在的概念可以證明為錯誤。

15 在 *The Cambridge History of Medieval Philosophy: Volume 2* (Cambridge: Cambridge University Press, 2010), chapter 51, William E. Mann, 'Faith and Reason'，頁七一三至一六之中，有討論阿奎那對信仰與理性思考的看法。關於沉思的引言來自《神學大全》，11.11, q. 180。

† 祝禱（Benediction）是天主教儀式，過程中獲得祝聖的聖體藉由在信眾面前展示而獲得崇敬。

阿奎那最偉大的作品是他那龐大的《神學大全》，共約兩百萬字（第一批印刷版多達四冊）。這不是一本大學教科書，而是道明會入會者的訓練手冊。信心非比常人的阿奎那，闡述了每個他想要討論的論點，並先列出反駁自己最終立場的說法，進而展開辯論。為了安排每個論點的正反立場，他得要徹底深刻地討論哲學論點，不只是「證明」他的論點，而且還要呈現有效的舉證方法。當然有一些領域，好比說世界的永恆性，他就不打算為哲學問題下定論並轉而訴諸啟示，但亞里斯多德的影響力依舊占主導地位。從他採用「最高層次的存在狀態，就在於使用理性來達到品德高尚生活」這種亞里斯多德看法，就可以看出這一點。要把這種看法轉譯成基督教脈絡其實並不困難，那就是至高幸福在於深思上帝本質，基本上就是阿奎那所謂的「榮福直觀」（beatific vision）。然而，身為道明會優良會員的阿奎那又進一步主張，基督徒有責任要透過講道和教學來散播他深思的成果，而其中又以他教導的道明會學生特別有責。這種「深思」與「一種對上帝之愛的主動表達」的結合，在詩人但丁《神曲》的高潮處會獲得讚頌。（見第十章，頁三四八－四九）。

阿奎那對倫理學的哲學做出了重大貢獻，使用了範圍廣泛的資料來源，不僅止於基督教，還包括希臘與猶太人的資料來源。他採納了亞里斯多德的倫理學要素，主張有可能透過理智和常識，來找到那種與人類探求之美德一致的「自然」倫理。「自然法（則）」這種想法深植於古典哲學中，又特別深植於斯多噶主義和西塞羅著作中，又藉由後者而最強力深植於中世紀和人文主義歐洲。

就如我們所見，當時的法學家已經在使用自然法來當作限制王族權力的正當理由，但藉著假設上帝有訂立一套「永久法則」，而把自然法則的概念植入基督教思想的，卻是阿奎那。自然法則是永恆法則中人類可以自行透過主動推理而理解的那部分。對阿奎那來說，這法則包括了自保的需求、家庭生活的重要性，以及在一個能讓每個成員欣欣向榮的群體中生存的價值（這深受亞里斯多德的《政治學》影響）。阿奎那並未採納奧古斯丁那種認為人類若沒有上帝恩典就無可救藥的悲觀主義。他認為，人反而有可能藉著使用理性力量，讓自己轉身朝上帝而去。然而，了解自然法則，就涉及到有意識地做出努力。阿奎那儘管相信原罪，但他與奧古斯丁不同之處，在於他聲稱原罪不損及智慧或者理性思考的能力。*基督徒有責任要磨練「謹慎」、「使用判斷力來評估正確的道德應對」，以及「深思」等種種美德，來強化理性力量。只要人類有趨向善／上帝的自然衝動，那麼，不道德的行為就因此可能是推理錯誤的結果，而不是人類存心實踐自己反抗上帝命令的意志。然而總是會有人擔心，人若讓情感掌控自身，便會破壞理性思考過程。就如阿奎那在《神學大全》中說的：「靈魂的熱情，只要是違背了理性的秩序，就會使我們傾向於罪：但只要它們被理智所控制，它們就屬於美德。」「有一種透過理智可以接近的自然法則」的概念留下了難題。如果自然法則的概念像人們主張的那樣，是可以透過理智來了解的話，那法則是否永遠不能改變？又或者，一名全能的上帝能不能像哲學家鄧斯・司各脫（Duns Scotus）後來主張的那樣，任意顛覆這些法則呢？

一二六八年阿奎那返回巴黎，發現有幾個教文科的老師在「對亞里斯多德靈魂觀及世界永恆觀的偏好，勝過正統基督教」這方面，已經走得比他還前面。其中最突出的兩人是博藝教師，布

* 奧古斯丁明確地主張，原罪會損及理性思考的力量。

拉邦的西格爾（Siger of Brabant）以及達西亞的波愛修斯（Boethius of Dacia）。他們是如此地仰賴伊斯蘭人亞維侯對亞里斯多德的過度仰慕，以至於他們被稱作拉丁亞維侯主義者。儘管他們接受基督教教誨，但他們實在太熱切支持將亞里斯多德哲學作為一種尋求真實的手段，熱情到彷彿他們是在忽視神學。所以他們主張，上帝沒辦法做出亞里斯多德已證明在物理上不可能的事。一個例子是，上帝沒辦法順直線移動宇宙整體，因為這樣會留下真空，而亞里斯多德已教導過真空是不存在的（但後來別人會發現這是錯的）。這就和正統派基督徒的觀點相反，他們認為上帝不管怎麼做都不會有邏輯矛盾。被異教徒亞里斯多德認為是物質世界本質的東西，根本就約束不了祂。他們也質疑，靈魂是不是一種真的能在地獄火焰中受苦的物質。這些亞維侯主義者的看法顯然不容於當局；而同樣無法接受的阿奎那，則是在生命中最後一次智識爆發中，寫下了好幾篇反擊。他主要的批評是，這說法假定了亞維侯的「雙重真實」（也就是透過經驗主義找到的真實與啟示的真實平起平坐的可能）就算兩方得出不同結論也依然都為真。而就如阿奎那的導師阿爾伯特所主張的，這兩者之間不可能有所矛盾。

這一次，對拉丁亞維侯主義者那十三項明顯是異端的論點發起譴責的人，是巴黎的主教史蒂芬・坦皮耶（Stephen Tempier）。一二七七年出現了更嚴厲的譴責；坦皮耶在教宗若望二十一世（Pope John XXI）以及方濟各會（可以理解他們會跟進）的壓力下，發布了一份列有兩百一十九項認為是謬誤或異端邪說的證言清單，那幾位博藝教師若教導清單上的內容，就會被逐出教會。這些證言包括了亞里斯多德思想中有爭議的要素，好比說世界永恆性以及他對靈魂不滅的不在乎，還有亞維侯主義者更大膽的主張——哲學家有權理性思考，不管其方向結果為何；且如果一個陳述只有權威在支撐，就永遠不能稱那個陳述有效。教宗的譴責日標中，最明顯的是有提及「上帝的力量受限於亞里斯多德宣稱是事物自然秩序的範圍」的任何主張。上帝可以創造任何新事物，如果祂想的話連創造好幾個世界都行。好幾項陳述都幾乎要譴責到阿奎那，使他的權威開始動搖。

坦皮耶的清單沒有什麼前後一貫性，就如一位學者所言，「由一個哲學能力並不怎麼出眾的委員會，在十萬火急中草草湊成，沒有條理或者安排。」[16]到頭來，這清單的效果反而適得其反。它不僅沒壓制住爭辯，反而激起五花八門的回應，還造成各種不同結果。如果上帝有能力要怎麼做就怎麼做，那麼人就永遠不能確信宇宙有個不變的秩序，且試圖尋找宇宙的法則也就沒多大意義了。這就讓（今日我們所理解的那種）科學探究無法進行。另一方面，人可以接受一種看法，就是上帝創造宇宙時知道自己在做什麼，因為是祂有意如此，所以人就可以仰賴祂的一貫性。這就可以激發人的好奇心，猜想祂是怎麼想到如此造物的。儘管沒什麼證據顯示中世紀時期有這種情況，但這有可能是激勵十七世紀科學實驗的其中一個因素。然而，研究中世紀哲學的其中一位最優秀學者艾蒂安・吉爾森，卻把一二七七年，神學家拒絕以理性來尋找神學真實的那一刻，當作是一個轉捩點：「一二七七年的譴責，是中世紀哲學史和神學史的一個關鍵點……經院哲學並沒有藉由修補並翻新哲學來繼續努力征服哲學，反而採取守勢。在那一刻，它的黃金時期便來到了終點。」[17]

16 Pedersen, *The First Universities*, p. 285.
17 Gilson, *History of Christian Philosophy*, p. 408.

並非每個在巴黎的人都被坦皮耶壓住。在其中一位巴黎博藝教師「杜埃的詹姆士」（James of Douai）的反唇相譏中，可以找到亞維侯主義者的回應：「儘管哲學是人的偉大盡善盡美，但哲學家如今卻遭到壓迫……而哲學家如此被壓迫的事實，讓許多人無法從事哲學。」來自神學教師「楓丹的戈弗雷」（Godfrey of Fontaines）的聲音，則是捍衛了大學的獨立。戈弗雷被問了一個混合的問題，如果一名教師認為一名主教錯了，那他可不可以否決這名主教。戈弗雷盡其所能地回答了這問題：對一個神學問題有不

本頁：呈現在《論物性》（*De Natura Rerum*）十三世紀手抄本中的作者大阿爾伯特本人。

同看法，通常都是很正當的。戈弗雷呼應阿伯拉爾，而如下主張：「要感謝有修養有學識的人們對這些問題所主張的各種不同看法，透過他們採取這般或那般的立場進行各種討論來尋找真實，而盡可能地發現了真實。」因此，不應該阻止這樣的討論。戈弗雷接著斥責「教長們十分無知天真」，把那些明明沒錯的信念主張為錯誤的。這名教師因此維護了自家大學不受外部控制的獨立性，而這是值得記住的一刻。[18]

一二七四年，阿奎那在過世的三個月前突然停止寫作。《神學大全》因此從未完稿。此時，快八十或者八十出頭的阿爾伯特還在世，因而得知了他最傑出的弟子在羅馬南方熙篤會福薩諾瓦修道院死去的慘痛消息。然而，當時很難評價阿奎那達到了什麼樣的成就。有太多神學潮流在那時洶湧翻騰，從晚阿奎那四個月死去的波那文都，到阿爾伯特以及阿奎那，再到拉丁亞維侯主義者，全都採取不同的方法邁向亞里斯多德。各擁其主的道明會和方濟各會之間的敵對，又讓混亂的情況加劇。一二八二年方濟各會正式表示，支持一份列出一百一十八項阿奎那需要「修正」之看法的文字。在僅僅兩年內，道明會就做出了四次大舉報復式回應。神學爭議一向都這樣，很難找到哪種能評價革新的客觀標準。

要再過五十年，教宗若望二十二世（Pope John XXII）才會開始打算為阿奎那封聖，但這項程序因為這位道明會修士沒有展現奇蹟的紀錄而遇上困難。* 最終，教宗得提議說，《神學大全》的

18 這兩段引文都出自Pasnau (ed.), *The Cambridge History of Medieval Philosophy: Volume 2*, chapter 8, François-Xavier Putallaz, 'Censorship', pp. 99-113。這一章也討論了一二七七年的譴責。

每一節本身便是奇蹟。一三二三年阿奎那被封為聖人，兩年後，巴黎這邊也撤銷了他的著作禁止教授令。而當初面對這道譴責時只採納了一部分的牛津大學，卻從來沒有正式撤銷這項禁令；不過到了十三世紀末時，後來被稱作「湯瑪斯主義（Thomism）」的阿奎那神學倒是在當地廣為傳授。道明會的成員很快就承認他是他們的超級智識明星。在佛羅倫斯的道明會新聖母教堂（Santa Maria Novella）的西班牙禮拜堂（Spanish Chapel）中，有一幅安德烈亞・達・翡冷翠（Andrea da Firenze）的美妙濕壁畫（一三六六年），描繪阿奎那同時掌管著基督教以及古典的全體人類知識。儘管方濟各會所支持的奧古斯丁學說這時正在回歸神學主導地位，但這樣的作品還是出現了。一直要到一八七九年，教宗良十三世（Pope Leo XIII）才宣布阿奎那是正統天主教神學的智識捍衛者，使他現在（至少在天主教圈內）牢牢奠定了他未曾失去的地位。

此時已無法從大學課程中移除亞里斯多德，而且事實上，他在課程中已經太根深柢固，人們根本沒能辨認出他研究自然世界的那套經驗方法裡的革新本質。儘管植物學、動物學和地質學在他活躍的研究生涯中極其重要，但這方面的著作在博藝課程中卻無立足之地。有鑑於這段時期的人不可能在基督教脈絡以外，也就是在一個教導「上帝的絕對力量」和「新知識藉由神啟而來到的可能」的脈絡以外去閱讀亞里斯多德，他們因此不可能徹底理解亞里斯多德思想的智識範圍。事實上，中世紀教會曾經被迫接受一個令他們不安的、在這兩種思考方式之間的哲學折衷妥協。阿爾伯特找到了一種給亞里斯多德哲學獨立地位的方法，但拉丁亞維侯主義者走得太過頭，導致自己看似要將亞里斯多德尊於教會教誨之上，而遭到譴責。

中世紀哲學的主流外還有一些另類支流。一二七七年的譴責之後，兩位重要哲學家／神學家的著作中出現新的思潮，分別是鄧斯・司各脫和「奧卡姆的威廉」（William of Ockham）。儘管兩人都在基督教的框架下研究，但他們在基本問題上並不同意彼此主張，也不同意阿奎那的看法。這些問題多半太複雜難以解決，讓這些傑出的思想家們有了空間進行極其精細的辯論。但這之中藏著危機：權力仍在教會統治集團手中，被譴責為異端邪說是非常有可能發生的事。就如我們前面看到的，阿伯拉爾曾發現這點，接下來「奧卡姆的威廉」也會發現。

我們對鄧斯・司各脫的生平所知甚少。他似乎是於一二六五年出生在蘇格蘭的村莊鄧斯（Duns），並在蘇格蘭加入了方濟各會院。接著他花了許多年在牛津研讀神學，隨後搬往巴黎教授《四部語錄》。在我們將於第十六章看到的、教宗波尼法爵八世（Pope Boniface VIII）與法國君主政體的衝突中（見頁五〇八－一一〇），他和許多方濟各會會友支持了教宗，而被迫離開巴黎。一年後重新獲准進入大學的他，終於拿到了他的博士學位，但為了不知名的理由，又再度被迫離開巴黎，然後突然於一三〇八年在科隆死去。

如果一個人想要呼吸到中世紀晚期哲學的稀薄空氣，那麼司各脫就是哲學家中的哲學家，造就了有些學者認為是已知最複雜的「上帝存在」論點。由於他突然死去時留下雜亂無序的文稿，因此，整理好

下頁：在這張1366年繪於佛羅倫斯新聖母教堂的濕壁畫上，湯瑪斯・阿奎那正拿著《智慧篇》（*Book of Wisdom*）。他同時主持著當代與古典的學識世界。附錄一（頁1007-1008）可見進一步詳細說明。

* 在世俗統治者亨利二世（HenryII）的命令下於阿奎那過世的四年前遭殺害的湯瑪斯・貝克特，在死後兩年就被封聖。

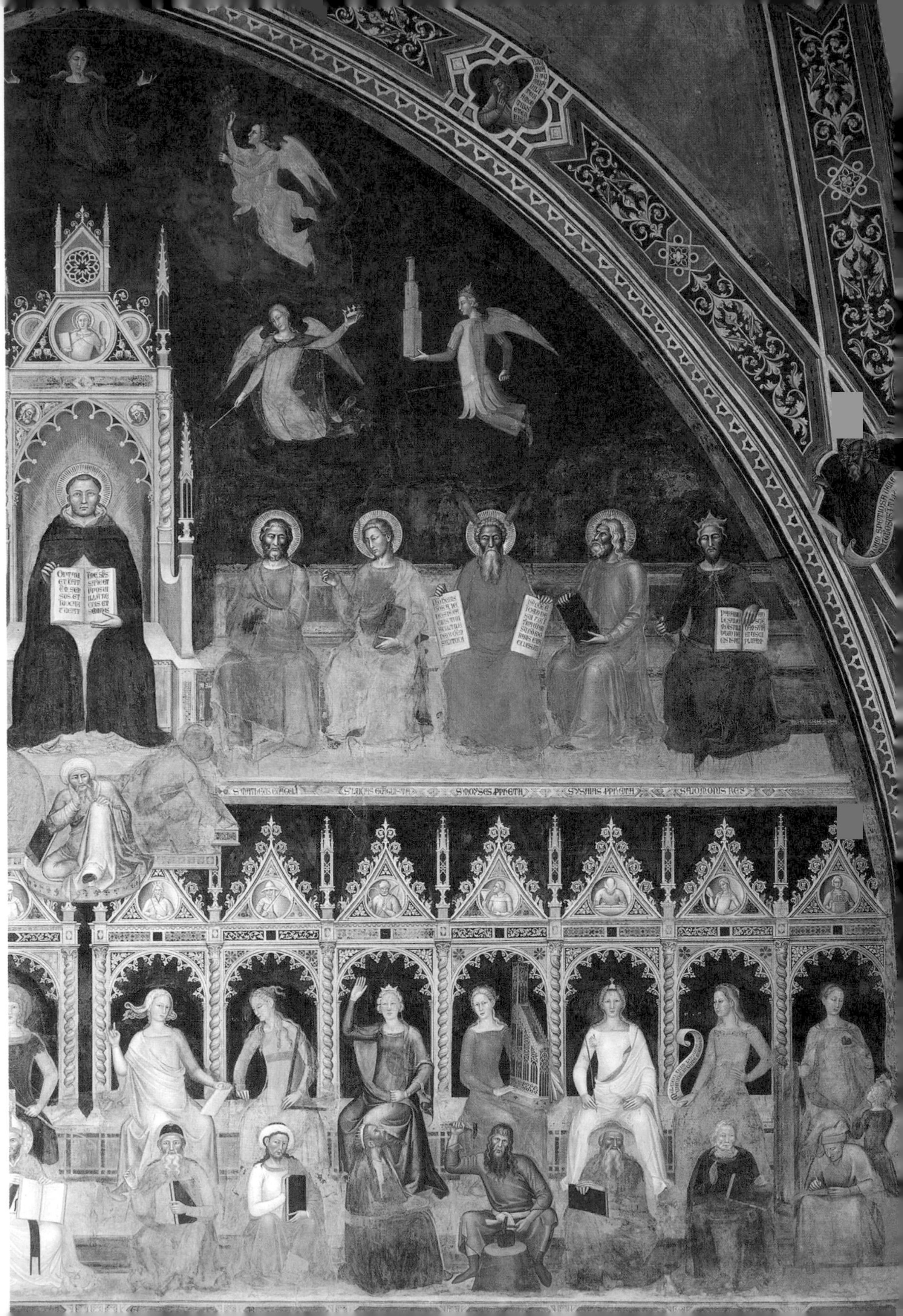

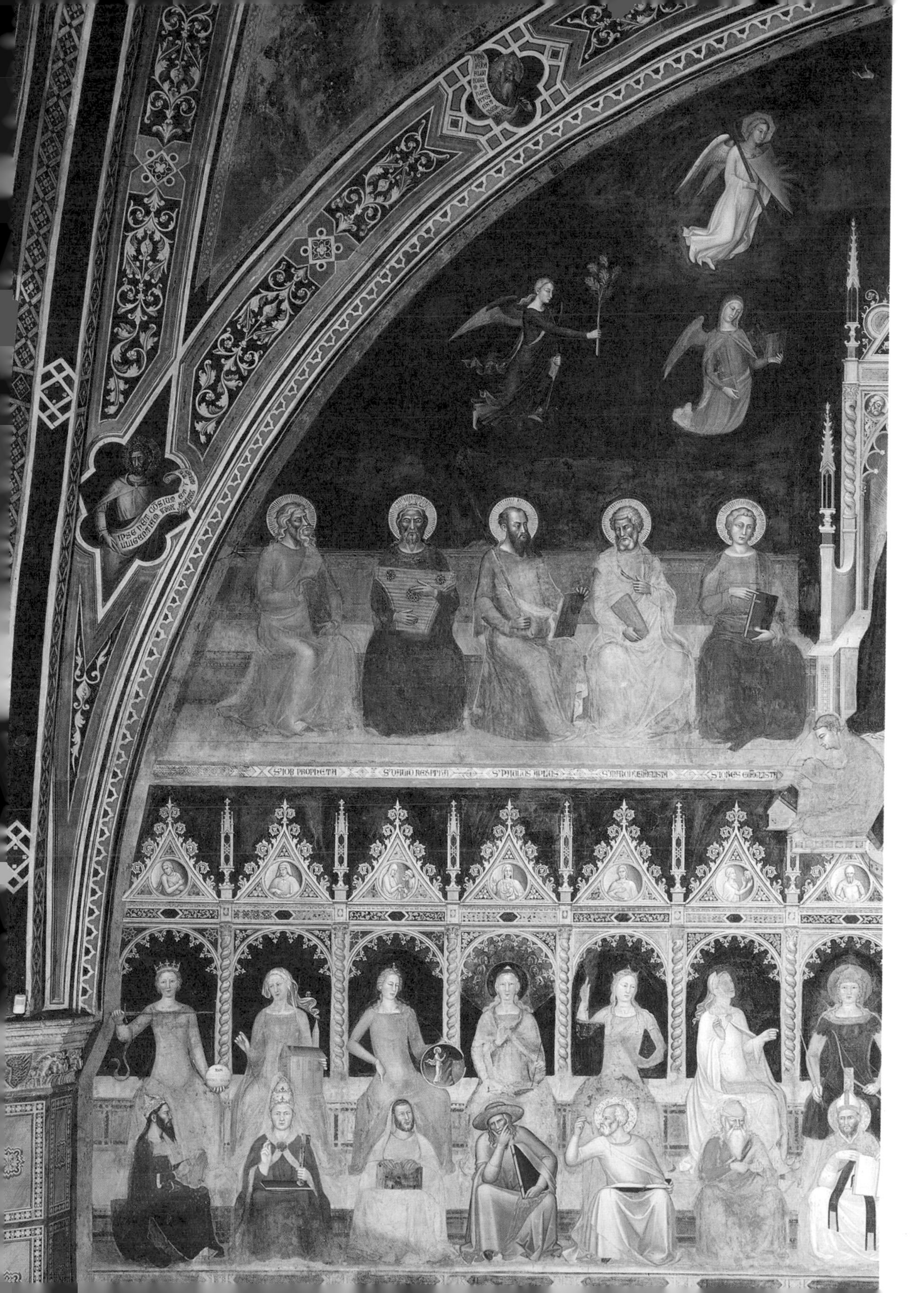
S. IOB PROPHETA
S. PAULUS APLUS

這些文稿曾是一項重大學術功績。後來有許多文稿會誤以為出自其手。兩份分別在牛津和巴黎寫成的、針對《四部語錄》的評論，說明了他的思想核心，同時也證明了，和那些花了很多年在大學外布道的人（好比說阿爾伯特和阿奎那）相比，他在大學神學的界限內會更加得心應手。他以創造複雜拉丁文新詞的能力而出名，其中就有perseitas，意指「在自身性」，以及anitas，意指「是否性」。他心智的敏銳度，以及他創造出細膩的形上學差異的能力，讓他完全無法做出任何清晰的概述，尤其他又常因有人挑戰他的論點而分散注意力。我在這裡會盡力描述，他是如何使自己定於反對阿奎那立場，並開始對亞里斯多德價值產生懷疑。

司各脫覺得阿奎那探索神學問題時太過度仰賴亞里斯多德。在這地方，他贊同他的方濟各會會友波那文都以及更之前的奧古斯丁，認為人的墮落削弱了人類從自然世界學習的能力。假定亞當和夏娃的智力完整無缺傳承給後代的阿奎那，恐怕是太樂觀了。按照司各脫那生動的說法就是，亞當和夏娃本來可以在光天化日下看著自然世界，但他們墮落的後代卻只能看著有如黑夜將來時的世界。當然，觀察自然世界是有一些內在價值，但和透過上帝直接啟示以及抽象哲學推理所得到的知識相比，都還是太局限了。

司各脫不同意阿奎那「世界打從根本上是穩定的，在自然因素下運作」這種十分倚靠亞里斯多德的觀點。所以儘管阿奎那和阿爾伯特可能接受說，地震有自然肇因，而讓植物生長的是太陽的溫暖和水的供應，但司各脫主張，上帝有無限的能力，因此也擁有每個可能存在之世界中所有可能之真實的絕對知識。然而祂也有一個神的意志，而祂就是透過這個意志而能在創造無限的可能性中做出選擇，並將其執行。我們現在看見的世界，是祂選擇創造的那個世界；但祂大可把這創造成不同的模樣。上帝會有辦法造成地震，或者讓一株植物沒有太陽給予溫暖就成長茁壯。祂甚至大可創造一堆平行宇宙。這個想法會為神學思考打開新的方向，尤其是因為它提出了「可能有我們一無所知的別種人類」（在歐洲人還不知道有美洲人的時候是一個有效的論點），甚至「可能有一個從來沒發生過人類墮落的宇宙」的想法。鄧斯．司各脫因此主張，極其專注於亞里斯多德所見之世界（亞里斯多德完全沒設想過此世界之外別種世界的概念）的阿奎那，恐怕只能讓我們了解一點點上帝造物的想法，不論那是潛在的還是實在的。

照這下來，人就不能去談一種永恆存在的自然法則。上帝可以隨時推翻那法則。這代表說，阿奎那那種「人可以舒適地活在一種藉由理性辨明的不變道德規範中」的希望，是沒辦法長久存續的。司各脫找到了《聖經》的說法來支持他的看法。舉例來說，不殺一個無辜的人似乎合乎自然法則（阿奎那舉過的例子之一），但上帝命令亞伯拉罕殺死以撒，很明顯就是願意為了一個特定目的而廢止這條法則。雖然阿奎那主張，不道德行為是錯誤理解自然法則的結果，但司各脫主張，上帝可以下令達成祂決意之事，而人只能透過啟示來看出祂的決意，而不能透過理性思考。人類意志刻意去反對上帝可辨明之命令，才是不道德行為。

司各脫提出了一種想法，就是人不要像阿奎那建議的那樣，觀察自然世界去推論上帝的本質，而是要採取更抽象的方法。他在此把阿維真納提出過的想法做進一步發展。所以當人看著（好比說）一匹馬的時候，那個人同時意識到了特定的那一匹馬，但也同時意識到牠代表的「馬性」。人可以在這兩種觀看同個對象的方式間做出司各脫所謂的「形式區分」（formal distinction），區分真實的馬，以及該馬所屬的整體「馬性」概念。對司各脫來說，在這個例子中，「馬性」的概念是個人天生具有的，也是一種更優越的認知，只不過，它當然可以藉由觀察更多形形色色的馬來追加深度。人會使用一種有別於「認識一個人面前特定的馬」（也就是「智力」或者「直覺」認知）且更優越的認知方式（在某些記述中稱作「抽象認知」），來進行對「馬性」的理解。鄧斯・司各脫認為「抽象認知」比較優越，因為它可以應用於看不見的對象，好比說天使，而且人死後這種認知也可以留在靈魂中。對鄧斯・司各脫來說，這是形上學的真正要緊事，而這使他在「共相」的大辯論（見頁一七八－一七九）中，穩穩站在實在論這邊。即便這不容易完全領略，也有一種（柏拉圖式的）「馬性」的「理型」，涵蓋了地球上所見之馬的一切事物。「形式區分」也可以用於上帝。祂有神性本質，但也全能全知。或許可以說這些都不可分割，彼此徹底和對方融為一體，但司各脫主張，這些其他的屬性就算都是在單一位上帝中找到的，也應該要與神性本質「在形式上做出區隔」。這有助於他解釋三位一體，聖父、聖子和聖靈儘管合而為一，卻也可以有形式上的區別。

鄧斯・司各脫最激進的概念是單義性（univocity）。之前當阿奎那說「上帝為善」的時候，這只是作為一種比擬。神的善意本質，必須是一種有別於物質世界之善的本質。之前阿奎那使用「善」（goodness）這個詞來幫助理解，但沒有實際解釋上帝特定的「善」包含了什麼。對鄧斯・司各脫來說，「善」這個詞用於上帝時，會有和用在人類身上時完全一樣的意義——他使用的詞是univocal，一個聲音。所以當人談到「存在（being）的本質」這個亞里斯多德的關鍵概念，人就會把物質世界各種有限的「存在物」以及超越其外的無窮盡都包含進去。不管是用來說哪種「存在」的話語，都有著同樣的意思。司各脫接著繼續以哲學的方式證明一個無限的存在（being）是存在的。這裡，他回頭轉談安瑟莫的「上帝存在之證據」，這種證據靠的是去設想有什麼會是比一切都更偉大的存在。事實上，司各脫聲稱自己藉由採用了「上帝存在之可能性」的概念，當作所有現有起因中第一有效的起因、一切事物的最終因，以及一切存在中最傑出的存在，然後再證明那是唯一的可能性，而改進了安瑟莫的說法。

鄧斯・司各脫開啟了探索上帝存在與本質的新方法，既然挑戰了阿奎那的方法，也就挑戰了亞里斯多德的方法。他把關注焦點重新轉回到上帝任意而為的絕對力量，因此貶低了「上帝啟動世界然後就讓它自行運作」的觀點。然而，在自然因果方面，到頭來亞里斯多德和追隨他的阿奎那才是對的，尤其當奇蹟的地位下滑後就更加確立了。這可能是阿奎那在過往一百五十年間隨科學權威興起而成為天主教哲學超級明星的一個理由。另一方面，短期來說，司各脫的哲學後來也非常有吸引力，而人稱「精密博士」（Doctor Subtilis）的他，在十四和十五世紀神學家之間可能比阿奎那更有影響力。然而，當下個世代的另一位重要哲學家——「奧卡姆的威廉」出來挑戰司各脫時，那段期間的智識圈關係就更為緊張了。

奧卡姆（位於英國薩里郡〔Surrey〕的村莊）的威廉於一三〇二年左右加入方濟各會，當時還只是個年輕男孩。他於一三一〇年左右抵達牛津大學就讀，到了一三一〇年代尾聲時已經在那教授神學，針對《四部語錄》寫作應該要寫的評論。他傑出到氣勢逼人，而且就像阿伯拉爾那樣，總是堅持遵守自己的邏輯，根本無法與人共事。他批評司各脫影響力深遠的著作，因此惹火了他的方濟各會同袍，而且跟身為阿奎那支持者的大學校長吵了一架。所以他沒念完博士就離開牛津，並落腳倫敦的留學生公寓寫作教書。他在這裡開展了反司各脫運動，同時書寫他更為重要的著作，一本叫作《邏輯大全》（*Summa logicae*）的邏輯教科書。他會熱烈支持自由意志，或許也不是什麼意外之事。他主張，光是我們進行自由選擇的經驗，就足以證明自由意志了。

奧卡姆與司各脫最深的意見不合，就在於共相的辯論。司各脫曾經是一名實在論者，他假定有普世概念，理性思考的心智可以藉由「抽象認知」而領會。奧卡姆則是唯名論者；也就是說，他相信「人類」這一類詞只是心像或者名稱。它們沒有獨立的現實體。每個事物都是獨一無二的，而人若要發現這一點，可以去觀察各個事物，如果只是概念的話，也可以用理性思考去區分各個概念。（「共相」的辯論見頁一七八－七九）所以，兩個人類可能會彼此有關係，但在那個兩人各占一部分的關係之外，就什麼關聯都沒有了。但奧卡姆堅持，人不應該做多餘不必要的區分。他批評亞里斯多德就是做了這種多餘的事，因為他在寫這主題的著作中，就讓一個對象有太多不同的分類（見頁一六八－七〇）。他真的就把亞里斯多德提議的十項分類減到剩兩類，物質和質量，反正其他八類可以透過這兩類來解釋；而且他和同代哲學家腳步一致，開始用數學的方式構思物體之間的關係，因此超出了亞里斯多德原本對「關係」的定義。

也因此，人始終都該把解釋成因限制在其基礎中。先前的哲學家有提出一樣的論點，但這一點在奧卡姆的哲學中是如此不可或缺的部分，以至於最後反而被稱作「奧卡姆剃刀」（Ockham's Razor），把一個論點中不必要的因素一個個剔除的做法。* 奧卡姆主張，你主張的每個東西都要給一個理由，除非說它不證自明，可以透過經驗知道或者在經文中找到。所以費解的語言必須刪修縮減，而概念之間不必要的區分也要比照辦理。這使奧卡姆挑戰了司各脫對上帝屬性的「形式區分」。上帝的全能或者祂的全知實在太內在於祂的本質，以至於它們不能像司各脫或者更早的阿奎那所主張的那樣，從祂的本質中分出來。有一種神的簡約性。事實上，奧卡姆主張不可能用理性來描述上帝的存在。我們沒辦法像體會物質那樣體會上帝。上帝作為單純一股力量的存在，就只是信仰問題。甚至不可能理性地證實說，成因就只有最初那第一個而已。奧卡姆在這裡和先前的傳統決裂，特別是安瑟莫和阿奎那的傳統，他們的教導是上帝可以透過純粹論理（安瑟莫說法）或者直接體會其創造物（阿奎那說法）來理解。

奧古斯丁對經院哲學家最有影響力的一個貢獻，就是「所有人類心智中都含有對三位一體的理解」的論點。這種看法會支持有一個所有心智都能領略的「共相」存在，在這地方指的就是三位一體。奧卡姆接受說，從「人對於『馬性』或者『人性』可能是什麼，會有一個整體想法」這層面來說，人去想像「共相」存在是很自然的事；但他主張，這只不過是一個思考的行動，是個人精神歷程中的一個東西，基於人對於「該馬或該人的存在」有些意識。[19] 所以，儘管你可能會有一個「馬性」或「人性」是什麼的概念，但這不是因為某個地方真的有這樣的一種概念，而是因為你已經根據自己可能看過或可以想像的眾多馬匹或眾人，發展出屬於你自己獨一無二的概念。每一匹馬或一個人都仍是明顯不同的馬或人，而每個人對「馬性」的了解也都是獨一無二的。奧卡姆在這裡會同意阿伯拉爾，然而，在他精心製作的「心語」概念中，他把自己在《邏輯大全》中的論點推向遠深過阿伯拉爾的哲學深度。

---

* 用來描述奧卡姆方法論的「剃刀」這個詞，要到十九世紀才第一次有人使用。其原則有時候會被稱為「簡約法則」（law of parsimony）。

19 見 Kenny, *Medieval Philosophy*, p. 93。

唯名論對信仰本質有著重大的含意。如果一個人追隨阿奎那以及實在論者，那他就可以相信那是「領略某些永恆真實」的問題。然而，奧卡姆這一類的唯名論者，否認能找到這樣的真實，也就是「共相」，所以唯一理解上帝的方式就是透過信仰。上帝的意志是絕對的，人沒有阿奎那主張的那種邁向祂神性的先天傾向。一個人頂多就是企圖理解上帝的意志。

奧卡姆在「主張上帝有做任何事都不會有邏輯矛盾的絕對力量」這方面，比較接近司各脫而遠離阿奎那，但他主張，一般來說上帝行事會合乎祂創造的秩序。然而，祂有不這麼做的自由，而奧卡姆則是舉出上帝下令殺死以撒為例。只要上帝決定，祂就可以自由讓奇蹟發生；甚至連教會的正當程度，也僅止於「被祂選定來實現與人類之關係的工具」能達到的範圍。因此教會無權自稱絕對無誤。（這就給了奧卡姆勇氣，讓他宣告一名教宗為異端邪說；見下文。）奧卡姆又增加了一個新的轉折，主張上帝有可能也會透過人類的感官來行事，所以祂可以讓我們「看見」某個事實上不存在的東西。阿奎那主張「善」的上帝永遠不會像上述那樣欺騙我們。祂行事始終都會符合善，而出於這個理由，祂行事也始終會合乎看起來能被信任為真的原則。奧卡姆挑戰了這一點。我們看到的真的是真的，又或者，我們有沒有可能被騙了？當然，上帝有能力欺騙我們，那麼，也就有辦法去設想祂可能這麼做了的場合。

這一切都很有啟發性，但也令保守的方濟各會成員深深不安；到了一三二四年的時候，奧卡姆被召喚到亞維農，面對一個調查可疑異端邪說的教宗委員會，而那些可疑異端邪說之中，就有「在對《四部語錄》的評論中支持伯拉糾主義（見頁一一二－一一三）」。這個程序一路拖延，結果他根本沒被定罪。當他在亞維農時，人們對於「何為方濟各修會正確的貧窮方式」起了爭議。過去人們認定該會不能擁有任何東西——這是聖方濟各對他自己的限制（根據《馬太福音》第十九章）。然而，修會內一致同意，他們可以在不實際擁有那些財物的情況下使用那些財物。一三二二年，亞維農教宗若望二十二世（pope John XXII）譴責這是含糊其辭；就連基督和祂的使徒都擁有一點東西，而出於上帝的意志，教會應擁有自己的財富。奧卡姆站在方濟各會這邊，接受使用財物有正當性，但所有權就不正當了。誰捐贈財產，誰就保有所有權，而他們有權（這裡對權利做出了一個重大的認可）隨時把它拿回來。然而，因為一時攔不住脾氣，奧卡姆譴責了教宗的回應，到了譴責他為異端的程度。因此反而將被宣告為異端的他，於一三二八年逃出亞維農，並在「巴伐利亞的路德維希，即神聖羅馬皇帝路易四世」（Ludwig of Bavaria）那裡避難；此人自立為皇帝卻遭教宗反對，而與奧卡姆同病相憐。若望二十二世統治的一個結果是，十三世紀權傾一時的方濟各會和教宗權力之結盟，現在分裂了。

如今正式成為異端且流亡在外的奧卡姆，在他生命的最後幾年裡，動筆譴責教宗權力的絕對主義，主張壓制教會會議的權力，甚至主張罷免教宗。在一個教會正拚了命維護權威的時候，奧卡姆對其地位提出了神學方面的挑戰，但他也講到了神學之外的言論自由重要性：「純哲學主張不應該被任何人譴責或者禁止，因為和這種主張有關的情況下，任何人都應當能自由地說令他自己滿意的話。」[20]同樣地，儘管他贊成君主制為最穩定的政府形式，「人民」仍保有革除暴虐統治者

20 出自「奧卡姆的威廉」，*Dialogus*, vol. 1, book 2, chapter 22, trans. John Scott, British Academy, 1999；可於線上閱讀：https://www.thebritishacademy.ac.uk/pubs/dialogus/t1d2b.html。

的權利。在這部分，他是約翰・洛克（John Locke）的先行者。後者會反對十七世紀不列顛斯圖亞特（Stuart）王朝所宣揚的君權神授。一三四九年奧卡姆過世，有可能是黑死病的受害者。

本章已經花了足夠的篇幅，來證明當時最高水準的心智紛紛在奮力解決這些複雜神學問題。然而「這一切會導致什麼結果」的問題依舊存在。這個領域如今被阿奎那、司各脫、奧卡姆以及一群較不知名人物的追隨者所分裂；同時，依舊追隨奧古斯丁的新柏拉圖主義者，以及阿奎那這一派亞里斯多德主義者之間，也有著無所不在的分歧。把同代人形容為「撕裂成一片一片，就像在吠的狗群，每一個看法都不同意自己的信條」的，就是奧卡姆。[21]就如後來人文主義者會抱怨的，他們彼此衝突的看法實在很難看出能產生什麼解答。舉例來說，奧卡姆就沒得到意見一致的反響。他從來沒有打算要當一名改革者；他主要的興趣反而是觀察自己心之所向。儘管一開始在巴黎遭禁（他到死都還處於被教會驅逐的狀態），但能夠激發一連串的反應，或許就是他具有原創性的一個標記。有些人強調了他對信仰甚至神祕主義的堅持（而他這一部分的思想確實會在新教徒身上重現）；其他人主張他對上帝絕對力量的關注，留下了太多的不確定性。如果上帝可以任意行使祂的力量，那教會、神職和聖禮要怎麼辦？它們是不是祂的恩典的永恆表現呢？再者，如果上帝可以使用祂的力量來推翻自然秩序，那人要怎麼建立科學知識？然而，奧卡姆為知識定序的方式，以及他主張簡約性的方式，都說服了其他人，認為他是「『科學作為一種有條理的知識體系』這種當代概念的創始者」。[22]他的唯名論後來對德國神學家很有吸引力，但卻遭宗教改革者約翰・威克里夫（John Wyclif）和揚・胡斯（Jan Hus）所反對，而他們兩人都是忠誠的實在論者。這時期的任何創新思考都有可能被算作異端邪說，而奧卡姆終究還是觸犯了這個現實。

那時代本來就已經狂熱的辯論，又因為方濟各會和道明會的世仇而進一步強化。艾蒂安・吉爾森如下總結了他的中世紀哲學史：

> 每個偉大的教義革新，不管發生在神學還是哲學，都把自身延續在接下來的幾個世紀裡。被後繼的教師們所累積的，被他們的修會所支撐的，被他們的學校所利用的，且在無盡爭議的熱浪中持續扭曲的那些教義，最終創造出來的，就只能形容為教義混亂。[23]

到了一四〇〇年時，甚至連尚・熱爾松那類的神學家，都已經受夠了經院哲學那一套讓人忽略與需要同情的人進行日常接觸的稀疏爭辯。熱爾松的學生「克拉芒熱的尼古拉」（Nicholas of Clémanges）痛斥知識分子活在象牙塔中，懶惰又整天構思著無關現實的想法（這種對「知識分子」的態度到今日都還沒有完全消失）。[24]

簡單來說，中世紀哲學沒有一致性。根據分配給神學和純哲學的比重，可以畫出一道光譜，一頭從奧古斯丁和波那文都開始，經過阿奎那，直到認為哲學徹底獨立於宗教信念的亞維侯主義者為止。奧卡姆在這方面會加入他們的行列。僅僅幾個世紀後，在科學成功興起而帶來新觀點之

---

21 引文出自Murray, *Reason and Society*, p. 236。

22 Maurer, *Medieval Philosophy*, p. 268.

23 Gilson, *History of Christian Philosophy*, p. 528.

24 Ozment, *The Age of Reform*, chapter 3, 'The Spiritual Traditions'.

後，教會就能夠從十三、十四世紀末解決的爭議抽身，並宣布勝利者：此時成為科學家守護聖者的大阿伯拉爾，還有他的門徒，偉大的天主教哲學家湯瑪斯・阿奎那。

在我先前那本主要篇章終結於西元六〇〇年的《西方心智的封閉》中，我有一章談〈湯瑪斯・阿奎那和理性的恢復〉，其中寫道「湯瑪斯・阿奎那復活了亞里斯多德那套認識事物的方法，結果是如此地成功，以至於他無意間為日後將轉變西方思想的科學革命打下了基礎」。這句話顯然是誇大了，但只要阿奎那接受世界是在一貫的自然法則下運作，而將世界開放給科學解釋，那麼這句話就不算完全錯誤。他朝著知識世俗化小小邁進了一步。[25]（對於那些相信奇蹟的人——在中世紀世界裡，人們相信這些奇蹟是上帝在此的日常體現——來說，並沒有能創造科學確定性的穩固基礎。）當智識想像力沒那麼豐富的神學家恐怕要把一位異教徒哲學家摒除在西方神學外的時候，把這人成功融入西方神學，便是阿奎那的成就。若純粹以一本智識結晶而言，湯瑪斯・阿奎那的《神學大全》毫無疑問地應列席於西方哲學界其他更偉大的著作之間，是一本讓「倫巴底人彼得」的《四部語錄》黯然失色的經典之作。以下是教宗保祿六世（Pope Paul VI）於一九七四年給予湯瑪斯的讚美：

> 湯瑪斯極其具備真實之勇氣，面對新難題時擁有自由精神，又有一種對智識的誠實，擁有這種誠實的人們，讓基督教既不被世俗哲學汙染，也不被對其有成見的拒斥所玷汙。因此，身為一位哲學新路線與普世文化先鋒的他，逐漸成為了基督教思想史的一部分……他憑著這一切傑出的先知直覺，把一種世界世俗性和福音基礎性的調和，帶給了信仰與理性的新相會。[26]

總而言之，我們可以說，這些辯論在西方心智的重新覺醒上有一些作用，其中尤其有幫助的，是他們精細使用理性思考，來做出哲學上的區分，並探索各種不同的方法來描述上帝與自然世界之間的關係。有一些當代哲學家仍會在中世紀哲學中發現重要的洞見，尤其是在邏輯學、倫理學和形上學方面。蘇格蘭哲學家阿拉斯代爾・麥金泰爾（Alasdair Macintyre，一九二九年生）支持湯瑪斯・阿奎那的倫理德性理論，並認為應該在當代群體中再度主張這套理論。[27]過去曾造成阻礙的，是人無法提供一個手段來讓學科本身可以用一種連貫的方式自行推進；智識生活漸漸開發了新的脈絡，哲學在這脈絡中得以實踐。而天主教哲學於十九世紀末復興之前的匱乏，令麥金泰爾悲嘆不已。

基本上來說，教會是拚了命地要建立可以抵擋日後攻擊的權威教誨，所以完全沒興趣鼓勵人去推測。神學論述始終會局限在一種階級體制的語言和正統之內。就如一位中世紀思想史學家所言：「中世紀教會頑固地抗拒所有形式的真正世俗自主權，不論是神學之外的獨立哲學研究，還是教會監管與恣意干涉之外的世俗政治權力獨立運作。」[28]阿奎那傑出地調和了兩套以分家好幾世紀

25 Felipe Fernandez-Armesto 在近期出版的著作 *Out of Our Minds: What We Think and How We Came to Think It* (London: Oneworld, 2019) 中寫道：「湯瑪斯・阿奎那是中世紀中期可以適切稱為科學運動（或許甚至堪稱科學革命或復興）的一部分。」引言出自哲學家 John Gray 的評論，*New Statesman*, 21-27 June 2019, p. 43。

26 引言出自教宗文件 *Lumen Ecclesiae*，第四十三章。英語版可見 www.superflumina.org/paulvi_on_stthomas。

27 哲學家阿拉斯代爾・麥金泰爾（一九二九年生）深受亞里斯多德的倫理學文獻影響，並從那發展出一種理解，就是那些文獻在阿奎那的著作中找到了最有效率的擁護者。他最終改信了天主教。他的 *After Virtue*（一九八一年）是其看法最為人所知的一次闡述。

28 Ozment, *The Age of Reform*, p. 13.

的脈絡為各自源頭的哲學系統，但除了為天主教做出突破之外，他有沒有在一個更基本的哲學層次上做出任何突破？透過體會上帝所造之物、透過理性思考、透過直覺或透過信仰，來找到一套一致同意的理解上帝方法，看來似乎是個棘手的難題。

9

科學復興的微光，一二〇〇－一三五〇年

在那裡，當有人透過印度的九個數字完美地教導我這門技藝時，這門技藝的知識令我愉悅的程度勝過其他知識，而在我透過大量的研究以及針對研究內容進行大量辯論，並學習了它在後來我做生意的途中所行經的埃及、希臘、西西里和普羅旺斯等地的各種方法之後，我對其十分堅信……將我自己更完全地黏合於這套方法，更小心地研究它，從我自己的思考中加入一些東西，並從歐幾里得的幾何學技藝中引入一些微妙之處，我費盡心力盡可能清楚明瞭地寫出這本書的主要特色。

斐波那契（Fibonacci），《計算之書》（*Liber abbaci*）

有一種傳說是英國的方濟各會修士羅傑・培根（一二二〇－一二九二，下文會探索他在光學方面的研究）發明了眼鏡。他一定有意識到鏡片是如何有放大的功能，但他有沒有辦法在他那與世隔絕的實驗室裡創造出專門用來閱讀的鏡片，就不得而知了。事實上，第一次確切提及眼鏡是在十三世紀末，來自威尼斯（那裡有一份一三〇〇年的法令提到了一種「用於肉眼閱讀的玻璃」〔vitreos ab oculis ad legendum〕）和佛羅倫斯。威尼斯穆拉諾島的玻璃工當然是他們那行的專家，但在別地方，在義大利北部那些富裕城市裡也有高技術水準的功夫，因此，當佛羅倫斯一位叫「比薩的佐達諾」（Giordano da Pisa）的僧侶提到眼鏡是人類巧思的一個範例，也就不算什麼難以置信的事了。在一三〇五年的布道中，佐達諾把發明眼鏡的日期追溯到大約二十年前。

把那些源自大學（仰賴希臘文原本、阿拉伯文的資料來源，還有本章開頭引言提到的，印度文資料來源）、談自然哲學和數學的中世紀文獻，以及對這些文獻的相關評論，拿來和這些城市所出現的實作科學表現做一個對比，是有其啟發性。當巴黎大學始終講著亞里斯多德思想和他與神學之關係時，牛津大學則傾向柏拉圖主義。柏拉圖主張，任何尋找事物終極意義的起頭都在於數學，所以英國大學對於這門科目特別有興趣，而巴黎大學則可以從一三六六年的課程中看出它們根本懶得教（見頁二四八－四九），或許就很理所當然了。沒有主教當班的牛津大學，也是一所比較沒有宗教入侵威脅、因而更能自由思考自然世界的大學。甚至連道明會的校長羅伯特・基瓦德比（後來成為坎特伯利大主教）依循巴黎大學的做法，列出了神學院系內不得教導之命題時，他也只列了三十個（主要是對湯瑪斯・阿奎那特定命題的攻擊）；而且違反的處罰並不像巴黎大學那樣徹底逐出教會，就只是不准在該大學教書。* 當然這不代表說，牛津大學的自然哲學家都不信教——從許多人堅守著早於阿奎那的教義來看，甚至可以說他們是很保守地篤信宗教。舉例來說，第一位出自牛津大學的重要自然哲學家，羅伯特・格羅斯泰斯特，就從來都不知道阿奎那的著作。

格羅斯泰斯特的早年生平所知甚少，但人們認為他早年在巴黎研讀後，於一二二五至一二三〇年間在牛津教書，甚至成為了大學校長，然後退休前往方濟各會在該城的外籍會館，並在那裡擔任講師。[2]五年後他重出江湖擔任林肯教區主教，這個職位讓他對他主教轄區內的大學有一些監督權，儘管權力不大。此時亞里斯多德的新文獻正好開始出現，而格羅斯泰斯特是第一批學習希臘文的英國學者，所以他可以同時翻譯神學著作以及亞里斯多德著作。他針對亞里斯多德《後分析篇》的評論（可能是從一二二〇年代開始動筆），是該文最早以拉丁文寫的評論。它很快就融入了邏輯學的教授中。他也產出了亞里斯多德《尼各馬可倫理學》的第一本拉丁文全譯本；這本影響力極大的著作，至今仍被盛讚為倫理學理論與實作的其中一本基礎文獻。格羅斯泰斯特的個性應該很強悍：在一二五〇年代初期，他便公開批評教宗依諾增爵四世對教會缺乏牧養關愛。

---

1 引言出自David Lindberg and Michael Shank (eds.), *The Cambridge History of Science: Volume 2, Medieval Science* (Cambridge: Cambridge University Press, 2013), chapter 21, A. George Molland, 'Mathematics', p. 520。Molland稱讚斐波那契的「中世紀最偉大數學家」也在同一頁。關於斐波那契，見頁一五一－一五二。

* 這沒有維持下去。到了十三世紀尾聲，大學教師們自己採納了阿奎那的大部分神學。見Brockliss, *The University of Oxford: A History*, pp. 96-97。

2 關於格羅斯泰斯特和羅傑・培根，我曾用前面第八章注釋3的同一批中世紀哲學資料來源的一大部分，來完成他們的綜合描繪。

格羅斯泰斯特儘管對亞里斯多德有著如此興趣，他在採用其著作時還是很小心謹慎。他猛烈抨擊那些「盲目又冒昧到不可思議的現代人，居然試圖把異端亞里斯多德弄進天主教」。[3] 宗教信仰方面他維持保守——他的著作有著濃烈的奧古斯丁風味——但他以一種倘若一二二〇年代一直留在巴黎大學就不可能辦到的方法，把神學結合自然世界研究，並在其中展現出可觀的想像力。格羅斯泰斯特對光很著迷。上帝本身就是光（且透過祂的光讓我們能發現有關祂的真實）。光線從創造世界的那一刻起，就從地球本身（並在此處達到密度最大的形態，將能量給予活物）穿過宇宙散播出去，來到天界最遠離中心的範圍邊界。儘管這樣會很難區分「光作為形上學力量」和「光用來在物質世界尋找經驗真實的實際用途」，但這並沒有阻止格羅斯泰斯特進行他自己的觀測。他察覺到彩虹的顏色是光線經水滴這種「鏡片」折射而成，而他從這一點來檢驗真的鏡片，觀測到穿過這些鏡片的光線可以產生熱量或者放大效果。他是第一個證明亞里斯多德「水和土分別占據不同球體，而水被擋開而讓陸地能浮現」的想法為錯誤的人。他反而認為土和水是相處於同一個球體，這個觀點要到十五和十六世紀「發現」新大陸，讓亞里斯多德的理論退場，才為人所徹底接受。

關於格羅斯泰斯特實際上到底把實驗進行到什麼程度，又或者只是以自己讀過的（主要是阿拉伯文的）資料來源為基礎提出理論，學界有過許多爭辯。然而，儘管格羅斯泰斯特的「科學」主要是用來更加了解上帝本質（因為充滿自然世界的光是上帝造物的直接體現），我們卻能從他身上看出科學探究的一絲曙光初現。關鍵的一點是，格羅斯泰斯特主張了數學的重要性，特別是在一篇專題論文《論線、角與形》（*De lineis, angulis et figuris*）中，他說「所有自然效應的起因都一定可以藉由線、角與形的方法來表達，不然的話就不可能領略這些起因的解釋」。[4]這之中的含意就如柏拉圖曾主張的，從數學模型開始就有可能提升至更高層次的知識狀態。他特別主張，只要談到自然現象的定義，數學就能比亞里斯多德邏輯提供更高的正確度。格羅斯泰斯特在這一點上遠遠走在他所處的時代之前。

格羅斯泰斯特最重要的追隨者是羅傑・培根，於一二二〇年左右出生於英國的薩默塞特（Somerset）。培根是個孤獨而內省的人，從精通語言（尤其是希臘文，但也精通希伯來文和阿拉伯文，而他還替後兩種語言寫出最早的拉丁文語法書）和知識廣度上，明顯能看出其多才多藝，但他心裡容不下任何智識對手。從他假定過往社會的學術水準比他自己所處的此時來得更高（且無疑是個正確的假定），可以看出他對亞里斯多德以及他在希臘和阿拉伯世界之追隨者所生活的那個時代有多欣賞。跟培根同期間在巴黎大學教書的道明會成員阿爾伯特，就是他的目標之一。培根表示，阿爾伯特被視為與亞里斯多德、阿維真納和亞維侯平起平坐，還被叫作「大」the（Great）阿爾伯特，根本是駭人聽聞。但事實上，因為阿爾伯特和他對觀察與實驗的熱情是一樣的，所以他的

下頁：在已知最早描繪眼鏡的圖像（1352年）中，樞機主教「盧昂的尼古拉」（Cardinal Nicholas of Rouen）正用眼鏡閱讀一本書。

3 引文出自Robert Pasnau, chapter 26, 'The Latin Aristotle', in Shields (ed.), *The Oxford Handbook of Aristotle*, p. 667。

4 引言出自Lindberg and Shank (eds.), *The Cambridge History of Science: Volume 2*, chapter 20, David Lindberg and Katherine Tachau, 'The Science of Light and Color', Seeing and Knowing', p. 498。

敵意是弄錯對象了；然而他從來都不是會想與人協力合作的人。他甚至指控阿奎那「幼稚虛榮、大而無當」。[5] 他這一番痛罵的最正面結果，就是激勵他更加堅決地遵循他自己的智識天性。除此之外，這也確立了他的形象，就是一個難搞的怪人，在哲學方面對同代人的影響力遠低於本來應有的程度。

培根一開始並不是哪個托缽修會的成員，但他就像格羅斯泰斯特一樣，神學上來說是個保守分子，主張神學應該奠基於經文，而不是「倫巴底人彼得」的《四部語錄》。儘管他著迷於亞里斯多德，但他認為這名哲學家的著作不應該擠進神學的封閉世界。培根在此處遵循奧古斯丁，相信所有科學知識都應屈於神學的「點頭示意」之下。有別於大阿爾伯特（見頁二七三－七四），他無法把哲學從神學中分出，並用哲學的主張來觀看自然世界。只靠哲學就會導致「慘烈的盲目，因此它自身應該是黑暗與迷霧」。[6] 但這並沒有阻止他欣然抓緊新自然哲學所提供的機會。事實上，他提出了大學課程的激進改革方案，把數學置於傳統邏輯之上，還引入了語言學、光學、道德哲學、實驗科學和鍊金術，也當然全都在神學之下。

培根有聽說格羅斯泰斯特的著作，顯然是因為使用到他的藏書而得知，甚至有可能在林肯郡見過他。接觸到最追根究柢的阿拉伯光學著作，也就是本・海什木（Ibn al-Haytham，約九五六－約一〇四〇年，在西方或稱為「海桑」〔Alhazen〕）的著作，讓他獲益良多，而能把格羅斯泰斯特的許多洞見發揚光大。海桑對光學的重要研究——共七冊的《光學之書》（一〇一一－一〇二一年寫成），在十三世紀初翻譯成拉丁文，名為《論視覺》（*De aspectibus*）。[7]

前頁：十三世紀的自然哲學家專注於一位「幾何學家」上帝如何創造宇宙，其和諧融洽的做法可以揭露給人類心智所知。這張圖的年分約為1220年前後。

希臘人著迷於光與視覺的難題。不可免地，在這種生氣勃勃的智識氣氛中，就會出現互相衝突的理論。亞里斯多德主張，一個被感知的物會在接收的器官內，也就是在眼睛內產生一個變化。這被稱作：內射（intromission）理論：行為者造成了視覺從外面進入眼中。這種情況的一個解釋，是由希臘的原子論者所提出，*他們主張有一層薄薄的原子離開了被感知物的表面，然後進入了眼中。這完全沒解釋眼睛是怎麼將該物接收、吸收並轉譯。相對地，數學家歐幾里得則是從眼睛裡面處理難題。他主張說，眼睛送出會匯聚如圓錐狀的許多光線，當圓錐的尖端接觸到一個物時，眾光線就會轉譯其形狀、大小和位置，並傳回眼睛。這就是外射（extramission）理論。醫師蓋倫讓人們更深入了解視覺，他檢驗了眼睛的結構，並辨認出水晶體，眼睛最強大的鏡片。海桑支持內射理論。舉例來說，他就說過，如果一個人直直看著太陽，眼睛就會被燒壞，顯示確實有什麼從太陽放射過來。然而，他也採用了歐幾里得的圓錐概念，把它反過來符合自己的內射理論，並從這些傳統來源中產出了一個新的綜合光學。

假設有一個人正看著一根鐵桿。根據內射理論，會有一大堆光線從它過來，從隔著它全長的

---

5 Bolgar, *The Classical Heritage*, p. 426.

6 Maurer, *Medieval Philosophy*, p. 129.

7 海桑的光學理論，以及格羅斯泰斯特與培根的從中發展，都可以在 Lindberg, *The Beginnings of Western Science*，頁三一三至三二〇中找到。另見 Lindberg and Tachau, 'The Science of Light', pp. 491-511。海桑的貢獻在 Arun Bala, *The Dialogue of Civilizations in the Birth of Modern Science* (New York: Palgrave Macmillan, 2006), chapter 8, 'The Alhazen Optical Revolution' 也有清楚描述。

* 原子論者是西元前五世紀由留基伯（Leucippus）和學生德謨克利特成立的希臘學派。就如名稱所主張的，他們相信所有物質都可以分解成小粒子。

那段距離過來，而且是從各個方向而來。其中一小部分從鐵桿一端射到另一端的光線，會垂直抵達眼睛，並穿過眼睛的曲面。（這個理論假定，垂直打中眼睛曲面的光，會比從偏角打進去的光更有力，所以會在接下來的鐵桿成像中占大宗。）因為眼睛是曲線凸面，所以這些垂直光一定會向內折曲，構成一個圓錐而匯合在眼內的一個點上。留意到蓋倫觀測結果的海桑，主張這是在它們穿過了水晶體之後的事。光線接著再從圓錐的頂點以平行線朝眼睛內部前進，最終視神經會處理它們來產生清晰的影像。海桑試圖結合外射和內射理論，同時幫蓋倫的水晶體觀察結果找到位置。簡單來說，就如科學史學家大衛・林德堡所言，「他得以想出一個〔包含各種對立之希臘諸理論的〕全方面綜合體，能夠用該學科中史無前例的精準度和範圍，解釋光學現象和視覺。」《光學之書》是一位天才的成就。阿倫・巴拉（Arun Bala）在《現代科學誕生時的文明對話》（*The Dialogue of Civilizations in the Birth of Modern Science*）中主張，海桑這本結合數學和眼睛所見的著作，從十三世紀以來就一直很有影響力，甚至一路影響到十七世紀伽利略與牛頓的諸多研究。[8]

格羅斯泰斯特有聽說海桑的著作，而且他藉由假定眼睛不是只記錄下所見，更處理了所見之景的知識，而進一步開發這著作。所以，一個人拿著刀靠過來的景象，就會經處理來看看他是否會造成威脅。換句話說，格羅斯泰斯特主張，有一個影像評估的流程在腦中發生。[9]他也主張，光線能傳入眼中也可從眼中傳出，藉此構成一套外射和內射理論的混合體。羅傑・培根在此也依循他的想法。他同意海桑所言，內射理論是最基本的，有東西進入了眼睛來創造一個影像，但他也相信，有某個東西從眼睛向外射出，來把看到的物「神聖化」。

培根還會再進一步。他把海桑和格羅斯泰斯特的成果往兩方面繼續發展。首先，是使用數學來描述構成視覺的光線可以如何以幾何模型來表現。他比對了光線在平面、凸面和凹面上的作用。他的《觀點》（*Perspectiva*, 1267）包含了五十一張圖來說明他的論點。這是重要的一刻：它證明了數學可以用來將科學理解發揚光大，而這一點在培根的課程改革方案中有著核心地位。接著他超越光學的範圍，來證明數學如何把知識傳給每一科學門，如地球上各地點的方位、恆星的運動、曆法的運作和物理科學。儘管培根並沒有憑一己之力成為先鋒數學家，但在把數學鞏固為尋求知識的重要工具上，他卻是貢獻良多。

第二個方面則涉及了實際檢驗自然現象。培根在這邊同時採用了希臘的權威如亞里斯多德、歐幾里得、托勒密和蓋倫等人，以及他們的阿拉伯譯者。他打算把所有這些過往大師的觀察與理論融合到什麼程度來創造他自己的科學進展，學者對此看法不一。他確實似乎進行了某些原創實驗，舉例來說，確立了鏡片的焦距，並證明光速是有限的。培根是第一個計算出彩虹最高仰角為四十二度的人。[*]可以理解他會著迷於彩虹隨觀測者靠近遠離而移動的現象，而這為他的鏡片研究提供了知識。然而，他又依循奧古斯丁，主張所有經驗都是來自上帝的啟明。「所有的智慧都是由單一位上帝所給予，給予一個世界，為了一個目的，也就是救贖。」[10]

在巴黎大學與牛津大學（一二四七至一二五七年間他以此為根據地）之間流轉的培根，對於

8　Bala, *The Dialogue of Civilizations*, chapter 8.
9　Lindberg and Tachau, 'The Science of Light', pp. 499-500.
*　笛卡兒於十七世紀以數學證實這一點。
10　Gilson, *History of Christian Philosophy*, p. 308.

科學能達到之事提出更誇張的主張，尤其是在鍊金術和占星學這兩塊領域更是離譜，而開始和現實失去聯繫。此人多年與世隔絕獨自進行實驗的八卦一傳再傳，因此不可免地，人們漸漸認為他擁有某種神祕知識。傳言說他創造了一個問什麼問題都可以回答的「黃銅頭」。所以，當光學編入了牛津大學課程時，它並非直接教授培根的著作，而是波蘭物理學家威特羅（Witelo）的大部頭書《觀點》（*Perspectiva*，一二七〇至一二七八年間寫成），也就滿能反映現實情況了。而該書雖然有受到培根的影響，但還是大幅援引海桑。

或許是為了獲得一點安全保障，培根最終於一二五七年加入了方濟各會（在波那文都是會長時）。但

本頁：在1617年的版畫中，羅傑・培根正進行實驗。許多後來的思想家認為這位「奇蹟博士」（Doctor Mirabilis）是當代實驗科學的創立者。

他很快就陷入麻煩。照理來說他應該會獲得研究資助，卻因為不需經修士同仁准許就可以寫的內容有範圍限制，而使他惱火不已；他試圖直接聯繫一位支持他的教宗克勉四世（Clement IV），但在這段關係得以鞏固之前，教宗就先過世了。他是在寄給教宗的著作《更大作》（*Opus Maius*）中描述了時代的無知和學術課程的保守主義，並提出了自己的改革提案。他的迫切目標是把學識在神學的傘下合為一體，終極目標在於創造一個將會散布到全球的真正基督教社會。他對基督教的使命有著熱情。

我們並不清楚培根後來遇上的麻煩有多大程度是因為這種粗暴的性格。一二七八年他被方濟各會總會長譴責，可能是為了他的占星學觀點，認為群星可以決定個人的未來。這是不過一年前史蒂芬・坦皮耶譴責過的其中一個見解。後來的紀錄宣稱，他餘生大半都被自己的修會監禁，儘管可能只是限制教學和行動而已。他仍在從事學術研究，直至一二九二年在牛津壽終正寢。

對許多人來說，特別是十六、十七世紀的人來說，羅傑・培根是孤單的天才，超越所屬時代的人，被同代人不公平地忽視譴責。中世紀一本用未知字母寫下的神祕抄本《伏尼契手稿》（*Voynich manuscript*）會被十七世紀的某個消息來源認為和培根有關（但從那之後就遭到懷疑），也是很正常的事。毫無疑問地，他想到了許多日後的發展：載人飛行、抵達海洋深處的潛水員，以及機械驅動的船隻。* 更深入的研究證明，培根比原本認識的還要更倚重格羅斯泰斯特、海桑以及巴黎大學的自然哲學家們。十三世紀還有「馬里庫特的彼得」（Peter of Maricourt）這類人物；他

* 這些推斷在《更大作》中占了一節。

的磁鐵研究著作結合了實驗和數學計算，可能直接影響了威廉・吉爾伯特（William Gilbert）的磁性相關研究（見頁八八五－八六）。隨著人們更詳細探索培根的著作，學術界對培根科學貢獻的評價仍未塵埃落定，但他確實值得被譽為那時代最有想像力且涉獵最廣的人。

＊＊＊

對於數學的重新強調，是一個針對亞里斯多德的重要回擊，因為他曾經把一個物體的質和量區分開來。在亞里斯多德的觀點中，數學和經驗知識應該保持分離（他大多數的著作都遵循這個觀點，但在《物理學》中被他否決）。已經有人挑戰過這個想法，尤其是托勒密（見頁二三四－三七）。前面已經提到，有別於巴黎大學對亞里斯多德的喜好，牛津大學支持柏拉圖主義，強調讓數學邏輯當作朝終極真實前進的第一步。一群於一三二五至一三五〇年間於牛津大學墨頓學院進行研究工作的邏輯學家——後來被稱為牛津計算家（Oxford Calculators）——進一步延伸了這想法。[11]就如他們之中最優秀的數學家湯瑪斯・布拉德瓦爾丁（Thomas Bradwardine）所言：

> 是數學揭露了每個真正的真實，因為它知道每個藏起來的祕密，並帶著打開每個文字細微處的鑰匙；誰要是斗膽只學物理卻忽視數學，就會打從一開始知道自己永遠不得進入智慧的大門。[12]

他說得沒錯；沒有數學根本不可能研究物理學。布拉德瓦爾丁的一項洞見是，認清亞里斯多德所主張的「行星圓周運動和物體的直線運動是兩回事」是錯的。布拉德瓦爾丁因此想到，可以有一個涵蓋天地的統一數學解釋，而這想法在科學史上是一大進步。*

布拉德瓦爾丁和他的同仁開始開發速度的數學描述，也就是移動中物體的研究。容易計算的數學測量當然是一種重要的測量方法：如果行進速度不變，物體在一段固定時間內會行進多遠——好比說一小時內走多少英里這樣。所以一小時內定速二十英里的結果就是行進二十英里。但現在來假設一下速度是不一致的。好比說老鷹的情況。牠大有可能用不變的速度飛行，直到看見獵物，那時牠就會加速。如果知道加速的速度和發生的時間長度，那麼就有可能計算牠（好比說在一個小時內）行動的總距離。計算家們發展出一個定理，顯示一個以固定速率加速的物體，在一段時間移動的距離，會和同段時間內以該時段平均速度來定速移動的物體一樣。後來這稱作「墨頓定律」（**Merton rule**）或者「平均速度定理」（**mean-speed theorem**）。現在再來假設，你有一個物體在一段期間內以固定的速率在加速。那麼，它在前半段時間內移動的距離和後半段相比會差多少？答案是後半段時間內移動的距離是前半段的三倍。

11 Lindberg and Shank (eds.), *The Cambridge History of Science: Volume 2*, chapter 17, Walter Roy Laird, 'Change and Motion'，特別是頁四一五至三五，涵蓋了這個主題。

12 引言可以在大部分的標準數學史中找到，例如Peter E. Hodgson, *Theology and Modern Physics* (London: Routledge, 2017), p. Xi。

* 布拉德瓦爾丁這個人不只在智識上有所貢獻，在世俗間也很有成就。身為英國國王愛德華三世（Edward III）的告解神父，他隨君出征法國，並在克雷西會戰（Battle of Crécy）之後進行了勝利布道。他擔任坎特伯利大主教沒多久，就於一三四九年屈服在黑死病之下。

計算家並沒有真正進行實驗來看看他們的定理有沒有效，但這些計算的消息倒是傳得很快。在巴黎大學，該時代其中一位最重要的數學家尼可拉斯．奧里斯姆（Nicholas Oresme, 1320-1382），構思了非常典雅的幾何模型，來說明牛津計算家們的定理。奧里斯姆也主張，地球沒道理不繞著自己的軸心自轉，並主張是恆星與行星維持固定不動。這和亞里斯多德說過的相牴觸，但奧里斯姆主張，這讓造物的行動簡單許多。他反駁「如果世界在轉動的話，就會產生不間斷的急風，導致丟進空中的東西會落到一段距離外」以及「經文顯示移動的是天界」的主張。到頭來，身為一個好天主教徒的奧里斯姆（他後來成為了主教，並被帶進了法王查理五世〔Charles V〕的宮廷），無奈接受了傳統宇宙學；但他已發現了一個重要的問題，而時間長久下來會證明他才是對的。

巴黎還有人想到解釋衝力（impetus）的新理論。[13] 亞里斯多德在《物理學》中努力解釋丟出去的物體離開投擲者的手之後是怎麼持續運動的。他暗指空氣也移動了，在物體後面跟上來好把它往前推。「有一股持續的外在力量」的想法缺乏說服力。西元六世紀時，亞力山卓的哲學家約翰．費羅普勒斯就已經主張過，扔擲的力量不知怎麼地把什麼東西加在物體裡面，給物體繼續運動的力量。有人提過一個支持費羅普勒斯看法的類比，就是植物看似從自己內部向外生長的方式。

十四世紀中，巴黎大學的一位博藝教師尚．布里丹（John Buridan，約一三〇〇－約一三六〇年）接手處理這個難題。他立刻就發現了亞里斯

下頁：海桑的《光學之書》併入了1572年的《光學彙編》（*Optica Thesaurus*）之中。這張圖畫展現了幾個使用光和折射的實驗，包括了阿基米德用鏡片來點燃希臘戰船。

多德理論中的瑕疵。拿兩支長矛，一支只有前端是尖的，第二支兩端都是尖的，所以任何外在力量都很難透過後面的空氣推動它。然而他證明了兩支矛用同等的力量投擲出去，便會行進同等的距離。因此，他想到了「衝力」這個概念，他假定讓物體運動的那股力量把衝力傳給了物體。布里丹比費羅普勒斯更進一步的地方，在於將物體運動的距離和原本扔擲的力量以及物體的重量聯想在一起。布里丹也注意到，當衝力用盡時，物體並不會直接掉到地上。他轉而假設是重量在掉落時給了它額外——但逐漸減少——的衝力，讓它繼續運動一段距離。而且布里丹還想到另一個重要見解：他發覺到，在地表一帶高度的空中一定有某種抗拒力，讓物體不會永久持續地運動。然而，如果一個人把目光放到地球以外而看向天界的話，各行星似乎就是一直在恆定運動。一種解釋是，上帝創造行星時給了它們永久的衝力來源，另一種解釋是沒有阻力讓它們慢下來。要到十七世紀辨明了引力的存在之後，才得以確認第二個解釋為真。布里丹並不否定亞里斯多德在哲學家方面的成就——確實，他的許多著作都包含了對亞里斯多德主要文獻的批評——但在這場對亞里斯多德思想個別要素發起挑戰的運動中，他也是其中一員。這場運動會在十六世紀開始加速進展，儘管到頭來會發現，要把對亞里斯多德個人著作的批判，從深植於大學課程中的經院哲學束縛中隔離開來非常困難。

布里丹在智識方面的興趣相當廣泛。儘管是神職人員，他從來都沒有加入任何一個修會，並把他的教學限制在博藝課程。這讓他得以和一向激烈的神學爭論劃清界線，並讓他能發展自己的想法，不用特地拿去和基督教教義調和。他的主要作品《辯證法小結》（*Summulae de dialectica*），是對亞里斯多德邏輯學著作的重新思考。這本書多年來遭到忽視，一直要到最近，邏輯學家才開始意識到該書的重要性；它處理的問題在今日邏輯學中依舊是重大爭論領域。布里丹是否有在科學方面留下一份持久的遺產，則比較有爭議。法國物理學家兼中世紀科學史學家皮耶・杜漢（Pierre Duhem, 1861-1916）主張，布里丹是中世紀自然哲學家和（特別是由伽利略所帶動的）所謂十七世紀科學革命之間重要的連結。[14]更晚近的評價則不同意他的看法。在約翰・海爾布朗（John Heilbron）所列出的、有「吸引到」伽利略的著作的作者詳盡清單中，其實找不到布里丹，也找不到奧里斯姆。唯一包含在清單中的中世紀自然哲學家，就只有薩克羅博斯科，伽利略有用他的作品《論世界之球體》的擴充版來教課。[15]

這樣的缺乏接觸，似乎是中世紀大學「科學」的一般真貌。當有這麼多探索自然世界所需的亞里斯多德自然科學和方法論著作（好比說《分析前篇》和《分析後篇》）都融入了博藝課程，人們或許會期待這些著作使大學成了科學事業的溫床。然而，當巴黎大學選擇專注神學，而波隆那大學也專注於法學時，不管是哪種領域的先鋒都只剩牛津大學可以當了。然而，教會依舊強大。中世紀牛津大學的一份學術評估中，「智識上的好奇心和創意必須受抑制，好讓教會的精神與物質力量不被一間主要就是在那鞏固自身威權的機構威脅。」[16]只要大學仍受制於神學的「點頭示

13 關於「拋物線運動和衝力理論」，見Laird, 'Change and Motion', pp. 421ff。

14 杜漢在中世紀科學「持續」論之地位的概要，見Lindberg and Shank (eds.), *The Cambridge History of Science: Volume 2*, David Lindberg and Michael Shank, 'Introduction', pp. 10-12。

15 J. L. Heilbron, *Galileo* (Oxford: Oxford University Press, 2010)，提供了所有從亞里斯多德和阿基米德以降，影響伽利略的「科學家」表單。

16 Brockliss, *The University of Oxford*, p. 125.

意」，談論其中世紀科學成就時，就確實應該要謹慎以對。「中世紀教會其實促進了科學」的這種傳統觀點，長久以來一直受人懷疑；不過，只要對自然世界的探索還能被當成服侍神學的丫鬟，教會就能容忍她的存在。除非說「自然哲學」像大阿爾伯特主張應該要的那樣，從神學中分離出來而能發展為獨立學門，若是到了這種情況，這些大學學者的研究發現就會受到限制。[17]

＊＊＊

義大利北部有著比上述這些還要實際太多的科學成就——而且不只是在發明眼鏡這方面。這是一個財富還有商人與集體政府的熱情都對城市和商業風貌有著驚人影響的社會。建築技術、琢石工藝、玻璃製造、土地測量全都在進步。技術讓人更熟練航海，特別是透過羅盤和更為精良的船隻。同業公會維護了製造業每個領域的高水準。紡織品方面，一〇〇〇年左右引入了源自中國梭織絲綢技術的踏桿織布機，革新了織布技法。速度達到了過往的三倍，而使用滾筒則讓人能生產更長的布料。[*]文藝復興時期人像畫中那些模特兒奢華的服裝，顯示了衣裝生產與設計變得有多精細。菲利浦・瓊斯在他的《義大利城邦》中講到技術領域的其他發展，「特別是藉由快速成熟的實驗、檢閱普查的熟練、地籍調查以及科學化地圖繪製，而在統計學、測量術和數學方面的發展。」[18]前面已經提到，被稱為「中世紀最佳數學家」的「比薩的李奧納多」，也就是斐波那契，是直接從阿拉伯人和印度人那邊學習，而不是透過大學（見頁二一八－一一九），而且能夠提供支撐商業談判的手冊。亞歷山大・穆雷（Alexander Murray）在《中世紀的理性與社會》（*Reason and*

Society in the Middle Ages）中仔細觀察了數學計算抵達義大利北部各城市的情況。他以我們接下來會談的喬萬尼・維拉尼（Giovanni Villani）的《年代紀》（*Cronica*）為例，展示了佛羅倫斯的生活統計學：「（維拉尼）不必先講什麼客套話就能馬上迸出五花八門的數字——不論是問穀物價格、軍隊人數、稅率還是某些個人或計畫的收入支出總和都沒問題。」[19]

若要談技術成就的最高峰，有個值得探討的東西就是不可思議的天象儀（Astrarium）；這是由機械工程師喬萬尼・東第（Giovanni Dondi，約一三三〇－一三八八年）於一三四八至一三六四年間在帕多瓦造出的一個天文鐘。[20]喬萬尼的父親過去已經為帕多瓦的一座塔打造過時鐘，而他的兒子也繼承了他的技藝。天象儀本質上是高水準工藝的產物——喬萬尼和帕多瓦大學之間沒有什麼交集的紀錄，不過已知他在亞里斯多德和阿維真納著作之外，還使用了《行星理論》（*Theorica planetarum*）這本天文學標準（但資訊有限的）教科書，來當作資料來源。

天象儀包含了複雜到不尋常的機械，其設計目的是要將天文學與行星運動說明給觀測者。

17　在Lindberg and Shank (eds.), *The Cambridge History of Science Volume 2*, chapter 10, David Lindberg, 'Science and the Medieval Church'可見概述，尤其是頁二八二－八五。

*　我們得以知道杜林裹屍布（Shroud of Turin，譯注：號稱曾經包裹過耶穌遺體的一塊麻布）其實是中世紀產物的諸多理由中，有一個就是布料的長和寬都是踏桿織布機的典型產出尺寸。

18　Jones, *The Italian City-State*, p. 452.

19　Murray, *Reason and Society*, p. 184. 'The Emergence of the Arithmetical Mentality'和'Men and Mathematics'這兩章，仔細觀察了主要發展。

20　對於這座鐘的技術面概述，見Francesco Xavier Jufre, *The Astrarium of Giovanni de Dondi. Mechanical Principles*, RACO, 2010，可於線上閱讀：https://www.raco.cat/index.php/ImagoTemporis/article/download/252116/349283。

一二七二年的阿方索星曆表（見頁二五二－五三）都為了符合帕多瓦時間而重新校正。這個鐘的七個面各自顯示了一顆行星（包括月球）的位置，而它們的運動涵蓋了托勒密在《天文學大成》中主張的各行星本輪。*在七個面之下是一個二十四小時的錶盤，還有一根圓筒，用來顯示教會的主要瞻禮日。上頭還有幾份曆表，分別標明了聖人日，還有各個月分的名稱，甚至連一年三百六十五天各自的日照時間長度都有標出。東第有察覺到這會導致誤差隨時間產生，但有一個機制可以製造十分鐘的間隔，或者把整個鐘停下來校正。這一共需要一百零七個大小齒輪，全由東第手工打造，而且不靠螺絲釘就彼此吻合。對鐘錶製造者來說，這是冠狀輪擺擒縱器（verge and foliot escapement，讓時鐘以固定間隔來行進或者「滴答響」的機械）最早記錄下來的範例。與東第同個時代的「帕維亞的喬萬尼・曼西尼」（Giovanni Manzini of Pavia）寫道，這座鐘「充滿了巧妙，經由你的手修理而改善，並以任何匠人的專業之手都從未達到的技巧所雕琢而成。我可以斷言從未有人發明出如此傑出不可思議又天才洋溢的精巧之物」。這座時鐘由製造者贈送給米蘭的公爵，但在十五世紀末消失了，有可能是因為沒有人擁有讓它一直運作的專門技術。有一些可信的報告指出，要它能正確運作實在是要求過高了。幸運的是，東第替他這個作品編了一份有附插圖的詳盡描述，所以日後仍有辦法重新打造這座鐘。如果把天象儀和大約一千五百年前幾乎為了同個功用設計出來的安提基特拉機械相比，其實會是滿有趣的事情。

簡單來說，天象儀是隨著歐洲經濟於一一〇〇年後穩定復甦而一併發生的眾多技術革新之一。儘管在大學內，會激發實作科學的誘因，除了天然好奇心之外別無他者，但在各城市中，獲利的誘惑在諸多工匠與產業間驅動了廣泛的技術革新。這是一場兼具經濟文化性質的革命中不可或缺的一部分；而這場革命也會構成接下來幾章的主題。

* 十四世紀的人只知道六顆行星：水星、金星、地球、火星、木星和土星。要到一七八一年才會發現天王星。

10

但丁、馬西略與薄伽丘以及他們的世界

我生長於美麗阿爾諾河上那偉大的城市。

《神曲》，〈地獄篇〉，第二十三章，但丁・阿利吉耶里（Dante Alighieri），一三二〇年

La gran villa，「那偉大的城市」當然就是佛羅倫斯，而這句話的作者便是中世紀最偉大的詩人，但丁・阿利吉耶里。在一個處處衝突不穩的世界中，殺到見骨的十三世紀佛羅倫斯政壇迫使但丁於一三〇二年被自己深愛的城市驅逐。此後他持續流亡了十九年，於拉文納死去。對這座城市的回憶，以及其中最重要的，關於貝緹麗彩（Beatrice）的一切回憶——在少少幾次會面中、在某間教堂、在一場婚宴上，但丁匆匆瞥過這女孩的美麗；然而她已婚，且又早逝——都在他餘生中揮之不去。[1]

佛羅倫斯，佛羅倫提亞（Florentia），「花處」，曾經是興旺的羅馬殖民地，而根據傳統說法，該城是由尤利烏斯・凱撒在羅馬還是共和國的時代興建的。該城利用了起於羅馬向北行的卡西亞道（Via Cassia）在此處的渡河口而致富。該城到那時都還能找到羅馬的網格狀街道，而共和羅馬的過往威望則會激勵市民的想像。十四世紀的該城除了享受經濟繁榮，隨之而來的還有一場在創造力和思想上的不尋常爆發。

佛羅倫斯是一一一五年女伯爵瑪蒂爾達（Matilda of Tuscany）死後獲得自由的城市之一，但它的中世紀復興卻因為遠離海岸而延後了。[2]它的運氣在於阿爾諾河在此處的縮窄，提供了湍急的水流，到頭來會非常適合清洗羊毛並將其縮絨（敲打布料去除雜質）。不幸的是，這也讓該城容易受洪水所害。[*]儘管如此，該城到了十三世紀時還是快速擴張，而商人與金主為了尋找羊毛，開始向北進入歐洲，前往法蘭德斯和英格蘭等地。來自周邊郊區的勞動力很充足，各色各樣的手工藝很快就繁盛起來。來自中國並於西元一〇〇〇年左右在為歐洲人所知的踏桿織布機革新了紡織的速度，而到了十四世紀初時，有兩百至三百間商號參與了羊毛生產業，估計有占了男性總勞動人口六分之一的一萬名從業工匠，共生產了十萬匹布料。此外，每年更有一萬匹完工的布料進口到此處，來染色並重新售出。佛羅倫斯商人尋找新市場和設立讓原物料持續流入托斯卡尼所需的國際基礎建設時，可說冷面無情。就如一名比薩人弗拉・佐達諾（Fra Giordano）於一三〇三年說的，這些商人「從早到晚別的都不做，就只在想跟算」。一二五二年首度鑄造、有該城守護聖者「施洗者約翰」頭像的弗羅林（florin），成為了歐洲最穩定的貨幣。

但丁利用了自己在《神曲》中於天堂遇見的祖先——卡西亞古達（Cacciaguida）的經驗，把自己生前一百年的佛羅倫斯美化為和平天堂。事實上，佛羅倫斯曾經被互相競爭的貴族陣營毀壞過，每一個陣營都有他們自己的街坊和樓塔。[†]當佛羅倫斯的周邊郊區（contado）一邊吸收比較小的群體一邊向外擴散時，擴張又激起了佛羅倫斯的鄰居米蘭、比薩、盧卡或錫耶納的反擊。一二六〇年佛羅倫斯在蒙塔佩提（Montaperti）對上錫耶納所遭受的慘敗，會因為錫耶納支持者遇上來自佛羅倫斯的足球隊時依循傳統的奚落嘲笑，而一直被記住。但這些都沒有阻礙該城的快速

---

1 但丁有好幾本絕佳的傳記，Barbara Reynolds, *Dante: The Poet, the Political Thinker, the Man* (London and New York: I. B. Tauris, 2006)，以及Marco Santagata, *Dante: The Story of his Life*, trans. Richard Dixon (Cambridge, MA, and London: Belknap Press of Harvard University Press, 2016)。還有Rachel Jacoff (ed.,), *The Cambridge Companion to Dante*, 2nd ed. (Cambridge: Cambridge University Press, 2007)——尤其要看John Najemy寫的第十四章，'Dante and Florence'。我特別喜歡Thomson, *Dante's Divine Comedy*。

2 談中世紀與文藝復興時期佛羅倫斯的最佳歷史著作是John M Najemy, *A History of Florence, 1200-1575* (Oxford: Wiley-Blackwell, 2008)。我曾在*Alta MacAdam's Blue Guide Florence*, 11th ed. (London: Somerset Books, 2017)寫過佛羅倫斯的歷史簡介。

* 最近一次洪水發生於一九六六年十一月，災情慘烈。

† 樓塔有一部分是為了防禦用，但也是用來炫耀貴族樓主的地位。

成長。一二〇〇至一三〇〇年間，人口變成了原本的三倍達至十二萬人，而在一二八四年時，還開始興建有舊城牆八倍長的新城牆。這道牆完工要等到五十年後，而到了這時候，它們會圍住該城兩座分屬兩個托缽修會的巨大新教堂，分別是方濟各會的聖十字聖殿（Santa Croce，一二九四年起重建），以及道明會從一二四六年開始興建的（在托斯卡尼非常罕見的）哥德式新聖母教堂。*

十三世紀時，權貴們和一群以商人和企業家身分崛起、並要求參與政治生活的「人民」（popolo）之間，出現了越來越劇烈的鬥爭。義大利北部的多數城市都上演了類似的鬥爭，但結果則各自不同。有些人試圖打造讓不同陣營和平相處的憲法。在這些憲法的意識形態中，最顯著的是一種羅馬共和國的理想幻景。憲法也強調了正義，被描繪成一手持劍（處置作惡者）、一手舉天平的女性。這形象所象徵的做法是，以公民權力取代更古老的家族世仇傳統。

佛羅倫斯似乎在正義法規（Ordinances of Justice）之下找到了一個穩定的政府；該法規於一二九三年首度頒布，接著於一二九五年修定，精巧地嘗試創造可變通的寡頭政治。在它的序論中，「正義」是根據羅馬法被定義為「想確保給每個人自身權利的永久不變期望」，令人想起先人如何行使羅馬法來促進自由以及一種「權利」。[3] 催生這套憲法，靠的是那些在促進佛羅倫斯經濟起飛上有著重大功用的同業公會。[4] 七個比較大的公會代表了該城的主要產業，有代表所有羊毛生產參與方的「拉那」（Lana）、進口布料相關的「卡利馬拉」（Calimala）、銀行家的「甘比歐」（Cambio），還有織絲綢者的同業公會「聖瑪利亞門」（Por Santa Maria）。也有公證人、律師組成的重要同業公會，以及醫師、藥劑師等其他同業公會。另外還有五十個同業公會代表了沒那麼重要的生意，包括了烘焙業、鞋匠和建築工。

依照正義法規，二十一個最大的同業公會會選出八名最高執政官（prior），為了讓城中每個區都有代表而會做平衡調整。每個最高執政官只有兩個月的任期——根據影響力始終深遠的亞里斯多德所言，短任期是民主的象徵——但還有一名正義旗手（gonfaloniere di giustizia），是配有一千員民兵維持街頭秩序的主政官。這八個人被合稱為「領主」（signoria），並獲得了一間宏偉的宮殿，也就是驅逐了某權貴家族並拆除其根據地之後，原地蓋起作為象徵的「第一市民宮」（dei Priori，現在的「舊宮」〔Palazzo Vecchio〕）。然而，在這個活力充沛又不斷擴張的城市裡，緊張情況或許還是不可免地會持續下去。就是因為請求皇帝保護的吉伯林派和指望教宗支援的圭爾夫派雙方內鬥，身處後者陣營的但丁才會被驅逐出城。

佛羅倫斯的同業公會是共和國政府的要素，也是中世紀「共治」這一大特色的另一個例子。每個同業公會都被認可為一個組合（universitas，譯注：也是先前所提到「大學」這個詞的來源），所以有它自己的法律身分。它可以管理自身事務，迫使成員遵守嚴格的行為準則。同業公會立下了工作標準，並確保顧客可以要求補償，尤其

下頁：由多美尼格・德・米凱利諾（Domenico di Michelino）於1465年左右繪製的但丁知名畫像，在左邊畫出了地獄，中間則是煉獄，而天堂則是在亞里斯多德所設想的群星球體之上。可以留意一下十五世紀的佛羅倫斯多麼美輪美奐。

* 考量到兩個修會之間的緊張，兩座教堂很合情合理地位於城市的兩端。

3 正義法規在Najemy, *A History of Florence*，頁八一至八七有所討論。引言出自頁八三。

4 同業公會在上一則注釋的書中頁三九至四四也有寫得很好的段落。

LASCIATE OGNI
SPERANZA VOC
HENTRATE

是那些來自城外、要求同業公會為他們遇到詐欺或粗製濫造品的案件做出裁決的顧客。同業公會讓自身融入城市生活的其中一個實際方法，就是扛起照料佛羅倫斯社會結構的責任。同業公會這些冷靜行事的生意人知道如何監督員工、草擬合約並讓大計畫運行不懈。「卡利馬拉」就維修並美化了飽受市民尊崇的、獻給施洗者約翰的城市洗禮堂。卡利馬拉也扛起了兩間醫院以及方濟各會的聖十字聖殿。羊毛同業公會「拉那」則監督了主教座堂的建築工事。這是一個龐大的計畫，尤其一三三〇年代決定要把建物弄得更大之後更是龐大無比——其實就是那時候世界上最大的教堂，用來容納三萬名信眾。同時，絲綢紡織同業公會「聖瑪利亞門」則是認養了聖馬可大殿的修道院，此外還有該城的糧倉，也就是以鬼斧神工的瑪利亞像聞名的「聖彌額爾菜園」（Orsanmichele，又稱聖彌額爾教堂）。

佛羅倫斯一邊發展出自己的共和國認同，一邊也堅決努力要和過去把城市分裂成敵對地盤的貴族大本營做個了斷。拆除行動開放了可利用的公眾空間，所以佛羅倫斯便像當時義大利其他城市一樣，變成了一個鼓勵展現的城市。同業公會和宗教團體可以在遊行隊伍中炫耀他們的聖物和旗幟。造訪該城的布道者可以向大批信眾講道。市民會舉辦自己的團體遊行，特別是在每年六月二十四日施洗者約翰瞻禮日當天。他們可以為來訪的要人舉辦歡迎儀式，就像一三四九年科西莫・德・麥地奇（Cosimo de' Medici）那樣，以極其浮誇的方式歡迎拜占庭皇帝約翰八世（John VIII）和教宗安日納四世（Pope Eugenius IV）來到佛羅倫斯的一個市政會。在動亂時分，抗議的群眾會集結在領主廣場（Piazza della Signoria）上，也可能在危機時刻被城裡的鐘聲召喚而來。這些空間的戲劇性用法，讓政治與社會生活都得以欣欣向榮，超出了任何菁英所能控制的範圍以外。

佛羅倫斯十四世紀前半的編年記錄者是喬萬尼・維拉尼（一二八〇－一三四八年）。儘管維拉尼是那種合於時代而會在日常大小事中看到上帝之手的人，而且他寫佛羅倫斯的早期歷史又太沒鑑別力地仰賴傳說，但他在提供該城的統計分析上非常重要。就如我們前面看到的（頁三二六－二七），他就是愛數字。本章前述的紡織生產數字就是基於他自己的估算。他的編年史因為計算了受教育兒童人數而特別珍貴。對於那些認為十四世紀人民普遍文盲或教育屬於教會特權的人來說，這實在相當不尋常。一三三〇年代，佛羅倫斯有幾千名家庭地位低於菁英的孩子去學校上學。在維拉尼的計算中，有八千至一萬名男孩女孩在六至十一歲階段有接受教育，可能占了該年齡層的百分之七十，儘管他並沒有給出性別比例數字。這樣的學校教育會讓他們能閱讀地方語文，並提供他們學習拉丁文的基礎。一個世紀後的文件證據，確認了這種高就學率；有份一四二七年的《地籍》（*Catasto*）證明了百分之八十的戶主能夠列出所有物來完成財務申報。

小學念完後，孩子們繼續升學。維拉尼發現有介於一千至一千兩百人就讀了教導商用運算以及其他從商開店所需技能的算術學校。其中有一半的人選擇更學術的路線，去了研讀邏輯學和拉丁文的學校。大部分導師來自十四世紀早期開始穩定成長的公證人階級（一三三八年的紀錄顯示佛羅倫斯有八百八十位公證人）。公證人比合格法理學家低一階，雖然他們共組一個同業公會，但他們受的訓練是草擬合約、遺囑和其他法律文件。有些人替政府寫信；其他人則是依附到醫院或同業公會之類的機構去。他們熟悉拉丁文，而其中許多人靠著教拉丁文來補貼收入，也就是透過他們的教導，聰明的佛羅倫斯孩子得以認識羅馬文獻，並因此認識羅馬政治、歷史、修辭學和道德哲學的模範。對許多公證人來說，羅馬的過往以及其拉丁文的水準，是妥當教育不可或缺的基礎，而這裡就有著人文主義的起源，也是下一章的主題。

佛羅倫斯不是唯一一個有高教育水準的義大利城市——十四世紀還有其他眾多城市都把教師放進了公費薪資單內。[5] 結果就是，幾乎每個人從事貿易或手工藝的人都有幾張合格證書。他們之中有些人甚至取得了各種過往文化的知識，是一種在傳統大學課程中無法學到的內容。所以但丁即便家世背景普通卻受過良好教育，也就不是什麼很意外的事了。當他父親過世後，他在城中一個好地段留下了一間小房子，以及兩間農場加一間村舍，就如當時某人所說的，「足以體面過活的財富」，但也就僅止於此。儘管但丁的求學歷程並不清楚，但後來他拉丁文程度很好。但丁告訴我們說，教導他的是人文主義者布魯內托・拉蒂尼（Brunetto Latini），而在《神曲》中，但丁會在地獄第七圈遇到他與其他雞姦者一同受苦。儘管但丁沒有展現出後來那些忠誠的人文主義者們所展現的、對古典文獻的熱烈興趣，但他閱讀的範圍之廣，讓他能夠與他們並駕齊驅。

一三〇四年但丁以拉丁文寫成的《俗語論》（*De vulgari eloquentia*）中，說明了應該使用地方話（特別是需要寫詩給不懂拉丁文的讀者時）的論點。這部和《神曲》相比黯然失色的著作，是但丁獻給托斯卡尼母語的讚歌，而他希望這種語言可以恢復到與拉丁文平起平坐的地位。對一種地方話的珍視，其實包含在一股日漸熱絡的更巨大趨勢中。就和托斯卡尼的義大利人一樣，法國人也正處在取得豐富文學遺產的過程中，而中古英語以及一種西班牙文標準書寫體，也會在十四世紀期間日漸茁壯。甚至有人主張，使用地方話是刻意對拉丁文在神職圈中的優越性做出反擊。[6] 當有人開始以地方話寫下原創著作，且拉丁文作品也有地方話譯本後，能服務的讀者便比先前廣大太多，而說書人通常是在聽眾面前「表演」一篇文章。（有聲書就是在這時候誕生的！）但丁自已早在流亡外地之前，就已經在用地方話寫詩了。他有一組情詩《新生》（*La Vita Nuova*），是為佛羅倫斯一群詩人團體寫的，但因為將貝緹麗彩這位理想中女性的外貌魅力與個人精神內省齊行並進，而在風格上有所創新。在此，他捨棄了更貼地的、到那時候在義大利都還相當有影響力的普羅旺斯詩風。而這一切的手法，都以最宏大的規模在但丁的傑作，也是世界文學最偉大的作品之一，又尤其堪稱歐洲寫實主義創始文的《神曲》中再現了。[7]

但丁不是避世學者；他在生長的城市從事政治活動，不論是遭放逐或其後仰賴贊助者而活，都使他深受打擊；而在他的故都及其他義大利城市裡毒害群體關係的腐敗政治，則令他憤怒不已。他特別憎恨教會插手政治。這些情緒都灌注到他在流亡歲月中於一三〇八至一三二〇年間寫成的《神曲》。然而但丁並不是寫自己的公民社會，而是在靈感啟發下，把他的詩放進了死後世界的風景中。這裡的背景，讓他能夠全方面地「為了這處境艱難的世界好」（in pro del mondo che mal vive）而去探索自己對周遭所見動盪社會的深刻感受。

就如但丁和他的一位金主——維洛納人坎格蘭德・德拉・斯卡拉（Cangrande della Scala）的

5　關於城內學校，見Jones, *The Italian City-State*, pp. 447-50。

6　學者們引用了在教士影響力受限的時代，地方話在冰島古諾斯語經文中欣欣向榮，來主張這個論點。見M. T. Clanchy, *From Memory to Written Record*, 2nd ed. (Oxford: Wiley-Blackwell, 2009), p. 185。這是一本重要的書，於一九七九年首度發行，主張做紀錄這種行動的擴張，催化了識字人口的成長。

7　《神曲》有太多譯本，而批評者永無止境地爭論何者最佳。近期澳洲詩人兼批評家Clive James的譯本(London: Picador, 2013)頗受好評。Penguin Classics中Robin Kirkpatrick的二〇一二年譯本，在對側頁有原文以及大量注解。

通信中所解釋的，原本他把自己的詩稱作「喜劇」（譯注：《神曲》之書名直譯為《神聖喜劇》）是因為，這部詩不像「悲劇」那樣開始時美好卻以悲慘作結，而是開頭在地獄中悲慘，但會在天堂中美好結束。是但丁的早期作傳者喬凡尼・薄伽丘（Giovanni Boccaccio）加上了「神聖」這個詞，從此一槌定音，並於十六世紀出現在該書最早的印刷版標題上。

《神曲》開場時，身為敘事者的但丁已三十五歲，處於人生中點（也因此是一三〇〇年）。在一片代表人性處在最惡狀態的陰暗森林中，他遇見了羅馬詩人維吉爾，而他將成為他的嚮導。回身向古典世界示意，讓基督教中世紀特別有共鳴。維吉爾曾在《牧歌》（*Eclogue*，約西元前四〇年）的第四章中寫到一個開創黃金時代的男孩誕生。在但丁的時代，這被視為預見耶穌的誕生，人們因此給了維吉爾一種「基督徒」的正當性。[*]而羅馬詩人的在此出現，也暗指了古典時代和中世紀的另一個連結。維吉爾的大作《埃涅阿斯紀》描述了羅馬在第一任皇帝奧古斯都統治下步入和平帝國之前所經歷的諸多艱難。許多基督徒相信，帝國的穩定是上帝的妥當安排，好讓基督教可以在那裡誕生並散布出去。《神曲》同樣也講了一個邁向和平結局的艱難旅程。

不是古典英雄、但可以被視為常人形象的但丁行經了三個領域，分別是地獄（Inferno）、煉獄（Purgatory），在此維吉爾會離他而去，以及最後的天堂，他所愛的貝緹麗彩在此會引領他達到上帝之愛的安寧中。[8]在進入地獄前，但丁和維吉爾會行經靈薄獄，那些不知有基督就先死去的人在那裡「無望但有慾地」等著。在這裡的有偉大的古典詩人，荷馬、賀拉斯、奧維德，以及記錄了

前頁：法國畫家古斯塔夫・多雷（Gustave Doré）所繪製的但丁《地獄》（1861年）造成轟動，有助於將《神曲》植入大眾想像。

為帝國鋪路之內戰的歷史學家盧坎，他們出來歡迎維吉爾，讓但丁開心的是，他們還將他自己也納入他們的行列中。他現在得到了他夢寐以求的地位，和古代最偉大的詩人們比肩齊聲。接下來在靈薄獄出現的是哲學家，有蘇格拉底、柏拉圖和亞里斯多德、西塞羅、迪奧斯科里德斯、歐幾里得、托勒密、希波克拉底、蓋倫、阿維真納和亞維侯——那些得到十四世紀學識淵博者共鳴的異教徒知識分子的大點名。

湯瑪斯・阿奎那為但丁這趟旅程提供了大部分的神學架構。一旦進了地獄，但丁就仰賴阿奎那的罪惡階級制，在這制度中，罪是本來應該用來找到上帝的理性心智因為錯用反而背離了祂。但丁就跟阿奎那一樣，假設忠實的理性心智會主動追求美德，因此當有人行惡時卻袖手旁觀，或者讓自己完全與社會脫節而成為背叛自身天生理性的tristi（「惱怒者」），都是罪惡的行為。這些個人就因此落入地獄中。

地獄的形狀是下行的九個同心圓，上層五圈下層四圈。最上層的一類地獄裡，有那些分心於色慾和暴食而拒斥上帝的人。暴食者必須永久吞下爛泥，來慘烈重現他們過往的惡行。他們的處罰是永恆的，但跟這兩位朝聖者接下來遇到的相比，還沒那麼折磨人。隨著但丁向下深入地獄，穿過裂隙、岩石和湖泊，遇見惡名昭彰的過往人物（包括一些他親自在圭爾夫——吉伯林派政治

---

* 有學者們主張，這個孩子其實是馬克・安東尼（Mark Antony）和小屋大薇（Octavia the Younger）夢寐以求的那個孩子。

8 《神曲》有許多知名的插圖。可以看倫敦皇家藝術學院（The Royal Academy of Arts, London）為了二〇〇〇年的繪畫展，而在展覽目錄中複製的山德羅・波提切利畫集，繪於一四八〇至一四九五年間。更出名的是Gustave Doré所繪，在一八六一年（〈地獄篇〉）至一八六八（〈煉獄篇〉和〈天堂篇〉）年間出版的圖集，其後就開始有更多版本。

動亂中見識過的人物），一切都變得更加陰森恐怖。事實上，他們遇見的人裡超過一半都是佛羅倫斯人和托斯卡尼人。再往下，在過了斯堤克斯河（River Styx）的內圈裡，有著那些犯下暴力、詐欺罪行的人，還有背叛人類同胞，或者是罪無可赦地背叛了上帝的人；他們因蓄意行惡毒之事，而應受到更嚴酷的折磨。那之中有被阿奎那以及（追隨他的）但丁認為犯下違反事物自然秩序之罪的人，其中包括了雞姦罪。死後下地獄的人包括了那些透過自己的驕傲罪侮辱上帝的人，好比說一二五〇年死去時都還被教會驅逐在外的腓特烈二世。那裡甚至有一位因為買賣聖職而受罰的教宗尼閣三世（Nicholas III，就任期間一二七七－一二八〇年）。尼閣一開始把但丁誤認成但丁的眼中釘，也就是但丁心目中使自己遭放逐的罪魁禍首——放蕩的教宗波尼法爵八世（Boniface VIII），而文中預料此人很快就會來到地獄。每一種罪人都有專門設計的懲罰在伺候，而且都和他們犯下的罪有關。那些散播不和的人遭到開膛剖肚，而那是但丁特別憎惡的罪；宣稱看見未來的占星者頭被扭過去只能往後看；利用公職貪汙的人會被浸到滾燙的瀝青裡；叛國者會頭下腳上地埋進冰裡。但丁在維吉爾的幫助下蹣跚走過一層又一層的地獄，當荒蕪和冰冷隨著他一階階下行而增加時，他對他們的受苦開始有了情感。刺殺尤利烏斯・凱撒的布魯圖（Brutus）和卡西烏斯（Cassius）兩人都在接近底端處，反映了但丁自己對共和派叛變的譴責。在最深處就是路西法；其描述中的模樣，非常神似但丁應該有在家鄉佛羅倫斯的洗禮堂內看過的、那張最顯著的馬賽克畫上描繪的路西法，不過此刻它卻被封在冰中。

一旦經過了路西法，維吉爾和但丁便繼續前往位於一座島嶼上形狀如山的煉獄。教宗額我略一世把煉獄定義為，罪人們直到罪行洗淨而能繼續往天堂前進為止，在「豪邸」中所受的監禁。

最終會確保獲得救贖。悔改可以把罪人從地獄解救出來，就算是臨終前悔改也一樣；而人們相信，如果一個人來到了煉獄，人世間的禱告和赦免可以縮短一個人在那裡的刑期。然而，不論是經文或宗教傳統裡都沒什麼內容支持這種教義。只有在一二七四年時，里昂的一場教會會議上，才確認地上的祈禱可以幫助煉獄的靈魂上路。因此，但丁充滿想像力地描繪煉獄中眾靈魂沿一座山逐步往上，並隨著罪惡脫離而越來越輕盈，就是一種啟示。許多《神曲》的讀者從沒讀到地獄篇以後，但如果只停在這，整部詩對讀者就沒意義了。接下來的篇章裡，有些文字是但丁的極上之作。

上升要穿過七宗罪，每一種罪會遇上對應的美德，驕傲對上謙遜，嫉妒對上憐憫，以此類推。罪人沿途會遭受懲罰，但也有機會思考自己的罪過，而且關鍵的是，閃瞬之間了解上帝之愛，將為他開啟獲釋的機會。但丁在煉獄篇暗指了，人們把受苦當成一種療癒過程中難免伴隨之事而欣然接受。

如今維吉爾離但丁而去。身為異教徒的他無法再前進，不過但丁所愛的貝緹麗彩乘著基督教的戰車前來代替他。她體現了神學的智慧，也就是亞里斯多德在異教徒世界所教導、且阿奎那在基督教之中所教導的，存在的最高狀態「幸福」（eudaimonia）。這是西方文學第一次有女性獲得這麼突出又涵蓋一切的角色。貝緹麗彩此時已死了二十五年，然而但丁假定她一直都在地表上看護著他，並引領他邁向救贖。現在他已經洗淨罪惡，她便能領他進入天堂。在這裡，所有有福的人都活在一種極樂狀態，但同樣地，他們的快樂也有階段之分。但丁採用了「宇宙是一連串的同心球體，每一個本身各自完整，彼此之間沒有虛空空隙」這樣的亞里斯多德概念。每個球體都有它自己的行星，而每個行星的居民都反映了與其相關的品質。所以那些死於十字軍運動，並因此得到事先承諾的立即救贖的人，就出現在火星（也就是戰神）的圓內。他們先是越來越意識到上帝的鬼斧神工，進而理解基督教教義的真理，最後得以完全了解上帝之愛。這些階段終結了最後的上升，讓但丁能持續朝光的內部前進並一邊深思。他越深思，眼前所見就越來越明亮，而可愛的貝緹麗彩本人也變得越來越光采動人。

步入晚年的但丁，於一三一七年落腳當時還只是小城市的拉文納，而他在那城市裡似乎找到了幸福，兩個兒子和一個女兒都能在他流亡至今第一間自己擁有的房子裡陪他。*但丁便是在拉文納完成了煉獄篇和天堂篇，他也將在這裡死去。聖維塔萊教堂（Church of San Vitale）那幅完成於六世紀的基督徒皇帝查士丁尼的宏偉馬賽克像，想必當年也是跟現在一樣的顯著，所以說，但丁在水星圈遇到了查士丁尼也並不意外。

繼續往上靠近天堂核心之後，但丁遇到了神學家們，有阿奎那、波那文都、本篤、聖方濟各和聖道明。波愛修斯、塞維亞的依西多祿、比德、格拉提安、倫巴底人彼得以及大阿爾伯特也包含其中，就像是今日少有人挑戰的基督教最重要思想家點將錄。比較令人驚訝的，是這裡出現了亞維侯主義者「布拉邦的西格爾」。儘管湯瑪斯・阿奎那曾猛烈反駁西格爾在巴黎大學的教課內容，但在這裡，他居然把他介紹給但丁。評論者猜想，儘管西格爾是亞維侯主義者，但丁還是尊敬他在智識上的正直。奧古斯丁出現在更靠近太陽的地方，不過但丁就只提了一下他而已。

當但丁見到這些天主教教誨的主要人物，他也聽見他們感嘆教會是多麼地墮落到遠離其理想，特別是在修道院的腐敗方面。貝緹麗彩也開始譴責教會，譴責其不稱職的講道者和放蕩的教宗，特別是波尼法爵八世和他的繼任者克萊孟五世（Clement V）。終於抵達恆星圈之後，但丁突然瞥見了基督，而此時現身來帶他去見瑪利亞的，是那位刻苦的「克來爾沃的伯爾納鐸」（正是那位讓彼得・阿伯拉爾吃盡苦頭的人）。然而就是在這個時候，當但丁似乎來到了最深刻理解神之愛的本質時，聖彼得用猛烈的長篇大論反對他那些讓教宗權力墮落的繼承者，因而打斷了他。在最後一章，詩人但丁瞥見了讓人類世界和精神世界相合的上帝的光。在全面了解了上帝與其造物之本質之後，但丁總算得到了平靜。

《神曲》當然深深根植於天主教神學，而且主要是湯瑪斯・阿奎那的神學。它也是文學傑作，以它對善惡本質、對生命終極的終點，以及對精神價值至高地位的不斷追根究柢而聞名。它幾乎談及了當時所有的神學問題，而但丁自己從厭惡到狂喜的情感，也都一覽無遺。面對地獄所見的眾多恐怖，維吉爾再三試圖安撫他，構成了詩中許多動人的時刻。藉由詩意展現的條理與情節發展，以及但丁文字與洞見的鮮活本質，意味著這趟旅程即便到了天堂，也從來都不會乏味。他也揭露了一種「精神性」與「似乎已背棄精神性的教會階級」之間日漸擴大的差異，而提前洞察了一三〇〇年以後西方基督教的未來發展。

但丁在過了一三〇八年的一段時日之後完成了一本以拉丁文寫成的《論世界帝國》（*De monarchia*）。[9]為了遍及義大利北部的動盪（尤其以他自己的城市為甚）而憂煩不已的但丁，全

* 馬可・桑塔加達（Marco Santagata）在他最近的人物傳記《但丁：生平故事》（*Dante: The Story of his Life*）中主張（頁三三一—三四），但丁的太太也在此與他團圓。

心全意地尋找某種確保個人與社群都能和平的方式。他的答案根植於他對教宗波尼法爵八世（死於一三〇三年）的權力的痛恨。儘管他樂見生命其中一個目的是成為來世的救贖，但他卻主張教會在這個目的下行使政治權威是錯的。教宗的角色應該是擔任諸皇帝的宗教顧問，而不是世俗意義上的顧問。或許有點令人意外的是，但丁主張只有皇帝可以提供那種讓自由得以茁壯、讓城市間糾紛獲得解決的安全。當然，同時試圖擺脫教會和皇帝控制的城市並不喜歡這種看法。而且這觀點也實在太理想過頭，因為它要依靠的，是一名願意施行但丁所要求之良性君主權的皇帝。對於日後那些更細膩研究教會在政治事務中角色的著作來說，《論世界帝國》是此類研究著作的前身，但它的反教宗傾向，讓它安安穩穩列在一五五九年第一本教宗《禁書目錄》（*Index Librorum Prohibitorum*）上。[*]它會一直列在裡頭，讓天主教徒讀不到，直至一八九一年為止。

但丁這種對教會權力的批評看法，在十四世紀最重要也絕對是最原創的政治文件中得以開展，那就是「帕多瓦的馬西略」（Marsilius of Padua）所寫的《和平捍衛者》（*Defensor Pacis*, 1324）。[10]身為律師之子的馬西略於一二八〇年左右生於帕多瓦，而他似乎是先在那裡的大學研讀了醫學之後，才轉學到巴黎大學。他的政治理論方法多半要歸功於希臘醫生蓋倫的理論，那些理論強調了四種體液的平衡對生命健康的重要性。[11]馬西略就跟大部分同代人一樣尊崇亞里斯多德，且應該有見過他那本於一二六四年首度翻譯完成的《政治學》。除此之外，他的早年生活就不太為人所知，但在他《和平捍衛者》的第二部分中，[†]他抨擊教會居然自命能行使任一種法律或政治權力。激起他怒意的，可能是教宗波尼法爵八世試圖免除所有神職人員繳交地方稅的義務，並順勢威脅要把繼續對他們收稅的任一名統治者驅逐出教會。許多巴黎大學的同仁也跟馬西略一樣反對對波尼法爵的行動，特別是在教宗與法國國王「美男子腓力四世」（Philip IV the Fair）因這個問題針鋒相對的時候（介於一二九〇至一三〇〇年代間；見頁五一四－一六）。馬西略的回應很激進：他回歸《新約聖經》，強調基督本人曾下令讓凱撒的只當歸給凱撒。他也主張，使徒保羅在《羅馬人書》第十三章寫到，包括神職人員在內，人人都應該服從世俗法庭。依此，使徒和繼承者都不得主張有任何審判他人的權利。神職的適當功能，是教育靈魂並讓靈魂為永生做好準備。

接著馬西略繼續分析教宗職的「完全權力」（plenitudo potestatis）‡，舉例來說，就像依諾增爵三世所主張過的那樣。他反對教皇政體的概念，偏好教會會議至上主義者的看法，也就是教會的執行權應該是仰賴著整個基督徒社群。他注意到，不管哪種世俗權力，都是要到教會史的晚近時期才給了主教。好比說，影響力深遠的尼西亞公會議（三二五年）是由皇帝君士坦丁所召集並主持，而不是教宗或者高階主教。教義的定論以及任何一種強制的權威，反而都應該交給城市共和國世俗統治者。因此，教宗們若企圖宣告自己在義大利北部的權威，都該要遭到任何聲稱自己

9 概述可見Reynolds, *Dante*, pp. 329-33。

* 這是一份羅馬天主教徒禁止閱讀的官方書單，理由是違背了天主教信仰或道德。一直要到一九六六年才會廢除。

10 見Boucher and Kelly (eds.), *Political Thinkers*，第八章由Cary J. Nederman談馬西略的章節，頁一二四－三八。Quentin Skinner, *The Foundations of Modern Political Thought: Volume 1, The Renaissance* (Cambridge: Cambridge University Press, 1978), chapter 3, 'Scholasticism and Liberty'，處理了馬西略的政治思想。

11 Joel Kaye, *A History of Balance, 1250-1375* (Cambridge: Cambridge University Press, 2014), chapter 6, 'The New Model of Equilibrium in Medieval Political Thought, Part 1: The Defensor pacis of Marsilius of Padua'，有著詳細討論。

† 第一部分是探索各種政府理論。

‡ 中世紀教宗們主張的「完全權力」，會給他們管轄世俗和宗教機構兩方的權力。

是Defensor Pacis，也就是「和平捍衛者」的人所反抗。馬西略假設，宗教就像亞里斯多德在《政治學》中設想的那樣，在群體中持續有重要性；但他要求宗教必須受國家控制。

在調查義大利的狀態時，馬西略像但丁一樣，把義大利視為眾多統治者對城邦施以暴政的整體無政府狀態。義大利本身「因為衝突而各方面破七爛八，也幾乎要整個被摧毀了，所以任何想拿下它的人都可以輕易入侵」。[12]因此，馬西略專注於創建一個能帶來和平的政府體制。由政務官與菁英家族組成的各個敵對團體，為了控制城市而彼此爭戰，造成了失序狀態。因此，必須要有一個統一的政務官，一個良好協調的政府，不容許多個互相鬥爭的權力中心興起。馬西略主張，唯一能達到這狀況的方法，就是靠一名受全體人民支持的統治者。馬西略的主張不同於那些認為「人應該把管轄權交給一名統治者，然後就不再進一步涉入政府」的人（好比說湯瑪斯・阿奎那），他主張的就只是「透過選出統治者，來把權力委託於人」。而這種權力隨時都可以收回。選出來的統治者要被法律所控制，以至於他不會恣意而為，而只會在法律架構內行事。馬西略在此暗藏的一個要點，就是統治者得要聰明而溫和——而要達到這一點的最佳方式，就是由政治群體持續監督。馬西略在這裡使用了亞里斯多德的《政治學》：「統治者控制的東西越少，每個政府存續的時間就會更長，因為（統治者）變得沒那麼暴虐，做法會比較溫和，也就比較不會被臣民所恨。」[13]面對「信不過大眾能選出有智慧的統治者」這種傳統反民主論點，馬西略主張，除了在社會上毫無地位的極貧困者，以及少數其他「窮凶惡極」之人以外，大部分公民都會認真扛下責任：

> 全體普羅公民大眾……聚集在一起時，可以比群體中的任何小團體都更全面地察覺什麼對社群而言是公正有利，也最想要達成這些結果；那些小團體就算再謹慎，這方面也無法與他們相比……人們會更遵守基於這想法定下的法律，也不會有誰想要對這些法律做出抗議。14

馬西略在這地方比亞里斯多德更進一步；後者儘管支持大眾介入政府，但不信任不受控制的民主制度。不過馬西略卻是拒絕「理所當然」的階級制度，特別是「統治能力與出身良好有關」這種概念。

在接下來短短幾年裡，馬西略的許多想法都由律師巴托魯斯所支持，前面我們已經討論過他對立法的貢獻（頁二五八－五九）。對於義大利諸城內部以及諸城彼此的爭端，巴托魯斯就跟馬西略一樣憂心。兩人在「人民的主權永遠不能遭到背離」以及「宗教必須與政治分離」方面看法一致。日後證明這個方法特別有效果。在他們自己的時代裡，這方法給那些希望教會繼續管轄世俗統治者的人來了一記回馬槍。自從羅馬帝國時代以來，就沒有人這麼深刻有效地思考整體公民意識（儘管說此時只有男性）能夠涉入政治的方法。強調「透過公民追求社會幸福的集體自然意志，所形成的城市和諧秩序」的亞里斯多德，其影響力在這方法中非常明顯。

12 引文出自Skinner, *The Foundations of Modern Political Thought*, p. 55。
13 出自Aristotle, *The Politics*, Book 5, chapter 6。
14 *Defensor pacis*, Book 1, 13.6, 8.

《和平捍衛者》於一三二四年出版時，馬西略還試圖匿名。但他身為作者的祕密洩露了出去，而在亞維農的教宗若望二十二世連讀都沒讀就將《和平捍衛者》譴責為異端邪說。該書於一三二七年紛紛遭到焚毀。就像「奧卡姆的威廉」一樣，馬西略被迫逃往「巴伐利亞的路德維希」（Ludwig of Bavaria）的宮廷，而後者很快就會成為合法的皇帝（譯注：神聖羅馬帝國皇帝路易四世〔Louis IV〕）。他餘生都依附於宮廷，於一三四二年過世。馬西略對於「人們選舉統治者、持續監督統治者，來確保擁有最佳形態的政府」的信念，在政治思想的演變中建立了一個關鍵的中繼點。隨著十九世紀出現民主的新方法，他的信念會持續有重要意義。

＊＊＊

儘管有著但丁的願望和馬西略的處方，十四世紀的佛羅倫斯比起十三世紀還是沒安定多少。這個世紀初就先來了一場大火，毀損了市中心大部分。一三三三年，一場大洪水沖走了城中所有的橋梁。[*]接著，大量借款給英國國王愛德華三世的巴爾迪（Bardi）和貝魯奇（Peruzzi）家族銀行，都因國王不履行債務而倒閉，而這筆呆帳讓全佛羅倫斯的經濟隨之動盪。僅僅兩年後的一三四八年，黑死病肆虐該城，恐怕殺死了半數居民，以及編年紀事者喬萬尼・維拉尼。對帝國或鄰近團體開戰又耗盡了城市資源。

一三五〇年代，瘟疫震撼過後，城市的氣息有了變化。許多人在比較了但丁的《神曲》和地方話散文的第一部大作——另一位佛羅倫斯人喬凡尼・薄伽丘寫的《十日談》（*Decameron*）之後，看出了這種轉變。身為巴爾迪銀行公司成員之子的薄伽丘，年輕時被派去主管銀行在那不勒斯的公司。因銀行業的要求而感到挫折的他，轉而在那不勒斯研讀了好幾年的教會法，然後才發現他最愛的其實是文學。有人說，促成這個結果的，是他有次造訪據信是維吉爾在那不勒斯的墓地，[†]但薄伽丘也同樣受當代文學所吸引。他十分崇拜但丁，還為這位詩人寫了傳記。回到佛羅倫斯之後——根據一份紀錄說他「肥胖了不少」——他成了一名長袖善舞的人，以文化菁英成員的身分，把他的文學活動和各種行政管理職務和外交任務混在一起。比薄伽丘大九歲、在一三五〇年相遇並互換手抄本的佩脫拉克（見頁三七六－七七），對薄伽丘的影響力可說無所不在，而薄伽丘也不否認如此。薄伽丘廣義上可稱作一名人文主義者（見下一章），因為他將古典文獻理想化，捍衛使用異教徒詩篇的正當性，並編了一本古典神話導讀書《異教諸神系譜》（*Genealogia Deorum Gentilium*）。[15]該書包含了範圍廣大的素材，同時包含了拉丁文和希臘文（甚至阿拉伯文）的資料來源，並跨越時間探索了不同文化之間的關係。[‡]

然而，薄伽丘也有所創新。他的其中一部作品，小說《菲安美塔女士悲歌》（*Elegia di Madonna Fiammetta*），講的是女主角菲安美塔（*Fiammetta*）和他不貞的愛人之間曲折的關係，是

---

* 有一座建於一三四五年的替代橋梁「老橋」（Ponte Vecchio）留存至今。

† 這座「墓」今日依然安在。

15 薄伽丘為先鋒人文主義者的論點，是Tobias Foster Gittes在Guyda Armstrong (ed.), *The Cambridge Companion to Boccaccio* (Cambridge: Cambridge University Press, 2015)，收入的'Boccaccio and Humanism'中所提出，頁一五五－七〇。

‡ 當薄伽丘造訪卡西諾山修道院時，發現僧侶一直都會把舊手抄本剪開，因而驚駭莫名。

一部第一人稱的緋聞告白，被描述為「第一本當代心理小說」。[16]他未出版的作品《加那利亞》（*De Canaria*）有對（十四世紀葡萄牙水手首度抵達的）加那利群島（Canary Islands）原住民的初期描繪，是根據他收到的紀錄完成的。《名婦列傳》（*De mulieribus claris*, 1361-1362）是西方文學史上第一套知名女性傳記，獻給那不勒斯的伯爵夫人安德烈亞·阿奇亞奧里（Andrea Acciaiuoli）。如果去調查薄伽丘那廣泛到不尋常的著作範圍，應會覺得他是個傑出但工於操控的敘事者，擅長以拉丁文或義大利文寫出各種風格來配合創作目標。然而，讓薄伽丘博得名聲的，還是《十日

本頁至下頁：薄伽丘的《十日談》對中產階級有著巨大吸引力，成為了佛羅倫斯家戶的嫁妝箱（cassone）上常常出現的主題。本圖中的例子是1420年的作品。

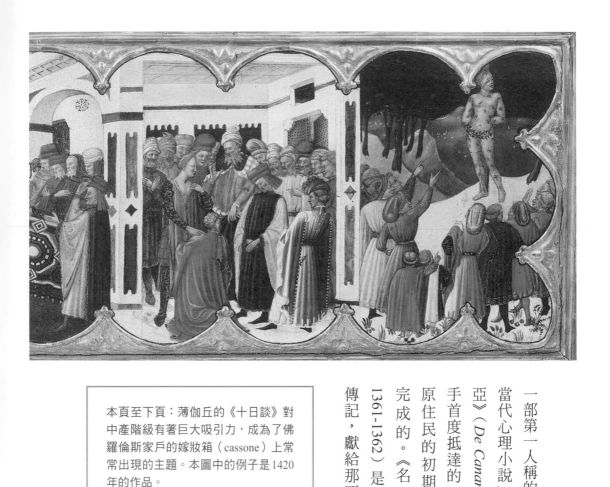

談》裡那一百個故事。

《十日談》開頭是讓人受不了的佛羅倫斯黑死病紀錄。有天早上，七名介於十八至二十七歲的女性在參加完道明會新聖母大殿禮拜儀式後，決定要找一個鄉村幽靜處，好在瘟疫肆虐期間避難。儘管接下來的事都是她們主動起頭的，但她們還是一致同意，需要男人們來陪她們進行。有了三名（都有被團體中這個那個女生看上的）男生陪伴後，他們出發前往城外不遠的某間舒適郊區別墅。安頓下來後，又是在其中一個女生的率先提議下，他們決定十天裡每個人每天都要講一個故事，一共就是一百個。每天都有一個主題，可能是悲劇作收的愛情（某一天就是這個），又或者是喜劇作收的愛情（接下來那天就是這個）。《十日談》中的許多故事都是取自佛羅倫斯街頭口傳故事的傳統，它們合起來就探索了整體的人類經驗。其中七十個故事是由女性口述（但當然是透過作者的男性說法），給了這部作品十分重大的新觀點。薄伽丘選定的場景，郊區別墅——世俗的幽靜處——也讓他們能夠創造一個遠離城市動亂的輕鬆氣氛。這裡沒有地獄。

女人們在社交上顯得有自信，品德端正但又能和男性朋友輕鬆相處。儘管城市裡恐懼蔓延，這裡的步調仍相當輕鬆。抵達那天「快樂的一群人緩緩漫步在庭園，談著愉快的話題，用各種樹葉為彼此編起好看的花冠，還唱著愛情的歌」。[17]有著好吃的食物；有些女生會彈樂器，甚至還有棋盤和其他遊戲。女生們一起去旁邊的湖裡沐浴。她們十分欣然享受故事中女人像男人一樣以性愛為樂的淫猥片段。薄伽丘邁開腳步，離開了一個不正當性愛會遭永恆譴責的世界。對他來說，那是一個值得愛侶追求的目標，就算他們沒結婚也一樣。第四天第一個故事的女主角，有著貴族氣派的吉思夢妲（Ghismonda），主動追求一名階層較低的愛人，在做愛中享受相互愉悅，並在面對父親時捍衛自己這麼做的權利。（不過故事是以悲劇作收——她的愛人死在獄中，而她自殺了。）到處都是沒人想要的懷孕：在第三天的第一個故事中，一名園丁假裝是傻子，藉此能夠和一間女修道院的所有修女睡過——她們每個人都相信他沒能力揭露她們的祕密醜聞。在這過程中，他當了「不少小修女和小僧侶」的父親。

在第三天說的第十個也是最後一個故事中，一名尋找上帝的十四歲無辜女孩，在她的家鄉加夫薩（Gafsa）聽一個基督徒說，她應該盡可能把自己遠遠隔離於世俗事物之外。她因此啟程進入沙漠。她在那裡遇到一名隱者，他決定請她留下，來考驗自己不受誘惑。他的意志失敗了，他暗中指使她相信，和他發生性行為能讓體現在他勃起上的魔鬼受到控制。他們的性行為實在太頻繁，以至於平常就吃很少的隱者很快就筋疲力盡了，但他的伴侶可沒有。「我現在清楚知道加夫薩那些大人物說『服侍上帝是如此愉快』是什麼意思。」她說道。當她返家後，她把她的冒險講述給加夫薩的女人們聽，而她們很快就把她的故事傳遍城鎮，但她們向她保證，希望娶她的男人會持續幫助她服侍上帝，服侍到她習以為常為止。

《十日談》並不是反宗教的論戰——故事有描述女生們每週都會出席禮拜儀式——但的確是反神職。在一個發生於巴黎的故事中，一名猶太人被他的商人朋友逼著要改信基督教。他讓步了，但說在他受洗前，他得要拜訪羅馬去觀察教宗和他那些樞機主教的生活方式。他的商人朋友想到那番景色就驚駭不已，但猶太人堅持一定要去。到了羅馬，他看到了一個滿是貪婪和性腐敗的教宗宮廷。回程途中，他仍堅持他希望改信，因為看來連「你的教宗和其他人都在竭盡全力把基督宗教玩完並讓它從地表消失」的時候，聖靈都在保護著教會。接著這兩位朋友就一起前往聖母院受洗了。

在另一個以倫巴底的女修道院為舞台的故事中，有人跑去一名院長的房間跟她說，她底下有一名修女居然有愛人。她跳下床，打算戴起面紗去面質罪人。然而，院長自己床上也有一名愛人——還是一名教士！——而她不小心就把他丟在一邊的短褲當成面紗披在頭上。當沒發覺搞錯的她集合所有修女來譴責罪人時，她反而遭到嘲笑，而被迫坦承自己也屈服在肉體的誘惑下。所以年輕的修女就獲准繼續擁有愛人。然而，另一個同樣很低級的故事，在講一名修士前來為聖安

16 見Laura Lambdin and Robert Lambdin, *Encyclopedia of Medieval Literature* (Westport, CT: Greenwood Press, 2000), p. 62。

17 我使用了G. H. McWilliam翻譯的《十日談》（Penguin Classics，一九七二，以及修訂版），連同譯者序。

東尼蒐集貢品，並向他的鄉下信眾保證，如果捐獻的話，聖人會保護他們的作物和家畜。後來他也承諾，他會給他們看他在聖地取得的聖物，那是天使加百列在聖母瑪利亞報喜的那一刻從翅膀上掉下的羽毛。然而當教士不在時，兩個調皮的年輕人把羽毛換成了幾塊煤。回來的時候，腦筋動得很快的修士解釋說，他把他那幾個聖物盒搞混了，所以這其實是聖老楞佐（St Lawrence）被燻烤至死時留下來的煤炭塊。信眾們一擁而上，準備被那些煤炭所觸；而他們所給的貢品，是教士收過最多的一批。

《十日談》總是讓批評者意見分歧（還有某些評論者希望抹去情色），但它的吸引力經歷多個世紀仍未曾消退。我們或許可以認為薄伽丘是在跟讀者鬧著玩，針對「如果各種性別的人沒有被遍布整個歐洲和地中海文化的環境背景所抑制，因而使得性別階級和社會階級都混合起來時，他們會怎麼對彼此表現自我」提供一些可能的版本。在這一點上他相當創新。我們可以從 ricordanze，也就是從薄伽丘時代以來數千名佛羅倫斯富裕家族人士的生活回憶錄[18]中得知，曾經發生過一次轉變，從講究實際的重商主義和財物買賣，變成一種更以家庭為中心的文化。成員之間的情感羈絆紀錄，如他們的婚姻、生死以及他們對養育孩子的想法，都揭露了這是個地位更加流動、將家庭視為有教養生活之核心並為此自豪的社會。儘管薄伽丘描述起菁英通常尖銳難堪，但《十日談》到頭來在菁英團體中相當受歡迎，也是可以理解的事。他回應了他們的娛樂需求，而且抓住了當時的情緒，為識字階級精練了街頭口傳文化。

本章描述的三位作家有一個顯著共同點，就是對於教會機構有一種健康的缺乏尊重。他們，以及全體知識分子菁英，都不可能忽視教會無法實現理想承諾一事。到了一三〇〇年時，這開始產生效應。就如我們將在第十六章看到的，平信徒逐漸發展出自己的基督教活動形式，而且在執行慈善計畫時，往往比神職人員有效率太多。舉例來說，在一三七五至一三七八年間的「八聖人戰爭」（War of the Eight Saints）中，率先去營運教堂的是佛羅倫斯市民。傳統教會權威的崩盤是一三〇〇至一五五〇年間的重要特色。

學習義大利文學的學生都知道，開創義大利地方話文本豐富傳統的「三王冠」（tre corone）中，有兩人分別是但丁和薄伽丘。奠定這種恭維的文字，出自詹諾佐・馬內蒂（Giannozzo Manetti）的《佛羅倫斯三大詩人生平》（*Lives of Three Illustrious Florentine Poets*, 1440），書中「三王冠」的第三人——詩人佩脫拉克，便出現在但丁和薄伽丘之間。接下來我們要談的就是佩脫拉克。

18 關於富豪回憶錄可見Najemy, *A History of Florence*, p. 219。

11

人文主義以及對經院學者的挑戰

喬托（Giotto）是如此傑出的天才人物，以至於世間造物沒有一樣是他無法用尖筆、畫筆或筆刷描繪的。而他是如此堅持著自然（也就是所有造物的母親與動力），以至於他不管描繪什麼物件，都有一種並非再造而是物件本身的外觀，因此我們常會在觀看喬托畫作時，看到人們的眼睛上了當，而把圖當成了實體。

喬凡尼・薄伽丘，《十日談》1

距離我父親第一次讓我看見帕多瓦競技場禮拜堂（Arena Chapel）裡那幅喬托・迪・邦多納（Giotto di Bondone）的環狀濕壁畫，已經有將近六十年。我在家裡有一本伯納德・貝倫森（Bernard Berenson）的《文藝復興時期的義大利畫家》（*Italian Painters of the Renaissance*），[2]而且就像（對他所謂濕壁畫的「觸覺價值」充滿熱情的）貝倫森一樣，我的父親也將其視為經歷拜占庭時代的相對乏味後，情感藝術的再度重生。

我應該是在二十歲左右第一次自己造訪那間禮拜堂，但最強烈的體驗在多年後才來到。當時我正在向一群歷史學家介紹這間禮拜堂，因為有單次限定二十五人參觀的新制度，所以在上一大團的人離開且下一大團還沒抵達的中間空檔，我就可以獨自在那待幾分鐘。我專注在兩幅占據禮拜堂邊牆的濕壁畫；一幅描繪了猶大在客西馬尼園（Gethsemane）親吻耶穌的那一刻，而隔著通道與第一幅相對的第二幅，則顯示了瑪利亞和其他女性對著耶穌的屍體哭泣。其色彩極為豐富。深藍的天空、綠色的樹葉，藍色、紅色、黃色的服裝。基督總帶著黃金光暈，而那些前來救助他屍體的人，以及在上空盤旋、悲慟到面容扭曲的天使也是如此。[3]

競技場禮拜堂位在帕多瓦羅馬競技場的原址，也是斯克羅威尼（Scrovegni）家族的宮廷所在地。這項請託本身很不尋常，恐怕是中世紀歐洲第一次由私人公民所提出的。安立可・斯克羅威尼（Enrico Scrovegni）付錢請人來裝飾他的私家禮拜堂，而據說這是為了贖他惡名昭彰的放高利貸父親——雷吉納多（Reginaldo）的罪；事實上，他惡名昭彰到出現在但丁的地獄中。

濕壁畫比馬賽克鑲嵌便宜太多。有一份關於某幅（位於比薩主教座堂內的）半圓殿馬賽克壁畫的紀錄顯示，十八位馬賽克藝術家工作了十個月，都還沒完成作品。製作濕壁畫的技巧在古代就已為人熟知。首先，要在乾灰泥基底上上一層薄薄的濕灰泥，然後在那上頭畫好接下來圖樣的草底，也就是sinopia，接著就是在濕灰泥上用塗料上色——而用多種顏料來創造塗料，本身就是一門技巧。當灰泥乾掉時，兩者的融合創造了永久的藝術作品，而這工作的眾多技巧中，有一門就是預測灰泥乾掉時會發生的色彩變化。藝術家得要快速工作；他可能只有七、八個小時——所謂的「一日工作量」（giornata）——來完成一個範圍；如果他畫錯了，他就得刮掉塗上去的灰泥層，然後從頭再來。濕壁畫如果好好保存，可以長存好幾個世紀，但它們容易受濕氣和汙染損害。因此競技場禮拜堂所維持的條件是非常特殊的。因為威尼斯的海霧讓濕壁畫無法保存，所以帆布和油彩成了該城藝術家偏好的媒材。

喬托於一二六六年左右出生在佛羅倫斯郊外的村莊。在喬爾喬・瓦薩里《藝苑名人傳》裡有一個故事[4]講少年時的喬托，是如何被佛羅倫斯頂尖畫家契馬布埃（Cimabue）從他畫在石頭上的畫認可其能力，而被帶到工作坊去。亞西西聖方濟各聖殿（Upper Church at Assisi）中描繪聖方濟

1　這是出自第六天的第五個故事，G. H. McWilliam 譯。故事是關於喬托和一名同伴遇上了暴風雨。

2　Bernard Berenson, *Italian Painters of the Renaissance* (New York: Phaidon, 1952)，以及後來多個版本。

3　每個標準的文藝復興藝術史都會講到喬托，例如 Stephen J. Campbell and Michael W. Cole, *A New History of Italian Renaissance Art* (London: Thames and Hudson, 2012)。關於喬托的介紹，見 Francesca Flores d'Arcais, *Giotto*, 2nd ed. (New York: Abbeville Press, 2016)。關於競技場禮拜堂，見 James Stubblebine (ed.), *Giotto: The Arena Chapel Frescos* (London and New York: W. W. Norton, 1996)，以及雖然幾乎無法取得但仍值得提的 Laura Jacobus, *Giotto and the Arena Chapel: Art, Architecture and Experience* (Turnhout, Belgium: Brepols / Harvey Miller Publications, 2008)。

4　這是一本知名著作，於一五五〇年首度發行，立下了文藝復興藝術的正典，也以瓦薩里選出的該時代最佳藝術家之大量傳記細節及趣聞軼事而出名。Ingrid Rowland and Noah Charney, *The Collector of Lives: Giorgio Vasari and the Invention of Art* (London and New York: W. W. Norton, 2017) 對瓦薩里做了很好的研究。

各生平的濕壁畫，有一些似乎可能是喬托和其他助手畫的，儘管其作者歸屬還有許多學術爭議。在方濟各死後七十年的一二九〇年代完成的這幅濕壁畫，提供了方濟各的持久形象：對貧困者的愛、對鳥兒的講道，以及接受基督的聖痕。就算喬托的貢獻有限，他也應該從畫家同事中學到不少，尤其是把描繪主題的人性放在圖畫的核心地位。

競技場禮拜堂是獻給「領報之聖母」（譯注：即聖母瑪利亞），而天使加百列與瑪利亞，就隔著那道引人走向唱詩班席位的凱旋門上層面對面。禮拜堂本體有三圈濕壁畫。最高處的一圈敘述了瑪利亞的一生。儘管沒有經文支持，但瑪利亞的雙親亞納（Anna）和若亞敬（Joachim）想生一個孩子所遇上的困難，以及瑪利亞的出生，以及她獲接待進入耶路撒冷的聖殿和其後與約瑟的訂婚，都是人們熟知的故事。這些故事使用了基督教早期文獻，好比說二世紀的《雅各原始福音書》（*Protoevangelium of James*，或稱《雅各福音書》〔*Gospel of James*〕），以及十三世紀雅各・德・佛拉金（Jacobus de Varagine）那本知名的聖人生平列傳《黃金傳說》（*Legenda Aurea*），[5] 並常常被拿來說明中世紀興盛的瑪利亞崇拜。（這裡值得強調的地方是，中世紀基督徒會從這些濕壁畫中吸收的敘事中，有多少是沒有經文支持的。）第二圈詳細描繪了基督的童年，他的事工以及被猶大背叛。最後一圈描繪了受難，釘死於十字架以及復活，以聖靈於降臨日（Pentecost）來到使徒們面前作結。一幅最後審判的畫蓋滿了西側牆壁。這裡出現了安立可・斯克羅威尼，樂觀地把他這間教堂的模型贈送給聖母瑪利亞。

喬托以擺脫拜占庭藝術那種人物靈性超越其人性的靜態傳統而出名。他的人物栩栩如生，他們有深度和扎實感，並適切地合入喬托分給他們的空間，而不是畫成與任何自然背景分離的狀態。喬托的一項天賦，是專注於情感戲劇場面最激烈的一刻，但又從來不缺乏一種動人力道在於節制手法的質樸。或許就是出於這個理由，所以當我站在這整面偉大藝術創作的中央時，我選擇了這個畫面來談。

喬托的突破一旦出現，就再也沒有回頭路了。這場藝術革命之後，即便連宗教場景也會出現情感的、自然的背景，且透視的起點也是從中發展出來的。有些人把這一刻看作是個人的誕生，是瑞士歷史學家雅各・布克哈特（Jacob Burckhardt）在《義大利文藝復興時代的文化》（*The Civilization of the Renaissance in Italy*）中強調的一項文藝復興時期特色；[6]不過，要把喬托的寫實主義直接連結到社會變遷並不容易。然而其革命受到了認可。沒過幾年後，當但丁寫《神曲》時，就已經講述了喬托是怎麼將契馬布埃打入冷宮。[7]擁有一幅喬托《聖母與子》（*Virgin and Child*）畫作的人文主義者佩脫拉克寫道，儘管無知的人可能無法看出它的美，但只要有一丁點藝術知識的人就一定會為之震懾。[8]如上所見，喬托是薄伽丘的英雄，他相信這位藝術家讓「埋沒在那些志在替無知者帶來視覺愉悅、而非替智者帶來智識滿足的人所犯下的大錯底下」的古代藝

5　這是中世紀的暢銷書，寫著主要聖者們的生平完整細節，有些正確，有些則是虛構的。文藝復興時期藝術家描繪聖者時，通常用它來當資料來源書。有一套由 Christopher Stace 翻譯的 Penguin Classics 版（一九九八年）選集。

6　最初於一八六〇年在德國出版、一八七八年出版英譯本，日後來還有多個版本（例如 Penguin Classics, 1990）的這本書，是針對義大利文藝復興繁盛現象的知名研究。

7　「繪畫方面契馬布埃自認保有優勢，而現在他們稱讚的是喬托——前者只留下了黯然失色的名聲」（*Purgatory XI*, 94-96）。

8　引文出自 Rowland and Charney, *The Collector of Lives*, p. 80。

術傳統恢復光明。[9]幾十年後，羅倫佐．吉貝爾蒂（Lorenzo Ghiberti），佛羅倫斯洗禮堂那扇知名銅門的鑄造者（見頁四一八），承認喬托為「埋藏約六百年的大半學識之發明者兼發現者」。[10]吉貝爾蒂這句話認同了重新發現過往失落學問的價值，清楚表達了「西方心智重新覺醒」的這種想法。這十分合乎人文主義的哲學，而這種運動此時正在義大利北部知識圈內集結力量。

當然喬托還是佛羅倫斯人，在帕多瓦與亞西西工作之後，他回到了故鄉，在那裡度過大半餘生。他在方濟各會的聖十字聖殿內，為（不久後將破產的）巴爾迪銀行家族禮拜堂繪製了一套新的方濟各生平環狀圖；即便他的作品多半沒有作者證明紀錄，但殿內還有其他的作品也是出自他的手，舉例來說就包括旁邊的貝魯奇家族禮拜堂。一三三四年時，他被指派為首席師（Magnus Magister），這官位要負責管理佛羅倫斯建築工作，特別是那些正在城中立起的大教堂，不過此時他已沒剩多少時光。他設計了鐘塔（campanile），即便落成前就先過世，且後來設計也經過變更，但它反而更能證明他的天分有多廣泛。一三三七年喬托死後，據說是被埋葬在一間獻給早年處女烈士「聖雷帕

前頁：喬托競技場禮拜堂濕壁畫的戲劇效果和色彩，都展現在他的《猶大之吻》（*Kiss of Judas*）中。就如他的同代人所承認的，專注於中心人物的這種做法堪稱革命。

9 這是前面引用的第六天第五個故事的後續。（見本章注釋1）

10 出自他一四四七年的 *Commentarii*。有一個義大利文版，L. Bartoli (ed.), *Lorenzo Ghiberti, I Commentarii* (Florence: Guinti Editore, 1998)。未完成的 *I Commentarii* 是其中一本最早的藝術家自傳，並被瓦薩里用於他的《藝苑名人傳》。

拉塔」（Santa Reparata）的禮拜堂底下，後來原地興建的主教座堂也是獻給她，而稱聖雷帕拉塔主教座堂。

* * *

但我們必須回到競技場禮拜堂所在的帕多瓦。這座繁盛的城市享有得天獨厚的位置，位於肥沃的波河河谷，通往海上也方便。和北邊許多城市不同的是，帕多瓦經歷拜占庭和倫巴底統治時期，始終保持著繁榮。一二二二年，由於設立了大學，且像波隆那一樣由學生主動決定課程，使得該城的獨立性與其地位都得以強化。那裡特別強調法律和醫學——事實上，一三九九年時帕多瓦大學還分成了兩個學院，各自專注其中一項。到了十四世紀時，該大學逐漸在古典學術上有了名聲，而那門學術日後被稱作「人文主義」。[*]傳統上來說，人們描述的人文主義，是一種體現於另類教育方法的智識風格，扎根於大量研讀古典文獻——剛開始只限拉丁文，但後來則是讀起希臘文。人們假定，精通這些文獻就會產生獨立而有素養的心智。[11]於是，就凸顯出人文主義與大學那些經院哲學的對比。人文主義的課程更廣泛，而且包含了詩學、歷史學、道德哲學和修辭學。它大幅使用了查理曼時代複製的文獻，或者其後三個世紀裡二度複製的文獻，其中有許多是在十四和十五世紀發現的。每一次新發現都可說舉世振奮。人們認為，研讀這些文獻獲得的學識應該要展現在公眾面前——因此人文主義者的說寫能力都該要好。評判一個人文主義者的方式，就是看他的拉丁文水準和典雅程度。讀起人文主義者的文獻，很難不察覺他們討論起那些被大學課程定義得很狹隘的問題時，展現出來的信心和自由。

近年學術界看待「人文主義」這個詞就比較細膩。把它當成教會對立面來看待的傳統觀點已經有所調整，來證明它可以相當輕鬆地適應既有的宗教。中世紀晚期的基督教其實出乎意料地海納百川，證據就在於，新智識運動只要不直接挑戰教會的權威或者教義，就可以被基督教吸收。許多知識分子已經在宗教階級中尋求職位，而他們可以一邊保住職位，一邊保有對古典學術的著迷。有一封佛羅倫斯人文主義者波焦・布拉喬利尼（Poggio Bracciolini, 1380-1459）的信留存至今，信中他希望獲得一個遠在波爾多（Bordeaux）的教會職，來獲得一筆收入支持他自由來往各處研究。教會在中世紀生活中的無所不在，並沒有阻止（本章大部分內容要談的）佩脫拉克等人文主義者公開批評其腐敗。

人文主義者十分強調所謂的美德（virtu）。要清楚確認這個詞的意義是什麼，恐怕並不容易。一個預料中的回應，就是和道德的善綁在一起，但它可以更加靈活運用，用來指個人維持高於他人之優越性的技巧。在中世紀早期，美德包含了勇武這種想法。基督徒強調這個詞的宗教精神面

---

* 要到十九世紀才有人發明「人文主義者」這個詞，不過演說家西塞羅早在西元前一世紀就用過了「人文研究」（studia humanitatis）這個片語，來指他反思著自己對人性價值的信念。

11 可作為人文主義總體調查的書，見 Charles Nauert, *Humanism and the Culture of Renaissance Europe*, 2nd ed. Cambridge: Cambridge University Press, 2018)，以及 Jill Kraye (ed.), *The Cambridge Companion to Renaissance Humanism* (Cambridge: Cambridge University Press, 1994)。另見 James Turner, *Philology: The Forgotten Origins of the Modern Humanities* (Princeton, NJ, and Oxford: Princeton University Press, 2014), chapter 2, '"A Complete Mastery of Antiquity". Renaissance, Reformation and Beyond'。

向，甚至將避世稱讚為美德的典範，但古典時代的前例反而強調主動積極參與政治生活，在共和國體制中更是特別稱許。人文主義者佩脫拉克在西塞羅充滿創意的散文中看到了「美德」，而十五世紀佛羅倫斯建築師菲利波・布魯內萊斯基（Filippo Brunelleschi）的傳記作者，則是用同個詞來頌揚這位建築師的技術專精，特別是他找到方法突破障礙的能力。簡而言之，美德這個詞有一種彈性，可以在基督教、古典或當代等各種廣泛脈絡下發揮創意使用。漸漸地，它就和一種貴族菁英主義連結了起來。義大利學者吉多・魯傑羅（Guido Ruggiero）把美德形容成「更加強調自我展示和自我塑造，以及『舉重若輕』（sprezzatura），進而促使那些到頭來人們眼中成果只是自貶身價的活動，有了比較大一丁點的成長範圍」，可說善哉其言。[12]對人文主義者的一個批評是，他們忽視了科學探索，反而偏好專注於更高層次的事物。到了十六世紀時，因為皮埃特羅・阿雷蒂諾（Pietro Aretino, 1492-1556）等詩人單純出於求知而追求神祕知識，讓人文主義者擔負了受人嘲笑的風險。

人文主義者自己的寫作模範，是羅馬演說家兼政治人物西塞羅那套精細的拉丁文使用方式。西塞羅的公職人員生涯，確實可以用實踐美德來描述。他生長在羅馬共和國動盪的晚期，而他獨一無二之處，在於他攀上權力頂峰靠的不是戰場武勇，而是有效到驚人的法庭辯論。[13]佩脫拉克稱他為「羅馬雄辯的至高父長」（Romani eloquii summe parens）。在政治風向轉變中隨波逐流的西塞羅，在寫給有教養的朋友阿提庫斯（Atticus）的信件中表達了他的挫折，但他也編著了一些以希臘文獻做基礎、來冷靜沉思當下生活的哲學著作。西元前四三年，他的好運終於到頭，在尤利烏斯・凱撒死後的動亂中遭到司法謀殺。西塞羅依舊是歐洲自由人文主義的其中一位創建者，也是人文主義者恰如其分的導師；而這些人文主義者的成就，將不僅止於對文章表達不加批評的崇敬，更會去了解撰文者的生命，以及他們的用語脈絡。西塞羅的公開公眾生活提供了一種理想形象，可以和傳統上被視為最高階生活形式的禁慾避世僧侶生活形成對比。

人文主義的先鋒會在帕多瓦出現。[14]那裡有一個由律師所主持（這在當時很普遍）的知識分子小圈圈，其中最顯赫的人物就是法官洛瓦托・洛瓦蒂（Lovato Lovati, 1241-1309）以及公證人阿爾貝蒂諾・穆薩托（Albertino Mussato, 1261-1329），後者同時也擔任該城大使。這兩個人都在尋找古典文獻，並編著自己的拉丁文著作。他們特別深受西元一世紀羅馬那位斯多噶派哲學家兼劇作家塞內卡的悲劇所影響。穆薩托自己的悲劇《艾瑟利努斯》（*Ecerinus*）被認為是羅馬時代結束以來的第一齣世俗劇作。一二七四年，城內的建築工事挖出了一具石

下頁：1509年喬久內（Giorgione）繪製的《三哲人》（*Three Philosophers*）是向古典哲學家（亞里斯多德）、一名阿拉伯譯者以及一名當代人物致敬；最後那人可能是在凝視一個洞窟，就像柏拉圖在《理想國》中描述的那樣。

12 魯傑羅在他的 *The Renaissance in Italy: A Social and Cultural History of the Rinascimento* (Cambridge: Cambridge University Press, 2015)，頁一六至一七討論了美德。

13 西塞羅最棒的傳記可能是Anthony Everitt, *Cicero: A Turbulent Life* (London: John Murray, 2001)。

14 見Ronald Witt, *In the Footsteps of the Ancients: The Origins of Humanism from Lovato to Bruni* (Leiden: Brill, 2000)。Witt支持洛瓦托・洛瓦蒂和阿爾貝蒂諾・穆薩托才是真正的第一批人文主義者。特別可見第三章，'Padua and the Origins of Humanism'，以及第四章，'Albertino Mussato and the Second Generation'。

棺。它的實際年分是古典時代晚期，但熱切的洛瓦蒂卻堅信那是安忒諾耳（Antenor）的石棺；他是特洛伊戰爭的難民，也是傳說中羅馬時代帕多瓦（Patavinum）的建立者。十年後這具石棺有了石柱和拱狀結構圍繞，上面還刻了維吉爾（安忒諾耳建城傳說就是出自他）等古典作者的詞句。*

羅馬時代帕多瓦最出名的公民就是歷史學家李維（Livy，約西元前六〇－西元一七年），所以當該世紀末有一塊提到某T. Livius的碑文出土時，容易上當的洛瓦蒂便假定是那位偉人的下葬之處。被發現的殘存物就像聖人的遺物那樣被列隊護送至城市中心，並鑲嵌在聖儒斯蒂娜聖殿（Church of Santa Giustina）的牆壁上。然而，帕多瓦學者們的學識卻十分粗淺。當然他們認識自己那時代的中世紀拉丁語，但就如安忒諾耳墓上的碑文所證明的，他們的古典拉丁文能力很差，只要仔細閱讀這篇李維的碑文，他們就該知道那指的是一位姓名類似的獲釋奴隸。

有好幾個時間點，都會讓人想聲稱是帕多瓦剛起步的人文主義轉變成更細緻運動的一刻；但接下來要講的這一刻卻是最有說服力的，特別是因為，它確定了人文主義和基督教信仰之間的關係。一三三六年四月二十六日，弗朗切斯科・佩脫拉克（Francesco Petrarca, 1304-1374；英語為Petrarch）——一位亞維農教宗體系的小牌法政牧師，和他弟弟艱苦地爬上了亞維農附近的旺圖山（Ventoux）。[15]激勵他的，是他最喜歡的羅馬史學家李維的一段文字，出自他從殘篇蒐集來的《羅馬史》。那段文字講的，是亞歷山大大帝的父親腓力二世（Philip of Macedon）是怎麼爬上色薩利（Thessaly）的一座山，並得以從那看見兩面海洋。儘管是古典淵源激發靈感，佩脫拉克在一封寫給多年來擔任他告解神父的奧斯定會（Augustinian）僧侶迪奧尼西歐・達・博戈・聖・塞波克羅（Dionisio da Borgo San Sepolcro）的信件中提到，他主要還是把這趟登山當成靈性之旅。

當走錯好幾條路的佩脫拉克終於抵達山頂後，那片向南橫跨阿爾卑斯山直通義大利、向西進入里昂周圍群山的壯麗景色，徹底征服了他。他心想，所有他從古典時代作者那邊讀到的、關於希臘阿索斯山（Mount Athos）和奧林帕斯山的事情似乎都比較可靠，而他所見的阿爾卑斯山，讓他想起了漢尼拔跨越阿爾卑斯山進攻義大利的壯舉。然而，他的思考很快就回到了登山本身的精神面影響。他身上帶著一份迪奧尼西歐給他的聖奧古斯丁《懺悔錄》，而他翻到了第十冊，那裡有一句話躍入他的視線：「而人們開始對山的高聳、海的大浪、寬廣的流域、海洋的潮流、恆星的迴圈運動感到驚奇，但他們卻不思考他們自身。」[16]這產生了劇烈的衝擊：

> 我窘迫不已，並要（急著要我多說一些的）我弟弟不要煩我，然後我闔上書，對自己生起氣；因為長久以來甚至從異教徒哲學家那邊都有學到「除了靈魂以外一切都不完美，而當靈魂本身偉大，便不會在自身以外找到任何偉大事物」的我，應該還是在仰慕著世俗的事物。

他相信上帝導引他來到那條路，而當他和弟弟在逐漸密布的黑暗中下山時，他滿心想的都是

---

* 今日帕多瓦的安忒諾耳廣場（Piazza Antenore）還能看到這些古蹟。

15 近期的佩脫拉克詳盡傳記，可見Christopher Celenza, *Petrarch: Everywhere a Wanderer* (London: Reaktion Books, 2017)。登旺圖山可見頁五七至六一。信件文字可以在「福德姆大學中世紀資料書」（Fordham University Medieval Sourcebook）找到，可於線上閱讀：https://sourcebooks.fordham.edu/source/Petrarch-ventoux.asp。

16 這段引文來自第八章的*Confessions*。

他自己的不道德。

這封信傑出地捕捉到轉變的瞬間。佩脫拉克描述他如何「一開始時，多虧了不習慣的空氣質地，還有眼前這整片景色的效果，使我傻了似地立在那」。在他面前展現的自然世界，所產生的美學衝擊是壓倒性的，但所有這樣的經驗依舊臣服在上帝的命令之下。佩脫拉克從來都沒有失去對自然的愛，而會遁逃到亞維農周邊的郊區地帶，來擺脫教宗宮廷腐敗傷人的氣氛。

當然，佩脫拉克可能誇大了這次體驗的靈性衝擊，好讓他的告解神父滿意（有些學者甚至主張，這次登山不過就是他想像出來的），但他在亞維農教宗當局底下的工作成果證明，他依舊虔信宗教。然而，他也著迷於古典文獻，花了大部分時間在藏著文獻的修道院藏書庫中把它們發掘出來。就如後來的一位仰慕者、佛羅倫斯總理（chancellor，譯注：最高執政者）李奧納多・布倫尼（Leonardo Bruni, 1370-1444）所言，佩脫拉克是「第一位有著足夠才能，而得以察覺並重新揭露失傳之古典優雅風格的人」。[17]他在維洛納追查到的、西塞羅寫給雅典朋友阿提庫斯的信件，或許在接下來幾個世代裡都堪稱他最偉大的發現，因為這些信件，是由位處事件中心且身為拉丁散文精準模範的人，所貼身描繪的羅馬共和國晚期政治。

佩脫拉克美學經驗的廣度，確保他不會把知識當成「對一套固定的神學體系或者一組固定的亞里斯多德著作集做研究」，而是看成一種邁向更深刻真實的持續過程。佩脫拉克在蒙彼利埃與波隆那先後研讀法律的過程中接受了修辭學的訓練，但他察覺到，用這種學門來讓智識進步是既了無生趣且

下頁：畫家西蒙尼・馬蒂尼（Simone Martini）於1338年完成這張佩脫拉克彙編的維吉爾文集卷首插圖。圖中，對人文主義者們意義重大的這位羅馬詩人，正斜躺在田園風光裡。

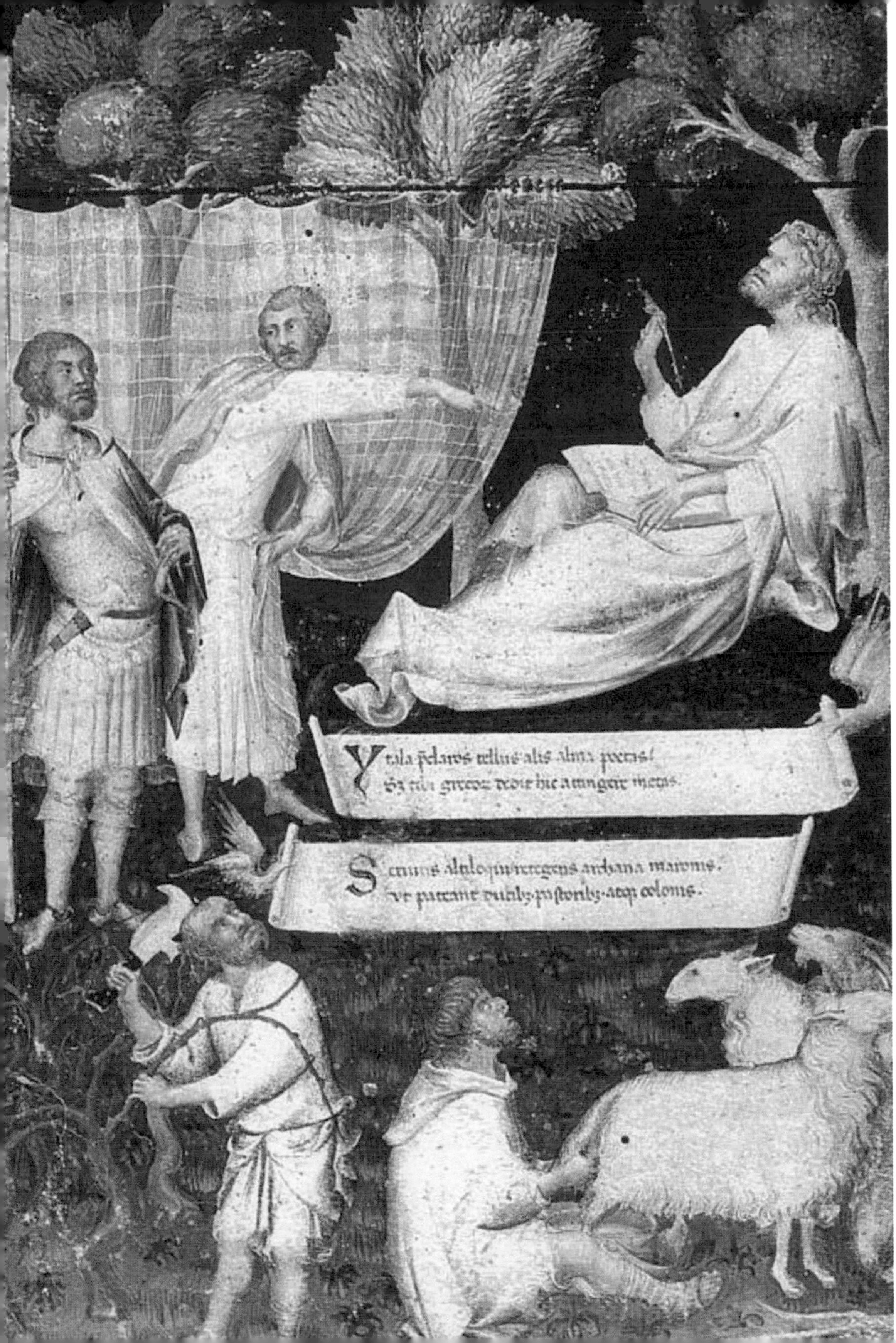
Ytala p̄clar͞os tellus alis alma poetas.
Sz tibi grecoꝝ dedit hic attingere metas.
Servius altiloquii retegens archana maronis.
Ut pateant ducibz pastoribz atqꝫ colonis.

不適用。這就白白浪費了七年。佩脫拉克在後來的短文《論他自己和其他人的無知》（*On his Own Ignorance and That of Others*）裡談到了「那一票瘋狂而吵雜的經院學者」。他可以接受亞里斯多德的偉大，然而：

> 我對著愚蠢的亞里斯多德主義者咆哮，那些人日復一日說的每個詞都把他們只知名字的亞里斯多德不停敲進其他人的頭裡……他的傑出暈眩了眾多視力模糊薄弱的雙眼，讓許多人掉進了錯誤的陰溝裡。[18]

佩脫拉克的雄心壯志，是想了解如何過著美德生活，而他認為傳統的大學課程都不符他的目標；不只亞里斯多德不行，醫學和法律也一樣。佩脫拉克感嘆那裡忽視其他偉大作家。被他父親領入拉丁文學後，他便發現那是一個迷人許多的研究學門。結果他也成了一個深深著迷而投入其中的讀者。身為正統天主教徒，他相信有層次遠深過理性的真實，但和許多經院神學家不一樣的是，他尋找這些真實時，並不害怕跳出中世紀邏輯學立起的架構。他的研究中最基本的要點是，他相信敬重（pietas）、美德（virtus）、慈悲（caritas）和人性（humanitas）等古典美德可以和基督徒生活相容。《論他自己和其他人的無知》就是一個很好的例子，證明了對西塞羅著作和風格的仰慕，是如何能和基督教教誨調和一致。

經院學者對亞里斯多德的執迷，讓佩脫拉克始終嫌惡到難以克制。就是他創造了「黑暗時代」（Dark Ages）這個詞，來描述古典時代的「光明」消逝之後，直到現在連他都還活在其中的中世紀時期。他有好幾部著作都不停在說自己這時代的道德腐敗，讓一種對財富的欲望壓過了精神價值。他相信自己正在恢復光明，且不停在著作中反覆提到羅馬的優越，甚至到了希望將義大利重新打造為單一國家的程度。[19]所以，這可以被稱作「文藝復興」（譯注：renaissance本意為「重生」）嗎？事實上，「文藝復興」這詞要到一八五五年才由法國歷史學家儒勒・米什萊（Jules Michelet）發明出來。吉多・魯傑羅在一篇介紹該問題的傑出文章中，主張「最貼切符合佩脫拉克或但丁這類人的詞，應該是拉丁文的renovatio也就是『重建』，因為這兩個人以及眾多與他們同代的人，全都著迷於重建羅馬世界以及第一批基督徒出現的那段日子」。[20]一直要到十五世紀，李奧納多・布倫尼等人文主義者才明確談到rinascita，「一場重生」（見第十二章，頁三九一，四〇三）。

佩脫拉克有交朋友的天分，十分健談，而且不論跟國家要人或學者同袍相處都一樣輕鬆。他曾和眾多皇帝、教宗與國王會面，而且受西塞羅啟發而熱中於書信。事實上，寫信成了人文主義者偏好的溝通方式——信不需要長，但足以炫耀作者的優雅風格和獨創性。佩脫拉克支持宗教寬

---

17 引文出自Celenza, *Petrarch*, p. 224。

18《論他自己和其他人的無知》的文字可以在線上找到：https://online.hillsdale.edu/document.doc?id=386。佩脫拉克的親筆版有兩個版本留下來。在其中一段內容中，佩脫拉克感嘆亞里斯多德的缺乏情感，並展現自己對拉丁作者的偏好。「他（亞里斯多德）教導了美德是什麼。我不否認這一點，但他的教誨缺乏刺激、點燃、促使對美德之愛或痛恨邪惡的言詞，或者無論如何，就是沒有足夠的那種力量。尋找那種力量的人會在我們的拉丁作者這邊找到，特別是西塞羅和塞內卡，以及乍聽之下有點驚人的，賀拉斯，這名詩人在風格上有點粗糙，但寫得格言卻最討人喜歡。」《論他自己和其他人的無知》在Celenza, *Petrarch*, p. 181ff有著大量討論。

19 佩脫拉克在寫於一三四四至一三四五年的詩《我的義大利》（*Italia mia*）中，把義大利稱為他的「祖國」並主張這個半島不難統一，因為它和北方有著天然的邊界。「美德會拿起武器對抗盛怒，而戰鬥將短暫，因為義大利人們心中的古老力量未死」（Celenza, *Petrarch*, p. 90ff）。

20 Ruggiero, 'Introduction: The End of the World and its Rebirth (Rinascita) as the Rinascimento', *The Renaissance in Italy*, pp. 1-20.

容，說出了以下這段話而呼應了古代的信念：「許多人可以在逼迫下告解，但不會在逼迫下相信。沒有自由比思考的自由更大。因我主張自己擁有自由，所以我不否認他人的……我不願成為人類深藏之良心的評判者。」[21] 接受智識的多元，是文藝復興思想的重要時刻。它確保人文主義永遠不會是一場同質的運動；它反而開啟了大量關於「人生百態」的辯論。

佩脫拉克智識方面的多才多藝，在寫作中最能仔細探究。他的拉丁文六步格（Hexameter）史詩《非洲》（*Africa*），描述羅馬將軍大西庇阿（Scipio Africanus）於西元前三世紀戰勝漢尼拔的英勇事蹟。這使他於一三四一年在羅馬的卡比托利歐山（Capitoline Hill）上獲得「桂冠詩人」（poet laureate）的榮譽，而這是古典時代結束後的第一回。他那本為未來世代抒情詩提供典範的十四行詩歌集《歌本》（*Canzoniere*）是寫給他的理想女性；他這位名叫蘿拉（Laura）的貝緹麗彩，就和但丁的那位一樣已婚而不可攀。[*]《歌本》於一四七〇年，也就是印刷術誕生的沒多久後首度出版。到了一五〇〇年時會有三十四種不同版本出現，而下個世紀更會有一百六十七種。佩脫拉克身為詩人的地位會讓全義大利的宮廷為他敞開大門。而發現西塞羅為詩人阿奇亞斯（Archias）辯護、且在過程中捍衛詩藝本身的演說文《為了阿奇亞》（*Pro Archia*），又特別令他興奮。

前頁：1503年的一張小圖中，佩脫拉克正把自己的書《順逆兩境的處方》（*Remedies for Fortune Fair and Foul*）呈給法國國王路易十二。

21 引文出自 Witt, *In the Footsteps of the Ancients*, p. 318。

* 蘿拉因黑死病而早逝。

佩脫拉克始終都是旅行者，無止境地在各修道院和藏書庫尋找新文件，最北還曾到荷蘭；而他造訪羅馬時，還與帝國留存的實體物證面對面。有一封知名的信件，描述了他提著身子靠坐在戴克里先浴場（Baths of Diocletian）遺跡上時，對古羅馬的想法。一三四七年，他相當天真地，著迷於那場由喜怒無常又自稱「人民護民官」[*]的克拉・迪・里恩佐（Cola di Rienzo）所發動的起義，並熱切期盼古羅馬共和國的自由價值可能將藉此恢復（但這場起義到頭來十分短命）。儘管佩脫拉克仍在亞維農教宗當局保有職位，但他卻對教宗們拋下「永恆之城」感到憤怒。

佩脫拉克展現了遍及人文主義傳統的諸多衝突。他的靈性和他的感官享受之間仍然有著緊張關係（儘管身為神職人員不能結婚，但他還是有兩個小孩），而他最喜歡的異教徒作者們所抱持的世俗哲學和奧古斯丁著作之間，也同樣維持劍拔弩張。他痛恨教宗權力的腐敗，但又一直接受亞維農教宗資助。儘管他仰慕西塞羅身為文體家和哲學家的部分，但這位偉大演說者在公眾生活中的妥協和慘痛經歷又令他憂慮，其中又以西塞羅在寫給阿提庫斯的信件中展現的有口難言和懷疑特別令他苦惱。就像那些追隨他的人一樣，他強調那些希臘與羅馬頂尖人物的智識成就而非政治成就。佩脫拉克藉由無止境地重新修訂想法，來化解一部分的緊張。他的《歌本》充滿了自我探索，在這層意義上，他堪稱有著當代的精神。他的《祕密》（*Secretum*）是和一個絕對是聖奧古斯丁的人進行一連串對話，在對話中他探索了「自己對名氣的欲望」和「基督教要他回頭深思並拒斥肉體愛慾的吸引力」之間的衝突。他最終似乎學會了在獨處深思與劇烈活動期之間取得平衡。[22]

佩脫拉克在世的最後幾年，待在他女兒結婚成家的威尼斯。他對這城市開始熱衷起來，並承諾會把藏書留給威尼斯，來報答它們給他的房子。然而他和一群聲稱阿拉伯哲學家亞維侯是比使徒保羅和奧古斯丁更偉大的年輕人起了尖銳爭論。佩脫拉克對於他所察覺到的、針對他文學成就和文學喜好的任何攻擊始終都非常敏感。他就是在這時候寫下了他的短文《論他自己和其他人的無知》，感嘆大學的亞里斯多德研究了無生趣，並收回了他把書留給威尼斯的承諾。當他返回帕多瓦附近小鎮阿爾夸（Arquà）度過人生最後幾年時，那些藏書可能隨著他一起搬過去了。一三七四年七月十八日，有人發現他死在該鎮，頭還倒在一份維吉爾的作品上。薄伽丘是他其中一位最要好的朋友，而滿感人的一點是，佩脫拉克在遺囑中留給他五十個金弗羅林，「為了他的研究和夜間學術工作，來給他買一件冬天用的外套。」[23] 他的藏書從未完好留存。

即便現代學術界多半比較謹慎，不會那麼輕易用「人文主義之父」評價佩脫拉克的貢獻，但我們這裡還是特別強調了他。儘管十九世紀最有影響力的文藝復興研究著作，也就是雅各・布克哈特的《義大利文藝復興時代的文化》（一八六〇年）主張，人文主義涉及了與過去的徹底決裂，在這決裂中「人成為了一個**靈性個體**（粗體字是我自己要強調的）並自認如此」，而和一種假想中的中世紀集體認同形成對比；然而，佩脫拉克對奧古斯丁的認同，卻證明情況並非如此。儘管我們將在接下來幾章見識個人表達自己的新方法——肖像畫通常被拿來當「個人」現身的經典例子——但被稱作文藝復興的那段期間，社會整體還是階層分明。

---

* 護民官（tribune）是人民選出的羅馬官員，代表人民的權利。

22 這在 Celenza, *Petrarch*, chapter 4, 'The Interior Man' 有所處理，特別是 p. 108ff。

23 同前注，頁二二二。

十四世紀時，對古典世界想法和語言的認知與採用，都還在未成熟階段。古典拉丁文必須處理兩個對手，一個是此時越來越不能用來提供可得知識的大學經院拉丁文，另一個則是在義大利各城市學校精通的商用及政府用拉丁文。這一版的拉丁文的優勢，是能因應快速變遷的社會和商業場合而演變。選擇古典拉丁文當模範的人文主義，是有意識地要走菁英主義。*就是這種優於同類的優越感，尤其當人文主義者把學識連結到美德培養時的優越感，讓他們獲得了吸引力。他們喜歡自稱「聰明人」（ingeniosi），反映他們在才智

和文化的高水準。

人文主義者典雅的拉丁文，同時成為根深柢固的學術語言以及紳士標記。就如可能是最多才多藝的人文主義者——萊昂・巴蒂斯塔・阿伯提（Leon Battista Alberti）所言：「如果說有什麼能美麗地與文質彬彬相配，或者說最能使人生與眾不同，或者說為一個家族增添優雅、權威和名聲，那就一定是拉丁字母，若沒有它們，沒人可以被稱作文質彬彬。」[24]十五世紀期間，即便地方話已經接管了街頭和碼頭，還是有越來越多律師和政府文書官員採用了西塞羅式的拉丁文。彰顯這一點的，就是回頭採用那種有別於裝飾更多而不那麼好處理的經院文獻文字的、來自（通常是加洛林王朝時期的）古典碑文和手稿的文字。人文主義與菁英主義的關聯也十分吸引十五世紀的教宗們，特別是尼閣五世、庇護二世（Pius II，以雄辯而享有聲譽）以及（興建了西斯汀禮拜堂〔Sistine Chapel〕以及台伯河上那座典雅的西斯都橋〔Ponte Sisto〕的）西斯篤四世（Sixtus IV），他們讓教宗宮廷變得像歐洲任何一個宮廷那樣充滿智識修養。相比之下，庇護二世的繼承者保祿二世（Paul II，任期一四六四－一四七一年），就因為拉丁文差勁又拒斥人文主義學術，而被廷臣

前頁：在十五世紀畫家文森佐・佛帕（Vincenzo Foppo）的畫中，男孩滿心愉悅地研讀西塞羅。這反映了人文主義者們著迷於心目中的散文兼雄辯大師西塞羅。

* 西元二世紀有過一個前例，當時受過教育的希臘人開始重新使用六百年前的雅典傳統希臘文，而不是街頭的通用希臘文（koine）。

24 引文出自John M. Najemy (ed.), *Italy in the Age of the Renaissance* (Oxford: Oxford University Press, 2004), chapter 1, Robert Black, 'Education and the Emergence of a Literate Society', p. 34。

嘲笑。

到了時機適當時，我們就會檢視人文主義將如何為全歐洲的學術事業添注能量。但首先，必須要探索佛羅倫斯對人文主義的特殊貢獻。

12

佛羅倫斯人文主義的欣欣向榮

今日我們看到我們這位「阿雷佐的李奧納多（布倫尼）」來到世上，作為優雅拉丁文的燦爛生命——「文字」的父親以及其增添光彩者，前來將拉丁語言的美妙歸還給人類……任何有智慧的人都會感謝上帝讓他出生於這些時候，心靈的傑出技藝在此時比過往千年裡的任何一刻都要來得繁榮茂盛。為我們謙卑的義大利帶來漫長而安寧無比的和平，令統治一切的祂感到快樂：如此一來，我們必然能看到這第一批的重生帶來絕妙的成果，成熟到假以時日，便能糾正學識最寶貴的各個分支中最明顯的錯誤。

馬泰奧・帕爾米耶里（Matteo Palmieri），《論公民生活》（*Della vita civile*, 1423）

如果人文主義想要不只是「一群學術菁英在仔細研究古典文件」，它就得抓緊一個社會的想像，且不只要在文章中表達自己，也得在藝術和政治上有所展現。人文主義在義大利北部的城市和宮廷間整個擴散開來，然後又蔓延到阿爾卑斯山以北，但傳統上來說，佛羅倫斯被視為是市民人文主義——也就是融入了市民群體價值觀的人文主義之中心。

佛羅倫斯對共和自由的愛，因為一直需要在對手面前捍衛自己，而遭到了磨損。百分之六十的人口死於黑死病，而有不少駭人的紀錄，描述人們把屍體堆進巨大的埋葬坑，就如一份報告所言，一層一層地「就像千層麵」。[2]從這番傷痛中回復後，佛羅倫斯與米蘭、錫耶納、比薩和盧卡等周遭鄰居兼對手的衝突又恢復了。

或許最令人意外的，是一三七五至一三七八年間佛羅倫斯和教宗國的一場戰爭。[3]這會出乎意料，是因為「圭爾夫」儘管是教宗派，卻也在佛羅倫斯掌權了一百年，而佛羅倫斯的銀行家過往也都在經手歷任教宗的錢。但這場衝突有助於定義佛羅倫斯的認同，並展現了教宗權力越來越孤立的處境。教宗們從亞維農的所在地回來後，教宗額我略十一世（Pope Gregory XI）便決意要收回對教宗國的控制，於是便爆發了戰爭。到處充斥著謠言，說額我略希望占有佛羅倫斯的一些領土，而佛羅倫斯則是和常為勁敵的吉伯林派城市米蘭結盟回應。戰爭於一三七五年爆發。該城的資深官員，總理科魯喬・薩盧塔蒂（Coluccio Salutati），[*]當時藉由操弄意識形態衝突，開始在波隆那、佩魯賈（Perugia）、奧維耶托（Orvieto）等教宗國主要城市間煽動騷亂。到頭來證明了他是位正式書信書寫大師，而這項活動是文藝復興城邦間關係的特徵。[†]在被米蘭「僭主」吉安加萊亞佐・維斯孔蒂（Giangaleazzo Visconti）形容為影響力如「千名佛羅倫斯騎兵」的一封信裡，薩盧塔蒂鼓吹這些城市推翻教宗君主制的「暴政」，並接納佛羅倫斯的「共和自由」。他跟他們說，商人和同業公會成員天生就愛自由。他們「渴望和平，好讓他們進行研究與藝術工作，他們熱愛市民平等，不因家族或血統的高貴而榮耀」。[4]這個煽動活動導致額我略對該城發出禁止令：不准進行任何形式的宗教禮拜，舉凡發現佛羅倫斯人就逮捕。這項禁令很快就鬆動了，法國甚至過分到公然蔑視教宗命令，還提供佛羅倫斯商人保護。

了不起的是佛羅倫斯人對禁止令的回應。市民索性就自行接管宗教儀式，在遊行、人滿為患的禮拜儀式和反教宗的歇斯底里中歡欣鼓舞。進行戰事的委員會自稱「八聖人」，就彷彿他們以某種方式代表了一種比教宗權力更正宗的基督教形態。教宗黨「圭爾夫派」領頭者的住家遭到洗劫。同時，該城為了戰爭資金開始沒收並販賣教會財產，其規模在宗教改革運動以前可說絕無僅有。要等到一三七八年三月額我略過世，與繼任者烏爾巴諾六世（Urban VI）和平談判才得以開

1 翻譯自Matteo Palmieri, *Vita civile*, ed. G. Belloni (Florence: Sansoni 1982), pp. 43-44。這是一首重要的讚歌，讚美了知識經歷了八百年的lunga ignoranza，「深刻無知」之後終於復興。帕爾米耶里用rinascita這個詞，也就是重生，來形容這個過程。他要求市民的公眾生活和私人生活都必須效忠共和國。見Najemy, *A History of Florence*, pp. 211-15。

2 「早上當人們在坑裡發現大量屍體時，他們拿了些土過來然後鏟起來蓋在他們上面；後來其他屍體又堆在上面，然後又疊上另一層土，就好像用一層麵一層乳酪做成千層麵那樣」（Marchionne di Coppo Buonaiuti，引言出於Ole Benedictow, 'The Black Death: The Greatest Catastrophe Ever', *History Today* 55.3 [March 2005]）。

3 這在Najemy, *A History of Florence*的'War Against the Church'，頁一五一－一五五有所描述。

* Chancellor，總理管理市政府，並透過信件或演說，在正式場合代表城市。

† 信件書寫的技藝被稱作書信藝（ars dictaminis），任何想當官的人都必須精通這門技巧。

4 Najemy, *A History of Florence*, 'War Against the Church', p. 152.

始。接下來發生了天主教會大分裂（The Great Schism，譯注：亦稱「西方教會大分裂」），代表沒人有辦法好好逼迫佛羅倫斯支付當初承諾的教會毀壞財產修復賠款；而長期來說，佛羅倫斯藉此更加有效控制了自己城內的宗教機構。隨著教宗權力衰退，且平信徒堅稱自己是創造自身宗教認同的參與者，這成了一種在一四〇〇年之後遍及歐洲的趨勢。（在第十六章會進一步探索。）

戰後期間，缺乏技術的羊毛梳毛工（Ciompi）曾猛烈表達激進的想法和行動。[*5]一開始看似只是典型的城市統治派系權力鬥爭。（關於佛羅倫斯的政府體制，見頁三三三－三三五。）到了此時，八名最高執政官大半是從主要同業公會選出，而這些公會則已被城中最強勢的幾個家族所支配。當知名麥第奇家族的一名表親薩爾韋斯特羅・德・麥地奇（Salvestro de' Medici）於一三七八年五月被選為正義旗手時，他主張恢復一二九三年的正義法規，回歸原本由二十一個同業公會（七大公會之外再加十四個小公會）參與的體制。

這個提案吸引大量支持，並激起了工匠與工人的大集會，提出了他們的連貫改革計畫。黑死病之後的勞工短缺導致薪資上漲，但有紀錄顯示，家族成員多、就業和收稅不固定導致了收入壓力越來越大。無情的收債又特別使憤恨日漸增加。在這之前，大部分的勞工都還是排除在公會之外，但到了此時，聚集在城內公共空間（特別是在新聖母大殿前面）的他們，要求成立自己的同業公會，並有權從中選出八名最高執政官之中的兩人。他們採用了鐵匠火鉗來當遊行旗幟，代表鉗子足以夾斷反對者的力道。湧上街頭的他們拚命擠進第一市民宮，並擁立一名新的正義旗手，一位叫作米凱蘭・迪・蘭多（Michele di Lando）的工匠。有一名支持起義的人如此評價：「此舉是為了讓更多人能在公職參一份，好讓人人都能滿意、讓市民團結起來，讓貧苦人能得到自己應有的一份；因為這些人總是承擔代價，但獲益的卻始終都是有錢人。」[6] 平等主義彷彿即將到來。

從動亂中出現的，可不只有一個新的勞工同業公會，而是三個：一個屬於有技術的羊毛布料工，一個屬於布料貿易方面有專精的人，還有一個屬於缺乏技術的梳毛工。第三個同業公會估計有九千名成員，比原本二十一個同業公會加起來的四千至五千名成員還要多上太多。擬定新政府提名人選時，提交審核的六千人名單中有一千七百名是至今都未有代表的勞工，這遠比過往所知都還要多上太多。†

這時候梳毛工已經自信過頭了。七個主要同業公會保住了六千個人選中的兩千八百人。梳毛工誤以為可以反對的人數比這還多，因而於八月底再度聚集在新聖母大殿前的廣場，並要求對名單進行一次更全面的審核。他們聲稱有權如此，但當他們的代表帶著這些要求回到第一市民宮時，氣氛已經變了。身為正義旗手而負責保安的米凱蘭・迪・蘭多逮捕了這些人，接著當梳毛工衝向廣場抗議時，他還召集了如今共二十三個的同業公會來對抗他們。約莫有六個人遭殺害，還有人受了傷，而剩下的人則是被趕出廣場。九月一日，一場全體市民大會決定廢止梳毛工同業公會。

下頁：弗朗切斯科・羅塞利（Francesco Rosselli）所繪的十五世紀佛羅倫斯面貌，強調了主教座堂穹頂和喬托那座鐘塔的顯著地位。也可以留意主教座堂右側氣宇不凡的第一市民宮。

* 梳毛工（Ciompi）這個名字似乎是來自法文的Compar，一個意指「朋友」或「盟友」的問候詞，當作「跟我一起喝」的前綴詞。

5 Najemy, *A History of Florence*, 'The Ciompi Revolution', pp. 161-66.

6 同前注，頁一六五。

† 在可以反對被提名人選的審核結束後，最高執政官將會由抽籤選出。

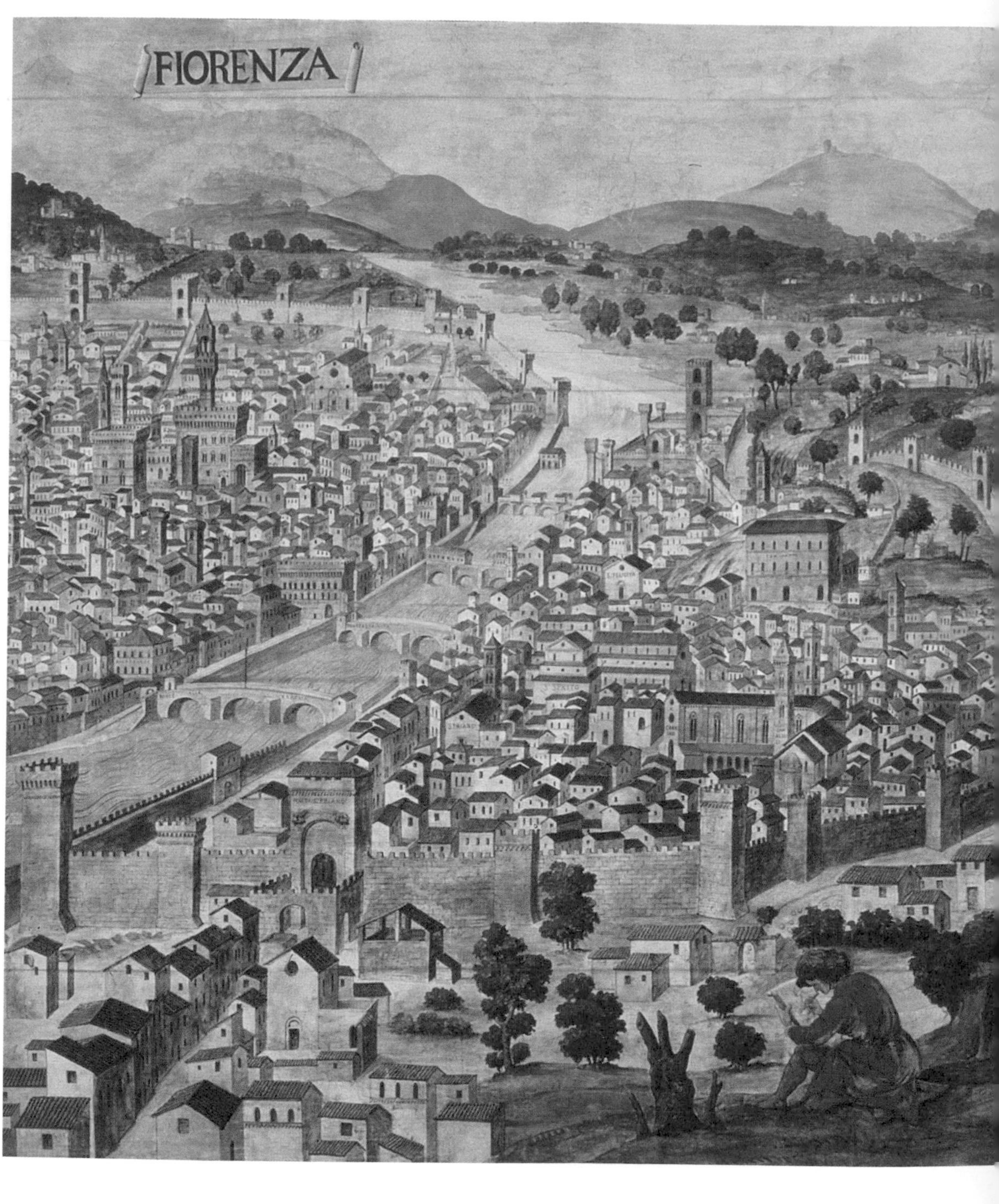
FIORENZA

FIESOLE

即便沒有達成全面民主，這次起義也並非徒勞無功。剩下的二十三個同業公會分成了兩派，一邊是原本的七個主要公會，一邊是如今增至十六個的小公會。有人宣稱，改革如果缺少了在大會中集結的「全佛羅倫斯人完整、自由、全體、絕對的權力」就無法實現，後來也確實設置了一個更屬於大眾的政府。接下來四年裡，大部分的最高執政官都是從有技術的工匠中選出：製帽匠、金匠、皮貨商和玻璃匠。由於職務一次只有兩個月，所以最高執政官的來去相當快。研究顯示，來自小同業公會的人和主要公會的人一樣多，而且有一百個過往沒紀錄的家族派出了代表。梳毛工起義被視為文藝復興期間各地所知最近似民主革命的運動，而且它證明了，就算是技術勞工階級也發展出了一種政治認同。然而，後來才知道參與與否的分界線，在於有技術和無技術之間。大難臨頭的時候迪・蘭多捨棄了梳毛工。十八世紀時有一座米凱蘭的雕像被放置在新市場涼廊（Loggia del Mercato Nuovo）的一座壁龕裡，此時已被視為維穩救星。

然而，就如隨時間過去常發生的情況一樣，起義的動力減緩了。到了一三八二年時，菁英又重新組織起來。數字顯示，一四一一年時，候選擔任最高執政官的一千零六十九人中，又有一大半，也就是八百八十四人來自主要的同業公會。日漸盛行起來的，是以擔心勞工再度崛起為基礎的新意識形態。當佛羅倫斯一位新主教於一三九〇年用一段日後將公諸於世的話勸告那些領主之後，便加劇了緊張氣氛：「如果你想掌控大權，就讓人民一直挨餓。」[7]

儘管有這番對抗，被選出來的官員所代表的市民範圍，還是比之前廣泛了太多。後來證明，新政府在經濟日漸繁榮的支撐下，確實比之前的穩固。對奢侈品的需求增加，而精明的佛羅倫斯商人能夠滿足這需求。許多布料工的技能轉移到了絲綢製造，也就是該城十五世紀最成功的新產業。他們在貿易路線上一路蒐集從奴隸到香料的大量商品，然後和上述的主要商品一併賣出。巴爾迪和貝魯奇破產帶來的震撼，促成了更有效率的信貸管理方法，而佛羅倫斯商人家族依舊是國際舞台上所有玩家中最足智多謀的一群。佛羅倫斯的狹窄巷弄和厚重的要塞宮殿，（和威尼斯宮殿那一道道從運河各處都一覽無遺的牆面相比）給人固若金湯的印象，也因此讓今日的參觀者很難領略當年這座城市的國際往來範圍有多大，也很難領略該城不管是在西班牙和葡萄牙、安特衛普和布魯日、羅德斯島和耶路薩冷，或者一四五三年君士坦丁堡陷落後在高奏凱歌的鄂圖曼帝國等地開發新市場時，有多麼地冷酷無情。一間典型的佛羅倫斯商行可能會有二十五間橫跨地中海和北歐的海外分行。

當一場由米蘭公爵吉安・加萊亞佐・維斯孔蒂所發動的、看似幾乎就要勝利的入侵，因為他自己於一四〇二年死於黑死病而崩盤後，這個世紀便順利地結束了。一四〇六年，佛羅倫斯終於控制了比薩，也就控制了它自己的出海口。再加上一四二一年從熱那亞人買來的利弗諾（Livorno）及比薩港（Porto Pisano）之後，佛羅倫斯如今確保了海上強權的地位。到了一四〇〇年代初期，佛羅倫斯已經完全有資格能自豪於其成就，而他們新獲得的信心和財富，提供了人文主義發展的穩固環境。

研究這段時期的其中一本最有影響力的著作，一九五五年漢斯・巴倫首度出

下頁：佛羅倫斯神聖洗禮堂的穹頂，裝飾著豪華的十三世紀鑲嵌畫。

7 Najemy, *A History of Florence*, 'The Ciompi Revolution', p. 177. Najemy對人們仇視勞動階級的情況描述（頁一七六起）非常珍貴。

ARCANGELI
ANGELI

POTESTATES

版的《義大利文藝復興早期的危機》（*The Crisis of the Early Italian Renaissance*），認為一四〇二年佛羅倫斯戰勝米蘭啟發了改變城市文化精神的「市民人文主義」。[8]然而，就跟之前面對雅各・布克哈特的時候一樣，研究人文主義的歷史學家現在比較謹慎，不會斷然假設有什麼全新的東西突然於一四〇〇年出現。義大利各城市的政治爭論，早早從十二世紀開始就已生氣蓬勃。亞里斯多德影響力深遠的《政治學》於一二六四年翻譯完成，並被「帕多瓦的馬西略」用於《和平捍衛者》之中。安布羅喬・洛倫澤蒂（Ambrogio Lorenzetti）於一三三八至一三三九年間在錫耶納市政廳（Palazzo Pubblico）繪製的知名濕壁畫《好政府與壞政府的寓言》（*Allegories of Good and Bad Government*），再一次使用了亞里斯多德《政治學》的典範，而亞里斯多德當然可以被視為「市民人文主義」的一個靈感來源。然而，十五世紀早期佛羅倫斯盛行著某種氣氛，給了市民人文主義一種從知識菁英延伸出去而進入城市公眾生活的動力。這氣氛的核心是一種對共和主義的讚揚吹捧，即便我們接下來將看到，佛羅倫斯共和國從來都不像自己宣稱的那麼純粹。

巴倫偏愛的人文主義者是總理科魯喬・薩盧塔蒂，此人已因捍衛城市自由的信件十分能言善辯而出名。熱切擁護佩脫拉克的薩盧塔蒂（他主張這位人文主義者比西塞羅和維吉爾都偉大），於一三九七年邀請了希臘學者曼努埃爾・赫里索洛拉斯（Manuel Chrysoloras）到該城教導希臘文，讓古典世界的研究更進一步。這是多個世紀以來，歐洲第一次開始從原典閱讀亞里斯多德、柏拉圖及其他古希臘文化偉大遺產代表人物（還包括悲劇作家艾斯奇勒斯〔Aeschylus〕、索福克勒斯、尤里比底斯）的著作。而且還不只如此。如果一個人想要更全面了解維吉爾和賀拉斯等拉丁文重要作者，那麼他也得從原典來吸收這些作者所追隨的典範。儘管菁英階級還要再十幾年才會普遍精通希臘文，但這卻是一個重要的起步，且有助於人文主義的範圍擴張。

率先精通這批還原著作的其中一人，就是另一個巴倫特別偏好的人物，也就是李奧納多・布倫尼。布倫尼來自阿雷佐，佛羅倫斯於一三八四年取得了這個城市。薩盧塔蒂發現了他的天分，並徵召他來佛羅倫斯的祕書室。就跟許多人文主義者一樣，布倫尼也在羅馬效力。他先是在四任教宗底下擔任教宗祕書室的祕書，然後才於一四二七年回到佛羅倫斯自己擔任總理，直至一四四四年過世為止。布倫尼以雄辯口才聞名；在同段時期，一四一六年在聖加爾修道院發現的羅馬演說家昆體良著作《辯論家養成》（約成書於西元九五年）全文，為羅馬修詞學提供了良好的入門，並為演講者的訓練提供了模範。布倫尼對於這項發現十分熱中。

在米蘭奪取佛羅倫斯失敗沒多久後，布倫尼便寫下了《佛羅倫斯城讚歌》（*Laudatio Florentiae urbis*）。[9]他的模範來自西元二世紀希臘修辭學的偉大時代，也就是所謂的第二智辯期（Second Sophistic）。那時候羅馬帝國態勢穩定，而地中海東部的希臘諸城則相安無事。演說家埃利烏斯・阿里斯提德（Aelius Aristides）讚揚雅典城是抵擋暴虐波斯的希臘自由捍衛者，而現在布倫尼則拿來用在抵擋暴虐米蘭、捍衛自身自由的佛羅倫斯身上。布倫尼又特別重申了「知往鑑來」的重要

---

8 Hans Baron, *The Crisis of the Early Italian Renaissance*, rev. ed. (Princeton, NJ, and Oxford: Princeton University Press, 1966). Putnam, Leonardi and Nanetti, *Making Democracy Work*主張公民人文主義這種文藝復興傳統在義大利北部延續到了今日（相較於南部各城市）。

9 可在線上取得：https://www.york.ac.uk/teaching/history/pjpg/bruni.pdf，引文也出於此處。關於布倫尼的修辭學，見James Hankins (ed.), *Renaissance Civic Humanism: Reappraisals and Reflections* (Cambridge: Cambridge University Press, 2000), chapter 5, James Hankins, 'Rhetoric, History and Ideology: The Civic Panegyrics of Leonardo Bruni'。

性，而這是人文主義的一個關鍵特色。

《佛羅倫斯城讚歌》是露骨的宣傳文章，但還是相當激勵人心。布倫尼將佛羅倫斯的偉大追溯至羅馬帝國的過往，但其精神來自建城時期，也就是羅馬還是共和國的西元前一世紀。到了現在，對羅馬的吹捧已經遍布於佛羅倫斯受教育菁英之間，所以布倫尼得以毫無顧忌地自由發揮，但在下文中他強調的是羅馬的人民而不是羅馬帝國的導師們：

> 全世界有哪個民族比羅馬人更卓越、更強大，在每種優點上都更傑出呢？他們的行為是如此卓越，以至於其他人做過的最佳功績和羅馬人相比就像兒戲……多個世紀以來他們用最佳的能力治理，所以單一個城市能產出的美德範例，就比**至今**所有其他國家所能產生的還多（此處的粗體字是我的強調）……**如今**，如果家長的榮耀、高貴、美德、堂皇和莊嚴也都能讓子孫卓越，那麼全世界就沒有人能像佛羅倫斯人這樣值得有尊嚴，因為他們是出於這種在每一種榮耀上都遠遠超越凡人的家長……你在別處哪都找不到這樣的內在自律，這樣的整潔，還有這樣的和諧合作……這個十分謹慎明智的城市各部位都協調一致，所以就產生了唯一偉大且協調的機構，其協調一致讓人們的所見所思都十分滿意。

除了使用阿里斯提德之外，另一本已知布倫尼有仔細讀過的著作也迴盪

下頁：貝爾納多・羅塞利諾所建造的、李奧納多・布倫尼（1444年逝）優雅的陵墓，讚揚這位優秀的演講者、歷史學家兼1427年至過世為止的佛羅倫斯總理。

POSTQVAM LEONARDVS EVITA MIGRAVIT
HISTORIA LVGET · ELOQVENTIA MVTA EST·
FERTVRQVE MVSAS TVM GRAECAS TVM
LATINAS LACRIMAS TENERE NŌ POTVISSE·

在這首讚歌中，它就是《伯羅奔尼撒戰爭史》（*The History of the Peloponnesian War*）；希臘歷史學家修昔底德（Thucydidesc，西元前約四六〇－四〇〇年）在這本著作中記錄了一首由雅典政治家伯里克里斯（Pericles）所寫、同樣將對象美化的頌詞。到最後，《伯羅奔尼撒戰爭史》成為了人文主義者的一個重要典範。它讓人看到一段殘暴衝突的敘事史，而其作者聲稱內容屬實且除去了神話成分。這是一種古代結束後就已失傳的歷史方法——人們認為四世紀晚期的希臘歷史學家阿米阿努斯・馬爾切利努斯（Ammianus Marcellinus）是最後一位掌門人。

布倫尼讀到的另一本希臘史學著作，是波利比烏斯（Polybius）的《歷史》。波利比烏斯（西元前約二〇〇－一一八年）是一位教養良好的希臘貴族，羅馬人於西元前二世紀征服希臘時把他抓走當人質。《歷史》涵蓋西元前二六四至一四六年，並包括了迦太基滅國的描述。羅馬的共和體制以及它如何提供動力讓羅馬成功興起為帝國，都讓波利比烏斯十分著迷。這種對共和主義的讚揚和布倫尼自己的信念可說琴瑟和鳴。他在後來的一份著作中宣稱，「共和國（commonwealth）的唯一合法架構就是眾人的架構，在那之中自由是真實的，在那之中所有公民在法律上人人平等，在那之中追求美德的行為不會啟人疑竇而能興旺繁盛。」[10]但這實在滿不符合於佛羅倫斯動亂的政治生活，特別是因為該城是侵略性資本主義的溫床。

布倫尼也以《佛羅倫斯人民史》（*Historiarum Florentini populi*）聞名。[11]這本大作通常被說是「第一本當代史」，而且就本作小心使用多樣資料來源、避開喬萬尼・維拉尼一個世紀前記錄的佛羅倫斯早期傳說記事來看的話，這稱號也合情合理。本書在筆調上堅決走世俗路線——布倫尼尤其拒絕「史學史政變」（historiographical coup）；約翰・包羅（John Burrow）在他針對歷史寫作的研究調查中，用這個詞來指教會史學家把羅馬帝國描述成基督教進行不可避免之擴張的及時幸運基礎，並據此看法來塑造整套歷史。[12]不過，這時候居於優勢地位的是羅馬共和國。布倫尼在第一章就摧毀了佛羅倫斯建城傳說，並以修昔底德和（寫羅馬的）李維等古典歷史學家典型的做法，用一連串的戰役加上人物發言的精華片段構成敘事體，來重塑該城歷史。然而，這當然是由意識形態、由佛羅倫斯相較其他城市的突出之處，以及藉由吹捧波利比烏斯筆下促使羅馬偉大的共和主義，所共同驅動的歷史。寫史二十年後，布倫尼於死前不久完成了最後一本也是第十二本書，而在他的葬禮上把這本著作放在他的遺體上很恰如其分。聖十字聖殿內那優雅至極的、由貝爾納多・羅塞利諾（Bernardo Rossellino）雕刻的文藝復興陵墓，再度展現了把傑作擺在胸口上的布倫尼。他的下一任領事寫了一段合宜的墓誌銘：「李奧納多離開此生後，歷史為此哀悼而辯才為此沉默，而有人說繆思們不分希臘或羅馬，都止不住淚水。」

布倫尼在羅馬工作時樂於指導其他聰明學生，後來最出名的是一四〇三年生於該城的羅倫佐・瓦拉（Lorenzo Valla）。羅倫佐是一個很難搞的人，學術上很傑出，但傲慢又愛唱反調。[13]他

10 引文出自Hankins, 'Rhetoric, History and Ideology', p. 172。

11 這被James Hankins譯為*History of the Florentine People*，由Harvard University Press在他們重要的I Tatti Renaissance Library series中出版：第一冊，二〇〇一；第二冊，二〇〇四。

12 「第一本當代史」和「史學史政變」這些說法來自Burrow的*A History of Histories*，頁二八五。

13 荷蘭格羅寧根大學的Lodi Nauta針對瓦拉的作品貢獻了一篇傑出的文章，刊於史丹佛哲學百科：https://plato.stanford.edu/entries/lorenzo-valla/。另見Celenza, *The Intellectual World*，第八至十章，以大量篇幅探討了瓦拉。

的工作生涯就說明了人文主義者和教會之間的關係有多複雜。他在《論快樂》（*De voluptate*）提倡回歸伊比鳩魯（Epicurus，西元前三四一－二七〇年）哲學；這位西元前二世紀的希臘思想家，曾教導人精神愉悅是生命的主要目標。瓦拉企圖藉由主張「上帝創造了一個人獲得享樂之能力的良善世界」來結合伊比鳩魯學派和基督教。這和比較刻苦的哲學（好比說傳統上為基督教對愉悅之態度定下基礎的斯多噶主義）起了衝突，而瓦拉因此被宗教裁判所以異端邪說為由追捕；要不是有那不勒斯國王的保護，他根本無法倖存。一四四八年，新任教宗尼閣五世決意要把羅馬變成人文主義研究的中心，因此把他召來當祕書，專門協助翻譯希臘文，讓瓦拉的運勢出乎意料地否極泰來。

儘管在一四四〇年代發現歷代教宗明確宣告自身權力時極其倚重的《君士坦丁獻土》為偽造文件的人就是瓦拉，他還是能在教宗機構內順利升遷。（看來教宗們對這發現就只是視若無睹。）瓦拉證明了《君士坦丁獻土》中的詞語是後來追加的，在君士坦丁的時代沒人看過（現在被定年為八世紀中）。光是在這件事上，他就在語言學研究方面產生了重大進展。[14]瓦拉的研究證明，用於語言的拉丁文從來都不是靜止的，並從這一點出發，進一步證明了文學分析如何能應用在宗教文獻上。他運用自己的希臘文知識，以批判眼光審視《新約聖經》的熱羅尼莫譯本，也就是被教會賦予了不可動搖權威的《武加大譯本》。就如研究文藝復興的學者羅伯特・布萊克（Robert Black）所言：「讓《聖經》本身臣服於批判式文本分析，是西方歷史上的真正革新，不論在古代或中世紀都史無前例。」[15]令神學家憤怒不已的另一個「人文主義成就」，就是主張所謂的「使徒」、「教條」都不可能追溯至使徒的時代。瓦拉再度率先駁斥了一封偽稱是羅馬斯多噶派人物塞內卡和使徒保羅的來往書信。他也將會啟發德西德里烏斯・伊拉斯謨對天主教的批判分析（見第十六章，頁五四八－四九）。

瓦拉在他那本光是一四七一至一五三六年間就出了六十刷、成為人文主義者暢銷書的《拉丁語文之優美》（*Elegantiarum Latinae Linguae*, 1435-1444）中，依循佩脫拉克的想法，譴責中世紀早年的學識缺乏，尤其譴責拉丁文在這段時期中敗壞的情況。他的抨擊目標包括「塞維亞的依西多祿」那本廣受歡迎的《詞源》。他尖銳地攻擊大學經院哲學，同時攻擊其呈現論點的方法，也攻擊其術語。瓦拉在崩解亞里斯多德的霸權上有一些作用，提醒他的擁護者說，有其他值得尊重的哲學家，而亞里斯多德所描述的觀察結果可從經驗上證明為誤，因此替新的智識觀點提供崛起的舞台。他延展了哲學的地平線。

在義大利北部王侯宮廷間，有一股日漸蔓延的熱潮，是把人文主義教育拿來當作長年大學學習以外的另類選擇，而瓦拉就是身處這股熱潮中的一人。[16]李奧納多．布倫尼在佛羅倫斯照顧過的人裡，有一位在該城教過五年書的年輕人文主義學者「維洛納的瓜里諾」（Guarino of Verona，約一三七四－一四六〇年）。瓜里諾是希臘文專家，甚至還花了一些時間在地中海東側尋找原始手稿。一四二九年，他被費拉拉的埃斯特侯爵（Niccolo III d' Este）找來專門指導他兒子李奧涅羅。瓜里諾趁機在費拉拉開了一間學校而且生意興隆，吸引了義大利各地的貴族公子，甚至還有人遠

14 Celenza, *The Intellectual World*，頁二〇六至一〇對於瓦拉談《君士坦丁獻土》假造的文章有著不錯的分析。另見Nelson, *King and Emperor*在頁三五三至五六分析《君士坦丁獻土》的八世紀背景。

15 Allmand (ed.), *The New Cambridge Medieval History: Volume 7*, chapter 12, Robert Black, 'Humanism', p. 266.

16 Ruggiero, *The Renaissance in Italy*處理了這些學校，頁二四六－四九。

從歐洲各地前來。

瓜里諾刻意排出了一套他覺得比大學更好的課程。課程有三級。第一級要精通拉丁文；接著下一級就要進一步加上希臘文，而這兩種語言都是要用來探索古代史和古典文學的。第三級專注於修辭學和哲學，包括了亞里斯多德以及柏拉圖，儘管後者的文獻當時的人們只見過少許。甚至還有課程是給沒什麼菁英背景但有前途的學生就讀。*

同時，在曼圖阿（Mantua）的貢扎加（Gonzaga）家族宮廷裡，另一位人文主義者「費爾特雷的維多里諾」（Vittorino da Feltre, 1378-1446）成立了一間學校，

前頁和本頁：費德里科・達・蒙特費爾特羅在烏爾比諾的私人書房「工作室」，在美妙的鑲嵌板工藝中，展現了文藝復興時期君主在智識、音樂和軍事活動上的涉獵廣泛。鑲嵌板更上方的人物，會在頁1009的附錄二描述。

* 然而實際上，在一個階級依舊分明的社會中，這些學生到頭來沒有幾個會擁有若要學以致用就不可或缺的人脈。

其課程比較傳統，但強調了在基督教脈絡下自律及道德行為的重要。它在別地方有所創新；公爵的女兒和兒子們一起受教，學校開放所有階級入學，而且還刻意企圖打破師生間的屏障。到頭來它相當受歡迎，在創辦人過世後還持續興盛了二十年，也因此把人文主義的理想散布到了義大利之外。

人文主義者們給「人文研究」注入了一種樂觀氣息。人們強力支持著一種全方面的生命重新覺醒。瓦拉尤其主張，繪畫、雕刻、建築和其他博藝學科「其實已經死了」，但現在「它們醒來迎接新生，並在一群令人敬佩的傑出工匠和飽學文人之間興盛起來。」人文主義有別於經院哲學那些思考範圍很少超出大學深思世界的人所思考的曲高和寡抽象事物，它的理想灌注到了藝術世界。

13

佛羅倫斯文藝復興的繁盛

有太多來自我們最朝氣蓬勃之過往古代的傑出優秀藝術，現在居然看來匱乏且幾乎完全喪失，曾一度使我同時驚奇並感傷。我們從遺留下來的著作與他人的提及，而得知它們過去一度盛行各地。畫家、雕刻家、建築師、音樂家、幾何學家、雄辯者、先知者以及同樣神奇而高貴的智者，今日都很難找到，而能稱讚他們的人也很少……那之後我結束了漫長的流亡回到佛羅倫斯，而我開始了解到，有許多人的身上，特別是你菲利波（Filippo）以及我們的好友雕刻家多那多（Donato）等人的身上，有一種能完成每一件值得讚賞之物的天才，一種讓他們不應排在古代任一位此類技藝名人之後的天才。

出自萊昂・巴蒂斯塔・阿伯提，《論繪畫》（*Della pittura*）序言十五世紀時，又是佛羅倫斯催化了一場藝術創造力的爆發。到了一四二〇年代時，不論是在新的大教堂（Duomo，譯注：義大利語，指具有主教座堂特色的教堂，但未必已得到主教座堂封號），還有那間受人崇敬的洗禮堂，以及南邊不遠處、那座可以把主教座堂鐘塔盡收眼底的聖彌額爾菜園，周遭都有著很熱鬧的活動。[2]大教堂幾乎要完成了，穹頂的八角形底座還開著大口，但穹頂的興建已於一四二〇年委託給菲利波・布魯內萊斯基（Filippo Brunelleschi, 1377-1444）；此人是公證人之子，原本是訓練成金匠，但在羅馬研究古代建築後，強化了他當建築師的信心。僅僅一年後，布魯內萊斯基便於一四二一年獲得了有史以來所知的第一個專利權，而在技術史上標記了關鍵時刻；在這個案例中，其專利是一種可以載運大理石的平底駁船，而該城給的期限為三年。*

布魯內萊斯基之前就已從產業與財富都快

速擴大的絲綢勞工產製同業公會——「聖瑪利亞門」那邊取得了一項重要的委託案。各個同業公會都是慈善活動的優良資助者。「聖瑪利亞門」負責該城的孤兒（黑死病過後孤兒實在太多），並決定興建一座合適的醫院（Ospedale）給那些無辜者（innocenti），並確保人人都知道他們努力行善。「無辜者醫院」（Ospedale degli Innocenti，譯注：就功能而言是「孤兒院」，因此也有這種譯名）是典型的佛羅倫斯建築，利用公共空間，也就是旁邊的聖母領報廣場（Piazza Santa Annunziata）來產生戲劇性效果。布魯內萊斯基使用典雅的立面，有意識地排斥任何哥德式建築的影響，並使用來自托斯卡尼的羅曼式典範，以及更早先的古典風格。所以該建築的廊柱細長，頂著一個個弧形的半圓拱，拱廊通道被這些柱子分割成了九個方塊，而空間（好比說，柱子之間的空間）提供了一種樣板，複製到整體設計的其他部位去。「無辜者醫院」通常被視為文藝復興思想第一次真正表現在建築物上。然而，布魯內萊斯基自認可以完成大教堂穹頂的傲慢自信，卻還未經歷測試。他自行從羊毛同業公會「拉那」接獲委託，但當他們提議讓金工大師

前頁：為了收容佛羅倫斯孤兒而於1419年委託給菲利波・布魯內萊斯基打造的「無辜者醫院」，通常被視為第一間真正的文藝復興建築，並反映了該時期輕盈而和諧的精神。

1 出自萊昂・巴蒂斯塔・阿伯提《論繪畫》序言，trans. John R. Spencer (New Haven and London: Yale University Press, 1970)。

2 佛羅倫斯文藝復興藝術的研究調查眾多。接下來幾頁探討的主題，在Campbell and Cole (eds.), *A New History of Renaissance Art*, chapter 2, '1400-1410: The Cathedral and the City'，以及chapter 3, '1410-20: Commissioning Art: Standardization, Customization, Emulation'，都有良好的記述，並附上插圖。另見Loren Partridge, *Art of Renaissance Florence, 1400-1600* (Berkeley: University of California Press, 2009)。

* 就所知，英國於一五六五年以前都還沒授予過專利權。

羅倫佐・吉貝爾蒂跟他一起工作時，他的反應卻是大為光火。

這兩人之前就有過節。二十年前（一四〇一年），負責興修洗禮堂的同業公會「卡利馬拉」決定在洗禮堂增添第二套鍍金鑲板門，並舉行競賽決定委託對象。布魯內萊斯基和吉貝爾蒂是最後兩名決選，而他們呈現以撒犧牲的試作件還留存至今。看了就知道為何是吉貝爾蒂勝出。布魯內萊斯基把他的人物當成個別的物件釘上去；而吉貝爾蒂則是創造了一個更有一致性而充滿生氣的設計，而且也比較輕，所以鑄造起來沒那麼花錢。他那扇將基督生平各場面放進一個個哥德式框架而構成的大門大獲成功，成功到還被要求再造第二扇，也就是知名的「天堂之門」，而這一次則是描繪了《舊約聖經》的場面。吉貝爾蒂於一四二五至一四五二年打造這第二套門時，獲得了隨意發揮的自由。他把場景延伸到了整面門板上，使用了一種讓藝術家可以正確重現現實存在之世界的新方法，也就是使用線性透視。[3]

此時，海桑（頁三一四）的影響力再度顯得重要。儘管希臘古典藝術通常是以純理想主義為特色，而中世紀則是比較和象徵呈現有關，但如今，一種新的現實主義於一四二〇年後滲入了西方藝術。嚴格來講，說以前都沒有現實主義是不對的；我們保證可以在希臘化時代那些受折磨的雕像，或者羅馬共和國那些表情嚴峻的人物胸像上找到現實主義，但這些都是立體作品。在羅馬龐貝城建物遺址的平面壁畫中，是有人試著加入透視，但通常都滿拙劣的。然後透視的使用就失傳了。喬托和他的追隨者在早一個世紀之前就了解有這個難題，而他們盡了力在繪畫中提供深度，但關於他們如何在平面表面上創造立體景象的幻覺，就沒留下有條理的紀錄。[4]布魯內萊斯基似乎是為此找到系統的第一人，時間可能是一四一三年前後。

布魯內萊斯基沒有替自己的步驟留下紀錄，而要到一四八〇年代才有人第一次記錄下他的解決方法。不過毫無疑問的是，他用來定位透視的系統被認為是一項至關重要的革新，而且很快就會有藝術家群起效仿。於一四三〇年代返回佛羅倫斯的博學人文主義者萊昂・巴蒂斯塔・阿伯提，在他的《論繪畫》中寫道：「他（布魯內萊斯基）發明了人們過去從沒聽過也沒看過，也沒有先前範例的藝術以及科學。」而第一個替布魯內萊斯基作傳的安東尼奧・馬內蒂（Antonio Manetti）講得就比較清楚明白。一四八〇年代動筆時，他認為布魯內萊斯基「提出了今日繪者稱作透視之物並加以實現」。[5]然而這項「發明」的背景仍然模糊不清，而且佛羅倫斯人總樂於認定自己人是天才，就算有來自外部的靈感來源，可能也被刪去了。

通常人們都假定，當布魯內萊斯基待在羅馬，面對自己正在考察的古建築時，他得要找到一種方法來記錄他確切所見的景象。他似乎以某種方式接觸到了海桑的著作，而就如我們前面所讀到的，海桑曾創造一種數學公式，展現來自一個物體的眾多光線要怎麼相會並被眼睛所吸收。回到佛羅倫斯老家之後，布魯內萊斯基便在大教堂西門口，畫起一張從門內看去的佛羅倫斯洗禮堂

3　Campbell and Cole (eds.), *A New History of Renaissance Art*, chapter 4, '1420-30: Perspective and its Discontents'。另見 Wootton, *The Invention of Science*, pp. 164-72。

4　關於喬托使用的那套「前透視」，Hans Belting, *Florence and Baghdad: Renaissance Art and Arab Science* (Cambridge, MA, and London: Belknap Press of Harvard University Press, 2011), pp. 135-45，做了有用的討論。這本書基本上是「凝視（比較）史」，在兩種截然不同的文化中，可以被看和不可以被看的各有什麼。

5　同前注，頁一六四－一六五。

風景。選擇洗禮堂的意義非常重大。那是佛羅倫斯最老也最受人尊崇的建築物——許多佛羅倫斯人甚至認為那源自羅馬帝國——而布魯內萊斯基選擇畫它，可能是要表達他對古人的尊崇。他打了一個洞穿過他那張畫的背側。接著他站在他之前畫洗禮堂的同個位置面對洗禮堂。然後他舉起了他之前畫的同一棟建築的畫，但是是把畫的背面對著自己。在畫外他舉著一面鏡子*然後用單眼望穿洞。關鍵的地方在於（先不管那是意外發現，還是海桑給他的靈感），這產生了單一條視覺線，在這條線上，來自洗禮堂每一處的「光線」都會會合到一個中心點，也就是畫的洞口上，通常被稱作個別光線合而為一的「消失

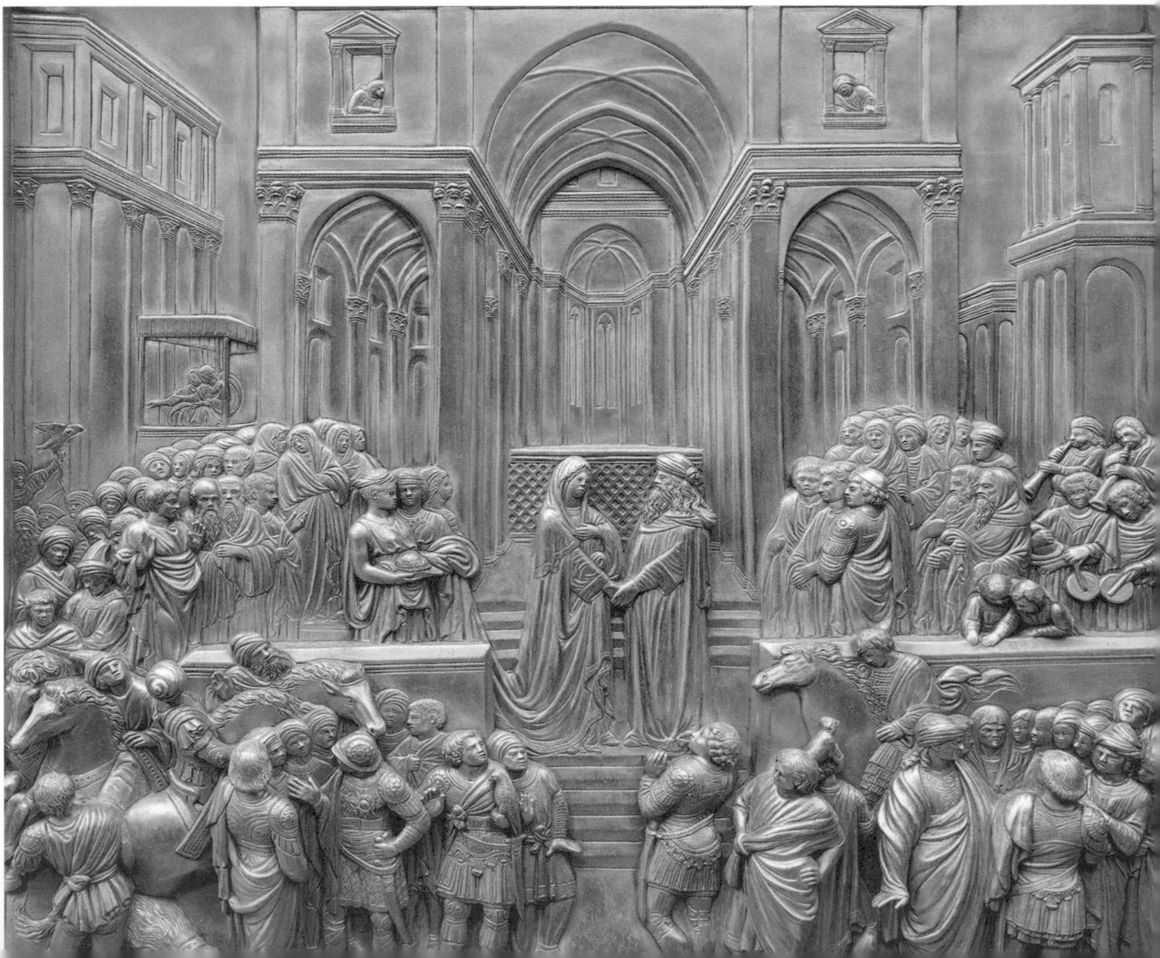

點」。現在他可以玩弄兩個畫面，立在面前彷彿實體的立體洗禮堂畫面，以及鏡子裡面映照著他繪畫的平面畫面。確保了它們相符之後，他便確定自己達到了一個幾何學上的完全準確重現，任一個物體的眾尺寸都和任何其他物體的眾尺寸都相合。

這種線性透視的使用，是再現式藝術的革命，而我們可以在《天堂之門》上看出吉貝爾蒂是如何利用這方法。他的建物不是只把畫框起來，而是可以展現深度，而不同人物的大小差異則對映了他們與觀者的距離。所以「精確呈現一個遠方背景有（好比說）建物和人物的場景」的這種可能性，如今便實現了。到了一四三五年時，阿伯提在他的《論繪畫》中描述了藝術家要怎麼處理這個問題：

> 畫家的職責就是在一定的距離外，用線條和顏色，將任何物體銘刻並繪製在一個表面上；而有了那樣一個光線集中的固定位置，你在繪畫中看到的一切就會看起來正好如該物體，還有著同樣的凹凸起伏。[6]

前頁：羅倫佐・吉貝爾蒂所打造、位於佛羅倫斯洗禮堂大門上的「天堂之門」（1425–1432年），是佛羅倫斯藝術家使用透視法的早期高超範例。這一景展現的是所羅門王和示巴女王。

* 這面鏡子顯然是從威尼斯來的，而這證明了現在已有反射玻璃鏡面。

6 《論繪畫》在 Anthony Grafton, *Leon Battista Alberti: Master Builder of the Italian Renaissance* (London: Allen Lane / Penguin, 2000)，第四章有著傑出的討論。引言出自頁一二三。

為了說明他的論點，他以畫一張方格地板的圖為例，證明了藝術家如何能準確地描繪出一路向後延伸至最遠方一個消失點（也就是「中心點」〔punto del centro〕）為止的每一塊方形地磚的大小和形狀。同樣以幾何學方式展現的那些光線，如今匯聚在平面的一個點上。

儘管布魯內萊斯基和吉貝爾蒂都埋首於自己的委託案件，但他們也會著迷於另一位偉大雕塑天才的作品；這位也跟他們在城中同一小塊地區工作的人，就是多那多・迪・尼可羅・德・貝多・巴爾迪（Donato di Niccolò de Betto Bardi），比較為人所知的名字就是「多那太羅」（Donatello，約一三八六－一四六六年）。多那太羅是梳羊毛工之子，曾擔任吉貝爾蒂的助手，後來跟著布魯內萊斯基到羅馬去研究古代雕刻。他很快就開始為大教堂和聖彌額爾菜園打造真人大小的人像。

此時這裡有熱烈的活動。[7] 幾十年來各同業公會一致同意，比較顯赫的公會每個都應該在這些建築物外側的神龕裡立起自己的人像，但由於該城大部分的雕刻家都被找去蓋大教堂，所以那些壁龕幾十年來都是空盪盪的。最後市政府威脅同業公會，如果他們不在壁龕裡放東西，就要拿走他們使用壁龕的權利。

西元二世紀時，希臘和羅馬城市擠滿了私人資助者豎立的人像，而現在正是讓這傳統復活的時機。然而，此時的人像主題不是城中的大人物，而是傳道者和聖人。多那太羅替亞麻商人的同業公會「亞麻商眾」（Linaiuoli）打造了一尊聖馬可像，還替保留給圭爾夫掌權派的神龕打造了一尊土魯斯的聖路易（St

下頁：馬薩喬在佛羅倫斯新聖母教堂內壯麗呈現的三位一體（1425-1428年），展現了該城最頂尖的其中一名畫家，是如何精通著透視法。

Louis of Toulouse）像。他按照傳統手法，用愛奧尼式（Ionic）的柱子頂著三角楣飾來把人像框起來。然而，他的傑作（到十六世紀都還被尊崇為優於其他十二件委託案的傑作）是替盔甲刀劍製造者公會「軍械眾士」（Armaiuoli）打造的聖喬治像（一四二〇年）。他打造的是一位年輕氣盛又意志堅定的人，其儀態遠遠超乎較為靜止的哥德式藝術傳統。它就有如動態的喬托畫作。在其身下是一幅美麗的半浮雕，描繪喬治打敗巨龍。多那太羅在此使用透視，來在一側展現喬治保護的公主，矜持地站在古典建築物前面，而另一側則是離事件有一段距離的洞窟。到了一四二五年，當他在錫耶納替一個領洗池製作門鑲板的時候，他又更進一步精通了這個流程，而可以用它來展現遠在晚宴場景（《希律的盛宴》〔*The Feast of Herod*〕）後方遠處的拱頂以及拱頂下的人，但這些背景全都只呈現在一面幾乎平坦的表面上。

文藝復興人文主義和線性透視在藝術中的現身，並不只限於雕刻和建築而已。阿爾諾河以南，在卡爾米內聖母大殿（Church of Santa Maria in Carmine）裡，有兩名畫家——馬索利諾（Masolino, 1383-1440）和他的徒弟馬薩喬（Masaccio, 1401-1428），正合作繪製一系列濕壁畫，來展現使徒彼得的生平。[8]皮耶羅（彼得）．布蘭卡契（Piero Brancacci）於一三六七年興建這座禮拜堂，但要到此時（一四二六－一四二八年），才有一名後代出錢做裝飾。馬索利諾和馬薩喬應該有聽過聖十字聖殿內巴爾迪和貝魯奇家族禮拜堂牆上的喬托濕壁畫，而他們在新聖母大殿則牢牢掌握了「創造出能為平面空間充實細節的立體人物」的技巧。使用陰影更能強化效果。畫中的建築物替使徒生平場面提供了背景，但那些建物是佛羅倫斯當代模樣，而畫中那些穿金戴銀的觀看者，有著佛羅倫斯成功商人的大搖大擺。有些人認為，畫中一名當彼得經過時雙手高舉祈禱的骯髒人物是馬薩喬本人，而畫中其他人物很有可能也代表了真實名人。同一間禮拜堂裡還有馬薩喬那幅氣力萬鈞的《亞當與夏娃遭逐出樂園》（*Expulsion of Adam and Eve from Paradise*），畫中兩名羞恥的人被自身命運的絕望所壓倒。為了證明他是新透視的大師，馬薩喬同年又為新聖母大殿創造了宏偉的《三位一體》，畫中釘死在十字架上的基督被放進一間在他身後延伸開來的禮拜堂內，而天父則在基督上方懸空。如今在灰泥上仍可看到馬薩喬畫來勾勒透視輪廓的線。不幸的是，他得年僅二十七歲，可能是黑死病的受害者。

那些著迷於透視的藝術家中，最優秀的或許是托斯卡尼的畫家皮耶羅・德拉・弗朗切斯卡（Piero della Francesca, 1415-1192），他被喬爾喬・瓦薩里形容是他那時代「最偉大的幾何學家」。大約於一四三九年從出生地波戈桑塞波爾克羅（Borgo San Sepolcro）來到佛羅倫斯的皮耶羅，應該很快就察覺到馬薩喬、布魯內萊斯基和阿伯提的進展，那時後者的《論繪畫》才剛發表而已。皮耶羅發表了自己的透視相關論文《論繪畫透視》（*De prospectiva pingendi*），而在他死後的幾個世紀裡，他作為數學家的名聲都蓋過了他身為畫家的名氣。他接下的委託包括了為偉大數學家兼物理學家阿基米德（西元前約二八七至二一二年）的某一版本著作繪製插圖。

吸收了佛羅倫斯透視大師們的成果後，皮耶羅離開該城，去義大利北部其他地方尋找贊助人：位於托斯卡尼的阿雷佐，以及出生地波戈桑塞波爾克羅，位於翁布里亞的佩魯賈，還有位於

7 Campbell and Cole (eds.), *A New History of Renaissance Art*, 'O-sanmichele and its Tabernacles', pp. 72-82.

8 同前注，頁一〇一－一〇三。

馬爾凱（Marche）的烏爾比諾。我們可以在他替佩魯賈某女修道院製作的祭壇聯畫上所安排的《聖母領報》*中，找到他發揮到最淋漓盡致的透視；而他那幅今天仍可在當初繪製處，也就是烏爾比諾宮殿內看到的《基督的鞭打》（*Flagellation*），至今仍讓觀者困惑不解。這張圖有兩個分開的景象，基督被鞭打的場面放在畫面遠處的古典背景中，反倒有三個人很古怪地比基督還顯眼太多。†這幅畫結合了透視的數學精確性，還有這兩個場景本身及彼此之間的關係到底想表達什麼的謎團。畫面使用光線時十分敏銳，又讓其難以忘懷的品質更上層樓，使它成為許多藝術史學家最喜愛的一幅畫。‡

此時古羅馬的影響力正以各種微妙的方式進入了佛羅倫斯的公共藝術中。當多那太羅替巴爾達薩雷・科薩（Baldassare Cossa），也就是對立教宗若望二十三世（Antipope John XXIII）在這間洗禮堂裡設計了一個陵墓時，又使這種風格向前跨了一步。科薩是天主教會大分裂結束時，在康士坦茲公會議（一四一四－一四一八年）上被罷免的其中一位對立教宗；他因為曾把佛羅倫斯守護聖者「施洗者聖約翰」的一根手指捐給城市，而在此備受尊崇。

前頁：幾何學家轉畫家的皮耶羅・德拉・弗朗切斯卡所繪製的《聖安東尼祭壇畫》（*Polyptych of St Anthony*, 1467-1468年）。畫中頂端的〈聖母領報〉，將透視法用得淋漓盡致，令同時代的人們震驚不已。

* 目前收藏於該城的翁布里亞國家美術館（Galleria Nationale dell'Umbria）。

† 關於他們代表誰，有著無止境的爭辯，有可能是蒙特費爾特羅（Montefeltro）家族的成員，烏爾比諾的公爵們，但也有許多想像力豐富的其他說法。

‡ 常有人引述藝術史學家兼藝評肯尼斯・克拉克（Kenneth Clark）的話，說《基督的鞭打》是他最喜愛的十張畫之一。

他的墓是佛羅倫斯最早期的文藝復興式墳墓之一，本身雕刻精美，又與洗禮堂內部的羅馬柱完美相契。付錢的是一位喬凡尼・德・麥地奇（Giovanni de' Medici, 1360-1429），此人曾利用他與科薩的交情，攬下了教宗的銀行業務。於是，一個家族和一個不管對哪種獨裁都十分敏感的共和國，就這麼開啟了一段複雜關係。

麥地奇家族第一位地位顯赫的成員喬凡尼，是商人兼銀行家。[9] 喬凡尼保守的投資政策（主要是城內外都有的土地事業），加上他精明建立人脈，使他能穩健累積財富。透過他與科薩的交情，羅馬如今供應了麥地奇家族的半數收入，而喬凡尼在科薩下台後的忠心耿耿，又替他增添了為人可靠的名聲。然而，喬凡尼在佛羅倫斯裡頭則是小心翼翼。他於一四二一年擔任正義旗手，也任職於其他委員會，其中有一個就是把洗禮堂大門的合約給了吉貝爾蒂的委員會。他以布魯內萊斯基設計的計畫著手重建家族教堂「聖羅倫佐大殿」，而造就了佛羅倫斯其中一組最協調的室內設計，但他從來都不是熱切支持藝術的金主。在重大政治議題上，他小心地和次要的同業公會站在同一邊，支持（好比說）地籍稅制（catasto），這種徵稅制度會向那些必須申報所有資產的富人徵比較多的稅。他死時普遍受到愛戴與尊重，留給他兒子科西莫（Cosimo, 1389-1464）一個能進一步利用的地位；而且，根據一四二七年的地籍稅制評估紀錄，他還留給他該城第二大筆的財產。

科西莫在他父親過世時已經四十歲，而他和父親不同的地方在於，他是接受新的人文主義教育。儘管完全沒辦法寫拉丁文，但他讀起來非常輕鬆。他非常熟悉主要文獻，並託人興建了道明會聖馬可修道院那間人文主義者存放了諸多希臘文與拉丁文文獻的美麗藏書庫。這裡通常被視為古典時代結束以來的第一間公共圖書館（成立於一四四一年），屬於一組經過精細計算而炫耀了贊助人本身之宗教正統的修道院綜合建物。科西莫的私人藏書庫後來會安置在米開朗基羅那莊嚴的老楞佐圖書館（Laurentian Library）中，就在聖羅倫佐大殿旁邊。[10]

科西莫最早的一批雕刻委託案件中，有一件可能是一四三四年前後發的，人選就是多那太羅：準備要立在麥地奇家族新宮殿庭院裡的那尊知名的大衛銅像。[11] 而委託給科西莫最喜歡的建築師米開羅佐・米開羅齊（Michelozzo Michelozzi）、並於一四四四年完成的宮殿，則是自豪於能讓所有進來的人視線裡都有大衛像。多那太羅把大衛設定成裸體肉感人物，站在打敗的哥利亞頭顱上，這樣的概念可說徹底創新。這位雕刻家似乎是以他在羅馬看過的、從腳上拔掉刺的男孩銅像《斯比那里歐》（*Spinario*）作為體型模範，但時髦的帽子和靴子都是佛羅倫斯當代服飾。鑄銅實在是貴到令人退避三舍，而科西莫也應該有察覺到，這驚豔四方的大衛像會讓人懷疑他就是想讓自己備受矚目。他很小心謹慎地，在作品底下備好了一段話，強調大衛代表的是該城捍衛故土對抗暴政的行動。其目標是證明，這裡有一個家族對城市敞開大門，只要到了公眾節慶的日子，就會免費提供音樂和佳餚。當然，那些進來參與節慶的人不可能不驚嘆於宮殿的宏偉，以及麥地奇家

---

9 Mary Hollingsworth, *The Medici* (London: Head of Zeus, 2017)，提供了傑出的麥地奇史。喬凡尼・德・麥地奇見第三章，'The Fortune'。Najemy, *A History of Florence* 有著豐富的細節，特別是第九章，'Fateful Embrace: The Emergence of the Medici'，以及第十章，'The Medici and the Ottimati: A Partnership of Conflict, Part One: Cosimo and Piero'。

10 關於科西莫，可讀 Hollingsworth, *The Medici*, chapters 4-6，以及 Najemy, *A History of Florence* 的上述章節。Celenza, *The Intellectual World*，頁二三一至四〇有一個不錯的段落談公共圖書館的誕生。

11 Campbell and Cole (eds.), *A New History of Renaissance Art*, pp. 150-52。這包括了一張麥地奇宮庭院的照片，也就是大衛本來立著的地方。

族悄聲宣告的支配地位。[12]

身為政治人物，科西莫在幕後小心地運籌帷幄。一四三三年他遭到保守的奧比奇（Albizi）家族流放，本來看似是一場災難，但等到翌年他在群眾慶賀中重新入城後，就成了一場勝利。現在他證明了自己是努力不懈的人脈經營者，一邊排擠奧比奇與其盟友，一邊幫自己建立一群令人生畏的擁護者。當社會風貌快速變遷，當身處其中的家族生意定時起起落落時，發現可靠的「新人」然後把他們爭取過來，就需要洞察力、耐心和機靈的交際手段。科西莫甚至聲稱，他的一位麥地奇先祖曾支持梳毛工，因此維繫了麥地奇家族站在「少數人」（popolo minuto）這邊的神話。他會用他的盟友來壓制或追放敵人，因此對外面的世界展現了一面安穩而控管良好的共和國看板。選舉仍持續舉行，但大部分選舉似乎都由麥地奇家族的金錢所操控。

當他說服東西方教會調解會議的代表團成員於一四三九年在佛羅倫斯見面（見頁四六〇—六三）時，可說迎來了一生最高成就。會議的事情都還沒結束，一四四〇年佛羅倫斯就在安吉亞里（Anghiari）對米蘭獲得了一場大勝，而這又進一步強化了科西莫的地位。許多人會把他和屋大維（Octavian），也就是後來的羅馬皇帝奧古斯都相比，甚至到了去謠傳佛羅倫斯是由屋大維而非尤利烏斯・凱撒所建立的地步。給予科西莫的讚賞——「第一公民」（princeps），以及他死後獲得的「故土之父」（pater patriae），事實上都是一千四百年前用在奧古斯都身上的。

當雅各・布克哈特在《義大利文藝復興時代的文化》中主張這段時期的特色就是自主個人的出現時，他所關注的焦點人物，就是前面因《論繪畫》而已經提過的萊昂・巴蒂斯塔・阿伯提。一四〇四年出生的阿伯提，是某名出逃佛羅倫斯的富有父親的私生子。[13] 他的父親讓他受了良好教育，但即便如此，他就像許多人文主義者一樣，覺得波隆那的法律課程十分乏味。不過，他的學位讓他有資格在羅馬教廷謀職。一四二八年後的某時，他們家族受的禁令撤銷，使他能夠以被迫逃出羅馬的教宗安日納四世（Pope Eugenius IV，此時尚未成為教宗，即位於一四三一年）隨行人員的身分，落腳佛羅倫斯。他是在這裡跟布魯內萊斯基以及多那太羅熟絡起來。布克哈特把阿伯提對自己的資質評價當作資料來源，因此呈現出來的阿伯提形象，就是在生活每個範圍裡，不論運動、體魄、音樂（無師自通就精通作曲技藝）、法律、數學、美學，以及藝術和建築方面的實作，都不費吹灰之力就能表現傑出。[14]簡而言之這就是「文藝復興人」。儘管佛羅倫斯和羅馬一直是他主要住所，義大利北部許多宮廷仍然歡迎他前來。

但人們對上述成就背後的阿伯提這個人，其實所知甚少。學者們主張（其中安東尼・格拉夫頓〔Anthony Grafton〕在他那本優秀的傳記中認為）他是一個更矛盾的人物，一個從來沒能接受自己私生子地位的人。「這位至高無上的城市知識分子既是英雄也是受害者，是群眾掌聲中的大師，但總在尋找徹底不受打擾的房間，」格拉夫頓是這麼說的。[15]他擔任聖職且似乎獨身禁慾，但

12 對於宮殿今日面貌的徹底描述，見Alta Macadam, *Blue Guide Florence*, pp. 155ff。人文主義者歷史學家Flavio Biondi於一四五〇年聲稱，這座宮殿比任何古羅馬以來為人所知的宮殿都還要壯麗。

13 Grafton, *Leon Battista Alberti*自始至終都非常傑出。

14 Grafton討論了布克哈特使用「自傳」的方式，雖然用第三人稱寫成，但假想是出自阿伯提之手，同前注，p.14ff。

15 這段引言其實來自Grafton的論文，出自新版的第歐根尼・拉爾修，《哲人言行錄》，ed. James Miller, trans. Pamela Mensch (Oxford: Oxford University Press, 2018)。這篇論文是'Diogenes Laertius: From Inspiration to Annoyance (and Back)'，pp. 546-54。阿伯提是最早對於這本出名但不可信的書籍充滿熱情的人文主義者之一；該書寫於西元三世紀前半，並於一四三〇年代首度從希臘文翻譯成拉丁文。

沒有證據證明他有多忠於教會。他總是把人文主義研究排在前面。數學充斥於他的諸多文字，並確認了秩序和理性對他而言很重要。他的好奇永無止境，總是樂於稱讚任何合乎人文主義者追求美德之志的行為，享受著仰慕者的稱讚。然而，成就並沒有像布克哈特指出的那樣，輕輕鬆鬆就來到他身上。有證據顯示他常常覺得自己的形象被不自然地粉飾過，以至於他有次就說，「旁觀者覺得你所有的成就都來自天生的內在天賦。」[16]這令人想起阿伯提最喜歡的其中一位希臘作者琉善（Lucian），又是一名圈外人，孤立於西元二世紀那些見多識廣的希臘知識菁英之外，並描述了一個人得要怎麼去學習將自己呈現為有修養人士的正確方法。或許，阿伯提最有吸引力的特色，是他願意把理論上的發現，應用到跟他作伴的工匠們之實際需求上。

《論繪畫》就是在這裡登場的。一四三五年發行的本書使用地方話，而能讓那些不懂拉丁文的藝術家閱讀。後來又發行了在技術上有所增添的拉丁文版（拉丁書名：*De pictura*）。阿伯提對透視的研究，就像羅傑・培根的研究一樣，十分倚重阿拉伯學者海桑的《光學》。他是在把科學跟數學與美學融合起來。事實上，他是頭幾個用數學方式（尤其是幾何學方式）定義物質世界的人之一，是主宰十七世紀科學之原則的伏筆。[17]阿伯提還在《論繪畫》中主張，藝術應該要盡力模仿自然，但要表達一種整體中一個元素拿掉就不復存在的和諧。對和諧的強調，反映了希臘的人體理想比例傳統，而這可以追溯至西元前五世紀的雕刻家波留克列特斯（Polycleitos）。重新製造這種傳統是一項高貴的消遣，因此阿伯提把藝術家們提升到一個更高的層次，遠遠高過托斯卡尼人琴尼諾・琴尼尼（Cennino Cennini）先前那篇受人敬重的繪畫論文（寫於一四〇〇年左右）所給予的區區匠人地位。[18]在這方面他是喬爾喬・瓦薩里的先驅，後者在《藝苑名人傳》（第一版，一五五〇年）中甚至還把藝術和藝術家提升到更高的地位。

吸引阿伯提注意的一個難題，就是如何呈現空間。就如我們已經看到的（頁一四－一九），有著精美地圖和約八千個地點座標的托勒密《地理學指南》，先是被君士坦丁堡的學者們重製，然後又在十五世紀初翻譯成拉丁文。阿伯提很清楚這件事，用它建立座標的方法當作基礎，來創造一張羅馬平面圖。一四四〇年代，他就像幾年前的布魯內萊斯基和多那太羅一樣，詳細研究了羅馬的建築物。他用功研究地中海水手用的波特蘭海圖，並設計了一種測量儀器，讓他能以卡比托利歐山為基準點，測量城內每座建築物與此點的距離（以及建築物彼此的距離），創造了史上第一張準確的城市地圖。他的《羅馬全景圖》（*Panorama of the City of Rome*）有描述其方法。

阿伯提如今著迷於羅馬古代紀念物本身，並細密地加以檢視。[19] 他假定古典建築師有一種遭遺忘的技術和別出心裁，而他們的祕訣已隨著遺跡被劫掠遺棄敗壞而失傳。事實上，人文主義派的教宗們正在城市的遺跡上重建城市，使得許多遺跡將在未來幾十年內遭到摧毀。阿伯提最終於一四五二年發行、獻給人文主義派教宗尼閣五世的《建築藝術論》（*De re aedificatoria*），是

16 阿伯提用來對他留下精通至極之印象的多種策略，在 Grafton, *Leon Battista Alberti* 的章節 'Who Was Leon Battista Alberti?' 之中有詳盡探索了一番，特別是在頁一八－二九。

17 大衛・伍騰在《科學的發明》提出的論點，頁二〇〇。

18 琴尼諾・琴尼尼深受喬托影響。他於西元一四〇〇年寫的《繪畫論》（*Il libro dell'arte*）是關於繪畫實作、顏料的準備以及不同繪圖表面的相關資訊寶庫。基本上琴尼尼仍把藝術家視為工匠，而不是有創造力的天才。

19 Grafton, *Leon Battista Alberti*, chapter 8, 'Alberti on the Art of Building' 很詳盡描述了這部分。

以西元前一世紀羅馬建築師維特魯威（Vitruvius）的《建築論》（*De architectura*）為典範。維特魯威在一套十冊的書中提供了有系統的建築程序指南，而阿伯提則以他自己的十冊呼應，儘管他所描繪的建築物大部分是來自羅馬帝國，也就比維特魯威的時代更晚。阿伯提特別喜愛萬神殿（Pantheon），並猛烈抨擊同代人忽視了羅馬先祖精巧的建築技術。然而，他又一直急著建議別人該怎麼籌畫一座理想城市。他認為一座城市的布局應該反映統治者的權力，而理想城市的景觀應該要被想像成一個有生命的整體。*他在《建築藝術論》裡的任務是替建築的比例與和諧建立原則，然後將其應用在古典時代末曾出現的當代建物上，尤其是教堂。《建築藝術論》成了接下來三百年的建築權威指南，讓阿伯提得到了「佛羅倫斯維特魯威」的稱號。

阿伯提又更進一步，開始自行設計建築。他在佛羅倫斯替他的大富豪銀行家朋友喬凡尼・魯切拉（Giovanni Rucellai）設計了一間宮殿。宮殿精巧地將多立克（Doric）、愛奧尼、科林斯（Corinthian）三種希臘式柱全拿來使用，使其立面和當時典型的宮殿相比，就沒那麼令人生畏。†魯切拉也委託阿伯提設計了道明會新聖母大殿的中央大門（以他深愛的萬神殿為模範）和立面上半截。把教堂中殿的上層屋頂和側邊通道的屋頂用捲起的蝸形連結起來，實在是天才之舉，而這後來成為了十六世紀教堂立面的流行式樣。阿伯提最令人印象深刻的建築設計，就是他一四七二年過世時才剛開始在曼圖阿為統治者貢扎加家族所興建的、那間內部寬敞的聖安德烈亞聖殿（Church of Sant'Andrea）。該城擁有一個聖物，正是基督釘死於十字架上時，由那位在傳統說法中刺穿了基督側腹的羅馬士兵朗基努斯（Longinus）所蒐集到的血。這很適合給統治家族拿來當象徵。處理聖安德烈亞聖殿時，阿伯提使用了羅馬晚期建築的大拱頂。人們會從一個巨大的凱旋門進入教堂，而教堂中殿是一個廣闊的桶狀拱頂，一路通過另一個高聳的拱頂來到中間的穹頂，不過這都要到十八世紀才完工。將旁側禮拜堂置於中殿巨大牆壁內的聖安德烈亞聖殿，再度為日後眾多教堂提供了典範。聖殿內特別突出的墓是安德烈亞・曼特尼亞（Andrea Mantegna，約一四三〇－一五〇六年）的墓，這位藝術家替貢扎加家族在鄰近的宮殿裡留下驚人的濕壁畫。墓誌銘反映了十六世紀初期藝術家有所提升的地位——曼特尼亞被稱為「不亞於甚至超乎阿佩萊斯（Apelles）之人」。‡

* * *

到了一四七〇年時，另一座穹頂，也就是佛羅倫斯主教座堂的穹頂，隨著一顆金球安置於頂端而大功告成。這件作品需要心靈手巧，以及本質上十分巨大的革新，而且被排名為史上最偉大的建築成就之一。[20]它的詳細情況在此值得多多補充。

由聖但尼修道院院長敘熱（Abbot Suger）率先帶起的哥德建築風，造就了中世紀歐洲最不尋

---

* 人們通常都認為，人文主義派教宗庇護二世（本名恩尼亞・席維歐・皮可洛米尼〔Enea Silvio Piccolomini〕，一四〇五－一四六四年）在把故鄉改名為皮恩扎（Pienza）之後所打造的和諧市中心，其實反映了阿伯提的理念，只是沒有文件證據證明那是他設計的。

† 魯切拉家族現在都還住在頂樓！

‡ 根據老普林尼的《自然史》，希臘的阿佩萊斯（西元前四世紀）是古代最偉大的畫家。

20 我受惠於Ross King的*Brunelleschi's Dome: The Story of the Great Cathedral in Florence* (London: Penguin Books, 2000)，該書針對興建穹頂提供了絕佳的紀錄，是我撰寫這篇文章十分仰賴的。

常的建築產物。[21]隨著法國工匠變得越來越有自信且熟練，他們蓋的大教堂的中殿高度也往上竄升。所以，好比說桑斯（Sens）主教座堂這種早期範例還只有八十英尺（譯注：約二十四・四公尺），但於一一九三年完成其目前樣貌的、宏偉壯麗的沙特爾主教座堂（cathedral of Chartres）的中殿又加到一倍半，而有一百二十一英尺（約三十六・八公尺）。最高的拱頂是波微（Beauvais）主教座堂的唱詩班席位區（choir）：一二三〇年開始興建的此處達到了不可思議的一百五十七英尺（四十七・九公尺）而且跨距有五十一英尺（十五・五公尺）。這真的是一路推進極限。財務危機和城市動亂再三打斷興建這間巨大主教座堂的雄心壯志，接著一二八四年又有一處唱詩班席位慘烈崩塌。建設工程又持續了三百年，但中殿從來都沒有完工。唱詩班席位依舊是法國哥德式建築的其中一項頂峰，而其高度從來沒被別的哥德式拱頂所超越。

打從一開始，在佛羅倫斯建築新的主教座堂就是一個野心勃勃的計畫；必須要清掉兩間比較老的教堂和一大堆房屋，來在城市中心製造一大塊空地打下地基。過程已經緩慢，而當資金改拿去完成喬托那座跟新主教座堂同時興建的優雅鐘塔之後，建築過程又進一步延遲。要到一三五〇年代，該城經歷黑死病而復原後，才重新開工。一三六六年中殿拱頂完工，到了此時已是用哥德式建築風格完成；接下來的焦點，就來到了建築工作的最後階段，也就是建造穹頂。此時，野心勃勃的佛羅倫斯人似乎開始自不量力了。世界上最大的穹頂，那個當時已聳立超過一千年、且到今天都還屹立不搖的穹頂，就是西元一二〇年代興建的羅馬萬神殿圓頂。計畫蓋在佛羅倫斯主教座堂上的穹頂，已經比那還要寬，將近一百四十四英尺（四十三・九公尺）寬。這已經夠有挑戰性了，但計畫中該穹頂的八邊形底座就已經發瘋似地離地一百七十英尺（五十一・八公尺），光這就已經比波微的拱頂要高了。打造穹頂就得要從這個高度開工，所有的石塊磚瓦在放進定位之前，都還要先抬到那個高度才行。

十五世紀的頭幾年，穹頂底下的桶狀底座已經完成了，其牆壁有扎扎實實的十四英尺（四・二七公尺）厚，好承擔準備要架在上頭的穹頂重量。在直徑這麼長的構造上使用傳統的穹頂興建方式，也就是先做一個木造的拱模，然後在模上面放置石工，是注定會失敗的。很快地，對手城市就開始嘲笑佛羅倫斯人的自大傲慢。負責主教座堂構造的富裕同業公會「拉那」，不知用了什麼方法避開了全部的羞辱，讓作業繼續進行下去。最後，一四一八年時，資金已經到手，公會便宣布進行比賽來選出興建穹頂的一位建築師。

這時布魯內萊斯基四十出頭。在洗禮堂大門建造委託案被吉貝爾蒂打敗而痛苦的他，花了好幾年在羅馬探索羅馬人如何創造他們的宏偉建築。這個古典羅馬遺跡散布其中的城市，如今處於嚴重敗壞狀態，人口還是比佛羅倫斯少，而且還都擠在時常氾濫的台伯河河灣聚居地（abitato）內。布魯內萊斯基將會專注於同類建築中唯一從古代屹立至今的萬神殿，但城中各處還有其他令人印象深刻的拱頂可以研究，其中就有位於古羅馬廣場（Forum）的「馬克森提烏斯的巴西利卡」（Basilica of Maxentius），以及三世紀皇帝卡拉卡拉（Caracalla）的浴場。布魯內萊斯基應該也吸收

21 關於歌德式建築，且專注於沙特爾主教座堂的傑出介紹，見Philip Ball, *Universe of Stone* (London: Bodley Head, 2008)。另見Oxford History of Art series (Oxford: Oxford University Press, 2002)的Nicola Coldstream, *Medieval Architecture*，以及一本較早但全面性的著作：Christopher Wilson, *The Gothic Cathedral: The Architecture of the Great Church 1130-1530*, rev. ed. (London: Thames and Hudson, 1992)。

了讓這些建築屹立不搖的技術。

布魯內萊斯基在競賽公告前不久就回到了佛羅倫斯，而且很快就被拉那找來商量，問說他對羅馬建築的知識有沒有可能幫上他們。他接著就開始花九十天打造一個精細的模型，說明主教座堂完成時的預計樣貌，但他卻傲慢到沒有把興建穹頂並使其立於原處的確切方法跟評審們分享。他從一開始就明白，以一個木造框架拱模來搭造整個穹頂的傳統做法絕對行不通；長度符合工程需要的木料，不只是絕對找不到，也絕對組合不出來。即便如此，他拒絕拱模的做法仍讓人意外。同業公會的官方代表花了一段時間才把疑慮吞下去，並把案子委託給他。概述穹頂興建過程的眾多備忘錄中，有一份單獨留存至今——大概是出自布魯內萊斯基之手，因為裡面包含許多他設計來蓋起穹頂第一階的解決方式。裡頭還警告說，在高過三十布拉喬（braccio，譯注：三十布拉喬約十七公尺）之後，當穹頂開始朝內聚且處於最脆弱的狀態時，建築工作將會「根據會被認為沒問題的方式」來持續進行，「因為在建築工作中，只有實際經驗能教導我們該遵循什麼。」這根本就是交給運氣定生死。

就算不用拱模，也是有可能使用磚塊和石頭一圈疊一圈，來層層往中心堆高聚攏。這就會使用到拱形支撐力的原理，只不過分散力量的拱形在此是處在水平面上。很不幸的是，八邊形的底座排除了這種方法。水平圓圈構造的內聚力，會在八個角上打破。布魯內萊斯基確實從先前的建築師們借了一個想法，那就是雙殼法。如果有一個蓋在建物內的、比較小、所以也比較輕的殼可以構成主穹頂，外面就可以再包一個更優雅且比較防風雨的大穹頂，且兩個穹頂可以相連起來增加支撐力。兩個穹頂之間的空隙有助於讓整體結構更輕盈。對工人來說還有其他好處。當雙殼結構逐漸向上蓋的時候，他們可以在兩殼之間來回攀爬來抵達工作點，方法就和今日可以爬上穹頂的方式一樣。到了頂端，他們就可以待在其中一個殼上去蓋另一個殼。到頭來這也成了救生設施：只有一名叫作年諾・迪・切羅（Nenno di Chello）的石匠在興建穹頂過程中摔死。

然而還是有個難題，就是向外的推力會隨著穹頂逐漸往上蓋而增加，而有慘烈崩塌的威脅。有個辦法是在穹頂的重量下使用向外延伸出去的扶壁來支撐底座，但先前就已因為有礙觀瞻而遭拒絕——那是北邊哥德野蠻人的典型做法，不配用在比較純潔的佛羅倫斯人身上！布魯內萊斯基轉而設計了一種連鎖系統，在這系統中，小心翼翼切割並精準測量過的石灰石塊會和鐵牢牢夾在一起，然後用長塊蓋住短塊的方式排列起來，構成一個堅固的整體。在八邊形的每個四十五度折角上，會用更多鐵來緊緊夾住兩線交點。會有四圈連鎖，每一圈都比前一圈高三十五英尺（十・七公尺）。每安置好一條連鎖，就會在上頭以砂漿砌合的方式將磚塊固定到位，一排一排疊上去，直到造出一個基底，好在上面安置下一道連鎖。這裡的難題是，隨著磚牆疊高，它們就得朝著穹頂的中心向內聚攏，所以就可能在砂漿還沒乾的時候先掉下來。布魯內萊斯基解決這個問題的方法是，在水平排列的磚塊中，每隔一段就垂直插進一塊磚。一旦這些直磚頭都乾了，就會在中間放入下一道磚頭，就好像把書擺進兩條書擋中間一樣，然後就撐著那裡直到砂漿乾掉。布魯內萊斯基也下功夫尋找比較快乾的砂漿。隨著穹頂逐漸升高，他也會嵌入一根根從八個角落立起的彎曲木製肋拱。以人字紋方式堆疊磚塊，壓力可以被分散到肋拱上，而不是往下到地面上。這實在是精巧到不尋常，然而這個計畫還有一個了不起的功夫。工程一共往上運了大約三萬七千噸的建材，包括四百萬塊磚頭。精準度是不可或缺的；有一個小偏差，穹頂就沒辦法契合了。這一切都

LA META
DEL FI
la meta de
Profili delle
due cupole e
loro centine
la Quarta parte delle
loro Piante

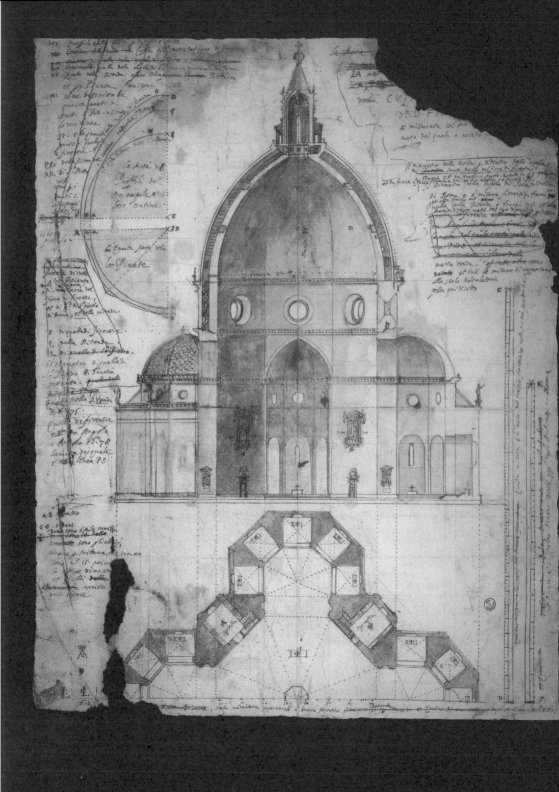

得要在離地表一百七十英尺（五十一・八公尺）的起點開始興建。

儘管中世紀時期歐洲各地如此磨練了石工技巧，歐洲大陸還是沒有達到古代世界的精細技術水準。羅馬帝國的滅亡幾乎對所有類別的技術都造成毀滅性打擊；幾乎所有技術都被遺忘了。不必多用力看，就能看出中世紀歐洲和羅馬時期相比仍有多麼倒退。此時沒有多少路是鋪平的，而羅馬帝國可是曾在各地鋪下了優質耐用的道路網。沒有水道橋，所以就更別說要做到羅馬的最佳典範——好比說加爾水道橋那種鬼斧神工了。此時也沒有比得上萬神殿的建物。該建築是使用火山灰混凝土的絕佳範例，而羅馬建築者用了一百年來讓這種工法達到精湛極致。* 儘管哥德式大教堂如此光彩奪目，但技術上來說，要建造哥德式肋拱頂還是比羅曼式圓桶頂來得簡單，而尖頂拱和圓頂拱相比，也是一種使用起來可以比較靈活的構造。整個中世紀中期，建築技術的進展數量相對比較少。飛扶壁雖然通常看來典雅，但那其實是種講求實際的方式，用來解決必須支撐更高更輕牆面的需求，它本身並不算是技術進展。

只要是手頭上現有的工藝技術，布魯內萊斯基全都急著拿來用；但他這個建築工程，也是一種「因為計畫非得要成功，所以反而推動了技術革新」的範例。這方面的第一個挑戰，就是設計一種可以把沉重的載貨送到正確高度的機制。這裡他就得帶頭創新了。人們早已會使用舉重裝置，但都是由人力操作的吊車。現在需要的是遠比這強大的工具，而布魯內萊斯基決定使用牛來拉。他會把牛拴在一根嵌在一個框架裡的中軸上。它的底端被刻成螺絲釘的形狀。高掛在牛群頭

前頁：布魯內萊斯基替佛羅倫斯主教座堂打造的穹頂（左圖以及前頁）是文藝復興最非凡的成品。它流露著一個人在面對看似不可能的計畫時，所擁有的信心、想像力和高超技術。

頂上，在中軸較高處那一端的，是兩個齒輪。任一個齒輪都可以和一個會驅動中軸且大上許多的輪子接在一起，而圍繞著輪子的吊繩，則會隨著石工桶或石灰石塊的拉上，而捲起或鬆開。會設計成螺絲釘的形狀，是用來當作離合器；它可以鬆脫開來，而吊車就會從拉高變成放下。這樣的話，改變吊車上下方向時，就不需要把拴著牛的套具卸下來，再拉著牠們一頭頭倒轉。

要讓這真的實際運作，需要非常大塊的木材。一個鼓輪的直徑就有五英尺（一・五公尺）。由於八邊形直到建築工程的最後一刻都還會保持開敞，所以選擇了榆樹來承負建材。（譯注：榆樹有長期潮濕也不易腐爛的特質，甚至在中世紀時拿來當水管用。）接著還有繩索。這時候，就得要召喚海軍城比薩的製繩匠。他們接獲的要求是六百英尺（一百八十二・九公尺）長的繩子，是有史以來記錄過最長最重的繩索。要讓吊車更有生產力，就得裝直徑不一的升降軸。較重的承載使用最小的鼓輪，所以轉一圈就只會把整塊材料稍稍提高一點，好抬起較多重量；而比較大的鼓輪則可以把比較輕的建材快快送上去。不可思議的是，這笨重的機器真的可以用，就這麼一年年運作下去。這套機器自從一四二一年夏天啟用後，就成了幾乎跟日漸增高的穹頂一樣出名的景觀。在繩子有持續澆水避免摩擦過熱，且「一塊塊切割好的石塊抵達八邊形底下準備好接上升降繩」的這條生產線穩定時，就有辦法在一趟裝卸時間十分鐘的情況下，一天進行五十趟承載。接著，布魯內萊斯基設計了另一個稱作「城堡」（castello）的裝置，可以安裝在逐漸升高的牆壁上，並把每一塊拉上穹頂的材料擺動到正確位置。

---

* 火山灰混凝土是混合火山灰和砂漿製成的。它甚至可以在水底下保持凝固，而人們一直要到晚近才了解這種化學反應。

穹頂一年年緩慢上升，有人計算過平均一個月一英尺（三十・五公分）。布魯內萊斯基監督起工程可說一絲不苟；有一份報告宣稱四百萬塊磚頭他都一一檢查過。人們走遍了各地森林尋找大到能當肋拱的樹幹，有人教鋼鐵工人如何用鉛包住鉗子好避免生鏽，而磚塊的形狀得要一致，才能夠依照樣板複製出複雜的樣式。肋拱上水平插入層架，形成的格狀空間便能搭起鷹架，就讓磚塊可以被砂漿裹住。每碰上一個危機，布魯內萊斯基就會找到一個新解方。穹頂的底座實在太厚實，到頭來證明真的有辦法在八邊形裡面再造一個穹頂。然後又打造了水平的拱形來把輔助的肋拱連結到外殼上的主要肋拱，所以又進一步強化了結構。到了一四三四年時，磚塊堆到了可以安放穹頂頂端最後一圈連鎖的正確高度，翌年便開始鋪設連鎖。

不過穹頂外殼還得覆蓋一層材料，外側肋拱上的彩色大理石表面得要安裝到定位，以及最後的收尾一筆，也就是建造一座燈塔。然而，如釋重負的同業公會當局覺得，現在就是給他們的大教堂祝聖的時候，而在一四三六年三月二十五日時，教宗安日納四世便主持了盛大的儀式。即便如此，相當不知感恩的「拉那」，還是逼布魯內萊斯基去和其他人競爭燈塔的最終設計，不過最終中選的還是他的設計。他設計了另一種吊車，能安裝到比他先前版本的吊車還要高的地方，來到燈塔要蓋起來的底座上。這個是由人力所運作，但有煞車，所以當重物吊上來到半路的時候，可以暫停搬運休息片刻。燈塔本身則是以華麗古典風格為構想。這一次當局允許使用扶壁，但形式上是古典風，壁上有著凹槽和貝殼狀神龕，而其目的是給八根外側肋拱一個適當的集中匯聚點。八扇高拱形的窗戶，讓光線能夠流入大教堂，後來燈塔的底座上還會加上一面銅盤，讓太陽光能透過銅盤在地板上形成日晷。布魯內萊斯基於一四四六年過世，享壽六十九歲，而燈塔的興建工作就在他過世的一個月後開始了。儘管他人不在，但燈塔仍由他的建築師朋友米開羅佐・米開羅齊完成，並於一四六〇年代在頂端放上一顆美輪美奐的金球。

布魯內萊斯基無疑是一位天才。他對於自己完成計畫的能力，以及替每個挑戰找到解方的能力，都充滿了強大信心。掌握成功所需的勞動力、機械，以及工藝方面的絕對精準，需要大量精力以及整整二十五年對工作的完全投入。若從「設計建築物並監督建造的專業人士」這種當代「建築師」的定義來說，他是古典時代終結以來的第一人。他的其中一項天分是出於直覺了解不同類型材料能承受的應力，知道這些應力最終會在哪邊造成慘劇，以及如何能把這些應力分散出去。然而，興建這座穹頂也是一項合作冒險事業，而在背後出資的，（畢竟）是一座早在布魯內萊斯基登場前就定下這宏大計畫、自信滿滿且有堅定毅然的城市。這是一項非凡的成就。阿伯提在他的《論繪畫》中卯足了勁奉承他這位朋友：

> 一個人不管他多冷酷多嫉妒，怎麼可能在這裡看了這樣一座直達天庭、大到足以用陰影遮蓋托斯卡尼全人口的龐大建築，還不肯稱讚建築師菲利波……除非我錯了，這是一個人們不相信今日有可能達到，且古人恐怕同樣未曾見過也無法想像的工程壯舉。[22]

讓一名本身就是羅馬建築擁護者的人說出或許能超越古人，是這時期非常罕見的一種認可。[23]

---

22 引文出自 Grafton, *Leon Battista Alberti*, p. 72。

科西莫・德・麥地奇儘管花去大筆財富，但一四六四年過世時家族財富依舊完好無缺；一四六六年時，又因為教宗當局把教宗國境內高利潤的明礬礦獨占權賞給他們，而進一步增添財富。*科西莫的兒子「痛風皮耶羅」（Piero il Gottoso）抵擋住想趁衰弱時摧毀麥地奇家族的對手，維持了家族在佛羅倫斯的掌控。皮耶羅精明地與米蘭和那不勒斯建立關係，並靠著婚姻把兒子羅倫佐送進羅馬貴族世家，進而鞏固自身地位，並使影響力強大到可以操控選舉。儘管皮耶羅的「痛風」似乎是急性關節炎，還使他臥床不起，但他仍持續支持學術工作，並繼續為麥地奇家族增添優秀藏書。貝諾佐・戈佐利（Benozzi Gozzoli）在麥地奇宮廷禮拜堂內那幅傑出的濕壁畫《三王來朝》（*The Journey of the Magi*），就是由皮耶羅委託作畫，而畫中的三王有幾名神似麥地奇家族成員。皮耶羅可不只是在眾多更顯赫的家族成員間占了一個短短的小空隙而已，他現在已在學界獲得更高的尊重。[24]

當皮耶羅於一四六九年死去時，如今二十歲的羅倫佐已經就定位，要把麥地奇的名聲財富延續下去。[25]事實上，立刻就有一個市民代表團聯繫上他，請他「接管」城市。羅倫佐儘管還年輕，在施展權力上早已技術純熟。他為了公事造訪過米蘭、威尼斯和羅馬，而他的妻子克拉麗斯・奧爾西尼（Clarice Orsini）則是來自羅馬最古老的一個家族。他充滿活力、有智慧，且有遠超乎其醜陋臉孔的魅力。他深受人文主義價值訓練，並與知識分子相處自在。他圈內人裡有一位詩人安傑羅・波利齊亞諾（Angelo Poliziano, 1454-1494），這位古典主義者是如此博學多才，以至於他對破損希臘手抄本進行的許多校對，連今日的學者都認為正確。另一位密友喬凡尼・皮科・德拉・米蘭多拉（Giovanni Pico della Mirandola, 1463-1494）是最早徹底精通希伯來文的基督徒之一，他融合了數種智識傳統的著作《九百論題》（*900 Theses*）令人印象深刻。他深受柏拉圖譯者馬爾西利奧・費奇諾（Marsilio Ficino）的靈性所影響，我們會在下一章談及他的成就。羅倫佐和柏拉圖主義的連結是如此強烈，許多那時候的人都認為羅倫佐是柏拉圖夢寐以求的理想哲學家皇帝。

羅倫佐在維護和平方面有他自己的一份力量存在。他出面阻撓了那不勒斯對佛羅倫斯的野心，並支持父親與佛羅倫斯宿敵米蘭結盟，如果教宗國、威尼斯和那不勒斯威脅他的話，他就能用米蘭來對付它們。對羅倫佐來說，在佛羅倫斯領土內控制教會是很重要的。在一番爭論後，他說服教宗西斯篤四世指派他的內弟李納多・奧爾西尼（Rinaldo Orsini）擔任佛羅倫斯新任大主教。奧爾西尼當了三十年的大主教，但根本都沒造訪過佛羅倫斯，所以羅倫佐和他的小圈圈就可以自己來營運佛羅倫斯教廷。這是一項皆大歡喜的安排，也進一步提醒我們，佛羅倫斯有多獨立於教會機構。

然而，儘管羅倫佐看似在一個憎惡僭主的城市裡成功履行了「第一公民」的職責，但並不是全體公民同胞都欣然默許他的影響力。他的年輕是他的弱點，而他的權力小圈子讓他與市民大眾

23 關於布魯內萊斯基的機械方面成就，以及這些成就的後續影響，見 Park and Daston (eds.), *The Cambridge History of Science: Volume 3*, chapter 27, Jim Bennett, 'The Mechanical Arts'，特別是頁六七七－七九。

* 明礬是一種用來把染料固定在布料上的無機鹽。

24 見 Hollingsworth, *The Medici*, chapter 7, 'The Succession Crisis'之中的評價。

25 同前注，chapters 8-9, *Lorenzo*。另見 Najemy, *A History of Florence*, chapter 12, 'The Medici and the Ottimati: A Partnership of Conflict, Part Two: Lorenzo'。

疏離。傳統主義者對於他和「外國」貴族聯姻感到憤怒——跟另一個有錢的佛羅倫斯家族結盟才比較能接受。他施展權力時專橫粗魯，這在他祖父科西莫身上從未見過。他經常更動傳統節慶，甚至在一四九一年時，把施洗者約翰的神聖慶典改成羅馬帝國式的凱旋，就好像他是征服各地的英雄一樣。事實上，他使佛羅倫斯逐漸遠離了共和寡頭統治，而逐漸邁向那種在義大利其他宮廷中很典型的、更貴族的生活風格。

憎恨不可免地加劇。一四七八年，有人密謀在主教座堂的神聖空間中趁著聖體祝聖那一刻行刺羅倫佐（史稱帕齊陰謀〔Pazzi Conspiracy〕），卻殺死了他弟弟喬凡尼，而羅倫佐則幸運與妻子逃過一劫。然而，政治上的激烈反應很好利用。群眾群起支持羅倫佐。身為帕齊家族表親、支持政變的比薩大主教弗朗切斯科・薩爾維亞蒂（Francesco Salviati），被屈辱地吊死在領主宮（現稱舊宮）的窗戶外。羅倫佐發行了一枚勛章來紀念他的倖存，並沉浸在接下來相對穩定的時期中。一個新的七十人議會（Council of Seventy）裡，全都是他的支持者。他委託山德羅・波提切利（Sandro Botticelli）畫的《春》（*Primavera*）以及《維納斯的誕生》（*Birth of Venus*）展現著再生，一個新的黃金時代隨著春天到來和愛神誕生而開啟。皮科・德拉・米蘭多拉用啟蒙運動或者浪漫主義思想時才比較普遍的用詞浮誇地說：「喔，人的幸福實在偉大而美好！他總是擁有他所想要的，並成為他所期望的。」[26]

然而，在人前樣板的背後，事情就沒那麼穩當了。一度獲利豐盛的紡織業，現在遭到了歐洲北部的產業對手挑戰。麥地奇家族的財富因為經濟上不穩以及多項不智的投資而遭到侵蝕。羅倫佐不是個優秀生意人，而他的經理弗朗切斯科・薩塞蒂（Francesco Sassetti）到頭來其實差勁到無可救藥。公司的兩個重要分部——倫敦和布魯日分部都得關門大吉，而且，察覺到羅倫佐弱點的債務人又冒失地要求他歸還大筆借款。因此就得到別地方尋找財源。就如歷史學家弗朗切斯科・圭恰迪尼（Francesco Guicciardini, 1483-1540）所言：「他在壯觀奇景上的支出逐步上升，但他的收益卻同時在滑落……他的事務是如此地失序，以至於他好幾次都在破產邊緣，而發現必須得不請自來地取走他朋友或公眾的資金」，就這麼讓麥地奇家族再度侵犯了共和國的公共事務。[27]

一四九二年，當羅倫佐年僅四十三歲就過世時，他才二十歲的兒子不幸者皮耶羅，就不再像羅倫佐那樣有資本來做慈善捐贈以換取商譽了。個性上比前幾代更軟弱的皮耶羅，同樣因為傲慢舉止而與「領主」們疏離；他把佛羅倫斯的一部分領地割讓給一四九四年入侵義大利的法國國王查理八世（Charles VIII）後，也失去了所有僅剩的支持。憤慨不已的民眾高喊著「人民與自由」（Popolo e Liberta），把麥地奇家族趕了出去，而他們的宮殿也遭到了洗劫。* 由科西莫委託多那太羅打造、用來彰顯家族忠於共和主義的《大衛像》（先不論所謂忠誠是真的還是想像），被重新安置在領主廣場。後來沒過多久，一位道明會僧侶吉羅拉莫・薩佛納羅拉，藉著宗教狂熱牢牢抓住

26 出自'The Oration on the Dignity of Man'（一四八六年），可在線上閱覽：http://faculty.umb.edu/gary_zabel/Courses/Phil%20281b/Philosophy%20of%20Magic/Arcana/Renaissance/umich.edu~crshaliziMirandola.html。我引用的部分是出自MacCulloch, *Reformation*, 頁一〇六，MacCulloch在此處讚揚了一四九四年法國入侵義大利之前的樂觀氣氛。

27 關於羅倫佐的財務危機，在Hollingsworth, *The Medici*，頁一八五至八八有所處理。圭恰迪尼這段引言的出處同前注，頁一八六。

* 造訪卡西諾山修道院的一個意外愉悅，是遇上一座美觀的皮耶羅逝世紀念碑，他在一五〇三年躲避西班牙大軍時溺死。這座紀念碑是由他麥地奇家族的叔叔儒略（Giulio, 1478-1534），也就是當時的教宗克勉七世（Pope Clement VII）託人打造。

了這個細密複雜的城市。（見第十六章，頁五四一－四二）。在他死後，佛羅倫斯藝術遠離了比較溫文儒雅而滿懷光明的波提切利式世界，來到某種更樸素的，以米開朗基羅的巨大裸體像《大衛像》（*David*, 1504）為象徵的藝術風格；而「對抗敵人的羅馬英雄」這種古典紀念性，便藉由大衛回到了西方藝術中。大衛反映雕塑家本人性情的那種神祕莫測氣質，和六十年前多那太羅那尊官能放縱的《大衛像》有著劇烈對比。而佛羅倫斯公僕尼可洛・馬基維利（Niccolo Machiavelli）那套現實又憤世嫉俗的強權政治方法（頁六四五－五三），便是新時代的症候。

查理八世為了爭奪那不勒斯王位而入侵義大利，就標記了一個轉捩點。儘管查理本人被當時的人們笑稱粗魯沒文化，但法國本身卻在歷代先人的統治下興盛，並打造了一個強大的官僚體系，以及一支優於義大利各城市的高效率軍隊。法國因為有輕型砲而獲益良多；輕型砲可以打破中世紀城牆，因此把戰爭的影響力邁向毀滅力更強的層級。當西班牙和神聖羅馬帝國都在接下來的動亂中看見獲得暴利的良機時，義大利半島也將進一步紛亂下去。有一位戰士教宗，儒略二世（**Julius II**，任期一五〇三－一五一三年），堅持率領自己的軍隊，並證實了教宗既是精神上的統治者，也是領土的統治者。羅馬本身則於一五二七年遭到皇帝查理五世旗下的路德會（Lutheran）部隊洗劫。

事後來看，羅倫佐的時代文明達到了頂峰，堪稱是神話般的黃金時代。十六世紀最優秀的歷史學家——佛羅倫斯人弗朗切斯科・圭恰迪尼（一四八三－一五四〇年）在他死後於一五六一年發行的《義大利史》（*Storia d'Italia*）中，[28]將羅倫佐美化為小老百姓們願意追隨的、唯一值得尊敬的政治家。當代歷史學家則比較審慎，雖然讚許羅倫佐對藝術的資助，但感嘆他缺乏他祖父科西莫所擅長的、對佛羅倫斯政治的慎重掌控力。對圭恰迪尼來說，查理八世入侵義大利「為無數災難、恐怖事件和幾乎一切事物的改變撒下了種子……王國的顛覆、農村的毀壞、城市的屠戮、殘酷的謀殺，但也醞釀了新的習慣、新的風俗、新且血腥的戰爭方法、直到爆發為止都不為人所知的的疾病」。[29]接著到來的，就是義大利落入外國強權之手的恥辱。

圭恰迪尼的《義大利史》從一四九四年寫至一五三四年，詳盡記錄了義大利在這段動盪時期面對的困境。圭恰迪尼就像修昔底德寫《伯羅奔尼撒戰爭史》那樣，不只能利用他那時代的文件，而且還親自活過了他所描述的時代。這本書足以和布倫尼的著作爭奪第一本現代史的頭銜。但《義大利史》獨特的地方在於，圭恰迪尼儘管來自一個佛羅倫斯古老貴族家庭，但他沒有利用義大利或佛羅倫斯在羅馬歷史中的根源，來美化這兩地的過去。他在這份完全不寫政治或社會必然進步的記述中，一件又一件地記錄下動亂的進展。他的記述呼應了塔西佗的《歷史》和《編年史》，這兩本歷史留存至今，尖銳地敘述了羅馬政治在皇帝之下如何腐敗。古典過去的重生已被遺忘；圭恰迪尼主張，歷史並不會自我重複，而在這種意義下《義大利史》或可被看作是預告了文藝復興的結束。

但Rinascimento（譯注：義大利文的文藝復興）的故事還有一些發展。十五世紀佛羅倫斯還有

---

28 圭恰迪尼的《義大利史》和《佛羅倫斯史》可以在The Great Histories Series（New York: Washington Square Press, 1964）中，找到Cecil Grayson的翻譯，並有文藝復興學者John Hale的解說。在*A History of Histories*中，Burrow於第十八章，'From Civic Chronicle to Humanist History,'討論了圭恰迪尼。

29 Guicciardini, *The History of Florence*, chapter 9.

其他重要的文化發展，而其中一個就是哲學家柏拉圖的原作重新現身。

14

柏拉圖重入西方心智

偉大的科西莫、在參議院法令下身為其國國父者，在希臘人協商著議會、而佛羅倫斯的拉丁人卻由（教宗）安日納四世統治的時分，頻繁聽聞一位名叫格彌斯托士・卜列東（Gemistos Plethon）的希臘哲學家有如另一個柏拉圖那般爭論著柏拉圖神學。片刻之間，科西莫是如此地受卜列東口中熱切的話語所激發，是如此地靈魂飽滿，以至於從那之後，他心中便深思著一種柏拉圖學院，一有恰好的時機就打算成立。

馬爾西利奧・費奇諾，節錄自其個人版本之《普羅提諾》（*Plotinus*）之前言，一四九二年[1]

「如果當時沒有蘇格拉底，沒有柏拉圖也沒有亞里斯多德，其後兩千年就不會有哲學，接下來也還是不會有——很少人會懷疑上述這說法。」[2]英國哲學家約翰・史都華・彌爾（John Stuart Mill）這段話反映了十九世紀主宰大學課程的哲學家有什麼樣的看法。然而，即便基督教神學吸收了柏拉圖主義，在基督教皇帝君士坦丁於五二九年關閉柏拉圖創辦後運作了九百年的雅典柏拉圖學院之後，柏拉圖的原初思想和普羅提諾等新柏拉圖主義繼承者的思想，還是幾乎從西方心智中徹底消失——或者可以說，就是因為被吸收，才導致了消失。當然，柏拉圖的哲學觀點並沒有被遺忘，且就如我們前面所見，他還對牛津大學有一些影響力。（見第九章，頁三〇八）。在奧古斯丁、波愛修斯、波那文都等學者持續發揮的影響力中，還是可以辨認出這位哲學家在人們心中留下的記憶。[3]然而，最晚到了一四〇〇年以後，就幾乎沒有柏拉圖文獻的拉丁文譯本了。那極其少數的文獻中有《蒂邁歐篇》（*Timaeus*），十二世紀時有人拿該著作說明柏拉圖的創世觀點和《聖經》創世觀點的一致之處。文中描繪了一位與創造世界有關的「神之工匠」，讓該著作與基督教的創世版本相近到足以為人接受。*文中也包含了談四元素（風、火、土和水）以及四者需要平衡的相關學說。《蒂邁歐篇》裡提出的「宇宙（一個大宇宙〔macrocosm〕）有一個靈魂，而人類個體是那靈魂的縮影（microcosm）」觀點，在羅馬近郊教宗城阿納尼的主教座堂裡那間十三世紀中期的地下室內有所描繪。除了《蒂邁歐篇》以外，西塞羅和奧古斯丁的拉丁文中也可以找到某種柏拉圖的摘錄；此外還有用中世紀拙劣翻譯成的《斐多篇》，也就是蘇格拉底被控不虔誠而於西元前三九九年在雅典遭處死前，柏拉圖與他的最後對話。這份文獻到頭來對基督徒意義重大，因為它談及了個人靈魂的不滅性，並詳盡闡述了柏拉圖主張非物質世界之真實性的「理型論」。蘇格拉底欣然赴死的崇高，也與人文主義者產生了強烈共鳴。當時所知的柏拉圖著作除上述以外就只剩兩本，分別為《美諾篇》和《巴曼尼得斯篇》（*Parmenides*）。†

柏拉圖的重生要歸功於人文主義者。李奧納多・布倫尼，西方最早的希臘文大師，是翻譯的先鋒。他讓他的同代人得以獲得希臘文學的寶藏，從這點來說他的貢獻高過其他所有人文主義者。隨著人文主義者越來越強烈反對亞里斯多德，有一種「柏拉圖才是希臘最偉大哲學家，而非亞里斯多德」（又尤其因為柏拉圖的用語更優雅）的傳統復興了。在《斐多篇》中，柏拉圖把研究哲學提升為生命的真正目標：「未實踐過哲學、因此離世時不徹底純潔的人，不可能加入諸神的行列，只有愛好學識的人才有可能。」[4] 天主教徒會在影響力始終深遠的奧古斯丁著作中發現這種觀點，而奧古斯丁也承認柏拉圖是最接近基督教的異教徒哲學家。此外，柏拉圖很明顯就是出於道德上的至關重要而致力於尋找真實，這本身就對人文主義者很有吸引力。就如擁有一份希臘文

1 引文出自Celenza, *The Intellectual World*, pp. 244-45。

2 出自'The Logic of the Moral Sciences'（一八六二），被認為是「現代社會科學的基礎之一」。彌爾在此主張，某些知識分子可以超乎他們所在的時代，而有一個歷久不衰的影響力。見Joseph Hamburger, *John Stuart Mill on Liberty and Control* (Princeton, NJ, and Oxford: Princeton University Press, 1999), p. 32。

3 關於柏拉圖思想在中世紀的情況，見James Hankins, 'Plato in the Middle Ages'，重印於James Hankins, *Humanism and Platonism in the Italian Renaissance* (Rome: Edizioni di storia e litteratura 2004), vol. 2。

* 柏拉圖主張，神之工匠替一個先前就存在的宇宙帶來秩序；而亞里斯多德則主張，宇宙本來就永恆存在，從未經歷這類干涉。

† 《美諾篇》包含了一段美諾與蘇格拉底談論美德問題的對話。它最出名的討論，就是談靈魂能不能記得來自更先前存在狀態的資訊（柏拉圖認為可以）。《巴曼尼得斯篇》則是跟本書同名的較年長哲學家和較年輕的蘇格拉底對話，談論柏拉圖式理型論的本質。

4 *Phaedo*, 82 a-b.

柏拉圖手抄本但讀不懂的佩脫拉克所言：「讚揚柏拉圖的人比較偉大，讚揚亞里斯多德的人比較多。」[5]單純因為古典世界或古典世界學識本身的趣味而認真地產生興趣的人，都得把他的話放在心裡。

布倫尼已經展現出他對宗教文獻的敏銳感受性。他最早的希臘文翻譯，是基督教神學家「該撒利亞的巴西流」的一封信，信中讚揚了「使用挑選過的異教徒作者作為神學著作之基礎」的重要性。*布倫尼從《斐多篇》開始翻譯柏拉圖著作，並掀起了一場翻譯方法的革命。薩盧塔蒂敦促他的徒弟背棄那套害經院派拉丁文如此難處理的逐字翻譯法。相反地，目標是把《斐多篇》作為道德說教文章、提供道德與宗教真實的功用放在第一位。布倫尼充滿熱情地，開始固定使用這種方法：

> 翻譯時，最棒的譯者會把整個心神意志全都貫注於原作者，而在某種意義上轉變了他（原文如此），思考著他可能是如何表達他言論的特徵、態度和立場，以及他所有的線條與色彩……他必須擁有一隻靈敏的耳朵，他的翻譯才不會干擾原作的豐富和節奏質感。

他說，沒有什麼可以比「不是透過荒謬錯誤翻譯造成的難解和胡說，而是就有如他用希臘文寫的那樣面對面地」供應一份亞里斯多德文獻更值得讚揚。[6]這不是在瞎胡吹牛。拿布倫尼的譯本和十二世紀西西里學者阿

下頁：阿納尼主教座堂內約於1250年繪製的濕壁畫，描繪了柏拉圖《蒂邁歐篇》的主題。在宇宙，也就是「大宇宙」的中心，是一個人，也就是「縮影」。周圍的圓圈代表了人類的一生時期、四季和四體液。

CALIDVM
HIEMS FRIGI
PLVS ET

瑞斯提普斯（Aristippus）逐字翻譯的《斐多篇》相比較，就會發現後者的翻譯晦澀到無可救藥。我們在布倫尼的譯作中目睹的，是當代翻譯法的誕生——這也是人文主義學術的一大成就。布倫尼繼續把同樣的技巧應用在亞里斯多德的《倫理學》上，在前言中他還譏諷羅伯特・格羅斯泰斯特先前的翻譯「比拉丁文還粗野」。

當布倫尼搬往羅馬時，他使用《斐多篇》的論點來證明，柏拉圖有別於亞里斯多德，他相信靈魂的不朽；布倫尼甚至向教宗主張一項可以追溯自西元一世紀猶太哲學家斐洛（Philo）的舊傳統，也就是認為柏拉圖的哲學思想是從《舊約聖經》的先知們繼承而來。布倫尼在下一本譯作，也就是柏拉圖證明了修辭學用來追求真實時何以不足的《高爾吉亞》（*Gorgias*）中聲稱，蘇格拉底在駁倒演說家高爾吉亞的過程中所擁護的道德價值，就是基督教的道德價值。[7] 然而，當他回到佛羅倫斯之後，他對柏拉圖就冷卻了一些。布倫尼似乎被柏拉圖《理想國》中的獨裁政治嚇壞了——並覺得妻子和孩子必須人人共享的概念特別令人反感。他發現亞里斯多德的《政治學》遠比《理想國》更贊同一種寡頭政府體制，而且更深植於日常生活——就跟亞里斯多德的《倫理學》一樣。儘管布倫尼在一份呈獻給科西莫・德・麥地奇的版本中翻譯了人們假定是柏拉圖的信件，但他似乎竄改了柏拉圖的政治哲學，好讓它更合這位被他描述成佛羅倫斯總理的共和國統治菁英的胃口。

儘管身為從業政客的布倫尼越來越擔憂柏拉圖政治思想的不問世事和獨裁主義，但隨著那場由教宗安日納四世所贊助、於一四三九年在佛羅倫斯舉行的東西方教會重大會議促成希臘學者前來，柏拉圖的相關研究也獲得了新的刺激。[8] 此會議希望在鄂圖曼土耳其人威脅君士坦丁堡的此時，兩大教會能多少達成一些調解。會議在費拉拉展開，但當地爆發鼠疫，需要一個新會場。一直都留意著有沒有方法強化自己在城內威望的科西莫・德・麥地奇，就在此時抓住機會，把會議搬到了佛羅倫斯來。他為希臘代表團支付了旅費。當他們抵達佛羅倫斯時，他們發現科西莫已讓自己獲選為正義旗手，所以他個人可以代表城市來歡迎教宗、東羅馬帝國的皇帝和其他代表團成員。君士坦丁堡普世牧首（譯注：君士坦丁堡宗主教，正教會名義上地位最高的神職人員，此時為約瑟夫二世〔**Joseph II**〕）在抵達佛羅倫斯時已經生病，所以沒有參與討論。他於一四三九年六月過世，下葬於新聖母大殿。這就讓皇帝約翰八世・巴列奧略（John Palaeologos）一人接管了東方代表團，呼應了一千年前諸皇帝主導教會會議的景象。

這是一個很緊繃的場合；大部分的希臘人都無法揮別一二〇四年十字軍洗劫君士坦丁堡，以及威尼斯和熱那亞又在災後餘波中把貿易吸走的歷史回憶。到了這時候，拜占庭帝國大部分的領土都已經落入步步逼近的鄂圖曼土耳其人之手，他們包圍並威脅著已經大幅衰減的君士坦丁堡。

5 出自《論他自己和其他人的無知》。佩脫拉克在此是對一種越來越強的感覺做出反應；他覺得亞里斯多德忽視了更多深刻的哲學問題，而奧古斯丁等重要人物則稱讚柏拉圖是最接近基督教的異教哲學家。事實上，奧古斯丁說如果柏拉圖再晚點出生的話，可能就會成為基督徒了。

* 這是《寫信給年輕人》，當初是寫給巴西流的姪甥們。

6 引文出自Hankins, *Plato in the Italian Renaissance*, vol. 1, pp. 45-46。

7 柏拉圖會用實際存在的個人（就如上面的巴曼尼得斯）來代表反對蘇格拉底這一邊的論點，是很典型的做法。高爾吉亞是西西里的演說家，於西元前四二七年造訪雅典，面對眼前的任何爭論，他都有辦法替任何一邊辯護。相反地，柏拉圖透過蘇格拉底來主張，有不能被顛覆而永久存在的價值。

8 見Chadwick, *East and West*, chapter 41, 'The Councils of Basel and Ferrara/Florence: Pope Eugenius IV'。

會議期間，有消息傳來說鄂圖曼艦隊已潛伏於拜占庭首都附近。有些人希望拉丁人或許能前來援助。然而，會議期間，希臘人發現他們處在拉丁代表團的強大壓力下。在關鍵的「和子說」問題，也就是奧古斯丁對於三位一體的定義上所增添而激怒了希臘人的那套想法（見頁一一〇－一一）方面，經過了一番神學上的含糊其辭，並一致接受「在各路長老及牧守中，只有教宗才是彼得的第一傳人」之後，雙方於一四三九年七月宣告結盟，並在如今已完成的主教座堂穹頂下慶祝。然而，等到希臘代表團返抵國門時，大部分人對於他們屈服於拉丁人一事有著懷疑。有些人甚至把幾年後君士坦丁堡的驟然淪陷（一四五三年）視為上帝對他們默許屈從的懲罰。然而，科西莫卻獲得了極高聲望，也確保了他在佛羅倫斯的卓越地位。*

前往會議的希臘文專家中，特別著名的是八十歲的學者格彌斯托士・卜列東，來自希臘伯羅奔尼撒的拜占庭城市米斯特拉斯（Mistras）；當時該城是拜占庭藝術和學術中心，正處於黃金年代。†就如本章開頭引言所見，熱切擁護柏拉圖的卜列東，在會議期間發表演說談這位哲學家。卜列東在基督徒間是個有爭議的人物，許多基督徒相信，他實在太忠於柏拉圖，忠誠到搞不好其實是異教徒。有一些與他同時代的指控者挖出他對柏拉圖《法律篇》（*Laws*）的評論，證明他在駁斥自由意志、假定宇宙為永恆、人人都純粹是先前既存之靈魂的生存形態並將此靈魂存續下來、一名至高上帝透過次要諸神來行事等方面，都遵循柏拉圖思想。那些支持卜列東的人反駁，他對《法律篇》的評論是刻意被敵人竄改，好讓他看起來像異端邪說。有一點倒沒人懷疑——卜列東是真正的學者，對於柏拉圖之後的普羅提諾（見第一章，頁五二－五四）和普羅克洛（Proclus）等柏拉圖主義者‡的熟悉程度，就跟對柏拉圖宗師本人一樣，而且他為人也無可指責。他帶著一股或許有點阿伯拉爾式的傲慢自大，自認在智識上優於他所見在會議中爭辯神學的人。

卜列東和他的追隨者受不了西方各學校的經院神學。他們偏好以更神祕的方法探求神性，並認為在神性上更讓人有所得的柏拉圖，地位遠勝過他們認為太專注於物質的亞里斯多德。這種看法開啟了一場關於亞里斯多德和柏拉圖之間誰高誰低的爭論。卜列東把原本學術上對亞里斯多德的反駁又重講了一遍，並指控他否定任何造物神的存在。亞里斯多德派也起而反擊，於是展開了一場筆戰，其中卜列東遭到一篇支持亞里斯多德而通篇謾罵的反論所挑戰，也就是「特拉比松的喬治」（George of Trebizond）所寫的《亞里斯多德與柏拉圖之比較》（*Comparatio Aristotelis et Platonis*）。[9]

在這場辯論中最有趣的人物是巴西雷歐・貝薩里翁（Basilios Bessarion），他自己就是於一四〇三年出生於黑海邊的特拉比松。[10] 身為希臘神學文獻的熱切學生兼收藏者的貝薩里翁，也是一名高超的外交官，而且儘管出身背景相當卑微，面對最有權有勢的人也是十足輕鬆自在。他曾在米

---

* 儘管科西莫支出了希臘代表團的旅費，但他卻設法操作議會來配合他的財務利益，使得麥地奇家族的收益在那年增加了一倍。

† 米斯特拉斯建立於十三世紀中期，很快成為拜占庭重要的學識中心，並在一三四八至一四六〇年間達到頂峰（其後遭到鄂圖曼土耳其征服）。現在該地已遭遺棄，但其遺跡和好幾間畫有濕壁畫的教堂仍然完好，造訪時別有趣味。

‡ 普羅克洛（西元四一二－八五年）是柏拉圖著作的重要評論者。在亞力山卓研讀數學和亞里斯多德著作之後，他開始不滿於這兩項內容，便搬去雅典並在（柏拉圖）學院裡研究。

9 對於這個爭議的歷程，我十分仰賴 Hankins, *Plato in the Italian Renaissance*, vol. 1，頁一六一至二六三所提供的紀錄。

10 Claudia Rapp 在 Anthony Grafton et al. (eds.), *The Classical Tradition* (Cambridge, MA, and London: Belknap Press of Harvard University Press, 2010)，頁一二三至二五之中，對貝薩里翁有著不錯的評論。

斯特拉斯與卜列東一同念書，但這兩個人並不熟（年齡差了超過四十歲），而貝薩里翁出席佛羅倫斯大公會議時的身分，是尼西亞大主教。他在此處證明自己足以擔綱調解人。他支持東西方教會結盟，並主張和子說可以和希臘教父文獻相容。他是東方代表團中唯一一個主動參與復合彌撒的成員，所以天主教教會後來歡迎他加入，還請他來義大利居住並安排樞機主教的位子，也就根本不意外了。他成為了教宗政治的領頭人物，人們甚至兩度考慮選他當教宗。君士坦丁堡的淪陷以及古希臘文化瀕臨滅絕威脅，想當然耳深深打擊了貝薩里翁。他在羅馬的宮殿成為了智識活動的中心，一個自立的柏拉圖「學院」，許多義大利人文主義者聚集在此討論希臘哲學。

貝薩里翁相信柏拉圖完全是個比亞里斯多德更偉大的哲學家，但他們兩人不必然反對彼此。反而是柏拉圖專注於他的靈性思考，和亞里斯多德的唯物主義形成了對比。他回應「特拉比松的喬治」對柏拉圖直言攻擊的著作《反柏拉圖誹謗者》（*In calumniatorem Platonis*），就是以上述想法為要旨。貝薩里翁引用許多古代的柏拉圖評論，包括了西方沒聽過的西元三世紀新柏拉圖主義者言論。有一份貝薩里翁藏書的詳細目錄，記載了柏拉圖與其追隨者的手抄本共八十本。所以，當貝薩里翁強調「儘管柏拉圖從來都不是一名基督徒而且常常出錯，但他就有如被上帝所激發靈感」的時候，他其實是幫忙推了一把，讓柏拉圖緩緩回到西方意識中。

是貝薩里翁這批絕佳的希臘手抄本收藏，將希臘科學和文學的成就重新交還給了西方。從現在開始，人若是知曉這份遺產，就代表這個人有受教育。希臘文獻的早期印刷者阿爾杜斯・馬努提烏斯（Aldus Manutius）曾說過以下的話：「不懂希臘文的人，怎麼可以模仿那群在每個學識領域都最先進、且已知任何值得讚賞之事物都透過他們才轉為拉丁語的希臘作者？」[11] 貝薩里翁的其他創舉，還包括促成一本托勒密《天文學大成》的全新摘要，摘要中包含了更晚近的觀測結果以及批評，強調天文學不是一門用幾十年前的教科書來教的僵化學門，而是一門活生生的學問。* 貝薩里翁贊助了那時代最見多識廣的天文學家雷吉奧蒙塔努斯（一四三六－一四七六年），把他納入門下一同旅行，而雷吉奧蒙塔努斯也替貝薩里翁龐大的私人藏書累積數學和天文文獻。

一四五三年君士坦丁堡淪陷後，貝薩里翁堅定地認為，他這套如今有約七百五十份希臘或拉丁文抄本的藏書應該要保存下來，於是便於一四六八年把它留給了威尼斯參議院。然而，這份禮物並沒有得到應得的關照：一五二三年的一份報告說，這些書仍被裝在箱子裡，在城市的濕氣中腐朽——儘管如此，有興趣的學者們似乎還是能接觸到這批文物。† 到了十六世紀初，阿爾杜斯・馬努提烏斯已讓威尼斯成為印刷品質最佳的希臘文獻產地，大半是因為能在該城接觸到原典的關係。獻給教宗良十世（Pope Leo X）的馬努提烏斯版柏拉圖對話錄，於一五一三年現身。簡而言之，在西方心智重新覺醒、面對其遺忘之文化遺產的過程中，貝薩里翁樞機主教是其中一名最有吸引力的人物。他於一四七二年過世；在那之前，他給予世人的禮物中，又增加了幾本最早的印刷書籍。

11 這來自一封寫給「虔誠的凱撒琳」的信，在大約一四八九年時於威尼斯發行。引文出自Martin Lowry, *The World of Aldus Manutius: Business and Scholarship in Renaissance Venice* (Oxford: Blackwell, 1979), p. 57。

* 人們都曉得，大部分學生都覺得《天文學大成》很難消化因此沒怎麼在讀。

† 最後，十六世紀其中一間最令人印象深刻的圖書館，由雅各布・桑索維諾（Jacopo Sansovino）所打造、位於總督宮（Doge's Palace）正對面的聖馬可圖書館（Biblioteca Marciana），被蓋來收藏貝薩里翁的遺產。

在這時候，一位年輕許多的柏拉圖熱切支持者將要成為關注焦點。馬爾西利奧・費奇諾[12]在佛羅倫斯附近出生，他的父親是一名醫術優秀的醫師，因此和佛羅倫斯的菁英們有著密切接觸，包括科西莫本人。年輕的馬爾西利奧理所當然在佛羅倫斯接受教育。他很快受哲學吸引，但跟一名經院學派教師學了兩年後，他就不再贊成亞里斯多德。他覺得這位「哲人」沒有給學識提供道德目標，且他也無法和基督教教義調和。這使他在哲學方面漫無目的，而到了一四五〇年代時，他加入了一個以麥地奇家族「聖老楞佐大殿」為根據地的宗教團體。這裡強調靈性交誼，並有傾向神祕主義的趨勢。一四五〇年代晚期，費奇諾似乎面臨了某種宗教危機。儘管細節模糊，但我們知道他接觸到了柏拉圖的著作，並覺得它們既精密又令人情感滿足。對費奇諾和他的小圈圈來說，重新發現柏拉圖有著徹底革新的效應。那似乎讓他們向前連結到了更早期的一種原初純淨知識。*

然而，柏拉圖在許多方面都與中世紀教會的教誨衝突。費奇諾到最後終於發現的唯一解決出路，就是試著在這兩種傳統之間找到調和方式。他回顧奧古斯丁，觀察這位偉大神學家是如何透

前頁：巴黎大學校長吉優姆・費雪（Guillaume Fichet）將他的修辭學著作（1471年）呈獻給樞機主教貝薩里翁。這張小圖出自展示用複製品，原畫現收藏於威尼斯聖馬可圖書館。

12 我再一次仰賴Hankins對費奇諾的一絲不苟調查著作，*Plato in the Italian Renaissance*, vol. 1, pp. 267-359。另見Paul Oskar Kristeller, *Eight Philosophers of the Italian Renaissance* (Stanford, CA: Stanford University Press, 1964), chapter 3, 'Ficino'。另外Celenza, *The Intellectual World*也有兩章談費奇諾寫得很好，分別是第十二和十三章。

* 我們很難去辨識早期希臘教父在多大的程度上倚靠柏拉圖為他們的神學提供智識基礎要素。

過研究普羅提諾而找到意義，並了解到柏拉圖傳統已經被基督教所吸收。而會使其重生的，就是他自己，馬爾西利奧・費奇諾。他為柏拉圖所做的貢獻，會有如湯瑪斯・阿奎那為亞里斯多德所做的貢獻。總是處於某種圈外人狀態的費奇諾，把自己改造成一名精神領袖，要來把智慧和深切的道德真實帶給一座透過自身不虔誠拒斥智慧真實的城市。他應該是了解到柏拉圖也與所處時代的雅典社會不合，對民主制度規範感到憤怒，淪落到市郊講學，而在西西里島試圖創造一個柏拉圖社會時又慘烈失敗。或許馬爾西利奧・費奇諾可以做得更好。

早就因為卜列東的講課而對柏拉圖主義充滿興趣的科西莫・德・麥地奇，是在一四六〇年代初期開始贊助費奇諾。一四六二年九月，他提供他一份希臘文的手抄本，包含了柏拉圖所有的對話，可能是一四三九年卜列東給他的。幾個月後，他給費奇諾一間離麥地奇家族鄉村別墅不遠的房子，而費奇諾便開始集結他自己的柏拉圖學院（儘管那可能只是集合當地菁英家族年輕成員舉行一系列非正式聚會而已）。他很快就把十段對話的翻譯呈現給科西莫。一四六四年夏天，當科西莫即將過世時，費奇諾被召喚到床前為他做宗教靈性朗讀。同時在床邊的還有科西莫的十五歲孫子羅倫佐，而費奇諾這時正擔任他的希臘語家教。

費奇諾把柏拉圖的地位放在靠近諸神的位置。「他的風格，」他寫道，「更類似於一種神諭而非人的口才，此時如雷轟隆作響，此時流動著花蜜的甜美，但總是揭露著天堂所隱藏的事物。」[13]費奇諾將柏拉圖再造為一位安詳的合一者，靈魂醫師（medicus animorum），他的忠告和經院學派那些難解的複雜細節形成對比。在費奇諾的眼裡，柏拉圖的每篇對話都只是更廣泛的道德指引課程中的一堂課，而不是各自成立的一篇篇著作。自從費奇諾在此處開了先例，此後柏拉圖的諸多對話就開始被視為篇篇可彼此相合的全集。費奇諾在《柏拉圖神學》（*Platonic Theology*，於一四六九至一四七四年間寫成）中援引各種柏拉圖文獻，來為「靈魂不朽」提出理性論證。費奇諾這篇野心勃勃的論文，將會成為文藝復興時期針對基督教教義中這個關鍵要素所做出的最重大辯護——許多方面來說，這是他等同於湯瑪斯・阿奎那《神學大全》的作品。

面對經院學者時，費奇諾的回應是，在真正的柏拉圖傳統中，神的問題就如柏拉圖所確切說明過的，必然超越了理性論述和語言的範圍。只有少數有學問且忠於此道的人能夠對它們有任何理解，而大部分人則得等到死後才能徹底意識到它們。費奇諾大幅引用了以「反面神學」聞名的（見頁二六八–六九）基督教哲學家——偽狄奧尼修斯的神祕學著作。費奇諾依循偽狄奧尼修斯而主張，若將事物表面剝下，就能像雕刻家削去石材而揭露其下的雕像那樣，得以提供終極現實的模樣。

費奇諾是一名傑出的學者。他的翻譯精準且充滿哲學洞察力，令他的人文主義者同行驚嘆不已，而其顯赫名聲又確保這些翻譯直至十九世紀都還受人尊崇。費奇諾特別成功的地方，是把柏拉圖的著作指認為一項傳統之起點，而這套傳統將在約六百年後的普羅提諾著作中集其大成。因此他也翻譯了普羅提諾學生波菲利的著作《九章集》（*Enneads*），該書針對其導師的想法提供最全面的紀錄。費奇諾相信，普羅提諾的「太一」——高於一切的至高原則——概念，以及可以領略太一的方法，都顯示了柏拉圖原初思想的日後開展。他做出了一個更有爭議性的假定；儘管柏拉

13 引文出自Hankins, *Plato in the Italian Renaissance*, vol. 1, p. 316。

DEUS OMNIUM CREATOR
SECUM DEUM FECIT
VISIBILEM. ET HUNC
FECIT PRIMUM. ET SOLUM
QUO OBLECTATUS EST ET
VALDE AMAVIT PROPRIUM
FILIUM QUI APPELLATUR
SANCTUM VERBUM.

本頁至下頁：被馬爾西利奧・費奇諾擁護為古代學識之源的赫密士・崔斯墨圖，把智慧之文傳給了希臘人和埃及人。出自錫耶納主教座堂的地板鑲嵌畫。

SVSCI PITE O LI C TE RAS
ET LE GES EGIP TII
HERMIS MERCURIUS TRIMEGISTUS
CONTEMPORANEUS MOYSI

圖是基督教的先驅，但他其實是某個更古老久遠智慧根源的後繼者，又尤其繼承自赫密士・崔斯墨圖（Hermes Trismegistus）以及所謂的赫密士主義（Hermetic）傳統；這套傳統似乎可以遠遠追溯至埃及過往，追溯至摩西的時代，所以有可能代表了基督教誕生前的上帝所給予的早期啟示。儘管主流人文主義者美化了古典的過去，但費奇諾卻支持有更早的知識來源，擁護者們可以透過這些知識，開始領略上帝創造宇宙時的原始秩序。（他還是身在人文主義傳統中，也就是相信過去比現在好，因此需要加以復原。）事實上，就如十七世紀的人們總算認清的，赫密士主義著作是寫於西元一至三世紀，並由繼承普羅提諾的三世紀晚期柏拉圖主義者楊布里科斯（Iamblichus）所採用。[*]費奇諾就是在楊布里科斯這邊發現赫密士主義著作的。強調源自埃及隱匿智慧的赫密士主義密傳著作，在十六世紀變得極度流行，促使自然哲學家產生了「有一個古代的真實整體等著被重新發現」的這種想法。[14]費奇諾並沒有深入研究希伯來文，但皮科・德拉・米蘭多拉對於該語言的大量研究，便是試圖徹底精通一種他認為能揭開大量原初智慧的人類原始語言。

不管人們對於費奇諾翻譯的權威性有什麼說法，他都是費盡了力去審查每一段基督徒認為可反駁的柏拉圖話語。這之中最重要的，就是這位希臘哲學家對成年人和小男孩之間肉慾情愛的直接談論。舉例來說，對話錄《卡爾米德篇》（*Charmides*）開頭寫到蘇格拉底經歷了對一名年輕男孩的強烈肉慾，費奇諾就直接把那段刪掉了。

貝薩里翁和費奇諾都把提及同性關係的部分轉化成一種形式純潔的愛，其慾望是高貴的；後來那被稱作「柏拉圖式的愛情」。這種通常存在於兩個男人間的愛，被視為一種更高層次的關係，且變成了一種幾乎不存在的理想，以及一種將在非物質世界發現的、神之愛的預兆。簡而言之，費奇諾把蘇格拉底當成異教聖人那樣尊敬，忽視了他的肉慾衝動，並將他呈現為一名上街對年輕人講道的導師。他認為「蘇格拉底式」提問法可以用來釐清任何圍繞著哲學問題的迷思概念，所以能敞開心胸來回應柏拉圖的智慧。因為費奇諾採用了蘇格拉底這種教師退開來讓學生自己在知識上邁進的方法，讓他在教育程度良好的佛羅倫斯菁英間，成了一個有吸引力且受歡迎的人物。†

一四九九年費奇諾死後不久，調和亞里斯多德與柏拉圖的可能性，在教宗宮廷內獲得了青睞。隨著君士坦丁堡淪陷和希臘學術的復甦，羅馬成了新的雅典。在梵諦岡「賽納圖拉簽字廳」（Stanza della Segnatura，原本是儒略二世做審判聲明時用的私人藏書室）內，由拉斐爾繪製的濕壁畫《雅典學院》（*The School of Athens*，一五一〇－一五一一年繪製）上，柏拉圖和亞里斯多德肩並肩處在壁畫中心，創造了一種此後始終影響著智識辯論的哲學情誼。畫中的柏拉圖帶著《蒂邁歐篇》（*Timaeus*）指著群星；畫中的亞里斯多德帶著《道德論》，書本朝著地面。他們兩邊都有追隨者或繼承者，在一個巨大拱形的廊柱大廳裡或站或坐，研讀著卷軸、地球儀和繪畫。所以天文學家托勒密和數學家歐幾里得便在亞里斯多德這邊，而畢達哥拉斯，以及像柏拉圖一樣、相信一切都處於不斷流變的西元前六世紀哲學家赫拉克利特（Heraclitus），就都支持柏拉圖。

這種調和的概念，要歸功於費奇諾的一名書信聯絡人，一名奧斯丁會的修士艾吉迪歐・達・

---

* 這是博學者伊薩克・卡索邦（Isaac Casaubon, 1559-1614）的成就，他是一名古代手抄本的解密與定年專家。

14 關於這主題的精典著作是Frances Yates, *Giordano Bruno and the Hermetic Tradition* (Chicago and London: University of Chicago Press, 1964)。

† 據說，近期對教學方法做的一次調查中，有人問牛津大學的哲學教師，他們在這方面有什麼樣的創新。他們回答說，蘇格拉底的對話法到現在還是夠好用。

維泰博（Egidio da Viterbo），他說服教宗儒略二世把希臘哲學想像成一種人性精神啟蒙中的關鍵元素；而這種啟蒙將在羅馬基督教達到極盛。（事實上，拉斐爾在賽納圖拉簽字廳畫的第一幅濕壁畫是《神學的凱旋》〔*The Triumph of Theology*〕，畫中的神學家也透過辯論而尋得了調和。在天花板上，配著劍和天平的傳統正義女神肖像，反映了柏拉圖另一個最重要的理型。）艾吉迪歐大幅引用一本新發現的著作，也就是西元三世紀由第歐根尼・拉爾修（Diogenes Laertius）寫的《哲人言行錄》（*Lives of the Philosophers*），這是一本讀起來有趣、東拉西扯但不可靠的彙編書，成為了十六世紀最受歡迎的其中一本文獻，尤其是在復原希臘化時代（西元前三三〇－三〇年）哲學方面受到重用。阿伯提是這本書最初的擁護者之一。《哲人言行錄》中，第歐根尼分了一整冊給柏拉圖，所以，重新發現本書，就讓這位偉大哲學家在當時的智識架構中更加根深柢固。[15]

然而，儘管有這樣的支持，在亞里斯多德經院哲學依舊強大且較為保守的各大學內，柏拉圖主義總是得拚命爭取聽眾。十六世紀時柏拉圖主義反而是在王室宮廷內比較有勢力，因為那吸引了領頭的知識分子們。可能有人會把柏拉圖的理想國看成是湯瑪斯・摩爾（Thomas More）《烏托邦》（見第二十章，頁六四〇）的先驅。外交官兼作家巴爾達薩雷・卡斯蒂廖內（Baldassare Castiglione）那本思考了完美廷臣之特質而影響力深遠的《廷臣論》（*Il Cortegiano*，一五二八年發行），就取用了柏拉圖《理想國》的典範。* 卡斯蒂廖內拋下這個主題的標準資料書籍，也就是亞

前頁：位於梵諦岡「賽納圖拉簽字廳」的拉斐爾《雅典學院》（1510–1511年），描繪了柏拉圖與雅典學派的調和。柏拉圖帶著《蒂邁歐篇》並向上看，而亞里斯多德則是拿著《倫理學》並指著地上。

里斯多德的《政治學》；他認為這本書太根植於現實統治難題了。他的目標是為廷臣和其君主提供一個可以遙想的宮廷理想化願景。卡斯蒂廖內在《廷臣論》最柏拉圖主義的第四冊中主張，君王得要是哲學家才能夠明智地統治，而完美廷臣的作用，則是引領君王邁向這種智慧。然而，從卡斯蒂廖內也使用亞里斯多德《倫理學》——拉斐爾畫在該哲學家手上的那本書——這點來看，就會發現十六世紀哲學已經大幅遠離了經院哲學，而去使用各式各樣的哲學，而其中柏拉圖主義則是在此時被視為最具有靈性的哲學。當此時的智識菁英在各種互相競爭的哲學間優游自在時，誇張一點甚至可說，希臘化時期的氣氛在此時曾一度復興。

費奇諾的名聲因為麥地奇家族於一四九四年倒台而暫時失色，但不久後，已轉型為托斯卡尼諸大公的麥地奇家族，將會在反宗教改革運動（Counter-Reformation）中支持他復興基督教柏拉圖主義。到了此時，亞里斯多德在義大利各大學內的名聲已在下滑。比薩設立了一席柏拉圖研究的大學教授職，同時費拉拉公爵阿方索二世・埃斯特（Alfonso II d'Este）也在他的大學裡設了一個一樣的位子。就任這個職位的人——弗朗切斯科・帕特里奇（Francesco Patrizi，或稱 Franciscus Patricius），後來換到了羅馬的一個類似的職位上；但在此處，當特利騰大公會議鞏固了湯瑪斯・阿奎那和亞里斯多德主義的主宰地位後，他便面臨了保守分子的反對聲浪，甚至還把他寫的《大

15 Miller (ed.), *Lives of the Eminent Philosophers by Diogenes Laertius*。第三冊的篇幅給了柏拉圖。關於《雅典學院》見 Ingrid Rowland 在同一冊的論文：'Raphael's Eminent Philosophers: The School of Athens and the Classic Work Almost No One Read'。

* 因為卡斯蒂廖內在烏爾比諾與拉斐爾有過聯繫，所以有人認為前者便是《雅典學院》其中一個人物的原型（可能是畫中在托勒密旁邊舉著地球儀的那個人）。也有人注意到，溫文儒雅的卡斯蒂廖內對拉斐爾的尊敬，是十六世紀藝術家地位提升的一個跡象。

學新哲學》（*Nova de universis philosophia*）列於一五九七年教宗禁書目錄。

柏拉圖在歐洲北部比較吃香。透過費奇諾的翻譯，一五八〇年代柏拉圖在巴黎大學找到支持者，而德國許多新大學也開課講授柏拉圖。《蒂邁歐篇》、《斐多篇》和《理想國》依舊是最受歡迎的文獻。在劍橋大學，十七世紀晚期所謂的「劍橋柏拉圖主義者」*，指的是一批在尋求信仰時使用柏拉圖來支持有效理性思考的神學家。他們就跟大部分的文藝復興前輩一樣，在對抗亞里斯多德持續但正在弱化的影響力時，把柏拉圖拿來當成他們手上的其中一台攻城槌。

既然柏拉圖已經廣為人知，就不會再從哲學研究中消失；然而就如哲學史學家保羅・奧斯卡・克里斯特勒（**Paul Oskar Kristeller**）所言，到了十七世紀時，智識圈的風氣已在改變：「文藝復興時期那種推斷而來的宇宙學，在基於實驗和數學公式的自然科學框架中，已經不可能再成立。」[16]要到十九世紀，等到希臘研究先是在德國各大學然後在全歐洲各大學復興之後，柏拉圖才在課程中找到了一個顯赫而不動搖的地位。[17]

佛羅倫斯不是十五世紀唯一的文化革新溫床城市。來到阿爾卑斯山以北，一場技術革命正在進行，這場革命會改變知識呈現並散布給那些有識字語言能力而能領會知識的人的方法。許多成效良好的、喚醒西方心智的新方式，此時即將現身。

---

* 這群人是在十九世紀才得到這個稱號。

16 Kristeller, *Eight Philosophers of the Italian Renaissance*, p. 52.

17 關於維多利亞時代的不列顛，見Frank M. Turner, *The Greek Heritage in Victorian Britain* (New Haven and London: Yale University Press, 1981)，以及Richard Jenkyns, *The Victorians and Ancient Greece* (Oxford: Blackwell, 1980), chapter 10, 'Plato'。

15

印刷機

出版了哪些，為何是那些？

碰巧有一次我在梵諦岡的教宗花園裡和一名同伴談話。我們像平常一樣討論文學問題。很偶然地，我們一致熱切贊同那位德國發明家，他最近藉由做了某種字母的壓印，而讓三個人有可能在一百天內做出超過兩百本的原文複本，因為每次壓印都會產出一張大幅面的頁面。

萊昂・巴蒂斯塔・阿伯提，《論數字》（*De cifra*）1

萊昂・巴蒂斯塔・阿伯提，「文藝復興之人」，對於技術革新的興趣始終不輸研究古代文獻。在他生命快到尾聲時，也就是一四六五年之後的某一刻，他聽說了這台義大利的「印刷機」而興奮不已，而那可能是當時正在羅馬附近蘇比亞科（Subiaco）運作的印刷機。

到了十五世紀時，識字人數正在增加，而閱讀材料的需求也在成長。手寫文件的生產在正確性和精密度上都提高到全新水準。讀者不再仰賴修道院或者大學的抄寫人；大型且高效率的世俗工作坊也會生產文件。當科西莫・德・麥地奇想打造自己的藏書庫時，他委託一名佛羅倫斯書商偉士拔夏諾・達・比斯蒂奇（Vespasiano da Bisticci）來籌畫書籍生產。偉士拔夏諾的自家店面因為被佛羅倫斯知識分子當成會面場所而倍增；他僱了五十五名抄寫員，每個人平均花六個月提供科西莫一份符合他預期水準的複寫本。不到兩年內，就有約兩百本書準備好加入科西莫的藏書。歐洲其中一套最出名的藏書，是匈牙利國王馬加什・科爾溫（Matthias Corvinus）從一四八〇年代開始蒐集的；佛羅倫斯的抄寫員在七年內替他完成了兩千本書。在巴黎、波隆那和牛津，圖書分租（pecia）體制允許某文獻獲核准的一份手抄本分成好幾份分租出去（因此才稱作pecia，也就是「一部分」），而可以給學生拿去複製。翻譯的部分也是組織精良。大受歡迎的《曼德維爾爵士遊記》（*Travels of Sir John Mandeville*, 1356）至今留存著包括愛爾蘭語和捷克語在內的十種不同語言手抄本。[2]

所以，逐漸成長的閱讀群眾，以及更大量的手抄本需求，提供了進一步加速的所有誘因，但印刷作業需要的是一大堆創新聚在一塊。幸運的是，這時候紙也到手了，而這種新材料在「讓人以合理成本產出多份文件複製品」方面，將會是不可或缺的要素。[3]紙又是另一項在中國發生的創新，早在西元一世紀就已出現，其後慢慢透過阿拉伯世界、黎凡特（Levant）和伊斯蘭統治的西班牙，而於十二世紀抵達基督教歐洲。中國和韓國也發展出木雕印版這種較早期的印刷材料，也曾實驗過活字印刷，但漢字驚人的大量使印刷不合成本。抄寫一本書還是比製版印書來得便宜。*印刷生產有限，也有文化上的理由：手抄本的光環讓人們想擁有手抄本的欲望更勝機械複印文書，這跟實體書現在還能勉強抵擋電子書是一樣的道理。然而，有可能是歐洲與亞洲的貿易，讓那些日後會被古騰堡（Gutenberg）這類歐洲人所使用的想法向西傳播。就跟歐洲太多顯而易見的革新一樣，人不能隨便假設外來影響在革新中無足輕重。

輕視勞力工作的學術人文主義者，在這裡一點用處也沒有。即便造紙的原料——從舊船帆和繩索取來的亞麻破布和麻類植物——很容易就能取得，造紙還是一門需要專業技巧的程序。事實上，原料供應可說用之不竭，絕對足以提供造紙業頭幾十年所需求的量。破布要先撕裂，用水力木槌搥過，然後保持濕濡狀態，好讓纖維斷裂。做出來的紙漿會放在大缸裡，加入淨水——水

1 引文出自Grafton, *Leon Battista Alberti*, p. 330。

2 本章的主題在Andrew Pettegree, *The Book in the Renaissance* (New Haven and London: Yale University Press, 2010)有著不錯的記述。我為了這章的寫作，也使用了精典之作Lucien Febvre and Henri-Jean Martin, *The Coming of the Book: The Impact of Printing 1450-1800*, 3rd ed. (New York: Verso, 2010)，以及Elizabeth Eisenstein, *The Printing Revolution in Early Modern Europe*, 2nd ed. (Cambridge: Cambridge University Press, 2005)。

3 Pettegree, *The Book in the Renaissance*, pp. 17-19. Hugo Chapman and Marzia Faietti, *Fra Angelico to Leonardo: Italian Renaissance Drawings* (London: British Museum Press, 2010)，在造紙方面有一節內容非常有用，頁三六－三八。

* 在阿拉伯世界，同樣也因為得創造九百個字母來反映草書字的各種不同組合，而導致印刷術發展延遲。

的純淨對於維持成品潔白是很重要的——以及當作黏合劑的動物膠。專業的技術在於，要把一面線框放進裝滿混合物的缸裡，然後取出厚度和外觀都穩定一致的薄薄一層紙。每張紙都會加以乾燥，然後上凝結劑，好讓寫上去的墨水不會暈開。接著就準備好可以使用了。如果當初原料沒有徹底斷開，成品就會很粗糙。所以，造紙術是在有太多熟練工匠的義大利最先成熟起來，且現今留存下來的最佳樣本十分光滑且好用，也就不讓人意外了。線框留下了它的記號，在把紙張對著光舉起時就可以看到，而每一間工作坊都會自豪地把自家的設計樣式放進線框間，因此產生了一種「浮水印」。*

紙本身不便宜，但比羊皮紙便宜太多。一四七六年佛羅倫斯某文具店的存貨清單分別列出了羊皮紙和紙的價格，揭露了一張羊皮紙大約是同樣大小一張紙的十四倍貴。然而，最高品質的單一頁紙，卻有可能要花去一名工匠一星期的工資，而大部分的藝術家都是一張紙正反面塗鴉設計畫到滿。還是有一些要求氣派的委託案件使用羊皮紙，但越來越多人選擇用紙來寫信和記帳，而且，就如我們將在第十八章看到的（頁五九三－九四），越來越多藝術家和建築師會用紙來做初期草圖和繪畫用。商人很快對此做出回應。十五世紀中期，已會有堆在騾背上的紙堆一路穿過阿爾卑斯山隘口來到歐洲北部貿易市集；後來義大利造紙者也會自行向北移動，在當地建立工作坊並把技術傳授下去。德國、法國和瑞士到了十五世紀都會有紙坊星羅棋布。這方面來說，英格蘭是落後者；一四九〇年代以前都沒有英格蘭紙坊的紀錄。

早在十五世紀初期時，人們就已經在木刻印版上沾墨並抹過紙面，使得（通常是宗教主題的）單張圖畫相當普遍，而且甚至可以和其他紙張組裝成一本原始的「書」。然而，若要進行高效率且多用途的印刷，就會需要能排成一行文字、套進一個框框、沾上墨水並接連多次壓印在紙上的獨立活字。接著，這個框還得要能拆開來，讓活字重新組合成新的一頁。要達到這一點，就需要高水準的技術實作力和想像力。

享有歐洲印刷機創始者榮耀的人，是約翰尼斯・古騰堡（Johannes Gutenberg）。古騰堡出生於一三九七至一四〇三年間在萊茵河上的美茵茲（Mainz）。[4]他接受寶石切割匠的訓練，可能還包括金匠訓練，所以很擅長處理金屬。已知他曾於一四三〇年代設計了史特拉斯堡（Strasbourg）的朝聖者徽章，但他始終不太擅長做生意，籌錢和還錢的困難定期阻撓著他的各種雄心壯志。我們不知道他怎麼跳進印刷這門行業；只有零星文字提及他一四四八年回老家之後的事情，留下了許多模糊之處。他最早的產品是頗受歡迎的文法書，由羅馬作家多納圖斯所著，是一本只用了十四頁雙面印刷的小書，至今只有幾本留存。第一本真正的書，那本雄心壯志令人震驚的書，就是他從一四五二年開印、每本一千兩百八十二頁、印量共一百八十本的《聖經》；這項大膽的商業冒險共耗時兩年，且同時有紙本及（為了有錢客戶而印在）羊皮紙印刷版本。第一版賣給了美茵茲附近的修道院和神職人員，有著很好的銷量，其中五十本留存至今。這版書很貴；兩本羊皮精裝版的售價，等同於購買一間石造房屋。甚至連紙本版，都要花掉一名老經驗工匠將近一年的

* 浮水印通常可以用來確定紙張的來源和年分，也可以抓出罕見古書的偽造本。在早期造紙重鎮——義大利阿瑪菲（Amalfi）的紙博物館（Museo della Carta）裡，你可以用古法自造一頁紙——作者自己做的就有點破！

4 關於《古騰堡聖經》，見Eric Marshall White, *Editio Princeps: A History of the Gutenberg Bible* (Turnhout, Belgium: Harvey Miller, 2017)。

薪資。然而，古騰堡的發明激起的興奮和驚嘆是如此之強烈，以至於成為了早期眾多印刷者的靈感來源與模範。它使用了四世紀熱羅尼莫翻譯的《武加大譯本》，此舉有助於鞏固該版本成為天主教教會權威版《聖經》。不幸的是，計畫的財務需求——在能指望有回收之前，就要先造活字，還要累積紙材——打垮了古騰堡。他只能把印刷店讓給兩位合夥人：提供資本和財務專業的約翰・福斯特（Johann Fust），以及掌握活字印刷技術面需求的福斯特女婿彼得・舍費爾（Peter Schoeffer），後者很快就在字體方面有了進步。轉讓後他們立即完成了一四五七年的《美因茲聖詠經》（*Mainz Psalter*），只印了一種羊皮紙版本，並使用了三種顏色（所以每一頁得要完美對齊上個套色的壓印，一共三次），結果非常成功。*

編製一本書需要非凡的協調合作能力，也要持續發展更有效率的活字生產方法。如果把大小寫、標點符號和縮寫都算進去的話，古騰堡的《聖經》用了三百個不同的活字。每個字母都需要很多個備分。有一頁光是「孩子」（filii）就重複了一百次，所以就需要三百個「i」。每頁四十二行共需要兩千六百個活字。這些數字可以讓人一窺印刷工作進行起來要投入多少工夫（以及字母更多的中國和伊斯蘭學者會覺得活字印刷不划算的理由）。這些數字也說明了，為什麼在第一個例子中，印刷得要依靠那些願意付錢買宗教著作的有錢修道院和主教座堂，而它們要的還不只《聖經》以及《聖詠經》，更包括教會年曆以及教父著作，尤其是奧古斯丁以及晚他兩百年的湯瑪斯・阿奎那著作。到了一四七〇年，這些在美因茲全都有印刷出版。

活字是怎麼造出來的？工匠和金匠是少數擁有造字所需高階專業水準的人。他們會先做出一根打印，一根矩形的棒子，其中一端會反著刻上一個字母。接著打印會被打進一塊比較軟的金屬平板，也就是字模（matrix）裡頭，便會留下字母的印痕。接著這塊字模會放置在一個鑄模裡面，而壓痕會被熔化的金屬填滿，而當冷卻時，就會硬化成為單一塊活字。這必須得要突出於一根或許有一英寸（約二・五四公分）高的柱體上，而這些柱體可以和其他字排在一個排字盤裡面來造詞。好幾個排字盤可以併起來形成一整頁的文字，也就是一個印版（forme）。每個字的表面必須完美地彼此對齊，壓下去的印記才會一樣深。

製造活字的過程需要在每個階段選擇不同的金屬。打印原本是用黃銅或青銅（後來會用鋼），而比較軟的字模是用鉛或銅。活字得要硬才能承受多次印刷；經過嘗試錯誤後，有一種特定比例的鉛、錫和銻的合金，最終達到了印刷所需的彈性。一開始，字體的風格反映了實際書寫，所以書看起來就像是手寫的一樣。這造成了一個古怪的結果，就是有些抄寫員會從印刷書來複寫出手抄本。要經過一段時間，採錄自十四世紀人文主義者開創的字型——也就是比較清楚好讀的「羅馬」（Roman）字型，才取代了哥德風格（不過德國例外，哥德字型在那邊持續存在了好幾個世紀）。到了一四七〇年代時，活字製造已經變成一門專業生意，所以專家就再也無法從字型特色看出一本書源自哪間特定的印刷廠了。（把印刷者的名字加在文書中，是日後的發展。）

一頁活字一旦檢查完畢，就會用吸飽墨的馬鬃海綿沾上墨。墨的黏稠度

下頁：《古騰堡聖經》（1452年）讓印刷的力量獲得世間認可而揚眉吐氣，特別是因為它鞏固了熱羅尼莫的拉丁文《武加大譯本》作為《聖經》權威文本的地位。

＊只有十本留存下來，讓它比古騰堡的《聖經》還稀有。

de hebreis voluminibꝫ additū noue-
rit eque usqꝫ ad duo pūcta· iuxta theo-
docionis dumtaxat editionē: qui sim-
plicitate s̄monis a septuaginta inter-
pretibus nō discordat. Hec ergo et uo-
bis et studiose cuiqꝫ fecisse me sciens·
nō ambigo multos fore· qui uel inui-
dia uel supercilio malent contemnere
et videre preclara quam discere: et de
turbulento magis riuo quam de pu-
rissimo fōte potare. Incipit liber
ymnorū uel soli loquiorum: ~

Beatus vir qui nō
abiit in cōsilio im-
piorū: et in via pec-
catorum nō stetit:
et in cathedra pesti-
lencie nō sedit. Sed
in lege domini volūtas eius: ⁊ in lege
eius meditabit̄ die ac nocte. Et erit
tamqꝫ lignū quod plātatum est secus
decursus aquarū: qđ fructū suū dabit
in tp̄e suo. Et foliū eius nō defluet: ⁊
omnia quecūqꝫ faciet prosperabūtur.
Non sic impij nō sic: sed tamqꝫ pul-
uis quē proicit vētus a facie terre. I-
deo nō resurgūt impij ī iudicio: neqꝫ
peccatores in cōsilio iustorū. Quoni-
am nouit dominus viā iustoꝝ: ⁊ iter
impiorum peribit. Psalmus dauid. 2
Quare fremuerūt gētes: et ppl̄i me-
ditati sunt inania? Astiterūt
reges terre et principes cōuenerunt in
unū: aduūsus dūm ⁊ aduūsus cristū ei⁹.
Dirumpam⁹ vincla eoꝝ: ⁊ piciam⁹
a nobis iugū ipoꝝ. Qui habitat ī ce-
lis irridebit eos: ⁊ dūs subsānabit eos.
Tunc loquet̄ ad eos in ira sua: ⁊ in
furore suo cōturbabit eos. Ego au-
tem cōstitut⁹ sum rex ab eo super syon
montem sanctū ei⁹: p̄dicās preceptū
eius. Dominus dixit ad me filius
meus es tu: ego hodie genui te. Po-
stula a me et dabo tibi gentes heredi-
tatem tuā: et possessionē tuā terminos
terre. Reges eos ī virga ferrea: ⁊ tam-
qꝫ vas figuli cōfringes eos. Et nūc
reges intelligite: erudimini q̄ iudica-
tis terrā. Seruite dūo ī timore: et ex-
ultate ei cū tremore. Apprehendite di-
sciplinam: ne quādo irascatur domi-
nus ⁊ pereatis de via iusta. Cum ex-
arserit in breui ira eius: beati omnes
qui confidunt in eo. Psalmus dauid
cum fugeret a facie absolō filij sui.
Domine qͥd multiplicati sunt qui 3
tribulāt me? multi insurgūt ad-
uersum me. Multi dicūt anime mee:
nō est salus ipsi in deo eius. Tu autē
dn̄e susceptor me⁹ es: gloria mea ⁊ ex-
altās caput meū. Voce mea ad do-
minū clamaui: ⁊ exaudiuit me de mō-
te sācto suo. Ego dormiui ⁊ soporat⁹
sum: ⁊ exsurrexi quia dūs suscepit me.
Non timebo milia populi circūdan-
tis me: exurge dn̄e saluū me fac deus
meus. Quoniam tu pcussisti omēs
aduūsantes michi sine causa: dentes
peccatorū cōtriuisti. Domini est sal⁹:
et super populū tuum benedictio tua.
In fine carminibꝫ psalm⁹ dauid.
Cum inuocarē exaudiuit me deus 4
iusticie mee: ī tribulacionē dila-
tasti michi. Miserere mei: et exaudi o-
racionē meā. Filij hominū usqꝫ quo
graui corde: ut quid diligitis vanita-
tem et queritis mēdacium? Et scitote
quoniā mirificauit dūs sanctum suū:
dūs exaudiet me cū clamauero ad eū.
Irascimini et nolite peccare: qui di-
citis in cordibus uestris in cubilibus
vestris compungimini. Sacrificate
sacrificiū iusticie ⁊ sperate in domino:
multi dicunt qͥs ostendit nobis bona.

Feruescere faciet q̄si ollā profundum
maris: ponet quasi cū vngenta bulli-
unt. Post eum lucebit semita: estima-
bit abissum quasi senescentem. Non
est super terram potestas que compa-
retur ei: qui factus est ut nullum ti-
meret. Omne sublime videt: ipse est rex
sup vniuersos filios supbie. xlij.
Respondens autem iob dn̄o dixit.
Scio q̄a omnia potes: et nulla te
latet cogitatio. Quis est iste qui celat
cōsiliū absq; sciencia? Ideo insipienter
locut⁹ sum: et que vltra modū excede-
rent sciētiā meā. Audi et ego loquar:
interrogabo te et respōde michi. Au-
ditu auris audiui te: nūc aūt oculus
meus videt te. Idcirco ip̄e me rep̄hen-
do: et ago penitenciā in fauilla ꝛ cine-
re. Postq̄ aūt locut⁹ est de⁹ verba hec
ad iob: dixit ad eliphaz themaniten.
Iratus est furor meus in te et in duos
amicos tuos: quoniā nō estis locuti
corā me rectū sicut seru⁹ me⁹ iob. Su-
mite ergo vobis septem thauros ꝛ se-
ptem arietes: et ite ad seruū meū iob:
ꝛ offerte olocaustum pro vobis. Iob
aūt seru⁹ me⁹ orabit pro vobis. Faci-
em ei⁹ suscipiā: ut nō vobis imputet̄
stulticia. Neq; enī locuti estis ad me
recta: sicut seru⁹ me⁹ iob. Abierūt ergo
eliphaz themanites et baldach suites
et sophar naamatites et fecerūt sicut
locutus fuerat dn̄s ad eos: et suscepit
deus faciem iob. Dn̄s q̄q; conuersus
est ad penitenciā iob: cū oraret pro a-
micis suis. Et addidit domin⁹ omnia
quecūq; fuerāt iob duplicia. Venerūt
aūt ad eū omnes fratres sui ꝛ vniuerse
sorores sue et cūcti qui nouerāt eū pri-
us: ꝛ comederūt cū eo panē in domo
eius. Et mouerūt sup eū caput: et cōso-
lati sūt eū sup omni malo qd̄ intulerat
dn̄s sup eum: et dederūt ei vnusquisq;
ouem vnam ꝛ inaurem auream vnā.
Dn̄s autē benedixit nouissimis iob
magis quā principio ei⁹. Et facta sūt
ei quatuordecim milia ouiū et sex mi-
lia camelorū: et mille iuga boū: ꝛ mil-
le asine: et fuerūt ei septē filij ꝛ tres filie.
Et vocauit nomē vni⁹ diē: et nomen
secūde cassiam: ꝛ nomē tercie cornusti-
bij. Nō sunt aūt inuente mulieres spe-
ciose sicut filie iob: in vniūsa terra. De-
ditq; eis pater suus hereditatē inter fra-
tres earū. Vixit aūt iob post hec centū
q̄dragita ānis: ꝛ vidit filios suos ꝛ fi-
lios filiorū suorū vsq; ad quartā gene-
racionē: ꝛ mortu⁹ ē senex et plen⁹ dierū.
Explicit lib' iob Incipit prologus
bti Iheronimi presbri ī psalteriū:
Psalteriū rome dudū posi-
tus emēdarā: ꝛ iuxta septu-
aginta interpretes licet cur-
sim magna tamē ex parte
correxerā. Quod quia rursum videtis
o paula et eustochiū scriptorū vicio de-
prauatū plusq; antiquum errorem q̄
nouā emēdacionē valere: me cogitis
ut veluti quodam nouali scissū iam
aruū exercam et obliquis sulcis rena-
scentes spinas eradicem: equū esse dicē-
tes ut qd̄ crebro pullulat crebrius suc-
cidatur. Vnde consueta p̄facione cō-
moneo tam vos quibꝫ forte labor iste
desudat quā eos qui exemplaria isti-
usmodi habere voluerit: ut q̄ diligen-
ter emendaui: cū cura et diligēcia trā-
scribantur. Notet sibi vnusquisq; vel
iacētem lineā vel radiācia signa id
est obelos vel asteriscos: et vbicūq;
viderit virgulā p̄cedentem ab ea vsq;
ad duo pūcta que impressim⁹ sciat in
septuaginta translatoribus plus ha-
beri: ubi aūt perspexerit stelle similitudinē

很關鍵：它黏性要夠才能轉移到紙上，但又要很快在沾濕而能吃墨的紙表面上乾掉。美茵茲印刷者的一項成就，就是在剛開始就找到對的溶液。紙和印版會一上一下地疊在同個框裡面。接著，框會放在一個打印架上，並通過擠壓機下方實際進行壓製，而這座原本是木造但後來改用金屬的擠壓機，是靠著扭轉螺旋而直直往下擠壓。這種擠壓機早就被用來榨葡萄汁和橄欖油，並在這裡改造來用於新目的。

印刷概念快速散播開來，特別是因為價格較低的關係。一四六〇年代時，一頁印刷稿的成本大約是手抄稿的八分之一。萊茵河沿岸的德國商業諸城是印刷產業的先鋒中心，其他德國城市很快也將追隨其後：例如班伯格（Bamberg）、紐倫堡（Nuremberg）、史特拉斯堡、科隆和奧格斯堡（Augsburg）。巴黎到了一四七〇年時有了一間印刷廠，而且有可能是第一間印世俗文獻的廠，不過當時那些效率高超的大學抄寫員極力反抗著進口書。有一份（可能是偽造的）報告指出，約翰・福斯特帶著一整堆《聖經》抵達巴黎，卻被當地的手抄本販賣者逐出城。到了一四八〇年時，德國的印刷商陸續搬遷到義大利北部，在各大城市設立印刷廠；只是說印刷在佛羅倫斯舉步維艱，因為那裡的抄寫員和將他們組織起來的人（好比說達・比斯蒂奇）依舊主宰著市場。在貿易中，大學城市並非最為重要，所以在英格蘭，成為書本貿易中心的就不是牛津或劍橋，而是倫敦。有可能是因為教科書的手抄複本太多，所以對印刷版的需求就比較低。舉例來說，儘管一五〇〇年之前，「倫巴底人彼得」的《四部語錄》就有十六個版本，然而照理來說應該能找到其中一版的城市巴黎，卻完全沒印刷這本書。抄寫員和印刷者之間持續有著合作關係。印刷書會留下一些空間，給人用手工添寫繪工精細的大寫字或者希臘字母；手抄本則會留空間印上插圖。

許多印刷者一直是小規模經營。這套流程的成功，意味著（尤其在一四七〇年代）有太多太多的創業者被吸引到了這一行，然後發現自己誤判了市場，生產了吸引力不足而無法類似版本競爭的書，或者冒險嘗試出新書卻找不到市場。或許會有人把十五世紀晚期的情況和一九七〇年代的小型電腦製造業大爆發相比；後者中的多數小企業在幾家巨頭壓低價格後紛紛失敗。結果是，許多印刷者（尤其是那些在義大利工作的德國人）變成了移民，把他們的活字和印刷機從一座城搬到下一座城，希望能在這利潤豐厚的全新市場中分一杯羹。紙張很重而且很難搬運，所以印刷者的一大要事就是把生意安頓在盡可能靠近紙廠的地方。在許多例子中，印刷和紙廠是由同一個大家庭的成員所營運。供應斷鍊會嚴重打擊印刷廠的平穩營運。大版（當代印刷者會稱作「大量印刷」）會讓每本書成本較低；但要達到這一點，印刷者必須要以通路良好的繁榮（且因此較有文化修養的）城市為基地。印刷依舊是一門不穩固的生意。一四九三年由安東・科貝格（Anton Koberger）所策畫的、有如百科全書的《紐倫堡編年史》（*Nuremberg Chronicle*），一版就印了兩千五百本（拉丁文一千五百本、德文一千本）而且有著大幅宣傳。它成為了代表名望的財產，也有助於解釋為何至今還留存有一千兩百本。但對出資者來說很可惜的是，翻印書和新版書在市場上實在太浮濫，以至於第一版沒辦法賣完，龐大的支出從來都沒有完全回本過。更精明的印刷者了解到，他們得要把大版換成能立即獲益的單次用紙張或小冊子。

＊＊＊

最成功的印刷之都其實根本就不是大學城，而是有資源、有人脈、有服務範圍來造就印刷革新大規模成功的城市。威尼斯在印刷史上至高無上的地位，至今依舊為人低估。紀錄顯示，一四六九至一五〇〇年間有兩百三十三間印刷廠。它們能夠取得生產大本書所需的資本，並從海路前往西班牙、葡萄牙開發市場，更穿過阿爾卑斯山隘口來到匈牙利及波蘭，來到一些德國印刷廠沒那麼順利發展的土地。一四七〇年代的一位先鋒是法國人尼可拉斯・簡森（Nicolas Jenson，約一四二〇－一四八〇年），他那優雅而成為標準的羅馬字型，直到今日都為人讚賞。他那史上第一套印刷版尤利烏斯・凱撒著作集（一四七一年），標記了從「模仿手寫」到「來自羅馬紀念碑銘文字型」的轉變。威尼斯印刷者成功的一個理由是靈活。這一點可以從禮拜儀式文獻看出；他們是此類文獻的最大生產者。他們能夠改編彌撒經本（記載了一整年間各天主教彌撒文獻的書），來符合歐洲不同地方遵循的五花八門儀式。到了一五〇〇年時，他們估計已出版了四千種不同的版本。然而，該世紀末在政治方面的困境和賒帳遭到凍結，為共和國帶來了一場經濟危機，而印刷商發現自己遭到德國和荷蘭那些低品質印刷廠的削價攻擊。

在印刷術發明的頭五十年裡，估計有八百萬份「搖籃本」（incunabula，這個詞專指一五〇〇年以前印刷的書籍）印出。宗教文獻和小冊子仍居主宰地位，或許占了總量的百分之四十五；除了經文之外，前幾個世紀的主要作品如奧古斯丁（他最受歡迎的是《上帝之城》）和額我略一世的著作，會和十二、十三世紀的主要作品並列，例如阿奎那和波那文都的著作、「倫巴底人彼得」的

《四部語錄》，以及雅各・德・佛拉金《黃金傳說》中的聖人生平等。所以在某個層次上，這算是一個保守的市場，同時提供書給學者，給實作各儀式的神職人員（彌撒經本和祈禱書），以及平信徒。最多人搶購的單張小冊，是確認赦罪券有付錢的收據。傳統上為菁英所生產、用於宗教儀式的《時禱書》（*Books of Hours*），現在就能以低上太多的成本，來為更大規模的顧客複製。早期的一本暢銷書是托馬斯・肯皮斯（Thomas à Kempis）的《師主篇》（*Imitation of Christ*），該書因為提出「就算身為平信徒一員也可以仿效基督」這種激進想法而受歡迎。另一本則是波愛修斯的《哲學的慰藉》，發現有七十種早於一五〇〇年的版本。這篇沒提到基督教信仰、但也沒削弱虔信精神的哲學文章，可以流通到這種地步，實在是非常了不起。有一種論點認為，當時的平信徒正獨立於教會外自行吸收著宗教思想（我們會在第十六章進一步探索這論點）；而來自印刷廠、證明當年人們真的十分渴求宗教文字的證據，就鞏固了這個論點。

整體來說，有大約百分之七十七的搖籃本是拉丁文書。以地方話寫成的原創文章也很受歡迎：像是插圖滿滿的德國民間譚《寶石》（*Der Edelstein*）、義大利原文的但丁與薄伽丘著作，以及倫敦出版的喬叟《坎特伯利故事集》。在科隆學會印刷後便到布魯日營運印刷廠的威廉・卡克斯頓（William Caxton），便是一四七六年到倫敦這裡設廠。包括宗教文獻在內的拉丁譯本，也變得越來越普及。所以佛拉金的《黃金傳說》在一五〇〇年之前便有八十八個拉丁文版本問世，但也有十八個法文版本、五個英文版、兩個德文版、十三個法蘭德斯文版以及六個義大利文版。

文法書是早期的暢銷書，因為它讓學習者得以用拉丁文（當然，也就是人文主義者喜愛的文章原本使用的文字）讀到更先進的文章。西塞羅的哲學短文，其信件和其演說是最暢銷的古典著作，在一五〇〇年以前共有三百六十一種版本。詩人維吉爾和奧維德頗受歡迎，而塞內卡則是以斯多噶派哲學家的身分占了一席之地。這之中有一個斷層。印刷者是工匠，不是學者，他們常常不知不覺就從有誤的手抄本來出產文獻。常常有人說印刷有助於讓文獻一統規格，但它也會讓錯誤成為標準。要過好一段時間，人文主義者才會在介於一四九〇和一五一〇年間的某一刻，開始要求只能使用最正確的手稿。尋找最佳手稿的過程，又進一步刺激了人文主義學術。然而在這裡也一樣，譯本會趕著出，還是因為拉丁文重量級作者的地位高。西塞羅寫給朋友的信件很快就出現了義大利文、法文和德文版。

希臘文因為換氣和口音而很難用字母來重現，但它在人文主義學者阿爾杜斯・馬努提烏斯（Aldus Manutius）這邊找到

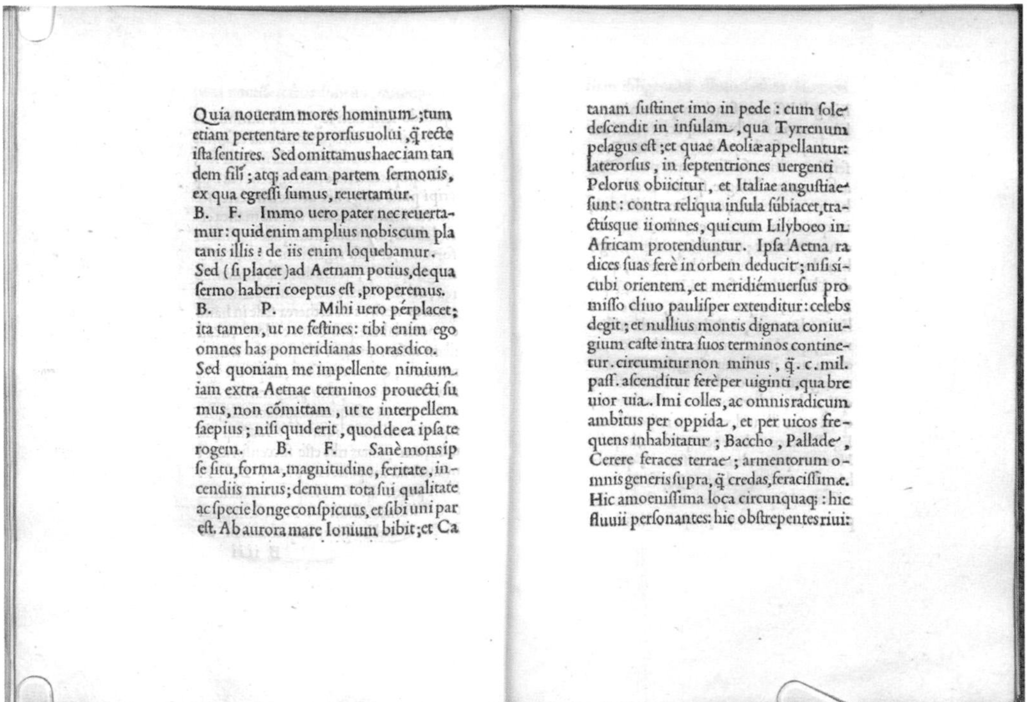
Quia noueram mores hominum ;tum
etiam pertentare te prorsus uolui ,q̃ recte
ista sentires. Sed omittamus haec iam tan
dem fili ; atq; ad eam partem sermonis,
ex qua egressi sumus, reuertamur.
B. F. Immo uero pater nec reuerta-
mur: quid enim amplius nobiscum pla
tanis illis ? de iis enim loquebamur.
Sed (si placet)ad Aetnam potius,de qua
sermo haberi coeptus est ,properemus.
B. P. Mihi uero perplacet;
ita tamen, ut ne festines: tibi enim ego
omnes has pomeridianas horas dico.
Sed quoniam me impellente nimium
iam extra Aetnae terminos prouecti su
mus, non cõmittam , ut te interpellem
saepius; nisi quid erit , quod de ea ipsa te
rogem. B. F. Sanè mons ip
se situ, forma ,magnitudine, feritate, in-
cendiis mirus; demum tota sui qualitate
ac specie longe conspicuus, et sibi uni par
est. Ab aurora mare Ionium bibit; et Ca

tanam sustinet imo in pede : cum sole
descendit in insulam ,qua Tyrrenum
pelagus est ;et quae Aeoliæ appellantur:
laterorsus , in septentriones uergenti
Pelorus obiicitur, et Italiae angustiae
sunt : contra reliqua insula subiacet,tra-
ctúsque ii omnes, qui cum Lilyboeo in
Africam protenduntur. Ipsa Aetna ra
dices suas ferè in orbem deducit; nisi sí-
cubi orientem, et meridiémuersus pro
misso cliuo paulisper extenditur: celebs
degit ; et nullius montis dignata coniu-
gium caste intra suos terminos contine-
tur. circumitur non minus , q̃. c. mil.
pass. ascenditur ferè per uiginti ,qua bre
uior uia. Imi colles, ac omnis radicum
ambitus per oppida , et per uicos fre-
quens inhabitatur ; Baccho , Pallade ,
Cerere feraces terrae ; armentorum o-
mnis generis supra, q̃ credas,feracissimæ.
Hic amoenissima loca circunquaq; : hic
fluuii personantes: hic obstrepentes riui:

了印刷的最高權威。[5] 一四四九年生於羅馬南方巴西阿諾（Bassiano）的馬努提烏斯，曾在費拉拉學過希臘文，但於一四九〇年抵達威尼斯後，才在熙熙攘攘的眾多印刷店中，找到了自己的真正所屬地。現在他得以接觸他在羅馬認識的樞機主教貝薩里翁的美好收藏品，以及這座繁盛又有文化的城市的豐富資源，以及一位專精於創造希臘字母的活字設計者——安德烈亞・托雷薩尼（Andrea Torresani）的技術。他也可以利用威尼斯幾個世紀以來和東方的商業往來，並從一四九〇年代起開始使用那些逃離薩佛納羅拉殘酷統治的佛羅倫斯希臘學者所帶來的知識（見頁五四一－四二）。在這些條件下完成的一絲不苟文獻中，包括了許多偉大希臘古典作家的首刷書：劇作家阿里斯托芬（Aristophanes）、索福克勒斯和尤里比底斯，歷史學家修昔底德、哲學家兼歷史學家普魯塔克（他的《希臘羅馬名人傳》在接下來的一個世紀有極大的影響力），貴族詩人品達（Pindar）、演說家狄摩西尼（Demosthenes），還有靠費奇諾等人恢復其重要性的柏拉圖。馬努提烏斯其中一項最出名的成品，就是五冊版的希臘文亞里斯多德著作集，為原始文獻提供了一個權威定案版。這一切造就他成為他那時代最出名的印刷者，獲得了全歐洲學者的尊敬，因為他不只帶來希臘文文獻，更為範圍更大的學術大眾帶來了拉丁文文獻。

馬努提烏斯最有影響力的印刷成品中，有他印製的第一份拉丁文文章，也就是人文主義者皮

前頁：阿爾杜斯・馬努提烏斯版的皮耶特羅・班波《埃特納山談》，是一本「科學」文章的早期傑出範例，還立下了日後成為標準的一種字體（Bembo）。

5 見Martin Davies, *Aldus Manutius: Printer and Publisher of Rencissance Venice* (London: British Library, 1995)。

耶特羅・班波（Pietro Bembo）的《埃特納山談》（*De Aetna*, 1496）；在這篇作者攀登西西里島埃特納火山的紀錄短文中，他與學者父親伯納多（Bernardo）的對話，讓他自己對火山的實際體驗與父親僅僅透過古典文獻得知的知識形成了對比。當時有一種從「那些古典文獻的權威」過渡到「經驗觀察發現之結果」的轉變，而這篇文章就屬於其中一環（後面幾章我們同樣也會看到這種轉變，使得托勒密的《地理學指南》和《天文學大成》以及戴奧科里斯的《藥物論》遭到取代）。這本書清楚到美麗的字體，在今日被稱作「班波字體」（Bembo type），而其八開書頁則預告了今日書籍的基本款式。儘管人們老早就知道八開這個書頁尺寸，但馬努提烏斯一採用，就讓他的著作能方便四處攜帶；所以這個尺寸獲得採用，就標記了對直至今日的讀者都極其重要的一次變遷。*然而馬努提烏斯著作的最高品質，意味著他很容易遭對手削價攻擊，而他的印刷廠利潤也高不到哪去。對品質和正確的堅持並不是財務成功的必經之路；馬努提烏斯的印刷廠於一五〇〇年代初期威尼斯商業崩盤後，也只再多撐了一下而已。

新書的氾濫代表著讀者有可能不知所措。學者們通常很難知道一本書裡到底寫了什麼，而在一五二〇年代時，克里斯多福・哥倫布的私生子——擁有當時其中一份最龐大私人藏書的收藏家費南德・科隆（Hernando Colón），製作了一份稱作《摘要之書》（*Book of Epitomes*）的目錄，來替每本著作做摘要。有許多書可以只用七到八行字來摘要，但現在柏拉圖的著作也翻譯出來了，於是其內容就得用三十頁來摘要。有許多事情是從《摘要之書》開始發生的。學者摘要每本書時，不可免地會對文獻品質做一些評論，而手上有了一本摘要的人，就可以更輕易地將書分類，而且或許能把它們合併起來，來進行某個主題的單一權威研究。[6]

在印刷時代初期，各家印刷廠確實觸及了更廣泛的閱讀群眾，但它們並沒有改變思想。新作者和新想法在那時候還沒有明顯的市場。絕大部分的印刷本都是已有名聲的經典權威著作。甚至連在或能稱作科學的範圍內，也還是在回收使用人們偏愛的舊學問，因此能看出此時人們尚未領略到「知識會不斷進步」的概念。所以，十三世紀中由道明會「博韋的樊尚」（Vincent of Beauvais）所編輯的《大寶鑑》（*Speculum Maius*），一套有如百科全書般的知識大摘要，此時便在毫無更動下重出了印刷版。除該書外，許多於此時重出印刷版的自然哲學著作，也都要回溯至十三世紀。阿維真納的《醫典》（約一〇二五年）在一五〇〇年以前經歷過二十種不同的版本，唯一能與其相比的只有大阿爾伯特的生物學論文。在醫學方面，蓋倫（一四九〇年時其著作首度匯集成有條理的版本）和希波克拉底的權威依舊穩如泰山。前面我們已經看到，大學的主要文獻是如何十年又十年地沿襲過往，到了十六世紀依舊歷久不衰。同樣地，雷吉奧蒙塔努斯等數學家所寫的重要新著作，也是在完稿許多年後才得以第一次印刷出版。雷吉奧蒙塔努

下頁：雷吉奧蒙塔努斯的1482年曆，準確彙編了天文現象，包括了圖中1483至1530年的日蝕預測。像這種文章的印刷，讓「科學」正確性得以在智識圈散播。

* 對開本（folio）這個字來自拉丁文folium，也就是葉片，指的是每張印刷的頁紙要對摺一次來產生兩頁的書；四開本（quarto）就是頁紙對摺兩次，而八開本就是把原本印刷的頁紙對摺三次，也因此讓它的大小變成了對開本的四分之一。八開本的長寬，根據原本印刷頁紙的尺寸不同，而會落在高大約八至十英寸（二十・三至二十五・四公分）、寬大約五至六英寸（十二・七至十五・二公分）之間。

6 見Edward Wilson-Lee, *The Catalogue of Shipwrecked Books: Young Columbus and the Search for a Universal Library* (London: William Collins, 2017)。

1497	1500	1501
Eclipsis Solis	Eclipsis Lune	Eclipsis Lune
29 3 2	5 14 2	2 17 49
Julij	Nouembris	Maij
Dimidia duratio	Dimidia duratio	Dimidia duratio
0 36	1 37	1 52
Puncta tria	Puncta decem	
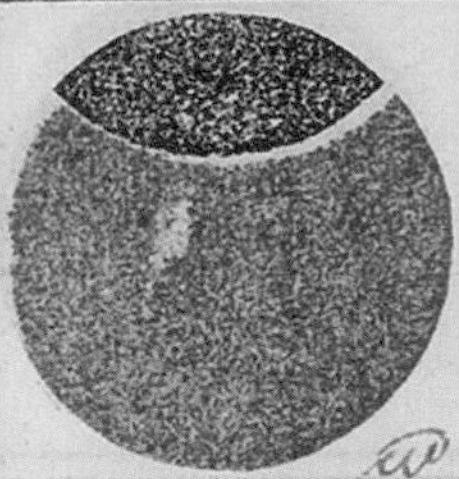		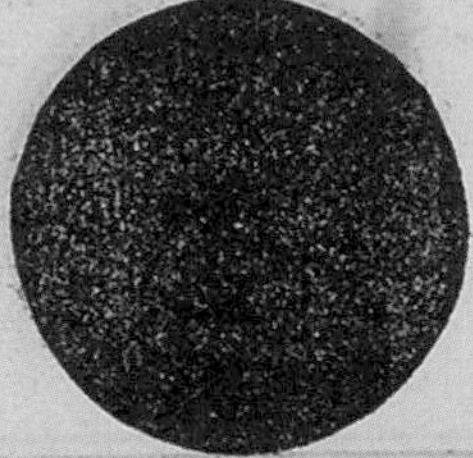

1502	1502	1504
Eclipsis Solis	Eclipsis Lune	Eclipsis Lune
30 19 45	15 12 20	29 13 36
Septembris	Octobris	Februarij
Dimidia duratio	Dimidia duratio	Dimidia duratio
1 7	1 1	1 46
Puncta decem	Puncta tria	
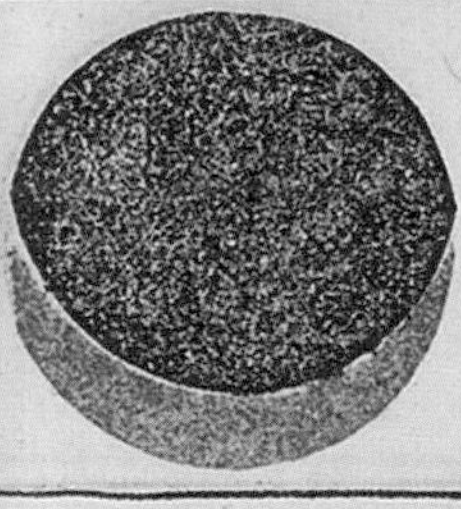	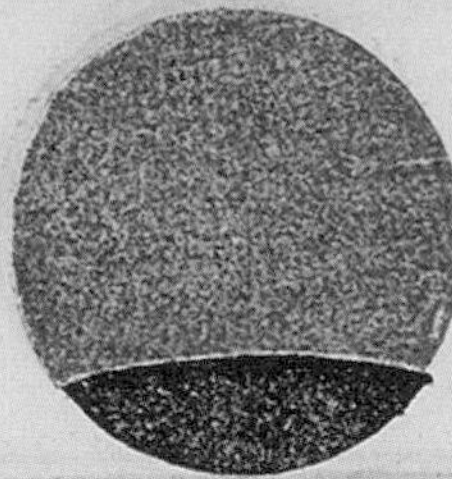	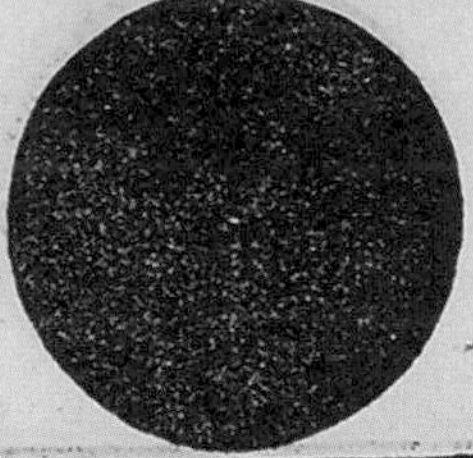

1493	1493	1494
Eclipsis Lune	Eclipsis Solis	Eclipsis Solis
19 13 58	10 2 38	7 4 12
Aprilis	Octobris	Martij
Dimidia duratio	Dimidia duratio	Dimidia duratio
1 49	1 4	0 44
	Puncta octo	Puncta quattuor

1494	1494	1497
Eclipsis Lune	Eclipsis Lune	Eclipsis Lune
21 14 38	14 19 45	18 6 38
Martij	Septembris	Januarij
Dimidia duratio	Dimidia duratio	Dimidia duratio
1 46	1 48	1 46
	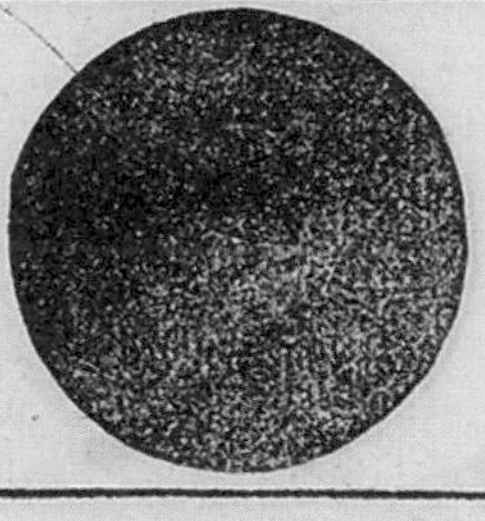	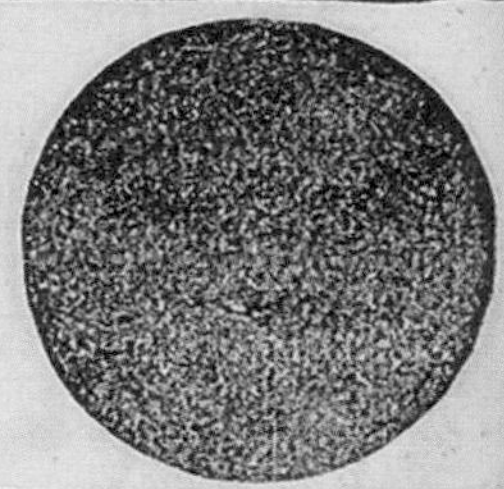

斯針對托勒密《天文學大成》所寫的那本重要的《天文學大成摘要》，就是於一四九六年出版，距離完稿的一四六二年整整過了三十四年。不過，有一個功勞倒是要歸給雷吉奧蒙塔努斯，那就是於一四七二年率先出版史上已知最早的印刷版天文學論文——是他的老師蓋魯格・馮・貝爾巴赫（Georg von Peuerbach）所寫的《行星新理論》（*Theoricae novae Planetarum*）。

眾所周知，哥白尼闡述日心宇宙論的《天體運行論》（*De Revolutionibus*）於一五四三年發行第一刷四百本，但根本賣不出去。要到一五六六年才出了第二版。然而，歐文・金格里奇（Owen Gingerich）在《無人讀過的書：哥白尼《天體運行論》追尋記》（*The Book that Nobody Read*）[7]中大幅糾正這一點；他廣泛追查本書頭兩版中寫有注解的那些複本，進而證明了相關的讀者（也就是當時的天文學家們）即便沒領略這本書的核心命題，基本上也都知道該書的存在。儘管如此，一份有日期的該書複本，以一種手稿通常無法辦到的方式，建立了它的優先地位。《天體運行論》於一五四三年的出版，確認了哥白尼比任何歐洲的競爭者都還要先構思了日心論，雖然說他有可能有從阿拉伯文獻中採用了一些天體模型（見頁八八八－八八九）。[8]

簡單來說，儘管印刷術的降臨確實是最為重要的一場技術革命，但它不一定和一場近在眼前的智識革命有關。教會很快就看出，允許印刷者自由營運會出什麼問題。「將有必要對印刷者維持全面控管，」一五〇一年教宗亞歷山大六世（Pope Alexander VI）發布的教宗詔書中寫道，「這樣才能避免他們帶來敵視天主教信仰或有可能造成信者困擾的印刷書寫。」[9]然而，如果沒有那幾百萬本書的需求，那幾百萬本書（其中許多還相當昂貴）就根本不會印出來。有一本書極其成功地贏得了更廣大的讀者群，那就是盧德威可・阿里奧斯托（Ludovico Ariosto）的《瘋狂奧蘭多》（*Orlando Furioso*，一五三二年推出完整版）；這是一篇漫長的浪漫史詩，講述一名騎士捲入了查理曼和薩拉森人的爭鬥；另外還有托爾夸托・塔索（Torquato Tasso）的《耶路撒冷的解放》（*Gerusalemme Liberata*, 1581），這也是一篇史詩，但這篇的背景是第一次十字軍運動時期。

印刷的成功提醒我們，到了十五世紀時，歐洲貿易已經非常穩固，且人們擁有在歐陸四處移動尋找利潤及學識的自由。學術語言仍是拉丁文，因此讓知識菁英們能在日後所謂的「文書共和國」（Republic of Letters）中有效溝通。* 然而，地方話寫成的文書也有強大市場，其中許多是大受歡迎的文學著作。依然隔絕於閱讀群眾之外的是經文：教會仍不允許用地方話翻譯《武加大譯本》，但無論人們要的

下頁：為萊昂哈特・福克斯（Leonhard Fuchs）著作《關於植物史的著名評論》（*De historia stirpium commentarii insignia*, Basle, 1542）製作插畫的其中兩名畫家。阿爾布雷希特・邁耶爾（Albertus Meyer，圖右）畫植物，而海因里希・福茂勒（Heinrich Füllmaurer，圖左）則把畫轉為木刻版。

---

7 Owen Gingerich, *The Book that Nobody Read: Chasing the Revolutions of Nicolaus Copernicus* (New York: Walker and Son, 2004; London: Arrow / Penguin Books, 2005).

8 見Bala, *The Dialogue of Civilizations*, chapter 7, 'The Narrow Copernican Revolution'，以及George Saliba, *Islamic Science and the Making of the European Renaissance* (Cambridge, MA: MIT Press, 2011), chapter 6, 'Islamic Science and Renaissance Europe: The Copernican Connection'。

9 引文出自Celenza, *The Intellectual World*, p. 230。

* 儘管這個詞要到十七世紀才發明出來，但根據法國學者馬刻・福馬羅里（Marc Fumaroli）在《文書共和國》（*The Republic of Letters*）中所言，知識分子群體內的互動，可以更早追溯至十四世紀。另見安東尼・格拉夫頓（Anthony Grafton）《字詞創造的世界：當代西方的學術和團體》（*Worlds Made by Words: Scholarship and Community in the Modern West*）之中的章節〈失落大陸的素描地圖：文書共和國〉（A Sketch Map of a Lost Continent: The Republic of Letters），頁九－三四。

OPERIS,

Albertus Meyer.

PICTORES

Heinricus Füllmaurer.

是官方批准版還是未批准版，經文譯本的需求壓力都一定會越堆越高。一場衝突，就這麼在天主教教會與精神飢渴的平信徒之間醞釀著。德國神學家馬丁・路德將會藉由大量發送小手冊，來善加利用這塊真空地帶（見頁七一六）。這是教會機構與平信徒漸行漸遠的一個跡象；後者日漸追隨自身所處地方群體的宗教生活。過去人們曾說，羅馬帝國留下的最關鍵問題，不是「它為什麼滅亡了」，而是「它怎麼能撐那麼久」？同樣的問題，也可以拿來問那個有一個歐洲那麼大的拉丁西方基督教。

next 308

覺醒：東西方交會下近代西方思想文明的重生與轉變（上冊）

The Awakening: A History of the Western Mind AD 500 - AD 1700

作　　者—查爾斯・弗里曼（Charles Freeman）
譯　　者—唐澄暐
主　　編—王育涵
特約編輯—蔡宜真
校　　對—蔡宜真、陳佩伶、廖柏皓
責任企畫—郭靜羽
美術設計—許晉維
內頁排版—立全電腦印前排版有限公司

總 編 輯—胡金倫
董 事 長—趙政岷
出 版 者—時報文化出版企業股份有限公司
一〇八〇一九台北市和平西路三段二四〇號七樓
發行專線—（〇二）二三〇六六八四二
讀者服務專線—〇八〇〇二三一七〇五
（〇二）二三〇四七一〇三
讀者服務傳真—（〇二）二三〇四六八五八
郵撥—一九三四四七二四時報文化出版公司
信箱—一〇八九九臺北華江橋郵局第九九信箱
時報悅讀網—http://www.readingtimes.com.tw
時報人文科學線臉書—https://www.facebook.com/humanities.science
法律顧問—理律法律事務所　陳長文律師、李念祖律師
印　　刷—華展印刷有限公司
初版一刷—二〇二二年五月二十七日
定　　價—新台幣八〇〇元
（缺頁或破損的書，請寄回更換）

時報文化出版公司成立於一九七五年，
一九九九年股票上櫃公開發行，二〇〇八年脫離中時集團非屬旺中，
以「尊重智慧與創意的文化事業」為信念。

ISBN 978-626-335-343-5（平裝）
Printed in Taiwan

覺醒：東西方交會下近代西方思想文明的重生與轉變 / 查爾斯.弗里曼(Charles Freeman)著 ; 唐澄暐譯. -- 初版. -- 臺北市 : 時報文化出版企業股份有限公司, 2022.05
冊； 公分. -- (next ; 308-309)

譯自 : The awakening : a history of the western mind AD 500 - AD 1700.

ISBN 978-626-335-343-5(上冊 : 平裝). --
ISBN 978-626-335-344-2(下冊 : 平裝). --
ISBN 978-626-335-345-9(全套 : 平裝)

1.CST: 文明史 2.CST: 生活史 3.CST: 歐洲

740.23 111005818